SAAME - CENTRO INTERUNIVERSITARIO
PER LA STORIA E L'ARCHEOLOGIA DELL'ALTO MEDIOEVO

Altomedioevo
(nuova serie)
8

collana diretta da Stefano Gasparri e Sauro Gelichi

SAAME
Dipartimento di Studi Umanistici
Università Ca' Foscari
Palazzo Malcanton Marcorà
Dorsoduro 3484
30123 - Venezia

Francesco Borri

Alboino

Frammenti di un racconto
(secoli VI-XI)

viella

Prima edizione: dicembre 2016
ISBN 978-88-6728-671-3

Questo volume è stato pubblicato con un contributo dell'Institut für Mittelalterforschung dell'Österreichische Akademie der Wissenschaften.

viella
libreria editrice
via delle Alpi, 32
I-00198 ROMA
tel. 06 84 17 758
fax 06 85 35 39 60
www.viella.it

Indice

Ringraziamenti

Questo libro è stato scritto in molti anni grazie a numerosi finanziamenti ottenuti presso l'Institut für Mittelalterforschung dell'Österreichische Akademie der Wissenschaften a Vienna. Vorrei qui menzionare il progetto del fondo per la ricerca austriaca (FWF): F42 Visions of Community, e il progetto (FWF) 24823: The Transformation of Roman Dalmatia.

Un primo e sentitissimo ringraziamento va a Stefano Gasparri e Walter Pohl i miei Doktorvater e Postdoktorvater che mi hanno insegnato quasi tutto quello che so. Vorrei poi menzionare Herwig Wolfram che in numerose occasioni ha mostrato la pazienza di rispondere alle mie domande correggendo molte delle mie lacune. Doveroso è poi ricordare i colleghi e gli amici dell'Istituto: Richard Corradini, Max Diesenberger, Andreas Fischer, Clemens Gantner, Cinzia Grifoni, Rutger Kramer, Alexander O'Hara, Marianne Pollheimer, Graeme Ward, Veronika Wieser e Bernhard Zeller. Inoltre, preziosi suggerimenti sono giunti da Giuseppe Albertoni, Alan Averill, Paolo Delogu, Stefan Esders, Edward Fabbro, Francesco Ferracin, Sauro Gelichi, Shami Ghosh, Martin Graf, Maria Cristina La Rocca, Yuri Marano, Annamaria Pazienza, Helmut Reimitz, Angelo Pio Rossi e Gabriele Sorice. Inestimabile è poi stato l'aiuto di mia madre che mi ha aiutato a ricomporre il mio italiano e lavare i panni in laguna.

Infine, questo libro non sarebbe stato scritto senza il supporto e i continui incoraggiamenti di mia moglie Katharina, a cui è dedicato, e l'ispirazione regalatami da Jan e Carla, maestri impagabili sulla psicologia di re e barbari.

Prefazione

1. Scrivere una biografia di Alboino († 572) che in lunghezza superi la pagina sarebbe impossibile.[1] Sarebbe, infatti, impensabile dedicare al re longobardo una monografia che prendesse a modello le grandi biografie medievali, come quella dedicata da Ernst Kantorowicz a Federico II o da Jaques Le Goff a san Luigi a cui, in anni più recenti si è aggiunta la vita di Corrado II scritta da Herwig Wolfram.[2] La difficoltà nasce dalla complessa natura delle testimonianze sul grande re longobardo, che, scarsissime negli anni in cui visse, guadagnarono in ricchezza e complessità nei decenni che seguirono la sua morte, raggiungendo il loro climax nell'*Historia Langobardorum* di Paolo Diacono, scritta alla fine dell'VIII secolo, per poi rarefarsi nuovamente fino a un completo oblio.

Per raccontare re Alboino, un possibile percorso sarebbe trarre ispirazione dalla vita del re per scrivere una storia politica e culturale del periodo in cui visse, il *Barbaricum* e l'Italia della seconda metà del VI secolo. Questa è infatti la chiave per interpretare le numerose monografie dedicate a barbari celebri, come Attila, Teodorico o Clodoveo, protagonista, quest'ultimo, di una grande conferenza tenutasi a Reims per i mille e cinquecento anni dalla sua *conversio*, e di una recente biografia scritta da Mathias Becher.[3] Questo approccio potrebbe avere risultati brillanti. Gli anni di Alboino videro

1. Sulle difficoltà nello scrivere biografie altomedievali: Nelson, *Writing Early Medieval Biography*.

2. Kantorowicz, *Kaiser Friedrich der Zweite*; Le Goff, *Saint Louis*; Wolfram, *Konrad II*.

3. *Clovis*, a cura di Rouche; Becher, *Chlodwig I*.

il concludersi delle invasioni barbariche, la *Völkerwanderungszeit* della storiografia tedesca, un'epoca che nel discorso storiografico si fa proprio concludere con il 568, l'anno in cui il re abbandonò la Pannonia per muovere verso l'Italia, dove i Longobardi fondarono un regno che sarebbe durato fino al 774, l'anno della conquista franca. Un periodo, quello della fase conclusiva delle invasioni, che se si escludono alcuni fondamentali scritti di Walter Pohl, resta relativamente inesplorato dalla storiografia internazionale.[4] Fu un'epoca di grande fascino e importanza in cui i protagonisti della caduta di Roma come i Goti, gli Eruli o i Turingi vennero sostituiti da nuovi attori, Longobardi e Avari tra essi, popoli che avrebbero continuato la loro storia nei secoli medievali.

Tuttavia, il percorso che intendo intraprendere nelle pagine che seguono è diverso. L'idea di scrivere questo libro, che sviluppa alcune ricerche effettuate per la mia tesi di dottorato e poi per due articoli, pubblicati nel 2011 e nel 2014, nasce da alcune anomalie che ho riscontrato confrontando le diverse narrazioni sulla vita e la morte di re Alboino.[5] Queste erano spesso lette come il semplice riflesso dell'informazione incompleta giunta a diversi autori in luoghi ed epoche distanti. L'idea che sosteneva questo procedere inquisitivo era che un'originale storia di Alboino, leggendaria o fattuale che fosse, potesse essere ricostruita utilizzando un approccio complementare alle fonti, ossia estrapolando informazioni dai rispettivi contesti per integrarle in una nuova narrazione. Sommando l'evidenza proveniente da racconti distanti, si pensava fosse possibile comprendere la figura e il ruolo storico del re dei Longobardi.

Tuttavia, ero convinto che queste differenze, se ricondotte al loro contesto originale, ci avrebbero portato assai più distante, permettendoci di dischiudere il complesso procedere del secolare evolversi dell'identità longobarda. Se seguite con attenzione, pertanto, queste tracce conducevano tortuosamente alla storia culturale dell'alto Medioevo italiano. La loro importanza superava di molto le necessità di ricostruire la vita e il *Nachleben* di re Alboino. Scioglierne il significato è infatti una chiave di accesso all'intera vicenda dei Longobardi: un po' come comprendere perché uccidere i gatti

4. Si vedano, tra molti: Poh, *Die Gepiden*; Id.; *Die Awaren*.
5. Borri, *Murder by Death*; Id., *Romans Growing Beards*.

fosse divertente, ci ha portato a meglio comprendere la Francia del Settecento.[6]

2. Ci sono probabilmente numerose ragioni per cui questo lavoro non è stato ancora compiuto, non da ultima la pesante eredità della storiografia sui Longobardi, che in Italia ha radici in un passato distante, quando pensatori come Machiavelli, o secoli più tardi, Giannone, si interessarono al ruolo dei Longobardi nella storia d'Italia. Fu tuttavia in anni molto più recenti, tra XIX e XX secolo, che il dibattito sui Longobardi assunse un nuovo significato. Con il diffondersi dell'interesse per il passato che seguì il progredire degli studi linguistici sulla scia tracciata nel XVIII secolo da William Jones, e la pubblicazione di numerose collezioni di fonti, si cercò di trovare antecedenti lontani, quasi sempre altomedievali, per gli stati moderni.[7] Intellettuali e politici di molti paesi europei come l'Inghilterra, la Francia e la Germania, cercarono i remoti fondatori della nazione nei barbari descritti dagli autori classici. Le tragiche conseguenze di questa età di irrazionalità sono tristemente note, e non cercherò di riassumere un lunghissimo dibattito in poche righe.[8] È importante però ricordare che gli Italiani del Risorgimento guardarono al passato barbarico dell'Italia con occhi diversi. Le ragioni sono facilmente immaginabili e le onnipresenti tracce della potenza romana squalificarono qualsiasi elaborazione di un'eredità barbarica. Furono i Romani, e non i Goti o i Longobardi, a essere pertanto visti come gli antenati degli Italiani del XIX secolo.[9] Con queste premesse, la conquista longobarda della penisola venne interpretata nel discorso storiografico italiano come la grande rottura tra Antichità e Medioevo della storia d'Italia.[10] I re dei Longobardi

6. Darnton, *The Great Cat Massacre*, pp. 75-106.

7. Sullo sviluppo degli studi linguistici, si veda tra molti: Olender, *Les langues du Paradis*; Arvidsson, *Aryan Idols*. Sull'utilizzo dell'alto Medioevo: Geary, *The Myth of Nations*; Wood, *The Modern Origins of the Early Middle Ages*, pp. 113-136, in cui si tratta il Risorgimento.

8. Burrow, *The Crisis of Reason*.

9. Poliakov, *Le Mythe aryen*, pp. 85-107; Giardina e Vauchez, *Il mito di Roma*, pp. 212-296; Galli della Loggia, *L'Identità Italiana*, pp. 118-119.

10. Tabacco, *Egemonie sociali*, pp. 93-110; Gasparri, *Italia longobarda*, pp. 9-10.

che avrebbero potuto costituire un precedente di grande forza per il neonato Regno d'Italia vennero condannati a un ruolo marginale e il capitale simbolico del *regnum Italiae* non sembrò giocare alcun ruolo nel mito monarchico dell'Italia unita. In questa temperie culturale Alboino non poté divenire un antico antenato dei sovrani d'Italia, ma il re barbaro e straniero che aveva guidato una conquista particolarmente distruttiva e violenta, il degno finale delle tragiche invasioni barbariche.[11]

Seguendo gli influentissimi scritti di Alessandro Manzoni, numerosi storici e intellettuali di XIX e XX secolo avevano infatti guardato ai Longobardi come un corpo estraneo alla società italiana. Era la natura germanica dei Longobardi, che Gioachino Volpe ancora vedeva come un popolo «che usciva ora dalle selve e steppe di Pannonia e dei Paesi Baltici», alle origini della cieca violenza e dell'odio per Roma.[12] Il dibattito sulla conquista longobarda dell'Italia presto assunse valenza politica ed emozionale andandosi a occupare della condizione della popolazione romana negli anni del regno. Si discuteva, quindi, della sorte dei vinti, in cui numerosi intellettuali del Risorgimento si erano identificati.

11. Fu alla cultura tedesca di XIX e XX secolo che Alboino apparve invece come uno dei sovrani che più emblematicamente incarnava le virtù degli antichi Germani, come fierezza, libertà, coraggio e una spavalderia che rasentasse la stupidità. Mi limiterò qui a ricordare che è Alboino a spiccare tra gli eroi della nazione germanica nel Walhalla, fatto costruire dall'imperatore Federico II di Baviera. Il sovrano, immortalato in uno dei fregi, è posto emblematicamente tra Totila e Teodolinda, i grandissimi della storia germanica in Italia. Più curioso è l'Alboino raffigurato nel fregio scolpito da Otto Geyer (1843-1914) che corre sopra la scalinata della Alte Nationalgalerie di Berlino. Qui sono rappresentati i grandi eroi della nazione tedesca, vincitori e vinti, immortalati nel grigio liteo del rilievo. Il fregio si apre con Arminio, l'uomo che umiliò le legioni di Varo a Teutoburo nel 9 d.C.; per chiudersi con Federico Guglielmo III, circondato da Schleiermacher, Fichte, Hegel e Gauss. Di grande fascino è che Alboino compaia tra le vittime di Carlomagno, inginocchiato assieme a Vituchindo il Sassone, e sovrastato oltre che da re Carlo anche da Orlando che brandisce il suo Olifante. Come è notissimo, il re longobardo sconfitto da Carlomagno nel 774 fu Desiderio (756-774): è possibile che il personaggio di Alboino fosse divenuto rappresentativo al punto da incarnare tutto il passato e i re dei Longobardi, ma l'anacronismo resta evidente. Questo tuttavia ci informa della fama di Alboino, che nell'idea di Geyer doveva figurare accanto a Vituchindo, Orlando e Carlomagno, tra i più grandi Tedeschi di sempre. Sul *Treppenhaus* di Berlino: Wullen, *Die Deutschen sind im Treppenhaus*.

12. Volpe, *Il Medioevo*, p. 36.

Manzoni formulò le sue idee in diverse occasioni, particolarmente nel *Discorso sopra alcuni punti della storia longobardica in Italia*, un trattato che venne pubblicato come introduzione alla tragedia *Adelchi* nel 1822.[13] Nel *Discorso*, l'autore estendeva le riflessioni di Augustin Thierry sull'invasione franca delle Gallie, alla situazione dell'Italia altomedievale.[14] Al cuore del dibattito vi erano da un lato due passaggi di Paolo Diacono che si pensava originassero dalla testimonianza di un certo Secondo, un autore vissuto nell'Italia settentrionale tra VI e VII secolo e, pertanto, assai vicino agli eventi, nei quali si registravano gli omicidi e le espropriazioni perpetuati ai danni dei Romani; dall'altro si riscontrava il silenzio della più antica legislazione longobarda, l'*Edictum* di Rotari, composto alla metà del VII secolo, su qualunque gruppo di individui da identificarsi con i discendenti degli antichi abitanti dell'Italia imperiale.[15] La questione era almeno in parte mal posta, perché con il progredire della ricerca si è visto come l'etichetta «Romani» fosse utilizzata per descrivere numerosi gruppi sociali altomedievali e sia pertanto sfuggente. Nel XIX secolo, tuttavia, le idee erano diverse: Manzoni, come molti dopo di lui, credette che i Romani fossero stati uccisi e posti in schiavitù dai conquistatori longobardi, scomparendo come soggetti giuridici, e da qui la loro assenza dalle leggi. Solo secoli più tardi, nell'Età dei Comuni, gli antichi Romani, poi destinati a divenire Italiani, sarebbero riemersi dalle tenebre del tempo. Sono questi Romani che costituiscono il rassegnato ma stoico coro della tragedia *Adelchi*.

Con un così greve bagaglio ideologico, anche anni che avrebbero dovuto vedere lo stemperarsi di questi aspri toni antigermanici, videro il persistere di un'accesa antipatia degli storici italiani per i Longobardi. In epoca fascista, studiosi come Gabriele Pepe, avevano letto l'alto Medioevo come il periodo di declino della precedente e fulgente *romanitas* per mano dei Germani.[16] Questa lettura dei Longobardi, definita da Chris Wickham iper-germanista, è stata

13. Tabacco, *Manzoni e la questione longobarda*. Inoltre: Gasparri, *I Germani immaginari*; Artifoni, *Le questioni longobarde*; Falco, *La questione longobarda*.

14. Wood, *The Modern Origins*, p. 113.

15. Paolo Diacono, *Historia Langobardorum*, II, 32; III, 16, a cura di Bethmann e Waitz, p. 91; 101.

16. Pepe, *Il Medioevo barbarico in Italia*, pp. 109-117.

criticata da anni e relegata oltre i confini della ricerca, spesso in pubblicazioni di autori che volentieri cercano un passato germanico per alcuni Italiani contemporanei, ma non per tutti. Gli studi su re Alboino non poterono non risentire di queste imponenti costruzioni ideologiche.

3. La figura del re fu inoltre gravata da un'ulteriore complicazione che si è andata sviluppando attorno agli scritti di Gian Piero Bognetti, "il padre" degli studi longobardi in Italia.[17] Nonostante i suoi numerosi meriti, Bognetti ha anche la responsabilità di aver viziato la semplice lettura lineare della storia longobarda in Italia, creando un modello interpretativo di grandissima forza e persistenza che, pur criticato in numerose occasioni, mantiene la sua influenza in alcuni settori degli studi sui Longobardi e in molte opere di carattere divulgativo. Per riassumere parte del pensiero di Bognetti, si comincerà considerando che le più antiche testimonianze per ricostruire la società longobarda in Italia furono compilate nei primi decenni del VII secolo. Queste narrazioni, redatte in ambienti molto vicini alla corte longobarda degli anni di Teodolinda (589-626), forniscono un'immagine di relativa continuità, perlomeno culturale, con il passato romano, un'immagine coerente con quella proveniente da numerose realtà postromane in Europa.[18] L'idea di una corte longobarda in cui uomini di stirpe romana, o almeno con nomi classici e cristiani, collaboravano con sovrani e ufficiali militari dai nomi chiaramente germanici, dove contatti diplomatici erano mantenuti con Roma e Costantinopoli e in cui cerimonie antiche sembravano essere inscenate nei pressi di architetture classiche, contrastava con le idee risorgimentali sull'asservimento dei Romani e la cieca furia dei Longobardi. Bognetti per venire a capo di questa macroscopica difficoltà, elaborò, forse non troppo coscientemente, una lettura di estrema complessità della storia dei Longobardi in Italia, in cui l'evidenza delle fonti poteva collimare con la contrastante necessità risorgimentale di rappresentare tutti i Germani, e i Longobardi per

17. Gli scritti di Bognetti sono raccolti in: Bognetti, *L'età longobarda*. Su Bognetti: Gasparri, *I Germani immaginari*; Delogu, *Le origini del Medioevo*, pp. 365-381.

18. Hen, *Roman Barbarians*, pp. 177-178.

primi, come primitivi sanguinari. Nella visione di Bognetti le testimonianze sul regno di Teodolinda, che ricordiamo essere tra le più antiche a nostra disposizione, divenivano rappresentative solamente di un breve periodo, il regno della regina appunto, che avrebbe segnato un'inversione di tendenza rispetto ai violenti anni della invasione, tuttavia conosciuti unicamente da testimonianze più tarde. La conquista longobarda, pertanto, sarebbe stata sì violenta e distruttiva come suggerito da Manzoni, e molti altri dopo di lui, ma gli anni di Teodolinda furono un periodo anomalo, durante il quale il substrato romano dell'Italia riemerse per alcuni decenni, per poi risprofondare nel germanesimo del regno dei Longobardi. Era da questo periodo che provenivano le più antiche testimonianze sul regno dei Longobardi in Italia che ci siano giunte, ma queste avevano natura necessariamente atipica essendo significative per il solo regno di Teodolinda. Bognetti, con un vero colpo da maestro, definì questi anni l'estate dei morti dell'Italia romana.[19]

L'estate dei morti, o estate di San Martino, è il fenomeno meteorologico per cui i primi giorni di novembre segnano in Italia un'inversione di tendenza rispetto al progressivo irrigidirsi delle temperature autunnali, annunciando l'aprirsi dell'inverno. Nell'idea di Bognetti l'autunno era una metafora per i regni di Alboino, Clefi (572-574), e gli anni di interregno che seguirono alla sua morte; mentre l'inverno stava a simboleggiare i dinamici e bellicosi regni di Arioaldo (626-636) e Rotari (636-654). Tra queste rigide stagioni la lunga reggenza di Teodolinda aveva segnato gli ultimi raggi di un sole obliquo e autunnale sull'Italia romana. La forza di questa felice immagine assicurò la longevità di un'idea di per sé in contrasto con l'evidenza delle fonti. Bognetti si spinse oltre, leggendo la storia longobarda fino all'inizio dell'VIII secolo, come il continuo scontro tra due correnti in seno alla monarchia, una cattolica e una ariana, in grado di orientare la politica dei re verso l'impero e, soprattutto, verso i Romani.

Questa visione ha inevitabilmente influenzato l'interpretazione del regno di Alboino, dei giorni della conquista e delle loro immediate conseguenze. Le pochissime testimonianze che di Alboino si

19. Bognetti, *S. Maria foris portas*, p. 308. Sull'estate dei morti: Delogu, *Longobardi e Romani*, pp. 105-114.

occuparono, pertanto, non potevano essere lette nel più ricco contesto della produzione letteraria degli anni di Teodolinda, perché queste erano ritenute pertinenti a un mondo diverso, in cui i Romani erano stati riesumati dalla tomba in cui Alboino e i suoi successori li avevano condannati. Il re pertanto era chiuso nel mezzo di una vera e propria trappola storiografica.

Introduzione. La spada del re

1. Alboino era morto da quasi due secoli quando il duca longobardo di Verona Giselberto decise di aprirne la tomba per impossessarsi della sua spada.[1] Il sepolcro, lo sappiamo dalla testimonianza di Paolo Diacono, si trovava a Verona, sotto una scala contigua al palazzo reale.[2] L'episodio della spada di Alboino è ricordato unicamente da Paolo e posto alla conclusione del secondo libro dell'*Historia Langobardorum*, una sezione narrativa quasi interamente dedicata alla vita e le azioni del sovrano. Lo storico fornisce una cronologia piuttosto imprecisa per l'evento («nostris in diebus»), ma il duca Giselberto, il protagonista della vicenda, è noto anche dalla carta di fondazione del monastero di Santa Maria a Verona redatta nel 743.[3] Il fatto dovette accadere attorno a quegli anni. Che Alboino fosse sepolto con la sua spada non è menzionato da alcuna testimonianza dell'epoca e le inumazioni con corredo non sono preponderanti fra i costumi funerari della metà del VI secolo.[4] Tuttavia, la sepoltura

1. Paolo Diacono, *Historia Langobardorum* II, 28, a cura di Bethmann e Waitz, p. 89: «Huius tumulum nostris in diebus Giselpert, qui dux Veronensium fuerat, aperiens, spatam eius et si quid in ornatu ipsius inventum fuerat abstulit. Qui se ob hanc causam vanitate solita apud indoctos homines Alboin vidisse iactabat». Su Giselberto: Gasparri, *I duchi longobardi*, pp. 56-57. Sull'episodio: Zettler, *Die Ablösung der langobardischen Herrschaft in Verona*, pp. 596-597; 601-602.

2. Paolo Diacono, *Historia Langobardorum* II, 28, a cura di Bethmann e Waitz, p. 89: «sub cuiusdam scalae ascensu, quae palatio erat contigua, sepultum est. Fuit autem statura procerus et ad bella peragenda toto corpore coaptatus». Si veda la scheda curata da Piero Majocchi in: http://sepolture.storia.unipd.it/.

3. *Codice Diplomatico Longobardo*, a cura di Schiaparelli, n. 83, pp. 244-248.

4. Barbiera, *Changing Lands*; per il caso della *Tuscia*: Pazienza, *Identity, Funerary Practices and Memory*.

con le armi era parte di un solenne rituale celebrato in situazioni di insicurezza sociale e politica, così da offrire un'immagine di forza e coesione: l'improvvisa scomparsa del *rex Langobardorum* avrebbe potuto necessitare di una tale cerimonia.[5] Paolo raccontò come il corpo di Alboino fosse sepolto con grandissimo dolore e lamenti.[6]

Con l'arroganza tipica degli ignoranti («vanitate solita apud indoctos») Giselberto si sarebbe vantato di aver visto di persona l'antico re dei Longobardi. Come in altre occasioni, Paolo mostrò una certa ambiguità verso la materia da lui stesso trattata, distanziandosi dagli aspetti più iperbolici del suo racconto, ma decidendo di riportarli comunque. Fu in occasione di questo episodio, che il diacono fornì l'unica descrizione fisica del re che ci sia giunta, in verità di una generalità sconsolante, povera anche se paragonata alle già laconiche descrizioni di altri sovrani come Autari (584-590) o Grimoaldo (662-671). Nelle parole del diacono, Alboino era alto e di taglia gagliarda, «ad bella peragenda toto corpore coaptatus».[7] Che la descrizione provenisse dal duca di Verona, l'uomo che ne aveva visto le spoglie?

Le armi del re erano poi protagoniste di una storia loro. Alboino, nella sua turbolenta giovinezza trascorsa in Pannonia, la regione a sud del Danubio che per secoli costituì la frontiera settentrionale del mondo romano, era andato a reclamarle alla corte del re dei Gepidi, in anni in cui Gepidi e Longobardi erano divisi da un aspro conflitto. Le armi erano appartenute a Turismodo, il figlio del re dei Gepidi Turisindo, che Alboino aveva ucciso in battaglia. Fu infine la medesima spada, legata da Rosmunda al suo fodero, a impedire all'invecchiato, ma pur sempre tenace sovrano, di difendersi dall'aggressore Elmechi (o Peredeo in alcune versioni del racconto) contribuendo alla sua tragica morte.[8]

Non abbiamo certezza che il duca di Verona aprisse veramente la tomba del re longobardo trovandovi al suo interno una spada, tantomeno sappiamo, nel caso quest'arma fosse effettivamente esistita, in che

5. Per il significato delle armi (nel caso britannico): Härke, *Warrior Graves?*

6. Paolo Diacono, *Historia Langobardorum* II, 28, a cura di Bethmann e Waitz, p. 89: «Cuius corpus cum maximo Langobardorum fletu et lamentis».

7. Paolo Diacono, *Historia Langobardorum* I, 24, a cura di Bethmann e Waitz, pp. 61-62. Sulle descrizioni fisiche contenute nei testi altomedievali: Berschin, *Personenbeschreibung*; Squatriti, *Personal Appearance*.

8. Paolo Diacono, *Historia Langobardorum* II, 29, a cura di Bethmann e Waitz, p. 88.

condizione potesse essere una lama di ferro dopo duecento anni di ossidazione. È probabile tuttavia, che alla metà dell'VIII secolo, il duca di Verona impugnasse una spada che si credeva fosse appartenuta al grande re. Per noi è difficile comprendere cosa potesse significare, nei tragici giorni che precedettero la conquista franca del regno, brandire l'arma di Alboino, ma il prestigio della lama dovette essere ben chiaro ai contemporanei di Giselberto, così come lo era ai lettori dell'*Historia Langobardorum* qualche decennio più tardi. Attribuire un grande significato simbolico alla spada di un re del passato era coerente con i codici culturali dell'epoca. In alcune occasioni, i cronisti antichi e medievali menzionarono la spada di Attila: lo storico Giordane, scrivendo nel VI secolo, raccontò di una spada, che chiamò «gladius Martis», caduta dal cielo e raccolta dal giovane re.[9] Circa cinque secoli dopo il prestigio dell'oggetto era ancora grande: Lamberto di Hersfeld narrò come una spada, ritenuta la lama del celebre sovrano unno, fosse in possesso di un certo Leopoldo di Merseburgo, «regi carissimus». La spada non portò fortuna all'amato Leopoldo che, cadendo di cavallo, trovò la morte ferendosi con la lama.[10]

Nei secoli altomedievali le armi erano, infatti, oggetti non solo dotati di un devastante potere distruttivo, in quanto efficaci strumenti di morte, ma anche ricettacoli di un grande capitale simbolico.[11] Esistevano armi definite «sacrata», forse benedette, su cui i Longobardi, già nel VII secolo, si trovavano a giurare in circostanze particolarmente solenni.[12] Nei medesimi secoli, armi venivano donate per creare rapporti di fedeltà, saldare amicizie e alleanze.[13] Nella *Visio Karoli Magni*, un'anomala narrazione composta durante gli

9. Giordane, *Getica* 183, a cura di Mommsen, pp. 105-106. In Giordane, tuttavia, l'arma simbolo del potere di Attila era l'arco: Giordane, *Getica* 255, a cura di Mommsen, p. 124.

10. Lamberto di Hersfeld, *Annales* 1071, a cura di Holder-Egger, p. 130. Geary, *Living with the Dead*, pp. 63-64. Si è pensato che la spada sia da identificarsi con la splendida sciabola conservata nella Schatzkammmer del Kunsthistorische Museum di Vienna: Schramm, *Herrschaftszeichen*, II, pp. 485-491.

11. Halsall, *Violence and Society*, p. 3: «The best analogy for the display of power through these symbols is not the knight of the garter but the militiaman or rebel toting an AK47».

12. *Edictum Rothari* 359, a cura di Beyerle, p. 86. Su questo Stefano Gasparri, *La cultura tradizionale*, pp. 53-54.

13. Le Jan, *Frankish Giving of Arms*.

anni di regno di Ludovico il Germanico (840-876), la spada divenne portatrice di sinistre profezie sulla discendenza di Carlomagno.[14] Soprattutto le armi, e le spade per prime, facevano parte di un chiaro repertorio utilizzato per rappresentare identità sociali e culturali. Nella chiesa di San Benedetto a Malles, un uomo di indubbio rilievo, forse re Pipino d'Italia, decise di farsi raffigurare esibendo una spada, a simboleggiare il ruolo e l'autorità.[15] Alle armi erano inoltre legate le storie di chi le aveva possedute, e le armi riflettevano lo status e l'identità di un guerriero.[16] In *Hildebrandslied*, un poema composto nel IX secolo in medio tedesco antico, Ildebrando, uno dei due protagonisti, riconobbe il prestigio del figlio Adubrando e la sua vicinanza a re Odoacre dall'armatura che indossava e la spada che brandiva.[17] Anche in *Waltharius*, un componimento latino che numerosi studiosi datano ai medesimi anni, l'eroe Walter, braccato da re Gunther sui Monti Vosgi, riconobbe il suo vecchio amico e compagno d'armi Haghen grazie all'elmo che indossava.[18]

Sappiamo poi della pratica di imporre nomi alle spade, passandole di generazione in generazione: Durendal, la spada di Orlando, Hruting e Mimming le spade di Beowulf e Walter o la leggendaria Tyrfing, sono solo alcuni esempi di spade celebri il cui nome è giunto fino a noi.[19] La spada di Alboino era, pertanto, uno degli esponenti minori in una ben più nota selva di armi celebri e cariche di prestigio.

2. Anche aprire la tomba di un grande re del passato per poterlo fronteggiare era un gesto che si inseriva in una lunga tradizione

14. *Visio Karoli Magni*, a cura di Jaffé, p. 702: «vidit quendam personam ad se venientem, evaginatum gladium in manu habentem». Sul testo: Dutton, *The Politics if Dreaming*, pp. 201-206; Fichtenau, *Das karolingische Imperium*, p. 186; Geary, *Living with the Dead*, p. 51.

15. Wolfram, *Botschaften aus dem Meer*, pp. 56-58; Nothdurfter, *St. Benedikt*, pp. 46-47.

16. Halsall, *Warfare*, 164-173; Costambeys, Innes e MacLean, *The Carolingian Age*, pp. 278-283.

17. *Hildebrandslied* vv. 46-47, a cura di Grein, p. 18. Sul passaggio: Costambeys, Innes e MacLean, *The Carolingian World*, p. 333.

18. *Waltharius* vv. 556-559, a cura di Strecker, p. 47. Per una datazione alta del Waltharius si veda: Stone, *Waltharius*.

19. Sul valore simbolico della spada si vedano le pagine, talvolta da utilizzare con cautela, di Cardini, *Alle radici*, pp. 52-70.

classica, con i sepolcri di Achille e Alessandro Magno tra le mete più ambite del mondo antico.[20] Per i secoli medievali, l'esempio forse più celebre è posteriore di più di due secoli a quello di Verona. Stando al racconto di Tietmaro di Merseburgo, nell'anno 1000 l'imperatore Ottone III (983-1002) fece aprire la tomba di Carlomagno per poi ricomporre il sepolcro con grandi onorificenze. Anche Ottone, come Giselberto, sottrasse una reliquia al grande sovrano: una croce d'oro che portò con sé nel Mondo dei Vivi.[21] Nel *Chronicon Novaliciense*, una narrazione probabilmente composta nel XII secolo, leggiamo una versione alternativa del racconto. L'autore confidò al suo pubblico di basarsi sulla testimonianza del *comes* di Lomello, a sua volta chiamato Ottone, che avrebbe accompagnato l'imperatore nel suo viaggio. Il conte raccontò come nel sepolcro Carlo non fosse disteso come un cadavere qualsiasi, rimando invece assiso sul suo trono anche nella morte. Il corpo dell'imperatore si trovava in un perfetto stato di conservazione, se non per alcune tracce di decomposizione sul naso e per le unghie che, crescendo a dismisura, avevano perforato i guanti.[22]

Comprendere a pieno il significato di queste narrazioni è divenuto ora complesso. Fino al secolo scorso si poteva ritenere che le fonti riflettessero una credenza tipica dei Germani sull'inestinguibile legame tra i guerrieri vivi e morti.[23] Si riteneva, pertanto, che le narrazioni fossero sintomatiche di una diffusa credenza in una catabasi dei guerrieri, o di un viaggio sciamanico, nell'Aldilà, un'interpretazione sui cui incombevano semplificazioni strutturaliste memori degli studi di Mircea Eliade. Sarebbe quindi esistito un discorso per cui il duca di Verona avrebbe varcato i confini del Regno dei Morti per incontrare e forse sfidare re Alboino, tornando in questo mondo come il suo successore. Come si vedrà nella sezione

20. Geary, *Living with the Dead*, p. 65, cita gli esempi di Augusto e Caligola menzionati da Svetonio.

21. Tietmaro di Merseburgo, *Chronicon* IV, 47, a cura di Holtzmann, pp. 185-186. Costambeys, Innes e MacLean, *The Carolingian World*, p. 5; McKitterick, *Charlemagne*, p. 4; Geary, *Living with the Dead*, p. 65.

22. *Chronicon Novaliciense* III, 32, a cura di Alessio, p. 182. Sulla tomba di Carlomagno: Foltz, *La souvenir et la légende de Charlemagne*, pp. 87-93.

23. Ad esempio in Cardini, *Alle radici*, pp. 99-100. Un procedere simile è stato recentemente proposto anche da Gandino, *L'orso*.

dedicata alla regalità tardoantica, queste idee nascevano da costruzioni storiografiche metodologicamente discutibili germogliate in temperie culturali sinistre. Negli ultimi anni sono state rigettate con decisione, lasciando, tuttavia, un certo vuoto interpretativo.[24]

Possiamo però dire che per un aristocratico vissuto nel *regnum Langobardorum* alla metà VIII secolo, in anni in cui la società longobarda era attraversata da grandi tensioni, fosse possibile aumentare il proprio ruolo rivendicando di aver fronteggiato il fondatore del *regnum* in Italia e di impugnare la sua arma. E la memoria del re non era presente unicamente nelle armi: Paolo menziona altri luoghi e oggetti legati alla figura di Alboino. Sappiamo che una razza di bufali, alcuni cavalli friulani, e persino una cima, il *mons Regis*, furono associati al ricordo del grande re.[25] Abbiamo visto la sua tomba a Verona e sappiamo che anche l'oggetto che emblematicamente simboleggia la storia longobarda, una coppa ricavata dal cranio del re dei Gepidi Cunimondo, era parte di un ampio repertorio di oggetti e luoghi legati al ricordo del re. La memoria di Alboino era parte, forse predominante, di un vasto mito monarchico longobardo disseminato in diversi luoghi del regno. Apparentemente, infatti, esistevano *lieux (ou objets) de mémoire* che si ricollegavano ai grandi sovrani del passato e a cui erano legate le storie che si andavano raccontando.[26] Tracce di questo mito sono sopravvissute in maniera preponderante, ma non unica, nell'opera di Paolo: sappiamo della colonna di Autari che forse era visibile dalle coste calabresi, o degli affreschi che Teodolinda fece dipingere nel palazzo di Monza e che il diacono ci disse di aver visto.[27] Alla fine, ciò che emerge dal racconto dell'*Historia*

24. Geary, *Living with the Dead*, pp. 64-65; Pohl, *Die Germanen*, pp. 78-85.

25. Bufali: Paolo Diacono, *Historia Langobardorum* II, 8, a cura di Bethmann e Waitz, pp. 76-7; cavalli: ivi, I, 9, a cura di Bethmann e Waitz, p. 79; «mons Regis»: ivi, II, 8, a cura di Bethmann e Waitz, p. 76.

26. *Le lieux de mémoire* è la celebre serie di studi pubblicati nella seconda metà degli anni Ottanta sotto la direzione di Pierre Nora. *I Luoghi della memoria* sono i volumi pubblicati sulla storia d'Italia (a partire dal 1861) curati da Mario Isnenghi.

27. La colonna di Autari: Paolo Diacono, *Historia Langobardorum* III, 32, a cura di Bethmann e Waitz, p. 112. Brandes, *Das Gold der Menia*, p. 187, fa notare come una *Columna Regia*, sia menzionata in *Itineraria Romana*, a cura di Miller, p. 358. Gli affreschi di Monza: Paolo Diacono, *Historia Langobardorum* IV, 22, a cura di Bethmann e Waitz, p. 124; Pohl, *Telling the Difference*, pp. 43-44.

Langobardorum è come la memoria del re fosse quanto mai viva nei giorni in cui il diacono scriveva.

3. Da qui è possibile sostenere come alla metà dell'VIII secolo e nei giorni in cui Paolo Diacono scrisse, Alboino fosse un personaggio collocabile storicamente e di riconosciuta importanza. Gli oggetti legati alla sua memoria, veri o presunti, rivestivano un chiaro capitale simbolico intellegibile alle aristocrazie franche e longobarde. La spada trafugata da Giselberto non era l'unica arma legata al regno di Alboino che circolasse negli anni in cui Paolo scrisse la sua storia. Il diacono raccontò come, ancora ai suoi giorni, il regno di Alboino fosse rinomato per la qualità delle armi che vi furono forgiate.[28] È probabile, pertanto, che le aristocrazie italiane di VIII secolo affermassero di possedere armi prodotte negli anni del re, oggetti di prestigio grazie ai quali era possibile incrementare il proprio ruolo nella società italiana. È possibile ipotizzare, ma le tracce sono assai labili, che esistesse un discorso per cui le armi mirabolanti di un antico passato fossero legate alla Pannonia e ai *Reitervölker*. Anche l'eroe Walter portava un lungo pugnale a un solo tagliente (una *semispatha*) sulla destra, alla moda degli Unni («atque alio dextrum pro ritu Pannoniarum»). Il pugnale, che nel climax della narrazione avrebbe salvato la vita al coraggioso Walter, proveniva dal tesoro di Attila.[29] Si trattò forse di una credenza di lunga durata e, nel loro provocante *Mille Plateaux*, Gilles Deleuze e Félix Guattari dedicavano bellissime pagine alle splendide armi dei nomadi.[30] Se esisteva un discorso sul primato delle armi orientali, questo era certamente contestato con veemenza. Negli anni immediatamente successivi alla stesura dell'*Historia Langobardorum*, i sovrani franchi, consci della fama delle loro lame, ne proibirono il commercio oltre i confini

28. Paolo Diacono, *Historia Langobardorum* I, 27, a cura di Bethmann e Waitz, p. 70: «Arma quoque praecipua sub eo fabricata fuisse, a multis hucusque narratur». Su questo: Gasparri, *La cultura tradizionale*, pp. 52-54; Id., *La regalità longobarda*, pp. 309-310. Su spade e fabbri longobardi: La Salvia, *Iron Making*.

29. *Waltharius* v. 337, a cura di Strecker, p. 38; e la menzione ivi, v. 1390, a cura di Strecker, p. 81: «Qua dextrum cinxisse latus». Inoltre: Nick, *About the Sword of the Huns*, p. 336.

30. Deleuze e Guattari, *Mille Plateux*, pp. 502-517; già citato in Pohl, *Die Awaren*, p. 194.

orientali dell'impero.[31] Queste restrizioni furono efficaci solo in parte e gli archeologi hanno trovato spade franche in numerosi regioni dell'oriente franco, dalla Croazia alla Moravia. Alcune spade di età carolingia prodotte nella Valle del Reno con la dicitura «U L F B E R T + H» divennero celebri tra le élites europee, come dimostra la loro grandissima diffusione e i tentativi di imitazione.[32]

Alle armi «praecipua» forgiate negli anni di Alboino dovettero legarsi anche le sfuggenti figure dei mitici fabbri del passato, leggende attestate in numerose culture distanti nello spazio e nel tempo, forse in forma indipendente.[33] Come in altre occasioni, la narrazione del diacono si collegava a una rete di significati che interessava ampie regioni dell'Europa altomedievale. Nel pannello frontale del Cofanetto di Auzon (Franks Casket), un piccolo scrigno di osso di balena probabilmente scolpito negli anni Sessanta dell'VIII secolo, troviamo una tra le più antiche attestazioni della leggenda di Weland il Fabbro.[34] Weland, uno dei personaggi più conosciuti del mondo germanico, era un fabbro che, catturato e menomato da re Niðhad, fu costretto in un'isola a forgiare armi fantastiche. La vendetta del fabbro, aiutato dal fratello Egill, fu spietata, e nel crescendo di violenza che ne vide il trionfo, Weland ricavò una coppa dal cranio dei suoi nemici, proprio come nella storia di Alboino.[35] Paolo non menzionò Weland, che probabilmente sarebbe stato fuori contesto in un'opera di carattere storico, ma è probabile che il personaggio ricorresse nella mente dei suoi lettori. È possibile che un'oscura menzione del grande fabbro fosse già contenuta nella *Vita Severini* di Eugippo, dove leggiamo degli artigiani prigionieri alla corte dei Rugi.[36] Con più certezza, il nome di Weland era legato ad armi magiche o di fattura eccezionale in numerose narrazioni più tarde: Walter indossava

31. *Capitularia regni Francorum* 44, VII, a cura di Boretius e Krause, p. 123. Sulle armi franche in età carolingia: Coupland, *Carolingian Arms and Armor*.

32. Williams, *Metallurgical Study*.

33. Maier, *Schmied und Schmiedehandwerk*. Inoltre: Cardini, *Alle radici*, pp. 52-70.

34. Si veda l'edizione Webster, *The Franks Casket*, pp. 16-17; su Weland nel Cofanetto di Auzon: Oehrl, *Bildliche Darstellungen von Schmied Wieland*, pp. 280-284.

35. Su questa similitudine Haubrichs, *Die ‚Erzählung des Helden‘*, p. 289.

36. Eugippo, *Vita Severini* 8, a cura di Sauppe, p. 11. Hardt, *Edelmetallschmiede*, pp. 271-272.

una «Welandia fabrica», ed espressioni molto simili compaiono anche in *Beowulf* e *Waldere*, divenendo riferimenti per antonomasia a creazioni di eccellente qualità.[37] Nel Cofanetto di Auzon la vicenda del fabbro Weland era giustapposta alla raffigurazione dell'adorazione dei Magi.[38] La vendetta e la generosità nei doni rappresentavano la reciprocità che idealmente dominava la società dell'epoca. Era in questo mondo di uomini eroici, generosità e brutalità che le gesta di re Alboino e il ricordo dei suoi giorni erano narrate e apprezzate.[39]

4. Tuttavia, il racconto degli autori che scrissero alla fine del VI secolo e nei primissimi anni del VII, vicini pertanto ai giorni in cui Alboino visse, combatté e morì, giustifica solo in parte la fama del sovrano nell'VIII secolo. Alboino fu un uomo del suo tempo, facendo parte della lunga di lista di *reges* barbarici che nella tarda Antichità avevano fatto la loro fortuna combattendo le guerre di Roma, ottenendo tributi e doni dagli imperatori e forzando i compensi con le armi quando la generosità dei Cesari si faceva più tiepida. Alboino fu un militare e un politico di successo: non aveva raggiunto la fama dei grandi re del V secolo come Alarico (370 c.-410), Teodorico (475-526) o Clodoveo (466 c.-511), ma il suo nome era conosciuto nella Gallia dei re Merovingi, nella Spagna dei Visigoti e a Costantinopoli. Come molti re soldati dei suoi giorni, Alboino operò nel bacino pannonico dove numerosi eserciti romani e confederazioni barbariche si erano mossi per decenni.[40] Al volgere del secondo terzo del VI secolo, Alboino fu in grado di radunare una vasta confederazione di guerrieri, inserendosi con consumata abilità nei conflitti tra Avari, Gepidi e impero. Nel 568 o 569, all'apice del suo potere, il re conquistava l'Italia e pochi anni dopo, in circostanze non chiare, veniva assassinato nel suo palazzo di Verona. Colpevoli erano le insidie della moglie e di un certo Elmechi, un uomo del seguito.

37. *Waltharius* v. 965, a cura di Strecker, p. 64; *Beowulf* v. 455, a cura di Fulk, p 116: «Welandes geweorc»; *Waldere I* v. 2, a. c di Zetterstern, p. 14: «Weland[es] worc»; *Waldere II* v. 9, a cura di Zettersten, p. 19: «Welandes bearn».

38. È questa l'idea di Abels, *What has Weland to Do with Christ?*

39. Su questo Wormald, *Bede, Beowulf and the Conversion of the Anglo-Saxons*.

40. Su questo Amory, *People and Identity*, pp. 277-313; Pohl, *Die Gepiden*; Id., *Justinian and the Barbarian Kingdoms*.

Ma se questa è una possibile ricostruzione di eventi molto oscuri, i pochi autori che narrarono l'episodio si trovarono in disaccordo sulle modalità, le ragioni e la data del tragico evento. In un processo che a prima vista potrebbe sembrare curioso, l'episodio assunse ricchezza di dettagli nelle parole di autori che scrissero progressivamente più distanti dagli eventi, fino a che Paolo Diacono, a due secoli dalla morte di Alboino, raccontò la storia di grande fascino che ancora qualche anno fa si studiava nelle scuole italiane. La vicenda che gli autori di VI secolo avevano narrato in poche righe era, alla fine dell'VIII, arricchita da battute gagliarde, duelli tra sovrani nemici, la perfidia della moglie del re, ormai dotata del nome Rosmunda, e, soprattutto, dalla celebre coppa ricavata dal cranio di re Cunimondo, il padre della regina, il sinistro recipiente che Alboino le offrì innescando il tragico climax dell'intera vicenda. Nei due secoli che separavano la morte di Alboino dalla stesura dell'*Historia Langobardorum*, la storia delle gesta e la morte del re avevano preso una forma e una ricchezza che riflettevano l'importanza di Alboino per la società e l'identità dei Longobardi, un'importanza ben simboleggiata dalla sua spada che, stretta in pugno dal duca di Verona, riemergeva dal Regno dei Morti nel tempestoso tramonto del regno longobardo d'Italia. Pochi decenni dopo la conquista del regno da parte dei Franchi, la figura di Alboino perdeva rapidamente il ruolo di mito fondatore per la monarchia longobarda per piegarsi a disparate funzioni sociali.

* * *

La spada del re era quindi il chiaro simbolo di come un uomo e un episodio potessero assumere diversi significati in epoche successive. Alla fine dell'VIII secolo Alboino era un grande sovrano che simboleggiava il passato militare dei Longobardi e le loro origini lontane. Questa era la tappa di un lungo percorso semantico originato a pochi anni della morte del re. Per ripercorrere questo cammino per intero è necessario tornare alla frontiera settentrionale dell'impero, la Pannonia, negli anni dell'imperatore Giustiniano (527-565) quando i Longobardi, assieme ad altri gruppi di barbari, si affacciavano sul Danubio pronti a dividersi le spoglie dell'impero.

1. Tra le nebbie della Pannonia

Alla metà del VI secolo Procopio di Cesarea, lo storico delle guerre di Giustiniano, menzionò una popolazione chiamata Longobardi tra i numerosi gruppi barbarici che popolavano le sponde del Danubio.[1] Negli anni in cui scriveva il loro re era un brillante condottiero chiamato Audoino, che di re Alboino era il padre.

I Longobardi erano già noti agli scrittori antichi: la prima menzione risale, con ogni probabilità, agli anni di Ottaviano Augusto, tra I secolo a.C. e I d.C., quando il geografo Strabone li elencò tra le popolazioni riunite nella confederazione degli Svevi, ma furono le parole spese pochi anni più tardi da Velleio Patercolo a divenire celebri tra gli storici.[2] Nel ricordare un gruppo di Germani sconfitti da Tiberio Cesare e chiamati, appunto, Longobardi, Velleio ne aveva ricordato l'inusuale *ferocitas*, un breve passaggio che avrebbe per decenni aperto le moderne monografie dedicate ai Longobardi.[3] In anni successivi Tacito, Claudio Tolomeo e Cassio Dione posero i Longobardi in diverse regioni delle sterminate foreste che si estendevano tra i fiumi Elba e Danubio.[4] La storiografia più tradizionale, ma con alcune ricadute moderne, interpretava queste testimonianze come evidenza dei movimenti di un unico popolo che per secoli vagò in Europa Centrale, ai limiti del mondo della parola scritta, per essere di tanto

1. Proc. *Bell.* VII, 33, xi. Su Procopio si veda ora Kaldellis, *Procopius of Caesarea*.

2. Strab. VII, 1, iii.

3. Vell. II, 106, ii: «Gens etiam Germana feritate ferocior».

4. Tac. *Germ.* 40; Tac. *Ann.* II, 45, i; XI, 17, iii; Ptol. II, 11, ix; xv; CassDio LXXI, 3, i.

in tanto notato dagli storici che scrivevano nelle eleganti città del Mediterraneo.[5] L'assunto fondamentale di questa idea era che il nome di un popolo, registrato in contesti lontanissimi, per diversi lettori e da autori distanti, oltre che in discorsi mutevoli, rappresentasse una medesima comunità di discendenza in diverse fasi della sua storia.[6] Grazie alle successive attestazioni di un nome era possibile, pertanto, seguire lo sviluppo e i progressi di un gruppo coeso di uomini, spesso ritenuti anche biologicamente affini, attraverso distanze enormi e archi cronologici lunghissimi. Nel ricostruire il lontanissimo passato dei Longobardi, un popolo a cui questo modello sembrava adattarsi perfettamente, le fonti antiche erano lette assieme all'*Origo gentis Langobardorum*, un testo di VII secolo incentrato sul lungo cammino dei Longobardi dalla Scandinavia all'Italia. La più antica storia dei Longobardi era pertanto (ma talvolta lo è tuttora) spiegata con una linea colorata che dalla Scandinavia raggiungeva Pannonia e Italia, includendo, lungo il cammino, i luoghi in cui in diverse epoche il nome *Langobardi*/Λογγοβάρδοι era stato registrato.[7]

Queste idee, apparirà chiaro, non hanno retto alla svolta linguistica (*linguistic turn*) della critica letteraria e appaiono ora superate e, talvolta, politicamente connotate. Il perché questi nomi ricorrano resta però difficile da spiegare, e bisogna ammettere che la critica a colpi d'ascia al mito della migrazione, mito che aveva caratterizzato gran parte della storiografia antica e moderna sui barbari, ha lasciato un vuoto storiografico difficilmente colmabile. La migrazione, infatti, costituiva una risposta a una domanda, metodologicamente sbagliata e spesso ideologicamente discutibile, ma comunque una risposta, mentre ora la storiografia si limita principalmente a una descrizione dell'evidenza.[8]

Negli ultimi decenni Omeljan Pritsak e Walther Heissig hanno interpretato le ricorrenze di etnonimi tra gli *Steppenvölker* delle

5. Le basi per questa elaborazione sono molto antiche e prestigiose essendo state elaborate da Robert Wiese e Ludwig Schmidt per le loro *Dissertationen*: Wiese, *Die älteste Geschichte*; Schmidt, *Die älteste Geschichte der Langobarden*. Le idee sono state riprese in numerosissime occasioni.

6. Banti, *La nazione come comunità di discendenza*.

7. Goffart, *The Map of Barbarian Invasions*.

8. Sulla «teoria migratoria», un'etichetta che spesso raccoglie metodologie diversissime, si veda: Halsall, *Barbarian Migrations*, pp. 417-418.

piane euroasiatiche come un volontario tentativo da parte di gruppi di guerrieri di ricollegarsi a un passato prestigioso.[9] Sembrerebbe che anche in Europa bande armate mirassero a ottenere nomi carichi di tradizione e forza che si rivelassero vincenti nei rapporti con l'impero e altri gruppi barbarici.[10] Alcuni etnonimi come Franchi, Goti o Unni si rivelarono di incredibile successo, mentre altri, come Longobardi, si affermarono in forma minore. Se diamo fede a questa interpretazione, permane il problema di spiegare come fosse possibile accedere a questo bagaglio di nomi antichi e prestigiosi e come se ne tramandasse la memoria. L'idea che esistesse una mediazione letteraria in questa diffusione è l'interpretazione più difficile da accreditare: che i Longobardi accettassero un nome così antico perché attribuito loro dallo storico Procopio di Cesarea sembra assai improbabile. Tuttavia, problematico è anche sostenere che questi etnonimi fossero tramandati di generazione in generazione per via orale, grazie a leggende e racconti, recando tracce di epoche altrimenti dimenticate, il che ci lascia in una certa difficoltà interpretativa.[11] Appare tuttavia chiaro come nomi simili, attestati in diverse circostanze, restino semplicemente questo: nomi simili, senza necessaria correlazione gli uni con gli altri. I Longobardi, pertanto, erano uomini che, al più tardi nel VI secolo, si erano riuniti attorno ad un nome antico. Fu in questi anni che ottennero i loro successi più grandi. L'elaborazione mitopoietica di questi eventi, assieme a quella della vicenda di re Alboino, li avrebbe accompagnati per tutta la loro storia.

Le colpe dei padri

1. Che i Longobardi popolassero l'alto Danubio, dovette essere una conoscenza diffusa nella Costantinopoli della metà del VI secolo, dove le frontiere settentrionali dell'impero costituivano un argomento di grande interesse e fascino. Già Eugippo, che nei primi anni del

9. Pritsak; *Stammesnamen und Titulaturen*; Heissig, *Ethnische Gruppenbildung in Zentralasien*. Soprattutto la discussione di Pohl, *The Role of the Steppe Peoples*, pp. 68-69.

10. Amory, *People and Identity*, pp. 29-30.

11. Si vedano, in questo contesto: Goody e Watt, *The Consequence of Literacy*; Vansina, *De la tradition orale*.

secolo aveva composto la sua *Vita Severini* nella confortevole Napoli, descrisse il Norico come una terra popolata da barbari e caratterizzata da un freddo insopportabile: ogni inverno il Danubio gelava al punto di poter essere attraversato su carri anziché imbarcazioni.[12] Procopio sembrò condividere con molti storici del suo tempo questa fascinazione per i sempiterni ghiacci del nord popolando la Britannia di fantasmi e raccontando di Ultima Thule, un'isola persa tra le onde dell'Oceano, che nel pensiero antico costituiva la terra più occidentale di cui si avesse conoscenza.[13] Più prosaicamente, Procopio si dedicò anche alla Pannonia, nei suoi anni divenuta il teatro d'azione dei numerosi eserciti barbarici che avevano occupato la regione grazie al consenso più o meno entusiasta dell'impero. I Longobardi furono tra questi barbari, e lo storico di Cesarea ne narrò la storia dagli anni che precedettero l'ascesa al trono dell'imperatore Anastasio nel 491, fino al 552, anno che vide la definitiva sconfitta di re Totila in Italia.[14] I Longobardi non figuravano tra le pagine di Eugippo, ma negli stessi anni in cui questi scriveva, erano stati elencati dal geografo Giulio Onorio tra le molte «gentes occidentali oceanis» che circondavano l'*imperium*.[15] Nel racconto di Procopio, i Longobardi giunsero in Pannonia dalla loro antica patria oltre il Danubio una volta che Giustiniano ebbe donato loro quella che nella narrazione viene chiamata «la città del Norico» («Νωρικῷ τε πόλει»), assieme ad alcune fortezze della Pannonia.[16] Non sappiamo nulla di questi luoghi, ma gli storici moderni hanno scritto moltissimo a riguardo. Che i barbari ricevessero una città imperiale e insediassero il territorio circostante, era prassi comune nel VI secolo. Anche i Gepidi avevano ottenuto la grande metropoli Sirmio, oggi Srmska Metrovica in Serbia.

Spero di non forzare troppo l'evidenza proponendo che i Longobardi non dovettero essere tra gli interessi principali di Procopio e dei suoi lettori. Lunghe etnografie erano dedicate a Slavi e Anti, ai Goti, agli Scribotini, una fantastica popolazione che abitava l'isola di

12. Eugippo, *Vita Severini* 4, a cura di Sauppe, p. 9; inoltre ivi 29, a cura di Sauppe, p. 22.

13. Sui fantasmi della Britannia: Ginzburg, *Storia notturna*, pp. 83-86.

14. Cesaretti, *I Longobardi di Procopio*, pp. 31-32.

15. Giulio Onorio, *Cosmographia* 26, a cura di Riese, p. 40. Una datazione molto più antica per la *Cosmographia* di Onorio: Modéran, *Les Maures*, pp. 85-93.

16. Proc. *Bell.* VII, 33, x-xi.

Thule e agli Eftaliti, o Unni Bianchi, che invece popolavano il lontano Oriente.[17] Sul perché i Longobardi non meritassero un'etnografia paragonabile a quelle ora ricordate è possibile solo azzardare ipotesi. Non ritengo, tuttavia, che questo silenzio ne dovette riflettere la scarsa importanza nel pensiero politico bizantino della metà del VI secolo. I successivi eventi dimostrano quanto i Longobardi divenissero centrali, e nello *Strategikon*, un trattato militare scritto tra VI e VII secolo, forse dall'imperatore Maurizio (582-602) in persona, è possibile trovarne una ricca descrizione. Assieme ai Franchi, erano inclusi tra quelli che l'autore chiama popoli biondi («τὰ ξανθὰ ἔθνη»), alcuni tra i più formidabili nemici dell'impero.[18] Il silenzio di Procopio sarebbe al contrario spiegabile se i Longobardi fossero stati percepiti come una popolazione simile ai Romani, e pertanto meno avvincente per il lettore interessato al secolare discorso sull'alterità alla base dell'etnografia antica. Procopio li descrisse come una *gens* cristiana («Λογγιβάρδας τε χριστιανους ὄντάς»), il che contrastava con il carattere barbarico ed esotico che caratterizzava la lunga galleria di popoli che lo storico di Cesarea mise in mostra per il suo pubblico.[19]

Nel raccontare i Longobardi, l'interesse principale di Procopio era di natura politica. Lo storico dedicò ampio spazio alle guerre dei barbari contro i loro vicini, i Gepidi in primo luogo. Questi scontri opposero re Audoino a re Turisindo, un personaggio, che, dopo Procopio, fu menzionato solamente da Paolo Diacono alla fine dell'VIII secolo. Nella narrazione dell'evolversi delle ostilità, grande rilievo è offerto alle ambascerie che i due popoli inviarono alla corte di Giustiniano per ottenere il favore dell'imperatore nel conflitto che andava profilandosi. Le argomentazioni dei barbari sono lucidissime

17. Cesaretti, *I Longobardi di Procopio*, pp. 27-28. Sulle descrizioni etnografiche nell'opera di Procopio: Cesa, *Etnografia e Geografia*; Cameron, *Procopius*, pp. 207-222; Kaldellis, *Procopius of Caesarea*, pp. 10-25.

18. Maurizio, *Strategikon* XI, 3, a cura di Dennis e Gamillscheg, p. 368. Su questo: Wiita, *The ethnika in Byzantine Military Treatises*; Wolfram, *Byzanz und die Xantha Ethne*. Sulla datazione dello *Strategikon*: Whitby, *The Emperor Maurice and his Historian*, pp. 130-132.

19. Proc. *Bell.* VI, 14, ix. La storiografia più tradizionale aveva letto questa menzione di χριστιανους come riferita alla fede ariana considerata l'accezione del Cristianesimo tipica dei Germani: Schmidt, *Die älteste Geschichte der Langobarden*, p. 52; Blasel, *Der Übertritt der Langobarden zum Christentum*, p. 579.

e complesse, giocando sul topos della barbarie e sul ruolo dell'autorità imperiale. È chiaro che Procopio non fu in grado di ascoltare i discorsi che Gepidi e Longobardi tennero di fronte all'imperatore, ammesso che questi fossero stati effettivamente pronunciati, e lo storico ricorse al consolidato modello di Tucidide.[20]

I medesimi conflitti vennero ricordati anche da Giordane, che raccontò di una battaglia di dimensioni immani in cui sessantamila uomini avrebbero perso la vita, uno scontro tale, proseguiva Giordane, non si vedeva in quei luoghi (il bacino pannonico) dai giorni delle imprese di Attila, il grande re degli Unni.[21] La guerra tra Longobardi e Gepidi, complici le descrizioni di Giordane, è stata letta, grazie a un riuscito gioco di parole, come l'alba dei secoli bui: l'inizio dei conflitti e le migrazione che avrebbero portato il Medioevo nell'Europa Sudorientale e in Italia.[22] Fu nell'infuriare di questi scontri che re Alboino, guadagnò il seguito che gli avrebbe permesso la conquista dell'Italia.

2. Narrando questi eventi, Procopio introdusse il re dei Longobardi Audoino.[23] Nel suo racconto, Audoino giunse al potere negli anni in cui reggeva il trono per via dell'infanzia di Valtari, il figlio di re Vacone, usurpandone il trono.[24] Informazioni più precise su questi eventi giungono solo dall'*Origo gentis Langobardorum*, come si diceva composta nel VII secolo, su cui tornerò a più riprese. Stando alla testimonianza dell'*Origo*, Vacone era figlio di Vinigi («filius unichis») e giunse al trono assassinando lo zio paterno Tatone («tatonem regem barbanem suum»).[25] Dal prologo alle leggi di Rotari sappiamo

20. Sui discorsi pronunciati dagli ambasciatori di Gepidi e di Longobardi: Cesaretti, *I Longobardi di Procopio*, pp. 55-59. Inoltre Kaldellis, *Procopius of Caesarea*, pp. 29-34.

21. Giordane, *Romana* 386, a cura di Mommsen, p. 51: «Langobardorum gens, [...] contra emulos Romanorum Gepidas una die pugna commissa eorum pene castra pervasit, ceciderunttque ex utraque parte amplius LX milia; nec par, ut ferunt, audita est in nostris temporibus pugna a diebus Attilae in illis locis, praeter illa quae ante hanc contigerat sub Calluce mag. mil. idem cum Gepidas aut certe Mundonis cum Gothis, in quibus ambobus auctores belli pariter conruerunt». Sui *Romana*: Goffart, *The Narrators*, pp. 42-47.

22. Bona, *The Dawn of the Dark Ages*.

23. Proc. *Bell.* VIII, 18, iii.

24. Su Vacone: *PLRE* III B, p. 1350; su Valtari: *PLRE* III B, p. 1399.

25. Su Tatone: *PLRE* II, p. 1055.

che tutti questi sovrani appartenevano alla dinastia dei Letingi, mentre Audoino apparteneva alla casata dei Gausi, la medesima di Alboino.[26] Il nome Gausi andrebbe forse letto come Gauti a indicare il sangue goto che scorreva nelle vene della stirpe regia di Audoino, Alboino e dei loro successori, essendo Gaut il mitico progenitore dei Goti.[27] Nei secoli altomedievali i membri di famiglie autorevoli potevano ramificarsi tra diverse stirpi barbariche, abbracciando identità diverse e raggiungendo posizioni di grandissimo prestigio, come nel caso dei potenti Agilolfingi.[28] Dopo Alboino, i Gausi avrebbero regnato ancora sul trono di Pavia negli anni di Grimoaldo, ed è possibile che alcuni membri della famiglia mantenessero posizioni importanti. Nonostante le numerose insidie dell'onomastica sappiamo che un uomo di nome Gautone («Gauto») fece parte dell'ambasceria che nel 617 i Longobardi inviarono alla corte di re Clotario II (584-629).[29]

All'usurpazione di Audoino, seguirono alcune reazioni armate miranti a ristabilire un discendente di Vacone sul trono. Che questi tentativi si rivelassero, alla fine, fallimentari, non muta che la casata di Vacone godesse di un prestigio che i Gausi ancora non potevano vantare. È possibile che Audoino, pertanto, fosse un aristocratico dotato di capacità militari, vicino alla corona, ma privo del credito dei precedenti sovrani. Tuttavia, come vedremo, i suoi brillanti successi garantirono al figlio Alboino un prestigio di cui nessun sovrano longobardo aveva goduto.

È probabile che Alboino nascesse negli anni in cui il padre reggeva il trono per Valtari o poco dopo la sua ascesa al trono, ma queste sono semplici speculazioni. L'unica coordinata biografica che possediamo su re Alboino è quella della sua morte, avvenuta nel 572. Più certezze possediamo sull'identità della madre. Procopio di Cesarea racconta come Giustiniano combinasse un matri-

26. Wagner, *Zur Herkunft der Agilolfinger*, pp. 35-37.

27. Wolfram, *Das Reich und die Germanen*, p. 54; Id., *Die Goten*, p. 319. Anche Gasparri, *La cultura tradizione*, p. 32, suggerisce che il nome Gausi potesse richiamare un'antica origine non longobarda.

28. Jarnut, *Agilofingerstudien*.

29. *Chronicarum quae dicuntur Fredegarii* IV 45, a cura di Krusch, p. 144: «Anno 34. a regni Chlothariae legatus tres nobilis ex gente Langobardorum Aghyulfus, Pompegius et Gauto ab Agone regi ad Clothario destinantur». Su Gautone: *PLRE* III A, p. 505.

monio tra Audoino e una sorella del *magister militum* Amalafridas, l'uomo che Giustiniano aveva inviato in soccorso di re Audoino contro i Gepidi.[30] Questo ne farebbe una figlia del re dei Turingi Ermenefrido e di Amalaberga, che fu la figlia di Teodato e pertanto una nipote di Teodorico.[31] Anche Giordane narrò che, in seguito al sanguinoso scontro tra Gepidi e Longobardi, Giustiniano impose al re dei Longobardi, che resta anonimo, una sposa del lignaggio di Teodato, e quindi della dinastia degli Amali.[32] L'anonima sposa, pertanto, recava in sé il sangue reale di Goti e Turingi.[33] Nell'*Origo gentis Langobardorum* la moglie di Audoino è una certa Rodelinda, ma una sua eventuale parentela con Ermanafrido e gli Amali non è ricordata.[34] Numerosi storici hanno interpretato queste complesse testimonianze proponendo che Audoino dovesse allontanare Rodelinda per unirsi in seconde nozze alla sua sposa gota.[35] Una vicinanza di Longobardi e Turingi è da riscontrarsi anche in altre testimonianze: nella cosiddetta Völkertafel, o *tabula Gentium*, un testo molto oscuro databile al secondo quarto del VI secolo, Turingi e Longobardi erano visti come popolazioni affini, entrambe discendenti dal mitico Ingo.[36]

La vittoria sui Gepidi e l'aiuto fornito ai Romani dovettero consolidare la posizione del nuovo re. Fu probabilmente in seguito a questo successo militare che re Clotario (511-561) concesse sua figlia Clodosvinda in sposa ad Alboino. Il significato di questa alleanza matrimoniale dovette essere ambivalente. Se da un lato andrebbe probabilmente interpretato come un riflesso del potere di Audoino, sappiamo anche come l'atto di ricevere una moglie straniera potesse rappresentare un'ammissione di inferiorità da parte di Alboino nei confronti del re dei Franchi, che, per via del matrimonio, diveniva

30. Proc. *Bell.* VIII, 25, xii; aiuto militare ai Longobardi: ivi IV, 25, xiv. Su Amalafridas: *PLRE* III A, pp. 50-51.

31. Su Erminifrido: *PLRE* II, pp. 549-550; Amalaberga: ivi 63.

32. Giordane, *Romana* 386, a cura di Mommsen, p. 52.

33. Wolfram, *Die Goten*, p. 319.

34. *Origo gentis Langobardorum* 3, a cura di Waitz, p. 4. Inoltre: *PLRE* III B, p. 1089.

35. *PLRE* III A, pp. 152-153; Amory, *People and Identity*, p. 462; Hartmann, *Die Königin*, p. 41.

36. Goffart, *The Supposedly 'Frankish' Table of Nations*.

il padre del giovane sovrano longobardo.[37] Resta il fatto che Clodosvinda fu l'unica principessa merovingia a sposare un re longobardo di cui ci sia giunta notizia. Paolo Diacono narrò come anche una sorella del re Childeberto II (575-590), chiamata con il medesimo nome, fosse promessa in sposa a re Autari, ma il fidanzamento non andò a buon fine degenerando in conflitti tra Franchi e Longobardi.[38] È infine possibile che una principessa franca fosse promessa al giovane Adaloaldo, ma non sappiamo se il matrimonio venisse effettivamente celebrato.[39] Dalla loro unione, Clodosvinda e Alboino ebbero una figlia, chiamata Albsuinda, nel cui nome sono riconoscibili le radici di quello dei genitori.[40]

3. Dal racconto sulla politica di re Audoino, appare come il sovrano si impegnasse nelle guerre dell'imperatore Giustiniano. Il suo ruolo di *rex foederatus* può leggersi nelle numerose azioni dei Longobardi a sostegno dell'impero: in un'occorrenza re Audoino promise, così ci dice Procopio, mille uomini in supporto di Germanico che andava organizzando una campagna contro i Goti di Totila, e in una successiva occasione inviò cinquemila soldati affinché combattessero in Italia sotto gli ordini di Narsete.[41] Procopio ricorda che i Longobardi furono allontanati dalle file imperiali per via della loro efferatezza, un episodio che spesso è stato utilizzato dagli storici per confermare la breve notizia di Velleio Patercolo sulla natura dei Longobardi, scritta più di cinquecento anni prima, facendo della violenza una caratteristica costante dei Longobardi per un così lungo periodo.[42] Nel compren-

37. La Rocca, *Figlie e sorelle peregrinae*, p. 84. Inoltre, sul ruolo del matrimonio: Wood, *Royal Succession*.

38. *PLRE* III A, 298. Hartmann, *Die Königin*, pp. 44-46.

39. Paolo Diacono, *Historia Langobardorum* III, 30, a cura di Bethmann e Waitz, p. 110.

40. Paolo Diacono, *Historia Langobardorum* I, 27, a cura di Bethmann e Waitz, p. 69. *PLRE* III A, p. 40; Hartmann, *Die Königin*, pp. 42-43.

41. Le truppe in aiuto a Germanico: Proc. *Bell.* VII, 39, xx; a Narsete: ivi, VIII, 26, xix. Sulle guerre di Giustiniano la bibliografia è diventata ricchissima. Qui si rimanda a Ravegnani, *I Bizantini e la guerra*; Haldon, *The Byzantine Wars*, pp. 21-42, ma si veda anche il recente: Cumberland Jacobsen, *The Gothic War*, nello specifico della partecipazione dei *foederati* longobardi, pp. 288-289, dove viene fornita un'immagine dei Longobardi fedele alla lettura di Procopio.

42. Proc. *Bell.* VIII, 33, ii.

dere il ruolo dei *foederati* nella tarda Antichità si incontrano numerosi problemi: nelle parole di Peter Heather, le menzioni del *foedus* costituiscono infatti un vetro opaco che cela situazioni decisamente difformi.[43] Quello che tuttavia sappiamo è che il ruolo dei guerrieri barbari non dovette essere dissimile da quello dei soldati romani.[44] Su questo argomento si tornerà nel capitolo quarto.

4. Le notizie che Procopio dedicò ai Longobardi si esauriscono con la richiesta da parte di re Audoino della consegna di Ildige, un discendente di Vacone, rifugiatosi alla corte dei Gepidi, un episodio probabilmente da datare al 552.[45] In seguito, lo storico non menzionò più re Audoino, né i suoi Longobardi e non sappiamo se il re fosse ancora in vita quando Procopio pubblicò la sua storia. I Longobardi, però, furono in due occasioni ricordati dallo storico Agazia di Mirina che, a seguito della morte di Giustiniano, scrisse una breve continuazione dell'opera storica di Procopio per concludersi improvvisamente con l'anno 558, probabilmente per la morte dell'autore.[46] I Longobardi furono in una prima occasione menzionati assieme ai Gepidi, nei giorni in cui a Costantinopoli si temeva che il re dei Franchi Teodeberto I (533-548) raccogliesse un enorme esercito di barbari in vista di una spedizione militare, mai avvenuta, contro l'impero.[47] L'episodio è datato dallo storico di Mirina, in maniera non troppo precisa, ai giorni in cui i Romani erano impegnati nelle guerre contro Totila, quindi un periodo successivo al 542 e precedente al 548, anno della morte di Teodeberto, quando Valtari era probabilmente re dei Longobardi e Audoino reggente. In una seconda occasione, lo storico ricordò un contingente di guerrieri lon-

43. Heather, *Foedera and Foederati*, p. 68. Sul tema dei federati: Scharf, *Foederati*, e il volume TRW, 1: *Kingdoms of Empire*, a cura di Walter Pohl.

44. Chrysos, *Conclusion*, p. 199.

45. Proc. *Bell.* VIII, 27, xxviii.

46. Sulla figura di Agazia: Cameron, *Agathias*, pp. 1-11. Si vedano poi Brodka, *Die Geschichtsphilosophie in der spätantiken Historiographie*, pp. 152-192; Treadgold, *The Early Byzantine Historians*, pp. 279-290.

47. Agazia, *Historiae* I, 4, ii, a cura di Keydell, p. 14. Si conoscono, tuttavia, le grandi aspirazioni imperiali di Teodoberto anche da una celebre lettera scritta dal re all'imperatore Giustiniano in cui si magnificava la grandezza del suo regno, paragonato all'impero di Costantinopoli: *Epistolae Austrasicae* 20, a cura di Malaspina, pp. 136-138.

gobardi combattere assieme ai soldati Eruli sul fronte persiano, ma anche qui non vi è menzione dei loro re.[48]

Vi presento Alboino

1. Il più antico riferimento a re Alboino è da trovarsi in una lettera scritta da Nicezio, vescovo di Treviri, a Clodosvinda, nipote di Clodoveo e moglie di re Alboino.[49] Nicezio fu presule di Treviri, nel regno di Austrasia, dal 525 al 566 e la sua vita è conosciuta grazie a numerose testimonianze contemporanee, tra cui la biografia che Gregorio di Tours gli dedicò nelle sue *Vitae patrum*.[50] Il testo fa parte della raccolta chiamata da Wilhelm Gundlach *Epistolae Austrasicae* in occasione dell'edizione curata per i *Monumenta Germaniae Historica*.[51] La raccolta sopravvive in un unico manoscritto di inizio IX secolo proveniente da San Nazario di Lorsch (Pat. Lat. 869-I). Si tratta di una silloge di quarantotto lettere, provenienti dagli archivi vescovili e regi di Treviri, Reims e Metz, con ogni probabilità composta nell'ultimo decennio del VI secolo: le epistole furono scritte in un arco cronologico che spazia dalla metà del V secolo all'ultimo decennio del VI.[52] Scrivendo negli anni Cinquanta o Sessanta del VI secolo, Nicezio fu l'unico autore a menzionare re Alboino mentre questi era ancora in vita. Il vescovo fu autore anche di una seconda lettera inviata all'imperatore Giustiniano.[53]

48. Agazia, *Historiae*, III, 20, x, a cura di Keydell, p. 111.

49. *Epistolae Austrasicae* 8, a cura di Malaspina, pp. 86-98. Sulla lettera si veda la ricca discussione in Nolte, *Conversio und Christianitas*, pp. 42-43, 86-95, e von den Steinen, *Chlodwigs Übergang zum Christentum*, pp. 469-477. Sulla genealogia di Clodosvinda la ricostruzione in Hartmann, *Die Königin*, p. 230. Sulla regina e la lettera di Nicezio: ivi, pp. 42-33.

50. Gregorio di Tours, *Liber vitae Patrum* 17, a cura di Krusch, pp. 277-283. Sulla vita di Nicezio: Pohlsander, *A Call to Repentance*, pp. 456-460, anche se un po' encomiastico. Inoltre, per il più ampio contesto: Anton, *Die Trierer Kirche*, pp. 131-138.

51. L'edizione era stata ristampata nel «CC SL, CM», 117.

52. Malaspina, *Introduzione*, pp. 6-8. Una descrizione del manoscritto vaticano e della raccolta si trova anche in Blasel, *Der Übertritt der Langobarden zum Christentum*, pp. 594-595.

53. *Epistolae Austrasicae* 7, a cura di Malaspina, pp. 80-86. Una seconda edizione con traduzione inglese è Pohlsander, *A Call to Repentance*, pp. 463-471.

Esiste una grande incertezza sulla data di composizione del documento, questo perché entrambi gli elementi che potrebbero servire una datazione della lettera, l'anno del matrimonio tra Clodosvinda e Alboino, e l'anno della morte della regina sono sconosciuti.[54] La data più antica è stata proposta da Wilhelm Blasel che ha suggerito fosse scritta tra il 551 e il 558, mentre Gundlach ha suggerito l'anno 568, la datazione più bassa.[55] All'interno di questo arco cronologico sono state proposte numerose soluzioni, tutte un po' impressioniste.[56] Nemmeno il luogo in cui la regina dei Longobardi ricevette la lettera è chiaro: è ipotizzabile che la corte di Alboino si trovasse fuori dall'Italia, forse in Pannonia, ma si tratta unicamente di un'ipotesi. Come per numerose testimonianze di età merovingia, scritte tra V e VI secolo, la lettera non può essere contestualizzata in alcuna struttura narrativa che per anni è assente.[57]

Nel prezioso documento, Nicezio espresse il suo interesse per le condizioni di salute della regina, tessendo le lodi per le sue numerose attività, compresa «de regione astuta», qualcosa come il controllo del territorio. Con la lettera il vescovo mirava a sollecitare la conversione del marito di Clodosvinda: re Alboino. Il vescovo descrisse la grande nomea del re («fulget fama»), per poi esprimere ansia per la sua conversione. L'autorità del re, temuto da popoli, ammirato dai sovrani confinanti, amato dai potenti e persino preferito dall'imperatore, sembra essere qui ribadita per affermare quanto disdicevole fosse la sua mancata «conversio».[58] Nicezio proseguì esplicitando il suo pensiero: è allarmante che un uomo tanto celebre non si curi del-

54. Ludwig Schmidt datava il decesso di Clodosvinda all'anno 561: Schmidt, *Die älteste Geschichte der Langobarden*, p. 62, n. 4.

55. Blasel, *Der Übertritt der Langobarden zum Christentum*, pp. 599-601, che riporta anche le datazioni dei precedenti editori del testo.

56. Hilgarth, *Christianity and Paganism*, p. 271: tra il 563 e 565; Murray, *From Roman to Merovingian Gaul*, p. 271: il 564 circa; Nelson, *Queens as Converters of Kings*, p. 99: al 564; Everett, *Literacy in Lombard Italy*, p. 58: tra 551 e 558; Nolte, *Conversio und Christianitas*, p. 86: agli anni Sessanta del VI secolo.

57. Su questo seguo le riflessioni di Wood, *The Merovingian Kingdoms*, pp. 20-21.

58. *Epistolae Austrasicae* 8, III, a cura di Malaspina, p. 88: «Stupentes sumus – cum gentes illum tement, cum reges venerationem impendent, cum potestates sine cessatione laudant, cum etiam ipse imperius ipsum praeponit – quod animae remedium non festinus requirit».

la sua anima e anzi accolga presso di lui coloro che spingono i fedeli all'inferno («qui potius animam in gehena perdunt»).[59] Nicezio commentò poi come alla corte di Alboino si venerassero due dèi cristiani, il padre e il figlio («duos deos esse praedicant, alium in Deitate patre, alterum in Deitate, sed pro creatura, filum»): cosa il vescovo volesse dire non è chiaro, ma è possibile, come suggerito da Cordula Nolte, che si trattasse di un'interpretazione del credo ariano.[60]

In un passaggio di difficile interpretazione si fa riferimento alla presenza di Longobardi presso i Goti, non è chiaro se in Italia, il che presenterebbe alcune inconsistenze con la maggior parte delle datazioni, in Spagna o altrove, e alla loro venerazione delle reliquie. Nicezio menzionò come alcuni uomini di Alboino («illos suos fideles») fossero inviati dal re ai santuari («Petri, Pauli, Iohannis vel reliquorum sanctorum limina»).[61] Concludendo la sua lettera, Nicezio lodò nuovamente il re, «talis fama, quem mundus sic preponit», esortando la regina alla cautela («vigila, vigila») per far sì che, grazie alla conversione, i Longobardi divenissero forti contro i loro nemici.[62]

Clodosvinda, una discendente di Clodoveo e Clotilde, fu la prima tra le molte regine altomedievali impegnata nella conversione dei poco ortodossi mariti.[63] Se, infatti, il celebre episodio di re Clodoveo, che cedette alle insistenze della moglie Clotilde, è databile con nume-

59. *Epistolae Austrasicae* 8, III, a cura di Malaspina, p. 88: «Qui sic quemadmodum ille, fulget fama, miror quod de regno Dei et animae suae salute nihil investigare studet, sed illos recipit, illis quiescit, qui potius animam in gehenna perdunt quam ad viam salutis adducant».

60. *Epistolae Austrasicae* 8, III, a cura di Malaspina, p. 88. Nolte, *Conversio und Christianitas*, p. 89.

61. *Epistolae Austrasicae* 8, XI-XIII, a cura di Malaspina, p. 92: «Quid nos ire per singula? Ad duodecim discipulos, quos habuit et habet, veniamus: qui ipsi Gothi hodie ipsis venerationem impendent et reliquis eorum, sed furto tollent; sed nihil ibi habent, quia fidem eorum et nulla re praesumunt. Quid est quos in basilicas eorum – vel corpora ipso rum hodie venerantur – non ingredientur? Quid est quod nihil ibidem presumere audent nisi furtive, ut canes a foris? Animas decipient, cum illos suos fideles rex Alboenus ibidem mittat et ad domini Petri, Pauli, Iohannis vel reliquorum sanctorum limina perducant».

62. *Epistolae Austrasicae* 8, XXI, a cura di Malaspina, p. 96: «Vigila, vigila, quia Deum propitium habes; rogo ut sic agas, ut et gentem Langobardorum fortem super inimicos facias et nos de salute tua vel viri tui gaudere concedas».

63. Nelson, *Queens as Converters of Kings*, p. 99, ipotizza l'esistenza di una *believing queen syndrome*. Su Clotilde: Hartmann, *Die Königin*, p. 230.

rose incertezze all'inizio del VI secolo, il ruolo della regina fu raccontato per la prima volta da Gregorio di Tours, che compose i suoi *Libri Historiarum* alla fine del medesimo secolo.[64] È probabile, inoltre, che Gregorio sviluppasse nella sua narrazione proprio un passaggio della lettera di Nicezio a Clodosvinda, dove si menzionava la conversione del re franco durante la guerra contro gli Alemanni («qual iter in Francia venerit, quodmodo domnum Hlodoveum as legem catholicam adduxerit»), aggiungendo come il favore di Dio avesse reso il re franco vittorioso sui suoi nemici.[65] L'unica testimonianza contemporanea al battesimo di Clodoveo, una lettera inviata allo stesso re dal vescovo Avito di Vienne, non fa menzione della regina.[66]

La lettera di Nicezio ci fornisce alcune informazioni di pregio. Alla metà del VI secolo, Alboino era un re di grande prestigio, in guerra contro i suoi vicini e carico di onori e gloria. La sua fede, stando al vescovo Nicezio, non era ortodossa. Se questo contrasta con la testimonianza che circa vent'anni prima Procopio di Cesarea aveva fornito sulle pratiche religiose alla corte di Audoino, più interessante è notare che Alboino, come numerosi *reges* tardoantichi e altomedievali, aveva autorità sul credo dei suoi seguaci. Infine, e questo è un argomento su cui si tornerà a più riprese, appare chiaro come la corte longobarda fosse parte dell'ampio circolo letterario a cui appartenevano le più alte aristocrazie della Gallia, in contatto con i re dei Franchi e gli imperatori di Costantinopoli.[67]

2. Dopo Nicezio, l'autore più antico a menzionare re Alboino fu Menandro Protettore che scrisse una Ἱστορία, forse in dieci libri, che trattava gli eventi a lui contemporanei.[68] Il nome Προτήκτωρ deriva dal suo ruolo alla corte dell'imperatore Maurizio, dove servì come militare. Menandro scrisse negli anni che seguirono la morte

64. Gregorio di Tours, *Libri Historiarum* II, 30-31, a cura di Krusch e Levison, pp. 75-78.

65. *Epistolae Austrasicae* 8, XIX-XXI, a cura di Malaspina, pp. 94-97.

66. Avito di Vienne, *Epistolae ad diversos* 46, a cura di Peiper, pp. 75-76. Su questo Nelson, *Queens as Converters of Kings*, p. 100; Schanzer, *Dating the Baptism of Clovis*.

67. Per questo concetto: Mathisen, *Epistolography*.

68. Su Menandro: Blockley, *Introduction*; Baldwin, *Menander Protector*; Treadgold, *The Early Byzantine Historians*, pp. 293-299.

di Alboino in Italia, essendo nato attorno al 550, il che ne fa un giovane uomo nella stagione in cui il re longobardo ottenne i suoi successi più grandi.[69] È possibile che la sua storia fosse una prosecuzione dell'opera di Agazia: la narrazione di Menandro avrebbe pertanto trattato gli ultimi anni di regno di Giustiniano assieme ai regni di Giustino II (565-574) e Tiberio II Costantino (574-582); si pensa che lo storico avesse narrato gli eventi fino alla morte di quest'ultimo, avvenuta nel 582, poiché Teofilatto Simocatta, un autore che visse nella Costantinopoli dell'imperatore Eraclio (610-640), raccontò che Menandro aveva descritto la conquista avara di Sirmio, la metropoli della Pannonia, avvenuta il medesimo anno.[70] La grande incertezza sull'estensione e la qualità del lavoro di Menandro sta nel fatto che la sua storia non godette del successo in cui l'autore aveva probabilmente sperato, e dell'opera sopravvivono unicamente le sezioni che, nel X secolo, l'imperatore bizantino Costantino VII Porfirogenito (913-959), fece collezionare nel suo testo *De Legationibus*, un trattato che raccoglieva estratti di narrazioni antiche incentrate sulle ambascerie dei Romani presso i barbari. Erano frammenti che si riteneva potessero risultare ancora attuali nella Bisanzio del X secolo. Alcune informazioni sulla vita di Menandro (tra le altre cose aveva un fratello chiamato Erodoto, indice dei gusti classicheggianti dei genitori), sono raccolte nel quasi contemporaneo lessico di Suda.[71] Menandro poté sfruttare la sua vicinanza alla corte per raccogliere il materiale che poi confluì nella sua storia avendo accesso a materiale di archivio, forse verbali degli incontri e le clausole del trattato. Nel racconto delle trattative tra impero e barbari delle steppe, come Turchi e Avari, è possibile riconoscere notizie di carattere orale.[72] Un bell'esempio è la lunga descrizione delle trattative del *magister officiorum* Pietro e Yezdegusnaph, lo *zikh* dei Persiani, che portarono alla pace del 561.[73]

Re Alboino, chiamato «Ἀλβούιος ὁ τῶν Λογγιβάρων μόναρχος», è menzionato unicamente in occasione di un'ambasceria longobar-

69. Treadgold, *The Early Byzantine Historians*, p. 294.

70. Teofilatto Simocatta, *Historia* I, 2, v, a cura di De Boor e Wirth, pp. 44-45. Blockley, *Introduction*, p. 3; Treadgold, *The Early Byzantine Historians*, p. 296.

71. Suda M591.

72. Sulle fonti di Menandro: Blockley, *Introduction*, pp. 18-20.

73. Menandro Protettore, *Historia* fr. 6, a cura di Blockley, pp. 54-90.

da al *qagan* degli Avari Baian. Menandro descrisse il grande odio («ἀπέχθεια») che il sovrano longobardo nutriva per Cunimondo, il re dei Gepidi che teneva la sua corte a Sirmio.[74] La terminologia che Menandro utilizza per definire la regalità è tuttavia vaga, e quindi è difficile utilizzare la ricorrenza «μόναρχος» per meglio comprendere il ruolo di Alboino.[75] Dalla testimonianza si comprende che nell'addensarsi delle nubi che avrebbero portato all'esplodere delle ostilità, Alboino si rivolse agli Avari per stringere un'alleanza: gli inviati del re esposero le sofferenze che i Longobardi avevano subito per mano gepida. Ricordando l'alleanza tra Gepidi e Romani, che Menandro confidò al lettore essere odiatissimi dagli Avari, i Longobardi miravano a muovere lo *Steppenvolk* a una guerra contro Costantinopoli. Menandro si spinse fino a svelare al lettore quali fossero le segrete intenzioni del *qagan* Baian sull'alleanza con i Longobardi.[76] Lo storico possedeva informazioni sulle condizioni dell'alleanza, per le quali i Longobardi dovevano consegnare agli Avari un decimo dei loro averi («δεκατημόριον τῶν τετραπόδων ἁπάντων») e la metà di quanto avrebbero ottenuto in caso di vittoria sui Gepidi. A questo si aggiungeva la terra dei barbari sconfitti.[77] È possibile che queste informazioni giunsero a Costantinopoli (e a Menandro) attraverso l'ambasceria che Cunimondo, allarmato da queste notizie, inviò all'imperatore.[78] Lo storico concluse il suo racconto narrando una seconda ambasceria dei Longobardi a Costantinopoli e la successiva decisione di Giustino II di non schierarsi con nessuna delle due *gentes*. Sappiamo che tra Gepidi e Longobardi si giunse poi allo scon-

74. Menandro Protettore, *Historia* fr. 12.1, a cura di Blockley, p. 128: «Ὅτι Ἀλβούιος ὁ τῶν Λογγιβάρδων μόναρχος, οὐ γὰρ αὐτῷ ἀπέληγεν ἡ πρὸς Κονιμοῦνδον ἀπέχθεια, ἀλλ' ἐκ παντὸς τρόπου ᾤετο δεῖν καταστρέψασθαι τὴν τῶν Γηπαίδων ἐπικράτειαν».

75. Sulla terminologia di Menandro sulla regalità: Blockley, *Introduction*, p. 8; altrimenti il termine più utilizzato è «Ἡγήμων».

76. Menandro Protettore, *Historia* fr. 12.II, a cura di Blockley, p. 128: «Ὅτι ὁ Βαιανὸς τοὺς τῶν Λογγιβάρδων πρέσβεις δεξάμενος ἐδόκει τούτους περιφρονεῖν τῷ βούλεσθαί γε αὐτὸς κερδαλεώτερον θέσθαι ὡς αὐτοὺς τὴν συμμαχίαν· καὶ πὴ μὲν τὸ μὴ δύνασθαι, πὴ δὲ τὸ δύνασθαι μὲν προΐσχετο, μὴ βούλεσθαι δέ».

77. Menandro Protettore, *Historia* fr. 12.II, a cura di Blockley, p. 130.

78. Menandro Protettore, *Historia* fr. 12.II, a cura di Blockley, p. 130: «Ἐπειδὴ δὲ ἐπύθετο Κονιμοῦνδος, λέγεται δείσας ὡς καὶ αὖθις παρὰ βασιλέα Ἰουστῖνον ἔπεμψε πρέσβεις».

tro: Menandro menziona, in un'altra occasione, una battaglia in cui i Longobardi, assieme agli Avari, ottennero una sanguinosa vittoria.[79]

Menandro dovette poi raccontare le guerre dei Longobardi in Italia, fornendo un ritratto forse breve, ma apparentemente scurissimo, della conquista. Tra 577 e 578 il patrizio Panfronio giunse a Costantinopoli per chiedere aiuto militare contro i Longobardi, ma Tiberio II Costantino poté solamente inviare una grande somma di denaro. Una seconda ambasceria fu inviata dal Senato di Roma nel 579 e Menandro descrisse l'Italia devastata dai Longobardi («Ὅτι Ἰταλία ὑπὸ τῶν Λογγιβάρδων σχεδὸν ἅπασα ἐπεπόρθητο»).[80] Possiamo immaginare che lo storico narrasse anche l'ingresso dei barbari in Italia e forse la morte di re Alboino, ma queste sezioni dell'opera sono andate perdute.[81]

La malizia dei Romani

1. Il *Liber pontificalis* di Roma è la più antica narrazione sull'ingresso dei Longobardi in Italia. La conquista è narrata nelle biografie aggiunte negli anni Settanta del VI secolo a un primo corpus che comprendeva le vite dei pontefici che andavano da Pietro a Giovanni II (533-535), compilato negli anni che correvano tra il 530 e il 535.[82] Si tratta pertanto di un racconto vicinissimo agli eventi narrati. La testimonianza del *Liber* fu poi ripresa da autori più tardi come Isidoro di Siviglia, Beda e, nel IX secolo, Freculfo di Liseux.[83] Nella *Vita Iohannis III*, l'anonimo biografo raccontò di come i Romani si rivolgessero agli imperatori Giustino II e Sofia affinché Narsete, che regnava sull'Italia, fosse rimosso dal suo incarico. Il patrizio, accortosi della minaccia che andava prospettandosi, si rifugiò a Napoli. Lì scrisse ai Longobardi, invitandoli a lasciare la Pannonia per venire

79. Menandro Protettore, *Historia* fr. 12.VI, a cura di Blockley p. 140.

80. L'ambasceria di Panfronio: Menandro Protettore, *Historia* fr. 22, a cura di Blockley, p. 196; l'ambasceria del 579: ivi fr. 24, a cura di Blockley, p. 216.

81. Di simili idee anche Coumert, *Origines des peuples*, p. 166.

82. Geertman, *La genesi del Liber pontificalis romano*, p. 37.

83. Isidoro di Siviglia, *Chronica Maiora* 402, a cura di Mommsen, p. 476; Beda, *Chronica Maiora* 523, a cura di Mommsen, p. 308; Freculfo di Lisieux, *Historiae* II, 23; II, 25, a cura di Allen, p. 720; 722.

in Italia.[84] Anche nella *Continuatio Epitomae Hispaniae* si racconta come Narsete concedesse l'Italia a re Alboino.[85] Nelle biografie seguenti, la *Vita Benedicti I* e la *Vita Pelagii II*, è descritto l'ingresso dei barbari in Italia e la carestia che seguì la conquista.[86] La leggenda di Narsete guadagnerà progressivamente di complessità divenendo uno dei racconti centrali della conquista longobarda dell'Italia.

2. L'invito dei Longobardi è un'espressione evocativa con cui la storiografia ha tradotto il latino delle fonti, intendendo lo stanziamento di guerrieri federati all'impero nelle terre fiscali dell'Italia settentrionale, insinuando allo stesso tempo una mancata difesa e una volontaria consegna della penisola da parte dei Romani ai barbari.[87] Come questa consegna si svolgesse in un'ipotetica realtà dei fatti è lungi dall'essere spiegato e il tutto sembra perlomeno sospetto. Tuttavia, stemperando il racconto del *Liber pontificalis* in un contesto più vasto, è possibile battere piste più promettenti per comprendere il significato dell'episodio. Il racconto di un generale romano che invoca l'aiuto di una popolazione barbarica destinata a fondare un *regnum* era, infatti, un topos caro agli autori antichi, che nei secoli era stato piegato alle funzioni più diverse.

Autori cristiani come Agostino e Orosio avevano tentato di minimizzare la portata dell'ingresso dei barbari sul suolo imperiale, intessendo una controstoria di Roma in cui il progredire della storia rappresentava l'allontanarsi da una ferrea età di violenza e sopruso divenendo un cammino salvifico.[88] Numerosi, tuttavia, restavano gli scrittori che nei barbari vedevano i segnali tra i più allarmanti

84. *Liber pontificalis* 63, a cura di Mommsen, pp. 157-158: «Tunc Romani invidia ducti suggesserunt Iustiniano et Sofiae quia: expedierat Romanis Gothis servire quam Grecis, ubi Narsis eunuchus imperat et servitio nos subiecit; et piissimus princeps noster haec ignorat aut libera nos de manu eius [...] Tunc egressus Narsis de Roma venit Campania et scripsit genti Langobardorum, ut venirent et possiderent Italiam».

85. *Continuatio Epitomae Hispaniae*, a cura di Mommsen, p. 36: «[Narseus] qui stremo tempore vitae suae ipsam provinciam Italiam Alboino regi Longobardorum tradidit».

86. *Liber pontificalis* 64-65, a cura di Mommsen, pp. 159-160.

87. Su questo argomento: Christie, *Invasion or invitation?* Gasparri, *Italia longobarda*, p. 13.

88. Corradini, *A Stone in the Capitol.*

di una fine incipiente. In questa temperie di inquietudine pronta a precipitare nell'angoscia, l'invito dei barbari da parte dei Romani era il frammento di un discorso crepuscolare, più ampio e in parte perduto, sulla senescenza del mondo romano, la perdita di *virtus* da parte degli antichi padroni del mondo e l'irreversibile fiaccare della potenza imperiale. Anche Renato Vegezio, il celebre stratega del mondo tardoantico, nonostante ripetesse l'antico motto, carissimo al mondo greco e romano «si vis pacem, para bellum», echeggiando un passato forte e austero, lamentava come ai suoi giorni, la fine del IV secolo, i *mores* dei Romani, assieme alla loro forza virile fossero ormai una questione del passato. Colpevole di questo nuovo stato di languore era, ancora una volta, la presenza dei barbari nelle gloriose file dell'esercito imperiale.[89]

Sembrerebbe che il modello dell'invito dei barbari, nonostante avesse precedenti antichissimi, fosse evocato con insistenza a partire dal V secolo. Vi si ricorse per spiegare una scorreria vandala in Italia negli anni che seguirono il sacco di Roma del 455.[90] Decenni più tardi, Giordane e Procopio, che scrissero alla metà del VI secolo, rivolsero la medesima accusa che il *Liber pontificalis* insinuava contro Narsete al *comes* Bonifacio: nel corso del conflitto con Felice del 429 il generale avrebbe chiamato i Vandali, provocando l'invasione dell'Africa.[91] Il racconto di Narsete funse poi da modello per autori più tardi. Nelle *Cronache di Fredegario* si legge dell'invito rivolto ai Burgundi dalle aristocrazie romane della Gallia affinché i barbari attraversassero il Reno.[92] Inoltre, circa un secolo e mezzo dopo la testimonianza del *Liber pontificalis*, Beda il Venerabile utilizzò una simile argomentazione per spiegare l'invasione dei Sasso-

89. Veg. *Mil.* III, prologus: «Igitur qui desiderat pacem, praeparet bellum»; sul ruolo negativo dei barbari nell'esercito: ivi III, 16.

90. Merrils e Miles, *The Vandals*, p. 116, per tutte le occorrenze dell'episodio.

91. Giordane, *Getica* 167, a cura di Mommsen p. 101: «sed Gyzericus rex Vandalorum iam a Bonifatio in Africam invitatus»; Proc. *Bell.* III, 3, xxii-vi. On the episode, Merills e Miles, *The Vandals*, pp. 52-54; Halsal, *Barbarian Migrations*, pp. 240-241.

92. *Chronicarum quae dicuntur Fredegarii* II, 46, a cura di Krusch p. 68: «Et cum ibidem duobus annis resedissent, per legatis invitati a Romanis vel Gallis, qui Lugdunensium provinciam et Gallea comata, Gallea domata et Gallea Cesalpinae manebant, ut tributa rei publice potuissent rennuere, ibi cum uxoris et liberes visi sunt consedisse».

ni in Britannia. La natura di questo racconto sembrerebbe essere in parte dissimile perché Vortigern, che invocò l'aiuto dei Sassoni per combattere i suoi nemici in Britannia, non era un generale romano.[93] Tuttavia è possibile che la matrice fosse esattamente la stessa. La narrazione di Beda sviluppa, infatti, il racconto molto più oscuro dell'*De excidio Britanniae* di Gilda il Saggio. Nella testimonianza di Gilda, un superbo tiranno avrebbe chiamato i Sassoni in Britannia, nel testo leggiamo che il tiranno «gentes intromitterentur», per combattere i barbari del nord: i Pitti e gli Scoti.[94] Nell'*Historia ecclesiastica gentis Anglorum*, Beda riprese la narrazione sostituendo il brittone Vortigern al tiranno senza nome di Gilda. Recentemente, Guy Halsall, oltre ad aver proposto una datazione più alta per la composizione dell'opera, ha suggerito che il «superbus tyrannus» di Gilda, secoli dopo identificato in Vortigern da Beda, sarebbe da trovarsi in Magno Massimo, l'usurpatore di IV secolo.[95] Se diamo credito a questa lettura, il racconto di Gilda, poi mutuato da Beda, non rappresenterebbe alcuna anomalia rispetto a un diffuso modello narrativo.

Come si diceva, questi racconti erano gli elementi di un discorso sulla crescente impotenza dei Romani: grazie all'invito di un generale romano, si mirava a spiegare lo stanziamento dei barbari che fossero Longobardi, Burgundi, Vandali o Sassoni, sul suolo romano. La stessa narrazione sarebbe stata, secoli più tardi, utilizzata per spiegare la conquista franca dell'Italia, e numerose storie circolarono sull'invito dei Franchi da parte dei pontefici di Roma, gli arcivescovi di Ravenna o anche i *proceres* dei Longobardi.[96]

La conquista dell'Italia

1. Inviati o meno da Narsete, i Longobardi penetrarono nel cuore dell'impero. La penisola italiana era tra le province del mondo

93. Beda, *Historia ecclesiastica gentis Anglorum* I, 14, ii a cura di Lapidge, pp. 66.

94. Gilda, *De excidio Britanniae* 23, a cura di Winterbottom, p. 97.

95. Halsall, *Worlds of Arthur*, pp. 87-94.

96. Gandino, *La storiografia, prima e dopo il 774*, pp. 367-370, con numerose referenze.

romano maggiormente inserite nel sistema di scambi mediterranei che, tra V e VI secolo, declinarono drammaticamente. In particolare, le regioni dell'interno lungo la dorsale appenninica e le valli del Po, persero i contatti con il Mediterraneo meridionale, vedendo un progressivo decremento delle importazioni. La perdita dei legami commerciali con il resto della regioni dell'impero e la crisi demografica che seguì impoverirono le ricchissime aristocrazie italiane. La lunga guerra gotica colpì ulteriormente l'Italia romana.[97] Le lettere di Pelagio I (556-561) riflettono bene il rarefarsi delle strutture antiche e il declino economico e sociale delle aristocrazie riunite attorno all'ideale di *romanitas*. Fu in questo scenario che i Longobardi conquistarono l'Italia, impossessandosi inizialmente delle regioni che già erano state tagliate fuori dalla comunicazione mediterranea.[98]

Nel dibattito storiografico inaugurato da Alessandro Manzoni a cui si accennava in apertura, centrale era la questione sulla condizione dei precedenti abitanti dell'Italia, chiamati, nel discorso storiografico, Romani. Le ragioni di questo interesse erano chiare: gli Italiani del Risorgimento vedevano nei Romani i loro predecessori altomedievali. In generale due erano le idee principali sul loro destino. La prima è che fossero assoggettati dai Longobardi, perdendo i loro diritti personali. La seconda ipotesi teorizzava che i Romani vivessero una vita separata, e da qui la mancata menzione nell'editto.[99] Come si vedrà nel quarto capitolo, queste idee nascevano in un ambiente culturale che immaginava i processi etnici come estremamente stantii, mentre alternative più dinamiche furono possibili.

2. Il momento in cui re Alboino varcò le Alpi è stato materia di dibattito. Con certezza possiamo dire che nell'estate del 569, il re si trovava nell'Italia settentrionale con un seguito di guerrieri. Numerosi autori narrarono l'evento, ma le loro testimonianze sono spesso laconiche e contraddittorie. Non possediamo alcuna informazione sulla rotta seguita dai Longobardi, ma le vie attraverso le Alpi

97. Wickham, *Framing the Early Middle Ages*, p. 115; Delogu, *Longobardi e Romani*, pp. 151-152.

98. Marazzi, *The Destinies of the Late Antique Italies*.

99. Delogu, *Le origini del Medioevo*, pp. 181-182. La prima idea si deve a Bognetti, *S. Maria Foris Portas*; la seconda a Mor, *Lo Stato longobardo nel VII secolo*.

dovettero essere molto note e furono probabilmente le medesime utilizzate dagli eserciti franchi e longobardi che dall'Italia parteciparono alle guerre in Avaria di Carlomagno.[100] Nulla sappiamo sulla consistenza numerica dell'esercito del re, anche se alcuni storici hanno fornito numerose cifre dissimili: osservando l'evidenza sugli effettivi degli eserciti altomedievali, è lecito pensare che si trattasse di contingenti molto ridotti.[101]

Mario di Avenches raccontò anni difficili per via delle numerose calamità che flagellarono l'Italia, ma i Longobardi, almeno questa volta, apparivano essere innocenti. Tra le numerose vittime di epidemie e altre sciagure, solo «nonnulli», stando alla testimonianza di Mario, furono colpiti dalle spade dei barbari. Mario offre anche una delle pochissime tracce sulla modalità della conquista, scrivendo che i Longobardi si impossessarono dell'Italia «in fara». Questo è un termine raro nella documentazione altomedievale, che sembrerebbe designare un gruppo familiare esteso, probabilmente di carattere militare, spesso interpretato dalla critica moderna come una delle strutture sociali più forti nella società longobarda più antica.[102] Anche il *Liber pontificalis* omette la violenza e le espropriazioni che autori più tardi attribuirono ai Longobardi: l'autore della vita di papa Benedetto (575-579) raccontò della grande carestia che colpì l'Italia in quegli anni, aggiungendo come numerosi dei soldati che difendevano le fortezze imperiali si consegnarono ai Longobardi per trovare sollievo dalla fame.[103] Fu solo Gregorio di Tours, tra gli autori che scrissero vicini agli eventi, a presentare l'immagine di una conquista brutale e violenta, poi ripresa e ulteriormente inasprita da papa Gregorio Magno (590-604), che dedicò il terzo libro dei suoi *Dialogi* ai primi giorni della conquista, dove l'ingresso dei Longobardi in Italia

100. Štih, *The Middle Ages between the Eastern Alps and the Northern Adriatic*, pp. 190-211.

101. Sugli effettivi degli eserciti altomedievali: Halsall, *Warfare and Society*, pp. 119-133.

102. Mario di Avenches, *Chronicon* 569, a cura di Favrod, p. 82. Sulla *fara*: Murray, *Germanic Kinship*, pp. 89-97; Constanbeys, *Kinship*, p. 73; Gasparri, *Italia longobarda*, pp. 30-31.

103. *Liber pontificalis* 64, a cura di Mommsen, p. 159: «Eodem tempore gens Langubardorum invaserunt omnem Italiam, simulque et famis nimia, ut etiam multitudo castrorum se tradidissent Langubardis, ut temperare possent inopiae famis».

assunse sinistre tinte escatologiche. Gregorio raccontò che il vescovo Redento di Ferentino, che trascorreva la notte presso la tomba del martire Iutico mentre viaggiava nelle sua diocesi, fu svegliato dal sant'uomo prima che fosse giorno. Il martire per tre volte ripeté al vescovo l'allarmante frase «finis uentit uniuersae carni».[104] Seguirono segni celesti e punte infuocate furono avvistate sopra i passi delle Alpi «e il selvaggio popolo dei Longobardi («effera Langobardorum gens») sbucato dai recessi del suo paese («de uaginae suae habitationis deducat») iniziò a imperversare sulle nostre teste».[105] In Gregorio la portata dell'invasione longobarda evocava le immani catastrofi del passato: il funesto annuncio «finis uentit uniuersae carni» chiaramente echeggiava le parole che Dio rivolse a Mosè per annunciare il Diluvio Universale.[106] Non diversamente dagli irati flutti del Signore, i Longobardi giungevano come una marea per sommergere i peccatori della penisola. Nonostante l'abisso che si poteva riscontrare tra la testimonianza del *Liber*, di Mario e di papa Gregorio, fu la lettura escatologica di quest'ultimo che venne adottata dalla storiografia di XIX secolo.[107]

Fu come sempre Paolo Diacono a narrare il racconto più lungo, efficace e drammatico della conquista longobarda dell'Italia. La narrazione è tuttavia un riflesso della percezione che dell'evento si ebbe negli anni del diacono e molto rischioso sarebbe cercarvi il riflesso di un lontano passato. Paolo Diacono, che ripetiamo scrisse alla fine dell'VIII secolo, fornì una ricca testimonianza, elencando Gepidi, Bulgari, Sarmati, Pannoni e Norici tra i gruppi che avrebbero militato nelle file dell'esercito di re Alboino al momento della conquista. È probabile che il passaggio del diacono fosse una strategia per spiegare, con un'antica migrazione, i nomi che ai suoi giorni («usque hodie in quibus habitant») costituivano la geografia umana dell'Italia, offrendo un passato alle numerose aristocrazie che, assieme ai Franchi, erano giunte nell'Italia settentrionale a seguito della conquista franca del 774. Al contempo, tuttavia, le parole del diacono ribadivano, se ce ne fosse stato il

104. Gregorio Magno, *Dialogi* III, 38, ii, a cura di Vogüe e Antin, II, p. 428.
105. Gregorio Magno, *Dialogi* III, 38, iii, a cura di Vogüe e Antin, II, p. 430.
106. *Gen.* VI, 13.
107. Su questo Gasparri, *Italia longobarda*, p. 9.

bisogno, la natura barbarica e variegata dei guerrieri di Alboino, ma su questo si ritornerà nel capitolo quinto.[108] Le testimonianze contemporanee menzionarono, invece, unicamente guerrieri longobardi e sassoni.[109]

Le azioni di Alboino nei primissimi giorni della conquista sono ancora una volta narrate unicamente da testimonianze scritte duecento anni più tardi. Paolo Diacono e un anonimo continuatore dell'*Origo gentis Langobardorum* che scrisse all'inizio del IX secolo informarono il lettore sull'esistenza di documenti fatti redigere da re Alboino nei giorni della conquista. Un suo *pracmaticuum* avrebbe confermato le proprietà della chiesa di Treviso al vescovo Felice, mentre una *carta conscriptionis* suggellava l'alleanza tra Longobardi e Avari all'alba della conquista dell'Italia.[110] Questi documenti non sono mai ricordati prima della presa franca del *regnum Langobardorum*. D'altro canto il più antico diploma fatto redigere da un re longobardo è quello relativo alla fondazione di Bobbio che, nonostante sopravviva, con alcune interpolazioni, in una copia del IX secolo, sarebbe da datarsi al 613, mezzo secolo più tardi dell'ingresso di Alboino in Italia.[111] Come si vedrà, l'idea di un patto tra Longobardi e Avari potrebbe essere un prodotto di fine VIII secolo e anche la concessione alla chiesa di Treviso sembrerebbe più pertinente ai medesimi anni, quando la città compare con frequenza crescente nella documentazione italiana e franca come uno dei principali accessi al *regnum* dalle *Venetiae*, ma su questo tornerò nel capitolo quinto. Che l'episodio di Felice sia da ascriversi a un contesto di VIII secolo piuttosto che di VI non muta la generale continuità delle istituzioni episcopali nell'Italia longobarda. Se alla conquista della penisola da parte dei Longobardi è tradizionalmente legato il trasferimento degli arcivescovi di Milano e Aquileia verso le regioni costiere che rimasero sotto il controllo dell'impero, vesco-

108. Paolo Diacono, *Historia Langobardorum* II, 26, a cura di Bethmann e Waitz, p. 87.

109. Gregorio di Tours, *Libri Historiarum*, IV, 42, a cura di Krusch e Levison, pp. 175-176.

110. Paolo Diacono, *Historia Langobardorum* II, 19, a cura di Bethmann e Waitz, p. 79; *Historia Langobardorum codicis Gothani* 5, a cura di Waitz, p. 9.

111. Richter, *Bobbio in the Early Middle Ages*, pp. 13-14; Zironi, *Il monastero longobardo di Bobbio*, pp. 9-11.

vi come Agnello di Trento e Ingenuo di Sabbiona divennero presto parte dell'amministrazione del regno.[112]

I restanti aspetti della conquista rimangono ancora più oscuri. Centrale è stato il dibattito sull'insediamento dei Longobardi e la sorte del sistema fiscale romano: ci si è domandati se nei primissimi anni che seguirono la fondazione del regno le tasse fossero raccolte dai sovrani longobardi, Alboino tra questi. L'evidenza è ancora una volta ridottissima, ma la lunghezza della guerra gotica e la disarticolata natura della conquista longobarda fanno dubitare che molto del sistema romano fosse restato in funzione.[113] Sicuramente, a partire dal VII secolo, quando le testimonianze si fanno più ricche, non troviamo traccia di un sistema fiscale longobardo, ma è stato suggerito che, ancora negli anni di regno di Alboino, il sistema romano continuasse, almeno in parte, a funzionare e che i nuovi signori dell'Italia si premurassero per la sua sopravvivenza.[114] Sembrerebbe pertanto, pur nella laconicità dell'evidenza, che i nuovi arrivati, guidati da re Alboino, avessero ogni interesse a preservare le strutture imperiali, che avrebbero dovuto costituire i gangli del nascente stato longobardo.[115] Che questi propositi non si rivelassero attuabili, muta di poco le intenzione del re e dei suoi bellicosi compagni.

Essere re alla fine dei tempi

1. Sul ruolo dei *reges Langobardorum* nel VI secolo, Alboino tra essi, non sappiamo pressoché nulla. La storiografia, fino a pochi anni fa, vedeva nei *reges* protagonisti delle vicende militari degli ultimi secoli dell'impero, uomini insigniti di dignità tipicamente non-romane. La storiografia, infatti, riteneva che il titolo *rex* non solo apparisse alieno al mondo romano, ma si teorizzava come fosse particolarmente inviso ai Quiriti, richiamando addirittura i giorni dei

112. Paolo Diacono, *Historia Langobardorum* III, 1, a cura di Bethmann e Waitz, p. 93. Gasparri, *Italia longobarda*, pp. 10-11. Hauptfeld, *Zur langobardischen Eroberung Italiens*.

113. Goffart, *Barbarians and Romans*, pp. 176-205.

114. Pohl, *Per hospites divisi*, pp. 223-224; Id., *I Longobardi e la terra*. Inoltre Wickham, *Framing the Early Middle Ages*, pp. 116-117.

115. Gasparri, *Italia longobarda*, p. 14.

sette re sui colli fatali e le perfide astuzie di Tarquino il Superbo.[116] Da qui si riteneva che la regalità altomedievale fosse un'istituzione germanica, ossia tipica delle popolazioni protagoniste delle invasioni barbariche. La regalità, come altre istituzioni, costumi e credenze dei Germani, poteva essere analizzata con un certo approccio positivista, paragonando e utilizzando in maniera complementare fonti distanti nello spazio e nel tempo come Tacito e Procopio.[117] Pur nelle sue diverse forme, erano le radici germaniche della regalità altomedievale a giustificare uno sguardo unitario e di lunga durata. Il carattere magico e sacrale dei re germani fu teorizzato da Otto Höfler che, influenzato dall'antropologo britannico James Frazer, descrisse l'istituzione della *Sakralkönigtum*, ossia l'antichissima regalità che originava da credenze ancestrali.[118] Höfler non era isolato nel seguire questa linea di pensiero, e anche uno storico molto lontano da idoli ariani come Marc Bloch non esitò a leggere nel carattere sacrale della regalità presso gli antichi Germani il precedente alla più documentata abilità dei sovrani francesi e inglesi nel guarire con il tocco delle mani.[119] A queste speculazioni si aggiungeva un'ulteriore elaborazione storiografica: se i *reges* descritti da autori classici come Cesare e Tacito avevano natura sacrale, si è creduto che i re alla testa dei grandi eserciti della *Volkerwanderungzeit*, a partire dal III secolo

116. Si veda la discussione in Fanning, *Odovacer Rex*.

117. A titolo di esempio: De Vries, *Das Königtum bei den Germanen*.

118. Höfler, *Germanisches Sakralkönigtum*; Id., *Der Sakralcharakter des germanischen Königtums*. Il principale studio di James Frazer sulla regalità è *The Golden Bough*, tradotto in italiano come *Il ramo d'oro*, pubblicato più volte e in diverse edizioni. Per una chiara e appassionata discussione sull'opera di Höfler: Ginzburg, *Miti, emblemi, spie*, pp. 222-228, anche se principalmente pertinente alla sua prima opera: Höfler, *Kultische Geheimbünde der Germanen*. Su Höfler, si vedano inoltre: Beck, *Otto Höfler*; Zimmermann, *Männerbund und Totenkult*. Per una prospettiva più ampia: Lincoln, *Theorizing Myth*, pp. 125-126. Per una riesamina della regalità sacrale si veda, infine, la letteratura citata alla n. 121, p. 53.

119. Bloch, *Les Rois thaumaturges*. Resta di grande interesse comprendere le ragioni dell'entusiasta recensione ai *Kultische Geheimbünde* di Höfler scritta da Marc Bloch in «Revue historique», 181 (1937), pp. 437-438. Su questo Ginzuburg, *Miti, emblemi, spie*, pp. 227-228. Questo tipo di approccio, se sfrondato dagli sgradevoli sfondi nazionalistici, ha prodotto anche brillanti risultati, come l'opera di John Wallace-Hadrill sulla regalità altomedievale, in cui l'autore analizza la regalità anglo-sassone dell'alto Medioevo muovendo dall'analisi delle fonti classiche: Wallace-Hadrill, *Early Germanic Kingship*, pp. 1-20.

d.C., fossero sovrani saliti alla massima autorità grazie al loro valore in guerra, un'istituzione a cui la storiografia tedesca aveva imposto il nome di *Heerkönigtum*, le cui tracce erano già riscontrabili in alcuni autori classici, ma con evidenza crescente nei testi letterari tardoantichi.[120] Vitige, il sovrano goto eletto dall'esercito dopo la morte dell'imbelle Teodato, poteva essere uno di questi sovrani e sicuramente lo era Alboino. I Germani, pertanto, avrebbero sostituito ai re maghi dell'età stanziale, i re guerrieri che sconfissero l'impero.

A ben vedere, tuttavia, nonostante l'autorità conferita dalle definizioni tedesche e il processo di reificazione che da esse quasi inevitabilmente scaturisce, queste istituzioni non dovettero mai esistere e la storiografia più recente, seguendo un saggio di Eve Picard, ha messo queste idee in seria discussione.[121] Le molteplici e diverse funzioni del re non dovettero originare da un antichissimo passato germanico perché *reges* legati ai Romani furono presenti in province ben distanti dalle nebbie del Danubio e del Mar del Nord, in regioni come l'Arabia o l'Africa Settentrionale. L'unico elemento comune a queste istituzioni distanti dovette essere proprio la definizione di re, dietro cui si dovettero celare istituzioni dissimili.[122] Recentemente è stato fatto notare come il singolo aspetto della regalità altomedievale che potremmo considerare germanico sia la discendenza delle famiglie reali o dell'intero popolo dal dio Votan, su cui ci si tornerà in seguito.[123]

Ma se il concetto di regalità germanica appare oggi inapplicabile, restiamo nella generale difficoltà di comprendere il ruolo dei *reges* barbari nei secoli della tarda Antichità. Dovette trattarsi di uomini insigniti di dignità in gran parte innovative, differenti dall'autorità con cui i loro predecessori governarono il Mediterraneo e l'Europa settentrionale in Età Ellenistica e durante i primi secoli imperiali. Come suggerito da Herwig Wolfram la regalità di questi secoli dovette essere un fenomeno altamente contraddittorio, come

120. Schlesinger, *Über germanisches Heerkönigtum*.

121. Picard, *Germanisches Sakralkönigtum?* ma si vedano le riflessioni già formulate in Wolfram, *Methodische Fragen*; e Id., *Gotische Studien*, pp. 139-173. Inoltre Dick, *Der Mythos vom ‚germanischen' Königtum*; Diesenberger, *Kritik am Sakralkönigtum*; Id. e Reimitz, *Zwischen Vergangenheit und Zukunft*, pp. 218-219; Halsall, *Barbarians Migrations*, pp. 488-494.

122. Wormald, *Kings and Kingship*, p. 575.

123. Halsall, *Barbarian Migrations*, p. 492.

contraddittori sono stati i tentativi di definire con chiarezza le sue prerogative istituzionali.[124]

2. È possibile tuttavia isolare alcune caratteristiche comuni ai sovrani che, nei secoli tardoantichi, si affacciarono sul mondo romano dalle brumose frontiere del Reno e del Danubio. Innanzitutto, questi *reges* dovettero ricevere grande autorevolezza dal riconoscimento imperiale, come fecero Alarico, Clodoveo o Teodorico. Sappiamo, infatti, di come i titoli romani di *consul* o *patricius* fossero spesso associati alla titolatura regia aumentando la legittimità e il prestigio del sovrano. Le dignità imperiali erano concesse in cambio di aiuto militare: i *reges* tardoantichi, infatti, guidarono spesso eserciti federati all'impero. Esempi sono numerosissimi e i Longobardi combatterono per gli imperatori di Costantinopoli in Pannonia, Italia e Siria. Questo ci porta alla funzione centrale del *rex*, che fu di guida militare dei suoi guerrieri: a confermare le ricche testimonianze prodotte da autori come Procopio o Gregorio di Tours sui sovrani che morirono sui campi di battaglia di tutta Europa, vi è la ricchissima messe di re combattenti dei più tardi componimenti eroici.[125] Che il successo militare confermasse il diritto a regnare, era da secoli una caratteristica tipica di qualunque autocrate, imperatori romani compresi, e non un tratto innovativo della regalità barbarica in Europa. La vittoria diveniva pertanto una condizione necessaria nell'autorappresentazione degli imperatori e la raffigurazione del potere regio nelle società dell'Europa altomedievale mutuò qui i modelli imperiali.[126]

Non solo nel ruolo di guida militare i *reges* della tarda Antichità e dell'alto Medioevo si adattarono alla matrice imperiale, ma anche nella funzione di arbitri nelle questioni di fede.[127] I sovrani longobardi, qui si mostrarono più restii a intervenire dei loro colleghi di Spagna e Gallia, nonostante legiferassero sui matrimoni ed edificassero

124. Wolfram, *Gotische Studien*, p. 140. Un recente tentativo è James, *Europe's Barbarians*, pp. 235-254.

125. Wormald, *Kings and Kingshp*, p. 596.

126. McCormick, *Eternal Victory*, pp. 6-7; sulla natura romana delle forme di autorità presso i *Germani* si veda anche Halsall, *Barbarian Migrations*, pp. 121-125.

127. Wood, *The Merovingian Kingdoms*, pp. 105-106; Wormald, *Kings and Kingship*, p. 601.

chiese. Abbiamo visto come Nicezio si rivolgesse a re Alboino, per intercessione della moglie Clodosvinda, affinché si occupasse della trascurata ortodossia longobarda. Nell'anno 610, re Agilulfo (590-616) impose l'elezione di un certo abate Giovanni come successore del patriarca Severo nella vecchia Aquileia, nonostante i Romani avessero eletto un uomo di nome Candidiano a Grado.[128] Fu solo nel 698 che re Cuniperto (688-700) decise di convocare un concilio, mirato a sanare lo scisma tra Aquileia e Grado che il suo predecessore aveva aperto.[129] Sempre dagli imperatori romani, i *reges* dell'alto Medioevo ereditarono il ruolo di legislatori.[130]

3. Soprattutto, la regalità tardoantica e altomedievale fu rappresentata secondo modelli che andavano emancipandosi dai tropi del discorso etnografico classico sui barbari. Importantissima divenne in questo processo la lettera scritta da Sidonio Apollinare ad Agrippa, interamente incentrata sulla persona e le abitudini del re dei Visigoti Teodorico II (453-466).[131] Di Teodorico veniva offerta una lunga descrizione da cui se ne deducono la forza fisica e la prestanza volitiva, ma anche il carattere mite e controllato, un aspetto su cui si tornerà nel capitolo quinto. Matthew Innes ha suggerito come Sidonio enfatizzasse questa morigeratezza, anche nei costumi alimentari e soprattutto nell'assunzione di bevande alcoliche, per suggerire come Teodorico non rispecchiasse il classico modello del re barbaro, crudele e fortissimo, immerso in un paesaggio ghiacciato, ma fosse un uomo ligio agli ideali cristiani e imperiali del sovrano.[132] Altri modelli erano da trovarsi in testimonianze coeve, o posteriori di pochi decenni, come la descrizione del re dei Vandali Trasamundo (496-523) composta da Florenzio, o dall'autore chiamato Anonimo Vale-

128. Paolo Diacono IV, 33, *Historia Langobardorum*, a cura di Bethmann e Waitz, p. 127.

129. *Carmen de Synodo Ticinensi*, a cura di Bethmann. Delogu, *Le origini del Medioevo*, pp. 194-195.

130. Wormald, *Kings and Kingship*, pp. 588-589.

131. Sidonio Apollinare, *Epistolae* I, 2, a cura di Levetjohann, pp. 2-4. Sulla descrizione di Sidonio: Reydellet, *La royauté dans la littérature latine*, pp. 69-77. Per queste riflessioni sono in debito con Innes, *He Never even Allowed*, pp. 137-142.

132. Innes, *He Never even Allowed*, pp. 138-139.

siano del grande re dei Goti Teodorico.[133] Decenni più tardi Giuliano di Toledo descrisse la grandezza del suo signore nell'*Historia Wambae regis*.[134] Modelli alternativi, maggiormente ancorati all'antico discorso sui barbari, continuarono a circolare, ma divennero di scarso utilizzo una volta che i *reges* di stirpe barbarica divennero i committenti di gran parte della produzione letteraria. Eugippo, narrando la sua *Vita Severini* nei primi anni del VI secolo, dipinse re Odoacre come un giovane vestito da pezzente («vilissimu tunc habitu») che deve chinare il capo per riuscire a entrare nella cella di Severino per via della sua gigantesca statura.[135] Sempre nella *Vita* si può leggere il ritratto, a tinte ben più aspre di Ferderuco, descritto come un avido traditore, vile al punto di rubare gli abiti ai poveri.[136]

4. Nonostante la grande eco di Sidonio Apollinare, le testimonianze su Alboino sono, fino agli scritti di Paolo Diacono, troppo frammentarie per svelare i modelli che ne regolarono l'autorappresentazione e la condotta. Gli influssi romani dovettero essere però forti: almeno in questa direzione conduce l'evidenza di inizio VII secolo.[137] La romanità della corte longobarda divenne visibile negli anni di Teodolinda, quando l'incoronazione di Adaloaldo venne ambientata nel circo di Milano, o nell'appropriazione del titolo *flavius* da parte di Autari, lo stesso titolo utilizzato dagli imperatori e che era stato utilizzato da Odoacre e Teodorico.[138] Un'ulteriore suggestione era sembrata

133. *Anthologia Latina* 371, a cura di Schakleton Bailey, pp. 286-288, Hen, *Roman Barbarians*, pp. 75-77; Anonymus Valesianus 59-61, a cura di Mommsen, 322, Hen, *Roman Barbarians*, 29-30.

134. Giuliano di Toledo, *Historiae Wambae regis*, a cura di Levison. Sul testo: Martínez Pizarro, *The Story of Wamba.*

135. Eugippo, *Vita Severini* 7, a cura di Sauppe, p. 11. Von Rummel, *Habitus barbarus*, pp. 152-153.

136. Eugippo, *Vita Severini* 44, a cura di Sauppe, p. 29: «Ferderuchus vero beati Severini morte comperta, pauper et impius, barbara cupiditate semper immanior, vestes pauperibus deputatas et alia nonnulla credidit auferenda».

137. Delogu, *Le origini del Medioevo*, pp. 175-180; Gasparri, *Italia longobarda*, pp. 311-315.

138. Circo di Milano: Paolo Diacono, *Historia Langobardorum* IV, 30, a cura di Bethmann e Waitz, p. 127. Gasparri, *La regalità longobarda*, pp. 314-315; Delogu, *Le origini del Medioevo*, p. 176; McCormick, *Eternal Victory*, p. 288. *Flavius*: Paolo Diacono, *Historia Langobardorum*, III, 16, a cura di Bethmann e Waitz,

provenire dalla cerimonia rappresentata nella celebre Lastra di Valdinievole, dove re Agilulfo è rappresentato assiso in trono, con la spada in grembo e circondato da supplici e vittorie alate, archetipici attributi imperiali, ma la natura dell'oggetto è stata recentemente messa in discussione, suggerendo che possa trattarsi di un falso ottocentesco.[139]

Come si diceva in apertura, la storiografia ha spesso ritenuto che l'imitazione dei modelli imperiali caratteristica degli anni di Agilulfo e Teodolinda fosse un fenomeno atipico, in controtendenza con la condizione degli anni precedenti e nato dalla particolare congiuntura culturale dell'estate dei morti dell'Italia romana. Credo, al contrario, che la *romanitas* dei re longobardi fosse lì sin dall'inizio, come del resto lo era in tutti i regni che all'impero succedettero.[140] Questa situazione tuttavia mutò nel secondo quarto del VII secolo, quando una concezione più barbarica della regalità si sostituì ai modelli regi più antichi, plasmati sull'autorità imperiale.[141] Fu in quegli anni che la figura di Alboino assunse a una nuova dimensione.

* * *

Si è visto il carattere frammentario delle informazioni sulle azioni di re Alboino in Pannonia. Una sola testimonianza, la lettera scritta dall'arcivescovo di Treviri Nicezio, fu composta mentre il sovrano era in vita. Nelle parole del vescovo il re era un uomo di grande potere, le cui sorti parevano essere in ascesa, la sua fama era in parte ereditata dal padre Audoino, grazie alle cui alleanze aveva ottenuto una prestigiosa moglie franca, e in parte era cresciuta nel mondo di conflitti alle frontiere settentrionali dell'impero, forse per la sua vittoria contro i Gepidi testimoniata da Menandro Protettore. Carico di questo successo, il re aveva abbandonato la Pannonia per la volta dell'Italia, dove fondò un regno che mirava a porsi in continuità con la precedente tradizione amministrativa.

p. 101. Wolfram, *Intitulatio I*, pp. 56-76, sui Longobardi: ivi 64. Inoltre: Delogu, *Le origini del Medioevo*, p. 179; Gasparri, *La regalità longobarda*, p. 313.

139. La Rocca e Gasparri, *Forging an Early Medieval Royal Couple*. Si veda altrimenti l'ottima edizione fattane da McCormick, *Eternal Victory*, pp. 289-293.

140. Hen, *Roman Barbarians*, pp. 177-178.

141. Si veda, tra tutti: Gasparri, *La regalità longobarda*; Delogu, *Le origini del Medioevo*, pp. 173-210.

Alboino, per quanto nulla ci suggerisca agisse seguendo i modelli comportamentali di Sidonio, sembrava muoversi come un *rex* del suo tempo. Il suo ruolo principale era stato quello di guida militare, avendo combattuto per l'impero e contro di esso, si era poi pronunciato in materia religiosa e aveva stabilito dei trattati di alleanza militare con Avari e impero, anche se probabilmente non nelle forme tramandate in testimonianze molto più tarde. Pertanto, Alboino dovette essere uno dei molti *reges* e generali tardoimperiali, che per alcuni anni godette di un certo prestigio, per finire tragicamente ucciso dai suoi uomini. Sarà la storia della sua morte uno degli elementi centrali attorno cui, negli anni dell'ulteriore sfaldarsi delle strutture romane dell'Italia, la leggenda di re Alboino sarà sviluppata.

2. La morte del re

Pochi mesi dopo la conquista del *regnum*, probabilmente nel suo palazzo di Verona, re Alboino veniva ucciso da alcuni personaggi del suo seguito. La dinamica dell'evento rimane oscura, ma gli autori che raccontarono l'episodio concordarono sul coinvolgimento della moglie del sovrano. La morte del re fu carica di conseguenze. Non si vuole qui imputare i vasti mutamenti della storia al successo o al fallimento dei grandi uomini del passato, ma sembrerebbe che l'omicidio di Alboino aggravasse una situazione di per sé particolarmente sfavorevole ai Longobardi: con la conquista della penisola lungi dall'essere completa e il tesoro dei barbari sottratto dai forzieri regi e tradotto a Costantinopoli, l'idea di ricreare un regno che assumesse l'eredità di quello di Teodorico eguagliando per estensione e prestigio i confinanti *regna* postromani, quello dei Franchi tra tutti, diveniva un progetto di improbabile realizzazione. Soprattutto, era Alboino il re figlio di re che aveva riunito la grande confederazione di guerrieri, Longobardi e Sassoni, che con lui che avevano marciato attraverso le Alpi, e suo era il prestigio che aveva coeso le fedeltà dei barbari al suo seguito. La sua scomparsa non poteva essere priva di drammatiche conseguenze.

Alla sua morte un successore fu cercato in un certo Clefi, un uomo del suo seguito, a cui l'*Origo gentis Langobardorum* attribuì il lignaggio dei Belei: di lui sappiamo pochissimo. Si trattò di una stagione molto breve poiché anche lo sfuggente Clefi fu assassinato nel 574, e in circostanze ancora più oscure di quelle che circondarono la morte di Alboino. Con la morte, in meno di due anni, di un secondo *rex Langobardorum* fu la stessa istituzione regia a essere messa in discussione in Italia. Per dieci anni, ma nelle testimonianze di VII secolo, le più vicine agli eventi, gli anni di cui si parla sono dodici, l'Italia fu governata unicamente da *duces* sui cui Franchi e Bizantini tentarono di estendere la propria egemonia.[1] Il frazionamento politico della penisola, che sarebbe stata una constante di lunghissima durata nella storia italiana, fu il risultato più della mancata conquista che dell'invasione longobarda e, in un certo modo, fu conseguenza della morte di Alboino, del crollo del prestigio monarchico e del conseguente scioglimento dell'esercito che aveva conquistato l'Italia.

L'elemento per noi più interessante è come già negli autori che scrissero più vicini ai fatti, la memoria dell'invasione fosse sempre legata alla menzione di re Alboino, e in particolare al resoconto della sua morte. Come ora vedremo, il racconto era, nelle testimonianze di VI secolo, piuttosto semplice nella sua tragica brutalità, assai più scarno di quello presentato dagli autori successivi.

Mario, Giovanni e il terzo uomo

1. «Marius aepiscupus» è l'autore di una continuazione dell'opera di Prospero di Aquitania, che narra gli anni che dal 455 giunsero fino al 581. Il testo sopravvive in un'unica copia databile alla fine del IX secolo o all'inizio del X (British Library: Add. 16.974, foll. 113-115). La narrazione di Mario è una prosecuzione delle cronache universali tardoantiche, ossia le registrazioni degli eventi di natura religiosa e politica dall'origine del mondo agli anni dell'autore (ma a volte fino alla fine dei tempi con l'inclusione dell'Apocalisse di Giovanni). Se le più antiche tra queste cronache furono compilate già nel III secolo, fu a cominciare dal IV che assunsero un'importanza centrale, divenendo parte della storiografia ufficiale dell'impero.[2] L'autore della cronaca è stato, sin dall'edizione di Pierre-François

1. Dieci anni in Paolo Diacono, *Historia Langobardorum* II, 32, a cura di Bethmann e Waitz, p. 90; dodici: *Continuatio Prosperi Havnensis*, a cura di Hille, p. 35; *Origo gentis Langobardorum* 6, a cura di Waitz, p. 5; *Chronicarum quae dicuntur Fredegarii* IV, 45, a cura di Krusch, p. 143.

2. Esistono numerose introduzioni al genere cronachistico. Si veda la recente pubblicazione Burgess e Kulikowski, *Mosaics of Time*. Inoltre: McKitterick,

Chifflet del 1639, identificato con Mario vescovo di Aveticum (Avenches, nell'attuale Svizzera), un uomo che fu presente al concilio di Mâcon del 585, e di cui conosciamo alcune notizie biografiche grazie alla congiuntura di due testimonianze più tarde.[3] La storiografia si è accordata sul fatto che Mario divenne vescovo di Avenches nel 574, mantenendo l'incarico fino alla sua morte avvenuta nel 594.[4]

Nel narrare il passato, Mario si dovette basare su fonti di diversa natura e provenienza. Questo materiale è per noi sconosciuto, ma gli editori che seguirono Chifflet hanno tentato di ricostruirne la natura. Wilhem Arndt, che curò un'edizione della narrazione di Mario nella seconda metà del XIX secolo, ipotizzava si trattasse di tre cronache, mentre Justin Favrod, il più recente curatore del testo, ha proposto che le cronache fossero cinque. Che l'autore si basasse su materiale eterogeneo è palese, e l'intero *Chronicon* è attraversato da una tensione tra visioni politiche divergenti che, talvolta, si traducono in evidente contrasto, come nel racconto della spedizione del duca Butulino, narrata due volte e in maniera dissimile.[5] Si tratta di tracce del lavoro di compilazione effettuato dal vescovo, nel quale la rielaborazione e l'armonizzazione delle sue fonti sembrerebbero essere state relegate in secondo piano. Arndt e Favrod concordano che una di queste testimonianze sarebbe una cronaca di origine italiana che narrava gli anni tra il 532 e il 571 o il 579, che Mario avrebbe utilizzato per ricostruire gli episodi della conquista longobarda dell'Italia e della morte di Alboino.[6] Questa narrazione sarebbe la più vicina ai fatti concernenti la morte di re Alboino a cui, pur attraverso il trami-

Perceptions of the Past, pp. 7-33; Muhlberger, *The Fifth-Century Chroniclers*, pp. 8-47; Krüger, *Die Universalchroniken*.

3. *Conciliae Galliae*, a cura di De Clercq, p. 248: «Marius episcopus ecclesiae Avitence subscripsi». Décréaux, *Un seigneur gaulois de Marsannay-la-Côte*.

4. Le informazioni biografiche che possediamo su Mario sono raccolte e discusse in: *PLRE* III B, p. 834; Favrod, *Introduction*, pp. 9-23, gli estremi cronologici della vita sono discussi a pp. 14-15. Si vedano, inoltre, Arndt, *Einleitung*, pp. 18-22. Non ho potuto accedere a S. Scuri-Eiram, *Saint Maire d'Autun eveque de Lausanne*, Lausanne 1990.

5. Mario di Avenches, *Chronicon* s.a 555; 556, a cura di Favrod, p. 72. Sul passaggio: Favrod, *Introduction*, pp. 44-45. Sul ruolo di compilatore di Mario: ivi, pp. 45-46.

6. Favrod, *Les sources et la chronologie*; Id., *Itroduction*, pp. 27-30. Si veda inoltre Arndt, *Einleitung*, pp. 25-27.

te della cronaca di Mario, ci sarebbe possibile giungere. Arndt aveva ipotizzato che questa fonte italiana di Mario fossero dei «byzantinische Annalen» che riteneva composti a Milano, forse negli anni Settanta del VI secolo. Anche Favrod ha parlato di una «source légitimiste», ossia vicina alle posizioni imperiali, la cui compilazione sarebbe da posticipare rispetto alle idee di Arndt, includendo anche gli eventi del 579. Registrando alcuni episodi del conflitto tra Goti e Romani, Mario sembrò, infatti, affidarsi alla testimonianza di un cronista milanese. Narrando la strage che Goti e Burgundi perpetrarono a danno del clero milanese, l'annalista raccontò che il sangue degli uomini di chiesa finì per macchiare gli altari. Si trattava di un macabro frammento di storie probabilmente scaturite dai luoghi che avevano visto questi tragici eventi. Sempre Milano è il luogo delle ricostruzioni volute dal generale Narsete.[7] Dalla sottile evidenza che emerge dal *Chronicon* si potrebbe pensare che i protagonisti di questi annali fossero i generali di Giustiniano Belisario e Narsete, oltre che il re dei Goti Totila, chiamato Baduila come nella testimonianza del pontificale romano.

La centralità della figura di Narsete diviene evidente in un passaggio che ne riassume enfaticamente i successi militari, dipingendolo come un grande conquistatore.[8] Una conferma giunge poi dalla modalità in cui sono narrati gli eventi successivi alla sua destituzione da parte di Giustino II nell'anno 569. L'autore sembrò infatti voler creare un apparente rapporto di causa effetto tra la rimozione del generale e l'invasione dei Longobardi in Italia. È in questo contesto che il nome di Alboino compare, venendo registrato nelle diverse diciture di «Alboenus» e «Albuenus» nelle due annotazioni che vedono il re come protagonista.[9]

Leggiamo come i Longobardi lasciassero la Pannonia con l'*exercitus*, le donne e il resto della popolazione per occupare l'Italia,

7. Uccisioni: Mario di Avenches, *Chronicon* 538, a cura di Favrod, p. 74; ricostruzioni: ivi 568, a cura di Favrod, p. 80.

8. Mario di Avenches, *Chronicon* 568, a cura di Favrod, p. 80: «Hoc anno Narses ex praeposito et patricio post tantos prostratos tirannos, id est Baduilam et Teiam reges Gothorum, et Buccelenum ducem Francorum necnon et Sividalem Erolum, Mediolanum vel reliquas civitates quas Goti destruxerant laudabiliter reparatas, de ipsa Italia a suprascripto Augusto remoto est».

9. Mario di Avenches, *Chronicon* 569; 572, a cura di Favrod, p. 82.

come si è visto, «in fara».[10] Chifflet, il primo editore del *Chronicon*, non essendo a conoscenza del termine, lo aveva corretto in «ut ferae», così che nella sua edizione i Longobardi conquistarono l'Italia come bestie feroci, una parziale contraddizione con i «nonnulli» che secondo Mario, o la sua fonte, sarebbero morti nei primi giorni della conquista.[11] Se, infatti, per gli anni 570 e 571 sono descritte le numerose vittime della peste e i ripugnanti sintomi della malattia, l'autore sembrò voler descrive una conquista pacifica e quasi incruenta.

Nella registrazione dell'anno 572 troviamo il più antico racconto sulla morte di re Alboino, forse già composto negli anni Settanta del VI secolo. Nel *Chronicon* il re fu ucciso dai suoi uomini, tra i quali un certo Elmechi aveva avuto un ruolo di primo piano («a suis, id est Hilmaegis cum reliquis»; il nome è reso anche in «Hilmegis»), e con il supporto della regina («consentienti uxore sua»). Elemechi e la moglie del re si unirono in matrimonio per poi rifugiarsi a Ravenna assieme ad alcuni uomini restati loro fedeli («cum exercitus parte») e il tesoro che i Longobardi avevano accumulato in Pannonia.[12] La menzione del tesoro, presente in quasi tutti i racconti dell'episodio, rifletteva l'importanza che questo ricopriva per la stirpe. La sua scomparsa preannunciava le sventure dei Longobardi.[13] Elmechi, un personaggio che avrà un ruolo da protagonista nella narrazione della morte di Alboino fino agli anni di Paolo Diacono e oltre, è qui menzionato la prima volta. L'autore proseguiva ricordando l'ascesa e la morte di re Clefi, ma le ultime informazioni sui Longobardi che Mario scelse di presentare al lettore (si trattava di alcuni fatti relativi alle razzie dei barbari in Gallia) dovettero originare da un secondo

10. Mario di Avenches, *Chronicon* 569, a cura di Favrod, p. 82: «Hoc anno Alboenus rex Langobardorum cum omni exercitu relinquens atque incedens Pannoniam suam patriam cum vel mulieribus vel omni populo suo in fara Italiam occupavit ibique alii morbo, alii fame, nonnulli gladio interemti sunt».

11. Su questo Favrod, *Introduction*, p. 53.

12. Mario di Avenches, *Chronicon* 572, a cura di Favrod, p. 82: «Hoc anno Albuenus rex Langobardorum a suis, id est Hilmaegis cum reliquis consentienti uxore sua, Verona interfectus est et suprascriptus Hilmegis cum ante dicta uxore ipsius, quam sibi in matrimonium sociaverat, et omnem thesaurum, tam quod de Pannonia exhibuerat quam quod de Italia congregaverat cum exercitus partem Ravene rei publicae se tradidit». Sul trafugamento del tesoro dei Longobardi: Hardt, *Gold und Herrschaft*, pp. 37-39.

13. Gasparri, *Il tesoro del re*, 51-52.

autore, la cui testimonianza il vescovo di Avenches condivise con Gregorio di Tours, un probabile indizio di come gli annali milanesi si fossero ormai esauriti.[14]

L'annotazione del nome Elmechi dovette essere sintomatica di una vicinanza sia cronologica che geografica ai fatti, una prossimità che Mario, in prima persona, non avrebbe potuto avere e, infatti, nessuno degli autori a lui contemporanei che della morte di Alboino scrissero, registrò il nome dell'assassino del re. In questo contesto la menzione del nome sembrò essere più un riflesso di queste congiunture che dell'impopolarità goduta dall'omicida. Nonostante questi inizi circostanziali, il cupo Elmechi fu, da questo momento, per sempre legato alla tragica sorte di Alboino.

2. «Iohannis Biclarensis» nacque nel 540 nella Spagna visigota. L'appellativo «Biclarensis» gli derivò dall'aver fondato nel 586 un monastero a Biclaro, un luogo che la storiografia non è stata in grado di localizzare con certezza, ma per cui si è generalmente proposto Vallclara, nell'attuale Catalogna.[15] Nel 590, o nel 591, Giovanni divenne vescovo di Gerona, dopo aver forse avuto un ruolo nel III Concilio di Toledo, ma negli anni che corsero tra l'edificazione del monastero e l'elezione al soglio di Gerona, ebbe tempo di scrivere una cronaca che raccontava gli eventi dei suoi giorni. Nonostante visse fino al VII secolo inoltrato, morendo nel 621, l'autore interruppe il suo lavoro nell'anno 590, il momento del concilio e della conversione al cattolicesimo di re Recaredo (586-601): la storiografia ritiene che il *Chronicon* fosse composto tra il 589 e il 591.[16] La narrazione di Giovanni fu una prosecuzione della cronaca di Vittore di Tunnuna, egli stesso un continuatore dell'opera di Prospero, che si apriva con l'anno 568. Nell'introduzione, la cui autenticità è tuttavia dibattuta, l'autore colloca esplicitamente la sua opera nel contesto della narrazione universale di Eusebio e Girolamo.[17] Nel *Chronicon*

14. Mario di Avenches, *Chronicon* 573-574, a cura di Favrod, pp. 82-84.

15. Campos, *Introduccion*, pp. 22-25, ma si veda anche Ferré e Prats, *El ignoto monasterio de Bíclaro*.

16. Sulla cronaca: Campos, *Introduccion*; Alvarez García, *Tiempo, religión y política*.

17. Sull'autore: Campos, *Introduccion*, pp. 22-29; Alvarez García, *Tiempo, religión y política*, pp. 9-12.

gli anni sono datati sul regno degli imperatori romani e dei re Visigoti, ma è ricordata anche la successione dei vescovi di Roma. Numerose delle testimonianze contenute nell'opera riguardano il mondo mediterraneo, andando ben oltre i confini della penisola iberica. È probabile questa sia la ragione della larga diffusione che si tradusse in una tradizione manoscritta molto ricca, elemento particolarmente suggestivo se confrontato con quello del *Chronicon* di Mario.[18] Le ragioni di questa ricchezza di informazioni sono forse da cercarsi nel lungo soggiorno che Giovanni trascorse a Costantinopoli, forse tra il 558 e il 575, di cui siamo informati da una testimonianza di Isidoro di Siviglia, che di Giovanni scrisse nel suo *De viris illustribus*.[19] Fu probabilmente a Costantinopoli che Giovanni visse in prima persona la peste del 573 di cui ha lasciato una vivida testimonianza. Anche le guerre dei Romani contro i Persiani in Oriente, e contro gli Slavi e gli Avari nei Balcani sono narrate con grande forza e ricchezza di particolari.[20]

Giovanni fu a conoscenza anche di molti episodi che avvennero in Italia, dedicando numerosi passi alla guerra tra Romani e Longobardi che definì «lacrimabile bellum», utilizzando le medesime parole che Girolamo aveva speso per descrivere la sconfitta romana ad Adrianopoli.[21] Tale associazione dovette richiamare, nelle menti dei suoi lettori, la tragica dimensione del conflitto e soprattutto una concezione che vedeva una lunga continuità nelle guerre tra Romani e barbari. La cronologia del *Chronicon* è gravata da numerosi enigmi. La prima menzione dei Longobardi è per l'anno 572, momento in cui sappiamo i Longobardi essere già in Italia. Tuttavia, nel contesto del *Chronicon* di Giovanni, i barbari si trovavano ancora in un vago paesaggio a nordest delle Alpi: lì distrussero il «Gepidarum

18. Díaz y Díaz, *La transmisión textual del Biclarense*; Campos, *Introduccion*, pp. 44-50.

19. Isidoro di Siviglia, *De viris illustribus* 31, a cura di Codoñer Merino, p. 151: «hic cum esset adulescens Constantinopolim perrexit». Per la ricostruzione della cronologia Campos, *Introduccion*, p. 18. Sull'importanza del soggiorno a Costantinopoli per la composizione della cronaca: Kollautz, *Orient und Okzident am Ausgang des 6. Jahrhunderts*.

20. Peste: Giovanni di Biclaro, *Chronicon* 573, a cura di Campos, p. 83.

21. Girolamo, *Chronicon* 378, a cura di Helm, p. 330; Giovanni di Biclaro, *Chronicon* 578, a cura di Campos, p. 88.

regnum», il regno dei Gepidi, il cui re Cunimondo morì sul campo di battaglia. Giovanni aggiunse che il vescovo ariano Trasarico e il nipote di Cunimondo Reptilane, due personaggi mai menzionati altrove, si rifugiarono con il tesoro dei Gepidi a Costantinopoli.[22] Sembrerebbe, pertanto, che alcune informazioni sui Longobardi in Pannonia circolassero nella Costantinopoli di Giustino II: dovette essere questa la ragione per cui Giovanni fu il primo storico di lingua latina a registrarle. Come si è visto, eventi di carattere analogo furono narrati anche da Menandro, venendo successivamente riportati da Teofilatto Simocatta all'inizio del VII secolo.

Nell'annotazione dell'anno 573 incontriamo per la prima volta re Alboino. Giovanni non commentò in alcun modo gli eventi del suo regno e del sovrano si narrò unicamente la morte. Stando a Giovanni, il re fu ucciso nella notte, un particolare che non compare nelle altre narrazioni, da alcuni dei suoi uomini legati alla moglie, e per istigazione di quest'ultima, sembrerebbe recitare il latino del testo. Perpetrato il delitto, gli assassini di Alboino fuggirono assieme alla regina e al tesoro dei Longobardi in territorio imperiale qui chiamato «res publica Romana».[23] Giovanni, non dissimilmente da Mario di Avenches, non diede un nome alla regina, né ne precisò la provenienza. Come nel racconto della guerra tra Longobardi e Gepidi, anche l'ambientazione del crimine sembra essere vaga. L'autore non fece menzione della conquista longobarda dell'Italia così che nel suo racconto non vi è alcuna cesura geografica tra i trionfi di Alboino in Pannonia e la sua morte in Italia. La presenza dei barbari nella penisola venne registrata in maniera esplicita solo a partire dalla sconfitta del generale bizantino Baduario in Italia, avvenuta nel 576.[24]

22. Giovanni di Biclaro, *Chronicon* 572, a cura di Campos, pp. 81-2: «Gepidarum regnum finem accepit, qui a Langobardis proelio superati Cuniemundus rex campo occubit et thesauri eius per Trasaricum Arrianae sectae episcopum et Reptilanem Cuniemundi nipote Iustino imperatori Constantinopolim ad integrum perducti sunt». Su Reptilane: *PLRE* III B, p. 1083.

23. Giovanni di Biclaro, *Chronicon* 573, a cura di Campos, p. 82: «Aluinus Longobardorum rex faction coniugis suae a suis nocte interficitur; thesauri vero eius cum ipsa regina in rei publicae Romanae dictions obveniunt et Longobardi sine rege et thesauro remansere».

24. Giovanni di Biclaro, *Chronicon* 576, a cura di Campos, p. 86.

La difficoltà di Giovanni nel porre coerenza tra le sue informazioni sulle guerre in Pannonia e la morte di Alboino in Italia, potrebbe essere originata dalla diversa provenienza di queste. Il racconto degli scontri tra Gepidi e Longobardi, già narrati da Menandro Protettore, si inseriva in una tradizione letteraria viva a Costantinopoli. Il racconto sulla morte del sovrano, al contrario, circolava nella Spagna visigota, essendo stato riportato anche da altre testimonianze composte nei *regna* dell'Europa postromana. Come ora vedremo, un'ulteriore versione di questi eventi era da trovarsi nella Gallia merovingia.

La testimonianza di Gregorio di Tours

1. Gregorio di Tours (ca. 538-594) fu il terzo autore a raccontare la morte di re Alboino la cui opera sia giunta fino a noi.[25] Come Giovanni e Mario, fu un vescovo, e presiedette alla cattedra di Tours dal 573 alla morte, avvenuta vent'anni più tardi. Gregorio fu il più prolifico tra gli scrittori qui presi in considerazione e tra le sue opere vi fu una storia che, pur originando come la narrazione di Eusebio e Girolamo con la Creazione, si concentrava principalmente sugli anni di vita del vescovo, così che i dieci libri che la compongono coprono un arco cronologico molto diseguale e all'incirca decrescente dal primo al decimo. La data e le modalità di composizione della sua storia sono soggette a un continuo dibattito e, negli ultimi decenni, il vescovo di Tours ha subito un'ammirevole evoluzione nella concezione degli storici che, da un cronista naif con una deprecabile tendenza al gossip, lo ha trasformato in un abile scrittore e attento osservatore in grado di confezionare un'elaborata opera storiografica che cela messaggi complessi, tra i quali si possono intravedere tracce di satira.[26] Gregorio non scrisse, come talvolta si ritiene, un'*Historia Francorum*, un titolo solamente associato ad una forma abbreviata del testo (i primi sei libri) che circolò in età

25. Sulla figura di Gregorio: Goffart, *The Narrators*, pp. 112-234; e Heinzelmann, *Gregor von Tours*, pp. 7-31. Si vedano inoltre Brown, *Gregory of Tours*; Vinay, *San Gregorio di Tours*.

26. Contributi recenti sono: Halsall, *The Prefaces*; Murray, *Chronology and Composition*. Per una storia del dibattito: Breukelaar, *Historiography and Episcopal Authority*, pp. 14-21.

carolingia e, con maggiore frequenza, nella Francia capetingia, ma dei *Libri Historiarum* che, nonostante fossero incentrati sulle azioni dei vescovi della Gallia e i misfatti dei sovrani merovingi, avevano un'aspirazione più ampia e meno etnocentrica di quanto il titolo *Historia Francorum* sembrerebbe suggerire.[27]

L'opera di Gregorio costituì, assieme all'*Historiola* di Secondo, di cui si discuterà nel prossimo capitolo, la fonte principale dell'opera di Paolo Diacono per la seconda metà del VI secolo.[28] Il diacono utilizzò infatti la quasi totalità delle informazioni di Gregorio sull'Italia e sulle razzie longobarde nelle Gallie, con rarissime eccezioni come l'episodio dello stilita longobardo Vulfiliac, la cui vicenda non ha trovato spazio nell'*Historia Langobardorum*.[29]

2. Gregorio menzionò Alboino nel quarto e nel quinto libro della sua narrazione. Il re dei Longobardi è menzionato per la prima volta in occasione della disfunzionale condotta coniugale di re Clotario: ricordando il matrimonio del sovrano merovingio con le sorelle Ingunde e Aregunde, Gregorio laconicamente elencò le imminenti morti dei figli del re. Alboino si aggiungeva alla cupa lista per aver sposato Clodosvinda, figlia di Ingunde e Clotario.[30] In seguito, come gli autori a lui contemporanei, Gregorio menzionò re Alboino in occasione dell'invasione dell'Italia e della sua morte, avvenuta alcuni anni dopo.[31] Nel raccontare di Alboino, Gregorio non menzionò le sue fonti.[32]

Una sostanziale differenza tra la testimonianza di Gregorio e quelle di Mario e Giovanni, è che, nei *Libri Historiarum*, Alboino è

27. Reimitz, *Social Networks and Identities*. Si vedano inoltre: Bourgain e Heinzelmann, *L'œuvre de Grégoire de Tours*; Goffart, *From Historiae to Historia Francorum and Back Again*.

28. Pohl, *Gregory of Tours*, p. 132

29. Gregorio di Tours, *Libri Historiarum* VIII, 15, a cura di Levison e Krusch, pp. 380-384.

30. Gregorio di Tours, *Libri Historiarum* IV, 3, a cura di Levison e Krusch, p. 143.

31. *Chronicarum quae dicuntur Fredegarii* III, 66, a cura di Krusch, pp. 110-111.

32. Gregorio di Tours, *Libri Historiarum* II, 6, a cura di Levison e Krusch, p. 68; dove Gregorio menziona le sue fonti orali; o ivi II, 8-9, a cura di Levison e Krusch, pp. 71-77; in cui sono ricordate le storie di Renato Frigerido e Sulpicio Alessandro. Su questo argomento si veda: Reimitz, *History*, pp. 200-201; Wynn, *Frigeridus*.

uno dei numerosissimi sovrani che perdono la vita in maniera poco gloriosa. Se volessimo designare una figura che domina le pagine scritte dal vescovo di Tours, questa sarebbe senz'altro quella del sovrano merovingio, ma numerosi episodi sono incentrati sui re alemanni, burgundi, goti, longobardi, romani, turingi e vandali.[33] L'assassinio del re è narrato nel libro quarto, che termina con la morte di re Sigeberto (561-575) e il conteggio degli anni dalla creazione fino al 575. Gregorio non fornì una datazione per il decesso di re Alboino, ma la narrazione seguì il racconto delle guerre che i Persiani portarono in Siria durante i primi anni di regno di Giustino II.[34] Nel racconto di Gregorio, il re mosse per l'Italia lasciando la sua terra, una regione dove, in un secondo momento, i re Clotario e Sigeberto insediarono la popolazione degli Svevi («Suebi»).[35] Alboino giunse in Italia assieme alla moglie Clodosvinda, la destinataria della lettera di Nicezio di Treviri sulla conversione del marito. Una volta arrivati nella penisola, i Longobardi la saccheggiano per sette anni. Fu in questo periodo che Clodosvinda morì; re Alboino sposò allora una seconda donna, il cui padre aveva recentemente ucciso («cuius patrem ante paucum tempus interfecerat»). Non stupirà che la moglie covasse un intenso odio per il marito e cercasse un modo per potersi vendicare del danno subito («Quae de causa mulier in odio semper virum habens, locum opperiebat, in quo posit iniurias patris ulcisci»). Una volta unitasi a un uomo al seguito del re, la regina decise di avvelenare il marito: Gregorio è l'unico autore che menzioni una morte per veleno di Alboino.[36] Morto il re, i due tentarono la fuga, ma, catturati dai Longobardi fedeli al defunto sovrano, vennero entrambi messi a morte.[37]

33. Wallace-Hadrill *Gregory of Tours and Bede*, pp. 32-37; Heinzelmann, *Gregor von Tours*, pp. 57-69. Inoltre: Diesenberger e Reimitz, *Zwischen Vergangenheit und Zukunft*.

34. Gregorio di Tours, *Libri Historiarum* IV, 40, a cura di Levison e Krusch, pp. 173-174.

35. Gregorio di Tours, *Libri Historiarum* V, 15, a cura di Levison e Krusch, p. 206; poi in Paolo Diacono, *Historia Langobardorum* II, 6, a cura di Bethmann e Waitz, pp. 75-76.

36. La testimonianza è considerata come «sicher falsch» da Gschwantler, *Die Heldensage von Alboin und Rosimund*, p. 219.

37. Gregorio di Tours, *Libri Historiarum* IV, 41, a cura di Levison e Krusch, pp. 174-175: «Alboenus vero Langobardorum rex, qui Chlodosindam, regis Chlotharii filiam, habebat, relecta regione sua, Italiam cum omni illa Langobardorum gente petiit.

Nei *Libri Historiarum* la donna dietro l'omicidio del re è la sua seconda moglie. Se non fosse per la testimonianza di Gregorio, saremmo stati autorizzati a pensare che a pianificare l'assassinio di Alboino fosse stata Clodosvinda.

3. Apparirà immediatamente come il racconto di Gregorio di Tours fosse sostanzialmente dissimile rispetto alle narrazioni di Mario di Avenches e Giovanni di Biclaro. Alcune differenze potrebbero essere spiegate con le discordanti necessità letterarie degli autori, ma non credo possano esaurirsi in questo. Da un lato, la violenza della conquista, sconosciuta a Mario, potrebbe essere contestualizzata nel ruolo generalmente negativo ricoperto dai Longobardi nei *Libri Historiarum decem*. I paragrafi che seguono il racconto della morte di Alboino descrivono le disastrose scorrerie longobarde in Gallia e la dura reazione del *patricius* Mummolo.[38] Anche nei libri *In gloria Martirum*, i Longobardi appaiono come deprecabili dissacratori di reliquie e di luoghi santi.[39] La morte di Alboino, in questo contesto, appare la diretta conseguenza delle razzie e degli omicidi commessi ai danni delle chiese italiane.

Tuttavia è la stessa dinamica della conquista longobarda dell'Italia a essere dissimile, un elemento che difficilmente potrebbe essere confinato negli obbiettivi stilistici del vescovo di Tours. Gregorio trasformò l'invasione di Mario di Avenches, in cui «nonulli» finirono uccisi dalle spade dei Longobardi, in un massacro immane perpetuato per sette lunghi anni: un'immagine più simile a quella offerta, alcuni anni più tardi, da Gregorio Magno.[40] Nel racconto di

Nam, commoto exercitu, cum uxoribus et liberis abierunt, illuc commanere deliberantes. Quam regionem ingressi, maxime per annos septem pervagantes, spoliatis eclesiis, sacerdotibus interfectis, in suam redigunt potestatem. Mortua autem Chlodosinda, uxore Alboeni, aliam duxit coniugem, cuius patrem ante paucum tempus interfecerat. Quae de causa mulier in odio semper virum habens, locum opperiebat, in quo posit iniurias patris ulcisci; unde factum est, ut unum ex famulis concupiscens, virum veninu medificaret. Quo defuncto, cum famulo iit, sed adpraehensi, pariter interfecti sunt». See Pohl, *Gregory of Tours*, pp. 135-136; Nira, *La vengeance féminine revisitée*.

38. Gregorio di Tours, *Libri Historiarum* IV, 42, a cura di Levison e Krusch, pp. 175-177.

39. Gregorio di Tours, *Liber in gloria martirum* 68, a cura di Krusch, p. 534: «a Langobardis vel reliquis hostibus».

40. Pohl, *Gregory of Tours*, p. 135.

Gregorio, Alboino sposò la sua seconda, vendicativa moglie quando era già in Italia da anni. Sembrerebbe naturale collegare l'uccisione del padre della donna alla brutalità dei primi giorni della conquista. In queste circostanze l'assassinio del re divenne l'apice della spirale di violenze e odio innescato dalla conquista della penisola. Otto Gschwantler, interessato più che altro al discorso, ritenne che la storia di Gregorio avrebbe presentato maggiori similitudini con la narrazione di Paolo Diacono che, ricordiamo, scrisse due secoli dopo gli eventi.[41] L'idea di Gschwantler nasceva dal fatto che nel racconto di Gregorio, per la prima volta, si affacciava il sempre avvincente motivo della vendetta. Per il resto le similitudini sono unicamente apparenti, come a breve vedremo.

* * *

Gli autori che nel VI secolo raccontarono di Alboino e dei suoi Longobardi scrissero storie simili, ma caratterizzate da suggestive differenze. Tutti e tre attribuirono un ruolo alla moglie del re nel suo omicidio. Se nel racconto di Gregorio di Tours il movente era la vendetta, la storia narrata da Mario sembrerebbe essere diversa. Qui è un certo Elmechi, apparentemente un personaggio di prestigio ma sconosciuto ad altre testimonianze, che tentò di usurpare il trono longobardo una volta stabilita un'alleanza con la moglie di Alboino: è stata questa la testimonianza a essere valutata più attendibile sin dagli albori della ricerca sui Longobardi.[42] Anche gli eventi successivi alla morte di Alboino sono narrati in maniera divergente. Stando a Mario e a Giovanni la regina trovò rifugio a Ravenna con il tesoro e un cospicuo seguito; nei *Libri Historiarum*, diversamente, la regina fu catturata e uccisa assieme al suo amante. L'unica testimonianza sulle modalità della morte di Alboino è quella di Gregorio, che raccontò come il re fosse stato avvelenato. Giovanni, invece, raccontò come il re fosse ucciso nella notte. Entrambe le informazioni sono in chiaro contrasto con le più tarde e spettacolari narrazioni dell'omicidio del re.

41. Gschwantler, *Die Heldensage von Alboin und Rosimund*, p. 219.

42. L'idea era già presente in Flegler, *Das Königreich*, pp. 38-39. Una creativa (ma avvincente) ricostruzione dell'evento è stata recentemente proposta da Magnani, *Re Alboino fuori dalla leggenda*, pp. 33-35.

Soprattutto è impossibile confrontare questi tre autori con altre testimonianze italiane. Gli epistolari di Pelagio II (579-590) e di Gregorio Magno non menzionano il re, e l'assenza di Alboino nella testimonianza di quest'ultimo è particolarmente rivelatrice. Sono chiare le difficoltà metodologiche nel costruire su un silenzio, ma appare come nei *Dialogi* il nemico per antonomasia, ariano e feroce fosse re Totila.[43] In questo contesto la mancanza di qualunque riferimento a re Alboino, il re che circa trent'anni prima aveva sottratto l'Italia ai Romani, è di grande fascino.

43. Su Totila, con l'esclusione dei lavori di Felix Dahn, non esiste una monografia. Si veda però: Wolfram, *Die Goten*, pp. 352-359. Interessante materiale è stato raccolto in: Carnevale, *Totila*.

3. Alboino nel VII secolo

Con l'elezione di Autari nell'anno 584, e poi durante il lungo regno del suo successore Agilulfo, i sovrani longobardi tentarono di riunire i frammenti in cui il *regnum* si era spezzato dopo le morti violente di Alboino e Clefi. Il successo fu solo parziale e alcune regioni periferiche furono integrate solo sporadicamente e con grande difficoltà nell'edificio politico dei signori di Pavia: i *duces* di Spoleto e Benevento avrebbero goduto di una forte autonomia per tutta la storia del *regnum*, e in alcuni periodi anche i duchi del Friuli resistettero all'autorità dei sovrani. Tuttavia, a partire dal regno di Autari, si venne a stabilire una continuità di governo garantita dall'energica figura della regina Teodolinda che fu moglie di Autari prima, e Agilulfo poi, regnando infine con il figlio Adaloaldo per dieci anni, fino al 626: fu questo il lungo periodo che Bognetti aveva battezzato «estate dei morti». Quando, alla fine di questo periodo, una nuova dinastia, di orientamento politico dissimile, contese il domino sull'Italia al giovane figlio della regina, il potere egemonico della corona era ormai stabilito da anni, e difficilmente avrebbe potuto essere sfidato come invece era accaduto dopo la morte di Clefi.

Con dei re nuovamente seduti sul trono dei Longobardi le occasioni per una riflessione sul passato e il ruolo degli antichi sovrani, Alboino tra essi, si moltiplicarono. Negli anni che corsero dalla composizione dell'opera di Secondo alla compilazione dell'*Origo gentis Langobardorum* e le leggi di Rotari, la corte longobarda sperimentò un'attività letteraria di un'intensità che non sarebbe più stata eguagliata nella storia del regno. A questa fortunata coincidenza è possibile raffrontare testimonianze provenienti dalla Gallia e Costantinopoli: grazie a tale ricchezza documentaria siamo in grado di seguire l'evoluzione della figura di Alboino attraverso mutevoli temperie politiche.

Le storie di Teodolinda

1. La più antica storia dell'Italia longobarda fu raccontata da Secondo, abate di un monastero nella regione di Trento.[1] Secondo fu un uomo importante, o almeno così sembrerebbe, da identificarsi con un abate dallo stesso nome («Secundus abbas»), forse chiamato anche Secondino, ricordato in alcune lettere che Gregorio Magno scrisse alla regina Teodolinda tra il 599 e il 603.[2] Sappiamo che l'abate di Trento dovette essere un acceso sostenitore dello scisma dei Tre Capitoli, visto il riavvicinamento della corte longobarda alle posizioni del Quinto Concilio Ecumenico in seguito alla sua morte: ne abbiamo testimonianza grazie a una lettera di Colombano a papa Bonifacio IV (608-615).[3] La vicinanza dell'abate alla corte longobarda sarebbe poi confermata dal suo coinvolgimento nel battesimo di Adaloaldo.[4]

Di tutta la produzione di Secondo, sopravvive solamente il frammento di un'opera sconosciuta. La storia, che fu probabilmente il suo scritto più importante, è andata invece perduta, anche se è possibile che una copia ancora esistesse a Brescia nel XII secolo, ma l'attendibilità della notizia è difficilmente verificabile.[5] Tutto ciò che conosciamo su quest'opera si basa sulla testimonianza dell'*Historia*

1. Gardiner, *Paul the Deacon and Secundus of Trento*; Pohl, *Secundus von Trient*; Everett, *Literacy in the Lombard Kingdom*, pp. 85-86. Inoltre: Jacobi, *Die Quellen*, pp. 63-87.

2. Gregorio Magno, *Epistolae* IX, 147; XIV, 12, a cura di Ewald e Hartmann, p. 143; 431. Su Secondino: Pohl, *Heresy in Secundus and Paul the Deacon*, p. 247.

3. Colombano, *Epistolae* 5, a cura di Walker, pp. 36-56. Gray e Herren, *Columbanus and the Three Chapters Controversy*, p. 169.

4. Paolo Diacono, *Historia Langobardorum* IV, 27, a cura di Bethmann e Waitz, p. 125.

5. Sul frammento: Leicht, *La prima edizione*, p. 82, il testo è riportato da Georg Waitz anche in *MGH, SS rer. Lang.*, n. 3, p. 25. Sulla copia di Brescia: Jacobi, *Die Quellen*, p. 65; Leicht, *La prima edizione*, p. 81.

Langobardorum ed è dalla testimonianza di Paolo Diacono che deve necessariamente scaturire ogni considerazione a riguardo. Il diacono apprezzò il valore storico dell'opera di Secondo, pur criticandola in una circostanza.[6] In due occasioni Paolo citò con chiarezza Secondo, e in una terza ne ricordò l'operato; in altri passaggi dell'*Historia Langobardorum* è infine possibile riconoscere la matrice dell'opera di Secondo, anche se mai con certezza.[7] Molti anni fa, Theodor Mommsen riteneva che l'abate di Trento fosse l'autore di un'ampia opera storiografica di carattere epico di cui l'*Origo gentis Langobardorum* avrebbe costituito una sorta di epitome, ma l'idea fu già contestata nell'anno della sua pubblicazione, e la storiografia più recente ritiene che l'opera di Secondo, avesse carattere annalistico.[8] E, infatti, alcune sezioni del terzo e del quarto libro dell'*Historia Langobardorum* sono dominate da un terso stile attento alla cronologia e ai fenomeni atmosferici, che contrasta con la forma altrimenti adottata dal diacono. Anche la ricchezza di eventi e la precisione delle date si distanziano per completezza dalle sezioni precedenti e successive dell'*Historia Langobardorum*.[9] Da queste tracce sparse nell'opera del diacono, comprendiamo che Secondo scrisse degli annali che trattavano concisamente diversi aspetti di due o tre decenni di storia longobarda, narrando anche dei vicini Franchi, Avari e Bavari. La loro brevità sembrerebbe confermata dal fatto che Paolo definì la narrazione di Secondo «succinta historiola».[10]

Sembrerebbe che l'*Historiola* offrisse un ruolo di primo piano a re Agilulfo, oltre che a Teodolinda, mentre più enigmatico dovette

6. Paolo Diacono, *Historia Langobardorum* III, 29, a cura di Bethmann e Waitz, p. 108: «Mirandum sane est. Cur Secundus qui aliqua de Langobardorum gentis scripsit, hanc tantam eorum victoriam praeteriet, cum haec quae praemissimus de Francorum interitum in eorum historia hisdem ipsis pene verbis exarata legantur».

7. Paolo Diacono, *Historia Langobardorum* III, 29; IV, 27, 40, a cura di Bethmann e Waitz, p. 108, 125, 133. Jacobi, *Die Quellen*, p. 63.

8. Mommsen, *Die Quellen*; e la critica di Waitz, *Zur Frage*. Si veda inoltre il riassunto del dibattito in Pohl, *Origo gentis Langobardorum*, p. 108. Sul carattere annalistico dell'opera di Secondo: Gardiner, *Paul the Deacon and Secundus of Trento*, p. 147; Pohl, *Secundus von Trient*, p. 638. Inoltre, sulla natura degli annali: Croke, *Chronicles*; McCormick, *Les annales*.

9. Gardiner, *Paul the Deacon and Secundus of Trento*, pp. 148-151.

10. Paolo Diacono, *Historia Langobardorum* IV, 40, a cura di Bethmann e Waitz, p. 133. Gardiner, *Paul the Deacon and Secundus of Trento*, pp. 149-152.

essere il ruolo di re Autari: Secondo dovette trattare con ogni probabilità anche gli anni di regno del primo marito della regina, ma Paolo lamentò come questi non avesse menzionato quella che, apparentemente, fu una grande vittoria del re sui Franchi.[11] Da qui l'interrogativo sull'origine di numerose notizie di carattere eroico e romantico che nell'*Historia Langobardorum* hanno re Autari per protagonista, ma la cui natura appare inconsistente con la struttura dell'*Historiola* di Secondo: come il suo aspetto aitante, la marcia in Calabria, o il gesto prestante con cui rivelò la sua identità scagliando un'ascia contro un albero.[12] Con più certezza possiamo constatare che i protagonisti dell'opera, oltre a Teodolinda e Agilulfo, dovettero essere le autorità locali del Trentino, come il duca di Trento Euino, un uomo di grande rilievo e che prese parte alle guerre contro i Franchi e i Romani, e il vescovo Agnello.[13] Del duca erano narrate le numerose imprese belliche, il matrimonio con la sorella della regina Teodolinda, e la morte, preceduta da segni celesti.[14] I passi che vedono il duca Euino come protagonista, sono tra i pochi che si possono attribuire con certezza all'opera di Secondo.

2. Paolo collocò la morte dell'abate Secondo nell'anno 612, stando alla sincronia con la guerra tra Teodorico di Burgundia e Teodeberto II (586-612) di Austrasia, databile grazie alla testimonianza delle *Cronache di Fredegario*.[15] In seguito a questa data, Paolo Diacono perse un ricco corpo documentario, e i regni che seguirono

11. Paolo Diacono, *Historia Langobardorum* III, 29, a cura di Bethmann e Waitz, p. 129. Paolo ottiene l'informazione da Gregorio di Tours, *Libri Historiarum* IX, 25, a cura di Arndt, pp. 381-382. Si veda Gardiner, *Paul the Deacon and Secundus of Trento*, p. 147.

12. Paolo Diacono, *Historia Langobardorum* III, 30; 32, a cura di Bethmann e Waitz, pp. 109-110; 122. Di diverse idee Bognetti, *Processo logico*, riteneva che anche il materiale di carattere aneddotico su re Autari fosse trovato dal diacono nell'opera di Secondo. Goffart, *The Narrators*, pp. 394-395 proponeva che la figura di Autari fosse in larga parte plasmata da Paolo Diacono per indicare la rinascita dei Longobardi dopo la caduta rappresentata dalla morte di re Alboino.

13. Jarnut, *Das Herzogtum Trient*; Gasparri, *I duchi*, p. 55.

14. Paolo Diacono, *Historia Langobardorum* III, 10; IV, 1, a cura di Bethmann e Waitz, p. 97; 116.

15. *Chronicarum quae dicuntur Fredegarii* IV, 38, a cura di Krusch, pp. 139-140. Gardiner, *Paul the Deacon and Secundus of Trento*, p. 152.

quello di Agilulfo sono tra i peggio documentati dell'intera *Historia Langobardorum*, tantoché in un'occasione, nel descrivere la vita e le gesta di re Arioaldo, Paolo ammise candidamente di non avere alcuna informazione sul sovrano («de cuius regis gestis ad nostram notizia aliquid minime pervenit»).[16]

Più pertinente, in questa sede, è comprendere quando l'opera di Secondo avesse inizio, in modo da poterne valutare l'influenza sui successivi autori che scrissero attorno alla vita, e soprattutto la morte di re Alboino. L'unico elemento che abbiamo è anche qui l'*Historia Langobardorum* e dall'analisi dei primi libri si apprende come le fonti più importanti di Paolo sui giorni della conquista fossero i *Libri Historiarum* di Gregorio di Tours e il *Chronicon* di Mario di Avenches. Con una possibile eccezione, Paolo non riportò nessuna informazione proveniente dall'opera storiografica di Secondo di Trento precedente agli anni Ottanta del VI secolo.[17] Walter Pohl ha proposto che le celebri sezioni sullo stanziamento dei Longobardi in Italia sarebbero da attribuirsi a Secondo, ma questo non implicherebbe che nell'opera fosse presente una descrizione dei giorni della conquista, e, al contrario, i passaggi potrebbero essere contestualizzati nel racconto dell'ascesa di Autari al trono.[18]

Sappiamo poi come le cronache tardoantiche fossero generalmente concepite come la prosecuzione di una compilazione precedente, e si è menzionato come Paolo Diacono ribadisse la brevità dell'opera. Partendo da queste premesse vorrei proporre che Secondo di Trento scrisse una continuazione di opere più antiche, forse del *Chronicon* di Mario di Avenches fino ai suoi giorni, includendo gli anni dal 581 al 612.[19] Abbiamo visto come anche la cronaca di Giovanni di Biclaro si occupasse di un periodo relativamente ristretto, dal 567 al 591, e questa tendenza era coerente con la produzione storiografica tardo romana, sia greca che latina.[20] Se questa suppo-

16. Paolo Diacono, *Historia Langobardorum* IV, 41, a cura di Bethmann e Waitz, pp. 133-134. Gardiner, *Paul the Deacon and Secundus of Trento*, p. 148.

17. Gardiner, *Paul the Deacon and Secundus of Trento*, pp. 147-148.

18. Paolo Diacono, *Historia Langobardorum* III, 61, a cura di Bethmann e Waitz, p. 101. Pohl, *Per hospites divisi*; Id., *I Longobardi e la terra*.

19. Jacobi, *Die Quellen*, p. 72, riteneva al contrario che la cronaca di Secondo si aprisse con la conquista longobarda dell'Italia.

20. Croke, *Chronicles*.

sizione è corretta, Secondo non descrisse i giorni dell'invasione, né la morte di re Alboino. A conferma è possibile aggiungere che la natura del racconto su Alboino e Rosmunda attestato nel VII secolo, con la sua narrazione estesa e scarsamente attenta alla cronologia, esulerebbe dalla tipologia narrativa che si è ipotizzato caratterizzasse l'*Historiola* di Trento.[21] Se si dà fede alla mia lettura, le restanti opere che si andranno a esaminare non poterono basarsi, per quanto concerne la morte di Alboino, sulla testimonianza di Secondo.

3. L'*Historiola* dell'abate Secondo avrebbe caratteristiche simili a un'altra cronaca molto meno celebre e all'incirca coeva: la *Continuatio Havnensis* dell'opera di Prospero di Aquitania. Questo testo tuttavia esiste ancora, sopravvivendo in un esemplare unico conservato nella biblioteca nazionale di Copenhagen (Kopenhagen Kongelige Bibliotek Ms. 454) dove fu rinvenuto da Georg Waitz nel 1836, e da qui il suo nome.[22] La cronaca è composta da 41 folia, che facevano parte di un manoscritto più ampio prodotto tra XI e XIII in una località incerta. La cronaca è di enorme importanza: con l'eccezione delle testimonianze virtuali dell'opera di Secondo, è infatti la più antica compilazione storiografica dell'Italia longobarda, un elemento che a volte non è stato sufficientemente valorizzato. Quando la *Continuatio* fu edita da Theodor Mommsen nel 1892 per la collezione dei *Monumenta Germaniae Historica*, l'unitarietà del testo non venne, infatti, resa nella maniera più propria e la cronaca venne stampata in diverse sezioni del volume, distanti numerose pagine le

21. Una possibile contraddizione a questa ipotesi potrebbe giungere dalla notizia del rigido inverno che seguì l'ingresso di Alboino in Italia. Tuttavia la testimonianza è isolata e Paolo, per gli eventi dei quindici anni che seguirono, si basò unicamente sulla testimonianza di Gregorio di Tours, il che rende debole l'idea che il diacono attingesse la notizia del rigido inverno e della neve che lo caratterizzò dall'opera di Secondo. Paolo Diacono, *Historia Langobardorum* II, 10, a cura di Bethmann e Waitz, p. 78: «Hoc anno superiori hieme tanta nix in planitie cecidit, quanta in summis Alpibus cadere solet; sequenti vero aestate tanta fertilitas extitit, quanta nulla aetas adseveratur meminisse». Cervani, *La fonte tridentina*, basandosi su questo passaggio, ha ritenuto come Alboino fosse uno dei protagonisti dell'opera di Secondo, un'idea che tuttavia non mi pare convincente.

22. Introduzioni al testo sono: Mulhberger, *Heroic Kings and Unruly Generals*; Everett, *Literacy in the Lombard Kingdom*, pp. 86-87; Lo Monaco, *Dai fasti a Fredegario*, pp. 90-98.

une dalle altre.[23] Altre edizioni, tuttavia parziali (a partire dall'anno 455, anno in cui si chiude la narrazione di Prospero di Aquitania), furono curate da Roberto Cessi e Georg Hille, ed è sull'edizione di Hille che mi baserò in questa sede, poiché anche Cessi operò importanti interpolazioni alla struttura del testo.[24]

La *Continuatio Havnensis* racconta il periodo che dalla creazione del mondo giunge alla morte di Eraclio nell'anno 640, ma con il 625 si conclude ogni ricchezza di informazione e la notizia sulla morte dell'imperatore sarebbe da ascriversi a una seconda redazione.[25] L'autore era con ogni probabilità legato alla corte longobarda e scrisse una storia universale che rifletteva l'atmosfera culturale del regno di Teodolinda e Adaloaldo. Siamo negli stessi anni in cui il re dei Visigoti Sisebuto (612-621) commissionò al vescovo di Siviglia Isidoro la stesura della sua *Chronica*.[26] L'identità dell'autore emerge da elementi frammentari. In un'occasione questi citò un'iscrizione funebre nella basilica di San Nazario di Pavia dedicata a un generale chiamato Asbaudo che morì durante il regno di Giustiniano, monumento che l'anonimo autore fu forse in grado di vedere.[27] Sappiamo poi della sua avversione all'Arianesimo, un elemento di grandissima importanza per una datazione dell'opera agli anni che precedettero l'ascesa al trono di Arioaldo.[28] Inoltre, narrando dell'incontro tra re Agilulfo e papa Gregorio, l'autore si rifece chiaramente al modello di Prospero di Aquitania sull'incontro tra papa Leone (440-461) e re Attila, un

23. Muhlberger, *Heroic Kings and Unruly Generals*, pp. 50-51.

24. Cessi, *Studi*.

25. Lo Monaco, *Dai Fasti a Fredegario*, p. 96. Il testo riporta la cronaca di Girolamo, interpolata con notizie della cronaca di Isidoro (foll. 1r-33v), per poi seguire la cronaca di Prospero fino al 455 (foll. 33v-38v). La parti della cronaca di Copenhagen altrimenti sconosciute sono una sezione che va dal 455 al 523, datata sugli anni consolari, diversa in forma e contenuti dalla seconda parte, che, come si è menzionato, giunge alla morte di Eraclio (foll. 38v-41v). Gli anni dal 475 al 489 sono ripetuti due volte in sezioni consecutive del testo. Infine, gli anni che da 475 giungono fino al 480 sono scritti, in margine, una terza volta. Un terzo editore, che operò nel XV secolo, aggiunge *excerpta* da Sallustio, Virgilio, Varrone, Pomponio Mela, Marziano Cappella e Orosio nell'ultimo folium.

26. Su questo: Martín, *La Crónica Universal de Isidoro de Sevilla*.

27. *Continuatio Prosperi Havnensis*, a cura di Hille, p. 33. Forse il medesimo personaggio menzionato da Procopio: *PLRE* III A, p. 133.

28. Muhlberger, *Heroic Kings and Unruly Generals*, p. 8.

indizio delle sue letture e, probabilmente, di quelle conosciute al suo pubblico.[29] Infine, l'anonimo dimostrò un peculiare interesse per la Spagna Visigota e in due occasioni unì il passato goto dell'Italia e quello della Spagna, narrando aneddoti altrimenti sconosciuti. Rapporti tra Visigoti e Longobardi negli anni di Teodolinda sono attestati da una lettera di Sisebuto ad Adaloaldo e Teodolinda, in cui si lodano i sovrani per la loro lotta all'Arianesimo e si ricordava la prossimità della stirpe gota e quella longobarda.[30]

La dimensione cronologica della narrazione è scandita dalle ricorrenze imperiali e cristiane: fino all'anno 523 sono elencati i consoli dell'anno, ma a partire dal racconto della morte di Teodorico, il procedere cronachistico della *continuatio* diviene più confuso, basandosi sugli anni di regno dei sovrani di Costantinopoli, chiamati nel testo imperatori dei Romani, e numerati in ordine crescente a partire da Augusto.[31] La sezione conclusiva dell'opera, che per noi è la più interessante, è stata battezzata da Mommsen *Continuatio Havnensis Extrema*, e descrive gli eventi che seguirono la morte di re Teja (552) per giungere fino al 640.

4. La storia dei Longobardi narrata nella *Continuatio Prosperi Havnensis* si apre con il racconto di Narsete. L'autore inserisce poi una storia altrimenti sconosciuta: i Goti, perduta l'autorità sull'Italia dopo la morte di Totila, mossero verso la Spagna («Gothi amissa Italia Ispanias possessione potiti fruuntur»), dove Leovigildo (572-586) divenne re. Nella visione del *continuator*, pertanto, i Goti di Spagna discendevano dai Goti italiani, che in Spagna si erano rifugiati dopo essere stati sconfitti dai Romani. Sempre re Leovigildo, in un passo relativamente oscuro, riuscì a sottomettere gli Svevi che abitavano in Italia («Svevi, qui intra Italiae terminos habitabant, a Leuigelde rege obtenti Gothis subjiuciuntur»).[32] Anche nella *continuatio* di Copenhagen, l'episodio della conquista ruota attorno alla figura di Narsete, dipinto come un generoso e brillante generale, liberato dalle ombre

29. *Continuatio Prosperii Havnesis*, a cura di Hille, p. 35.

30. *Epistolae Wisigoticae* 9, a cura di Dümmler, pp. 671-675. Sul testo: Delogu, *Il regno*, p. 52.

31. *Continuatio Prosperi Havnensis* 523, a cura di Hille, p. 33.

32. *Continuatio Prosperi Havnensis*, a cura di Hille, p. 35.

che nel *Liber pontificalis* ne avevano gravato la figura. Il *patricius*, temendo le minacce dell'imperatrice Sofia, chiese l'aiuto dei Longobardi. Qui l'elemento leggendario dell'invito di una popolazione barbarica è ripreso dalla narrazione del *Liber pontificalis*, ma è interessante notare come la responsabilità dell'intera operazione ricada unicamente sull'imperatrice, mentre né Giustino II, né la *malitia* dei Romani, giocano più alcun ruolo nella decisione di Narsete.[33] In un certo modo, la testimonianza inaugura la natura misogina di numerose compilazioni storiche dell'Italia altomedievale.

Sembrerebbe che l'autore volesse inserire i Longobardi in una serie di conquistatori che avevano vinto con le armi il diritto a governare l'Italia, come già avevano fatto i Goti di Teodorico e il generale Narsete, offrendo alcune laconiche notizie anche sulle guerre di Franchi, Romani, Persiani, Avari e Angli, «gentem extremo oceano positam». Partendo da queste osservazioni, Steven Mulhberger ha proposto che il *Continuator* fosse interessato a descrivere i Longobardi come gli ultimi di una successione di guerrieri vittoriosi. Come i Goti prima di loro, i Longobardi sarebbero stati legittimati a regnare sulla penisola grazie alla loro forza nelle armi. Una siffatta prospettiva storica era condivisa da altri autori del VII secolo, come Isidoro di Siviglia, e si distingueva dallo spirito della cronachistica più antica, maggiormente avversa all'uso della violenza e in genere all'elemento laico e guerriero della società.[34] La più antica storiografia longobarda era pertanto molto simile a quella prodotta in altri *regna* barbarici del VII secolo, un argomento su cui si tornerà a più riprese.

5. L'autore della *Continuatio* ci racconta che re Alboino, negli anni in cui regnava in Pannonia, entrò in conflitto con Cunimondo, il re gepida di Sirmio, per via di antichi screzi su cui non siamo informati. Dopo una battaglia in cui Cunimondo ebbe la peggio, Al-

33. *Continuatio Prosperi Havnensis*, a cura di Hille, p. 34: «Narses patricius cum Italiam fiorentissime administraret et urbes atque moenia ad pristinum decorem per XII annos restauraret et popolus suos jure atque prudentia foveret, Sophiae Augustae Justini coniugis minis motus et obprobriis ignavae feminae perturbatus Alboaenum regem Longobardorum cum omni exercitu suo ab Pammoniis invitavit».

34. Muhlberger, *Heroic Kings and Unruly Generals*; Goffart, *Conspicuously Absent*, p. 374.

boino ne sposò la figlia.[35] Successivamente il re mosse con i suoi Longobardi verso l'Italia, ma la conquista non è descritta in alcun dettaglio. Dopo due anni e dieci mesi di regno, a Verona Alboino divenne vittima di una congiura ordita dalla moglie, la figlia del re gepida Cunimondo. È nella *Continuatio* di Copenhagen, scritta più di mezzo secolo dopo gli avvenimenti di Verona, che la regina acquisisce per la prima volta un nome, «Rosemunda», e un'origine gepida, in precedenza sconosciuta ai cronisti.[36] La storia, tuttavia, presenta ancora sostanziali differenze con la narrazione che Paolo Diacono elaborerà alla fine dell'VIII secolo, e andrà notato come il motivo della vendetta non compaia, né Cunimondo venga dato per morto dal Continuatore di Prospero. Soprattutto le dinamiche del tragico episodio, i numerosi personaggi o la sinistra coppa ricavata dal teschio di Cunimondo non figurano ancora.[37] All'assassinio del re partecipò anche Elmechi, già conosciuto dalla testimonianza di Mario di Avenches. Il longobardo era sospettato di avere una relazione con la regina, e la cosa divenne nota a tutti una volta che, morto Alboino, Rosmunda lo sposò cercando di farne il re.[38] I Longobardi non accettarono la frode e i due amanti furono costretti a fuggire a Ravenna con il tesoro regio: lì, in circostanze a noi sconosciute, persero la vita.[39] Sul trono dei Longobardi succedette Clefi che tuttavia regnò per pochi mesi. Dopo la sua morte violenta, i Longobardi non ebbero un re per dodici anni.[40]

35. *Continuatio Prosperi Havnensis*, a cura di Hille, p. 34: «Qui cum Gebodorum regem Cunemundem, qui tunc apud Syrmium regnabat, cum quo tunc proelium ob praecedentium jurgiorum fomenta inierat, devicisset filiamque ejus sibi in matrimonio copulasset, collectis suorum hostium copiis cum omni gente Langobardorum Italiam intravit».

36. Elemento già notato in Goffart, *The Narrators*, pp. 391-392.

37. Gschwantler, *Die Heldensage von Alboin und Rosimund*, p. 221.

38. *Continuatio Prosperi Havnensis*, a cura di Hille, p. 34: «Sed postquam per duos annos et menses X Langobardis quiete post proelia Italiae insedentibus jus regale rite administraret uxoris suae Rosemunde regis Conemundi filiae dolo apud Veronam interfectus est auxiliante sibi Elmigisilo, cum quo adulterari credebatur, quod postea manifestum est, dum eum sibi in loco mariti tam conjugio quam etiam [regno]».

39. *Continuatio Prosperi Havnensis*, a cura di Hille, pp. 34-35: «Sed cum Longobardis nequaquam placere doli sui usurpatione sensit, cum regio theasauro et marito Ravennam aufugit. Sed non longo inibi potiti praesidio vita caruere».

40. *Continuatio Prosperi Havnensis*, a cura di Hille, pp. 34-35.

6. Nella narrazione Alboino ha un ruolo minore se confrontato con Autari e Agilulfo. Il primo è accreditato di aver restaurato la forza dei Longobardi che era stata spezzata in Gallia grazie al suo genio strategico («suo ingenio atque prudentia»), ma il sovrano più importante dell'opera appare essere «Agilulfus qui et Ago», che probabilmente era già stato il protagonista dell'opera di Secondo.[41] Dopo aver sposato la «gloriosissima» Teodolinda, il re intraprese diverse campagne contro i Romani, giungendo ad assediare Roma solo per essere distolto da papa Gregorio che lo incontrò sui gradini di San Pietro.[42] In seguito Eraclio inviò Eleuterio a governare le regioni d'Italia che i Longobardi ancora non occupavano («non dum Langobardi occupaverant»). Gli scontri tra questi, Agilulfo e il generale Sundarico («maxime Langobardorum ducem, qui apud Agilulfum bellicis rebus instructus erat») occupano l'ultima sezione della cronaca che si conclude con la morte di Eleuterio, a seguito del suo fallimentare tentativo di usurpare il titolo imperiale, e l'ascesa di Adaloaldo al trono del padre.[43] La cronaca sembrerebbe essere la storia della conquista dell'Italia da parte dei Longobardi ed è chiaro che Alboino ne ricevesse un ruolo accresciuto rispetto alle narrazioni precedenti. L'enfasi su Roma, chiamata «imperii solium», e sulla sua imminente conquista, sembrano costituire il filo rosso su cui sono intessuti gli eventi narrati dal *Continuator*, in maniera non dissimile da come i Goti, la Spagna e i Romani erano stati ritratti nell'*Historia Gothorum* di Isidoro di Siviglia.

La vendetta dei Gepidi: il racconto di Teofilatto Simocatta

1. Teofilatto Simocatta nacque in Egitto, probabilmente nell'ultimo quarto del VI secolo, ma fu a Costantinopoli che trovò fortuna, divenendo un funzionario alla corte dell'imperatore Eraclio (610-640).[44] Il nome Σιμοκάττης, gatto dal naso camuso, era pro-

41. *Continuatio Prosperi Havnensis*, a cura di Hille, p. 36.

42. *Continuatio Prosperi Havnensis*, a cura di Hille, p. 36: «sibi ad gradus basilicae beati Petri apostolorum principis occurrentem reperisset».

43. *Continuatio Prosperi Havnensis*, a cura di Hille, p. 37.

44. Su Teofilatto Simocatta si vedano: Whitby, *The Emperor Maurice and his Historian*, pp. 28-50; Brodka, *Die Geschichtsphilosophie in der spätantiken Historiographie*, pp. 193-227; Frendo, *History and Panegyric*.

babilmente indicativo del suo aspetto singolare ed è forse questa la ragione per cui Teofilatto, libero dalle distrazioni familiari e sociali, poté dedicarsi alla letteratura. Non sappiamo se fosse per esorcizzare il ricordo delle sabbie dell'Egitto che Teofilatto si rivolse alle nebbie del Danubio, scrivendo una storia che trattava riccamente dei barbari del Nord. Il risultato, l'Οικουμενική Ιστορία, è considerato l'ultimo prodotto della storiografia classica e, in effetti, è la più tarda produzione storiografica greca prima del IX secolo, con la possibile eccezione della perduta storia del misterioso Traiano, presumibilmente un contemporaneo dell'imperatore Giustiniano II (685-695; 705-711).[45] L'opera di Teofilatto è una prosecuzione della storia di Menandro Protettore in otto libri che, partendo dal 582, trattava il regno dell'imperatore Maurizio fino al primo anno di Foca (602-610) nel 603, di cui fornisce un ritratto mostruoso.[46] È possibile che Teofilatto avesse voluto scrivere un'opera molto più vasta, che comprendesse le vittorie in Persia dell'imperatore Eraclio, per concludersi con l'anno 628 o 631, ma la sua storia rimase incompiuta, forse per lo sconforto che seguì le vaste e rapide conquiste arabe.[47] Si tratta, comunque, di ipotesi nate in sede storiografica, e Teofilatto non ci dice nulla a riguardo. Il suo racconto è interamente dedicato alle guerre dei Romani a Nord e a Oriente e la narrazione delle battaglie si alterna alle lunghe orazioni dei generali sul campo di battaglia o alle lettere dei re persiani che rendono la lettura del testo poco coinvolgente. Per fortuna Teofilatto ebbe anche il gusto del racconto, e alcune avvincenti narrazioni sono nascoste tra le numerose battaglie dell'Ιστορία, come il racconto del mago Paolino.[48] Teofilatto ebbe una grande conoscenza dei barbari che circondavano l'impero che, pur chiamando con nomi desueti (giunge persino a chiamare gli Sclaveni Geti), descrisse in grande dettaglio. Soprattutto dovette essere molto versato nella più recente storia delle relazioni politiche tra Romani e barbari, effettuando spesso salti cronologici e contestualizzando di volta in volta la storia di questi rapporti.

45. Treadgold, *The Middle Byzantine Historians*, pp. 8-17.

46. Olster, *The Politics of Usurpation*, pp. 1-21.

47. Whitby, *The Emperor Maurice and his Historian*, 50-51; Treadgold, *The Early Byzantine Historians*, p. 334.

48. Il mago Paolino: Teofilatto Simocatta, *Historia* I, 11, iii-xxi, a cura di De Boor e Wirth, pp. 59-62.

2. Nel racconto di Teofilatto la storia di Alboino spezza la continuità cronologica dell'esposizione, originando dal resoconto delle campagne militari del 593.[49] Non ne conosciamo la fonte: se è infatti chiaro come la narrazione seguisse la struttura cronologica sviluppata da Menandro Protettore, l'episodio di Alboino dovette essere originale. Nel menzionare la conquista di Sirmio, Teofilatto ricordò al suo pubblico come avrebbe evitato qualsiasi dettaglio poiché una narrazione esaustiva del tragico evento era già da trovarsi nella storia di Menandro.[50] La vicenda di Alboino è inserita nel libro sesto, in cui Teofilatto trattò le guerre dei Romani contro gli Avari nei Balcani, introdotte nel capitolo precedente. È molto probabile che la sua testimonianza, in questa circostanza, seguisse ancora una volta il racconto di Menandro Protettore di cui, come abbiamo visto, sopravvivono alcuni frammenti che narravano la guerra tra Gepidi e Longobardi. Tuttavia, si tratta ancora una volta di un'ipotesi.[51] L'autore si distanzia dai fatti facendo esporre l'intera vicenda da un secondo io-narrante che dà vita a un racconto all'interno del racconto, una *mise en abyme* che crea tre diversi livelli cronologici nella narrazione, raggiungendo una grande complessità e chiedendo molto ai lettori. Esistono un primo livello, la Costantinopoli di Eraclio in cui Teofilatto scrisse; un secondo rappresentato dal regno di Maurizio e in cui l'autore sa bene che i Longobardi avevano fondato un regno in Italia, e nello specifico assediavano Roma; e un terzo livello, la valle del Danubio negli anni di Giustiniano, dove i Longobardi erano governati da re Alboino.[52]

Il secondo narratore è un personaggio di grande interesse. Si tratta di un Gepida colpevole di aver ucciso una delle guardie imperiali nella zona di Anchialus (l'odierna Pomorie, in Bulgaria). L'omicidio è descritto in apertura del sesto libro, quando l'impera-

49. Olajos, *Les sources*, p. 96, menziona una retrospezione di Teofilatto al 572, ma l'episodio di Alboino sicuramente ci porta a un periodo precedente.

50. Teofilatto Simocatta, *Historia* I, 3, v, a cura di De Boor e Wirth, p. 45. Olajos, *Les sources*, pp. 100-101, ritiene l'intero episodio sia derivato dall'opera di Menandro.

51. Menandro Protettore, *Historia* fr. 12, a cura di Blockley, p. 128. Sul contesto politico: Pohl, *The Empire and the Lombards*; Wozniak, *Byzantine Diplomacy*.

52. Sui Longobardi sotto Roma: Teofilatto Simocatta, *Historia* III, 4, viii, a cura di De Boor e Wirth, pp. 117.

tore Maurizio, perseguitato dai nefasti presagi che ne annunciavano la morte, muoveva da Costantinopoli lungo il Mar Nero per combattere gli Avari. Quando il suo esercito si imbatté in un branco di cervi, alcuni uomini si separarono dalle truppe per inseguire un esemplare particolarmente maestoso. Il Gepida, una volta restato solo con una delle guardie dell'imperatore, la uccise per impadronirsi della preziosa cintura («ζώνη») che questa indossava, il simbolo della *militia* per eccellenza.[53] Dopo aver descritto il misfatto, Teofilatto proseguì narrando i progressi dell'esercito romano tra gli Avari e soprattutto il celebre aneddoto degli Sclaveni che vivevano presso l'Oceano Occidentale e che si recavano alla presenza di Maurizio portando con sé delle lire.[54] Nel riprendere la storia del Gepida, lo storico spostò la narrazione a Costantinopoli, dove il barbaro aveva cercato un orefice per far sciogliere le guarnizioni d'oro della cintura. L'artigiano non si lasciò ingannare: vedendo la preziosità dell'accessorio, la violenza con cui era stato rimosso, e l'aspetto barbarico del barbaro, lo sospettò colpevole di reato, denunciandolo e facendolo catturare. Il Gepida raccontò allora la storia di Alboino per giustificare il possesso della cintura.

Alboino, cominciò il Gepida, e qui inizia il racconto nel racconto, rapì una figlia di re Cunimondo. Nella guerra che seguì, i Longobardi ebbero la meglio sui Gepidi. Cunimondo si rivolse allora all'imperatore Giustino II per avere assistenza, inviando splendidi doni: questi, colpito dalla magnificenza del re, ordinò al generale Baduario di muovere in soccorso di Cunimondo con l'esercito di Scizia e Mesia. Alboino, temendo l'avvicinarsi dei Romani, inviò a sua volta doni per una riconciliazione offrendo di riparare l'offesa con un matrimonio. Cunimondo respinse le offerte del re longobardo, volendo risolvere la questione con le armi. Il Gepida interruppe a questo punto il suo racconto dicendo che fu nell'occasione degli scontri che ottenne la sua preziosa cintura. L'oggetto, infatti, era appartenuto a un figlio illegittimo del re longobardo e gli era stato

53. Teofilatto Simocatta, *Historia* VI, 2, iv-ix, a cura di De Boor e Wirth, pp. 222-223. Sul Gepida: *PLRE* III B, p. 1445 (Anonymous 103). Sul ruolo della cintura: Phang, *Roman Military Service*, pp. 84-85.

54. Teofilatto Simocatta, *Historia* VI, 2, x-xvi, a cura di De Boor e Wirth, pp. 223-224. Su questo episodio Curta, *The Making of the Slavs*, p. 58.

offerto in riconoscimento dei suoi meriti sul campo, per aver ucciso il figlio del re nello scontro. Dopo aver inizialmente creduto alla storia, il pretore che lo stava interrogando realizzò che gli eventi erano avvenuti trent'anni prima e che il Gepida non era tanto vecchio. La menzogna fu dunque smascherata e il barbaro fu crudelmente messo a morte.

3. La storia di Teofilatto Simocatta dovette probabilmente essere una rielaborazione di alcuni eventi narrati da Menandro Protettore che, come abbiamo visto, sopravvivono solo in maniera frammentaria.[55] La narrazione fornisce un'ulteriore versione dei fatti in cui il rapimento della figlia di Cunimondo è la causa e non il risultato dello scontro tra Longobardi e Gepidi. Si tratta di un conflitto altrimenti sconosciuto, da datarsi apparentemente tra il 565 e il 568. Apprendiamo, infine, dell'esistenza di un figlio di Alboino su di cui non sopravvivono altre testimonianze. Anche la menzione di Baduario merita una certa attenzione. Sappiamo che un generale imperiale dal medesimo nome morì nel 576 combattendo i Longobardi in Italia. Nel racconto di Teofilatto, invece, Alboino temeva lo στρατηγός al punto di desistere dai suoi bellicosi propositi. È possibile che menzionare Baduario nella Costantinopoli del VII secolo avesse la funzione di evocare un retroscena noto al pubblico.[56]

È un peccato che non si possa confrontare questa testimonianza con altre a Teofilatto contemporanee, come i componimenti di Giorgio di Pisidia o il *Chronicon Pascale*, ma dal contesto della narrazione apprendiamo come il re appartenesse a un'epoca chiaramente conclusa quando i Longobardi risiedevano in Pannonia, mentre ai lettori era chiaro che ai giorni di Maurizio, come in quelli Eraclio, i Longobardi avevano fondato un regno in Italia, o combattevano nell'esercito imperiale come faceva un certo Droctone.[57] Nel racconto di Teofilatto Alboino è un personaggio meschino se confrontato con il sovrano descritto dalle narrazioni provenienti dalla penisola

55. Olajos, *Les sources*, pp. 101-102.

56. Giovanni di Biclaro, *Chronicon* 576, a cura di Campos, p. 86. Sull'identità del Baduario di Giovanni di Biclaro e dell'omonimo στρατηγός di Teofilatto: *PLRE* III A, pp. 164-165.

57. Teofilatto Simocatta, *Historia* II, 16, ix, a cura di De Boor e Wirth, p. 104. Su Droctone *PLRE* III A, pp. 425-427.

italica, e ricalca la tipologia astratta del re barbaro temerario, incostante, e facile preda delle emozioni, nella maniera in cui i popoli biondi erano descritti nello *Strategikon*.[58] Allo stesso tempo il sovrano era ancora noto nella Costantinopoli di Eraclio ed è possibile che cicli di racconti esistettero attorno alla sua figura e, come si è visto, ai suoi familiari. La cintura del figlio poteva apparire come un ambito *spolium* in un mondo in cui il *cingulum* restava il simbolo per antonomasia del servizio e della vita militare.

Le leggi di Rotari

1. L'*Edictum* di Rotari è la prima codificazione scritta delle leggi longobarde e, con la possibile esclusione dell'*Edictum* di Teodorico, è la più antica raccolta di leggi dell'Italia postromana.[59] Re Rotari fece promulgare i suoi codici il 22 novembre dell'anno 643, forse all'aprirsi di un'importante stagione di guerra contro i territori bizantini della penisola che avrebbe portato alla conquista di Oderzo (oggi in provincia di Treviso) e di numerose fortezze della costa ligure. Anni fa, Ottorino Bertolini immaginava che l'esarca Isacio fosse morto nello scontro.[60] L'*Edictum* è composto da 388 codici, una collezione molto ampia se paragonata alle *leges* coeve, e mirava a regolare i rapporti tra il sovrano e i suoi sudditi, limitando l'autorità dei *potentes*, per reagire alle minacce interne ed esterne che andavano profilandosi.[61]

Le leggi sono pervase da costanti richiami a un passato antico e, nel prologo, re Rotari ricorda come le tradizioni longobarde

58. Maurizio, *Strategikon* XI, 3, a cura di Dennis e Gamillscheg, p. 370. Sull'idealizzazione dei personaggi nell'opera di Teofilatto: Krivušin, *Les personnages dans les Histoires de Théphylacte Simocatta*, p. 10.

59. Wormald, *The Leges Barbarorum*, p. 25.

60. Bertolini, *Il patrizio Isacio*. Si veda ora Cosentino, *L'iscrizione ravennate*. Sulla conquista longobarda della Liguria: Balzaretti, *Dark Age Liguria*, pp. 45-53.

61. Un'ottima introduzione allo studio dell'*Edictum* è: Delogu, *Le origini del Medioevo*, pp. 147-172. Si vedano inoltre: Gasparri, *La memoria storica dei Longobardi*; Everett, *Literacy in the Lombard Kingdom*, pp. 164-171; Cammarosano, *Nobili e re*, pp. 56-64; Lupoi, *Alle radici*, pp. 146-149. Inoltre: Bognetti, *L'editto di Rotari*; assieme alla critica di Paradisi, *Il prologo e l'epilogo*.

fossero state messe per iscritto basandosi sul ricordo degli «antiqui homines».[62] Come in altre compilazioni di VII secolo provenienti dall'Italia, la Gallia o la Spagna, i valori della stirpe hanno grande rilievo e sono elevati a un'importanza in precedenza sconosciuta.[63] Nella visione del re è la tradizione longobarda a dare autorità e forza alle sue leggi. Così spiccata è questa tendenza che Rotari, nel presentarsi al suo popolo come un re legislatore, lasciò cadere il titolo di *flavius* utilizzato dai *reges* italiani Odoacre e Teodorico, poi adottato da Autari e Agilulfo. Nell'editto, Rotari figura unicamente come «vir excellentissimus rex gentis Langobardorum», il titolo che, dopo di lui, tutti i re legislatori adotteranno nei prologhi ai loro editti.[64]

2. Le leggi sono state interpretate come un chiaro specchio dell'arcaicità della società longobarda, del suo forte germanesimo e natura barbarica. Basandosi su questo arcaismo, è stato proposto che l'*Edictum* avesse carattere tradizionale e antico e che, al momento della sua promulgazione, presentasse caratteri obsoleti nella società dei Longobardi del VII secolo.[65] Dietro i costanti richiami a un passato barbarico è tuttavia possibile riconoscere uno sforzo per regolare la società longobarda di VII secolo: l'*Edictum* presenta similitudini con la *Lex Salica*, le *leges* visigote, e si inserisce in una tradizione di continuità e trasformazione del diritto romano, a cui uomini come il firmatario Ansoaldo dovevano essere usi.[66] Le leggi andrebbero pertanto contestualizzate nella realtà del regno di VII secolo: in siffatta temperie politica il carattere arcaico che permeava l'editto sembrerebbe una strategia mirata a conferire prestigio e

62. *Edictum Rothari* 386, a cura di Beyerle, p. 70: «tam per nosmetipsos quam per antiquos homines, memorare potuerimus, in hoc edictum subiungere debeamus». Pohl, *La costituzione di una memoria storica*, p. 566.

63. Devo queste considerazioni a Delogu, *Le origini del Medioevo*, pp. 160-161.

64. *Edictum Rothari* prologus, a cura di Beyerle, p. 17, Wolfram, *Intitulatio I*, pp. 99-103; Id., *Das Reich und die Germanen*, p. 408.

65. Gasparri, *La memoria storica dei Longobardi*.

66. Similitudini con la *Lex Salica*: Wormald, *The Leges Barbarorum*, pp. 34-35; sulle fonti dell'editto le basi della ricerca sono state gettate da molti anni: Tamassia, *Le fonti*; Besta, *Le fonti*. Sulle influenze romane: Lupoi, *Alle radici*, p. 149; Astuti, *Influssi romanistici*; nel regolare le unioni matrimoniali: Sivan, *The Appropriation of Roman Law*; sulla diversità: Delogu, *Le origini del Medioevo*, pp. 162-172.

forza alle leggi e, come si vedrà, a creare un'immagine barbarica e guerriera per le aristocrazie longobarde. Le ricorrenti affermazioni di antichità e tradizione, pertanto, andrebbero lette come un espediente retorico per rafforzare l'autorità dell'*Edictum* e non come un effettivo riflesso della sua antichità.[67] Nicholas Everett ha proposto che anche le parole di origine germanica che si trovano nei capitoli dell'editto andrebbero interpretate come una strategia propositiva per modellare un'identità longobarda barbara e arcaica.[68]

3. Le leggi sono precedute da un prologo e da un elenco di re che ci permettono di comprendere la percezione che del passato si aveva alla corte di Rotari. Nel prologo, re Alboino, il cui nome è reso nella forma germanica «Alboin», è l'unico sovrano a essere menzionato: Rotari datò la sua ascesa al trono dei Longobardi dall'anno dell'«adventus Langobardorum» («anno septuagesimo sexto feliciter») in Italia («provincia Italiae»), per grazia di Dio e sotto la guida di Alboino. Il re non offrì alcuna ricorrenza cristiana o imperiale ed erano soltanto i suoi anni di regno a fungere da coordinata cronologica.[69] Nella lista di sovrani che segue il prologo sono elencati diciassette re, da Agilmundo a Rotari, a cui si aggiunge la genealogia degli Harodi, la casata di Rotari.[70] Herwig Wolfram ha notato come il numero diciassette avesse precedenti illustri: sia la discendenza degli Amali tracciata negli anni di Teodorico il Grande, sia quella dei sovrani latini di Alba Longa elencavano diciassette sovrani.[71] Ai re non sono

67. Dilcher, *Mythischer Ursprung*.

68. Everett, *Literacy in the Lombard Kingdom*, pp. 14-22. Enrico Besta riteneva le medesime parole una traccia delle fonti utilizzate negli anni di Rotari: Besta, *Le fonti*, pp. 51-54.

69. *Edictum Rothari*, prologus, a cura di Beyerle, p. 16: «Ego in dei nomine rotari, vir excellentissimus, et septimo decimum rex gentis langobardorum, anno deo propitiante regni mei octabo, aetatisque tricesimo octabo, indictione secunda, et post adventum in provincia italiae langobardorum, ex quo alboin tunc temporis regem precedentem divina potentia adducti sunt, anno septuagesimo sexto feliciter. Dato ticino in palatio». Sul prologo dell'*Edictum Rothari*: Paradisi, *Il prologo e l'epilogo dell'Editto di Rotari*.

70. Dumville, *Kingship*, p. 75; Wormald, *Lex scripta and verbum regis*. Inoltre: Sisam, *Anglo-Saxon Royal Genealogies*.

71. Wolfram, *Intitulatio I*, p. 104; Wagner, *Bemerkungen zur Amalgeneaolgie*, p. 28.

associati gli anni di regno, ma unicamente il lignaggio o il nome del padre: e in questo contesto che Audoino venne descritto come «ex genere Gausus».[72] Anche qui, re Alboino è l'unico sovrano le cui azioni siano commentate, per quanto laconicamente, come il *rex* che condusse l'*exercitus* in Italia.[73] Questa centralità di re Alboino è da riscontrarsi in una narrazione composta nei medesimi anni.

*L'*Origo gentis Langobardorum

1. L'*Origo gentis Langobardorum* è un breve testo databile alla metà del VII secolo che sopravvive solamente in tre manoscritti prodotti tra IX e XI secolo.[74] L'*Origo* narra le antichissime origini dei Longobardi, la loro epopea attraverso l'Europa Centrale, per giungere fino agli anni dei re Pertarito (661-662, 671-688) o, nel manoscritto di Modena, Grimoaldo.[75] La narrazione è la prima riflessione sulle origini della stirpe elaborata nell'ambiente della corte longobarda. Il termine *Origo*, chiaramente attestato nei manoscritti come titolo dell'opera, non dovette riferirsi unicamente alle origini dei Longobardi, ma fu utilizzato, come già notato da Arnaldo Momigliano, per descrivere una narrazione che, dai tempi più antichi, giungesse fino ai giorni dell'autore, la metà del VII secolo, nella stessa maniera in cui le *Origines* erano una storia di Roma che dalla fondazione dell'Urbe giungeva fino ai giorni di Catone il Vecchio, l'autore dell'opera.[76] Il titolo dovette, inoltre, alludere alla natura etimologica del racconto, in maniera simile alla funzione delle *Etymologiae sive origines* di Isidoro di Siviglia. La versione dell'*Origo* giunta fino a noi dovette essere composta negli anni Sessanta del VII secolo: gli eventi legati alla spedizione siciliana di Costante II

72. *Edictum Rothari*, prologus, a cura di Beyerle, p. 16.

73. *Edictum Rothari*, prologus, a cura di Beyerle, p. 16: «Undecimus alboin, filius audio, qui exercitum, ut supra, in Italia adduxit».

74. Modena, Biblioteca Capitolare 0.I.2, IX secolo; Cava de' Tirreni, Archivio della Badia 4, XI secolo; Madrid, Biblioteca Nacional 413, prima metà dell'XI secolo.

75. Pohl, *Werkstätte*, p. 118.

76. Momigliano, *Some Observations*, p. 58; Pohl, *Origo gentis Langobardorum*, pp. 108-109.

(641-668) sono infatti gli ultimi ad essere registrati. Tuttavia, una versione del testo dovette esistere già in precedenza e vi è un generale accordo che una redazione dell'*Origo* fosse coeva all'editto di Rotari. Ritornerò su questo punto nel capitolo seguente.[77]

2. L'autore dell'*Origo gentis Langobardorum* non citò gli scrittori romani che avevano menzionato i Longobardi nei primi secoli dell'era cristiana, ma narrò una lunga e avventurosa migrazione dalla Scandinavia, iniziata in un passato imprecisato e scarsamente contestualizzata negli eventi dell'epoca. L'*Origo* è stata spesso considerata come una rete di tradizioni barbare e ancestrali che trovavano origine nei giorni della migrazione e che furono poste per iscritto, in latino, solamente nel VII secolo.[78] Si è spesso ritenuto che la saga fosse originalmente tramandata in lingua longobarda, ma che ancora nel suo latino incerto fosse possibile riscontrare l'ancestrale salmodiare ritmico degli antichi Germani. Pertanto, l'*Origo* sembrava poter costituire una finestra per osservare le tradizioni e i costumi dei Longobardi dell'Età del Ferro.[79] Sulla scorta delle testimonianze degli autori classici, come Velleio Patercolo o Tacito, era possibile stabilire con ampi margini di incertezza le tappe della migrazione dei Longobardi raccontata dall'*Origo gentis Langobardorum*. La narrazione era pertanto letta come un poema in divenire, arricchitosi nei secoli, e tramandato di padre in figlio dalle nebbie dal basso Elba ai fori cadenti e bagnati di luce dell'Italia. Si era, infatti, stabilito che la saga fosse originata, al più tardi, nel II secolo d.C.: Otto Gschwantler fissava la distanza tra gli eventi da cui originavano queste tradizioni e la composizione delle medesime a un periodo tra i cinquanta e centoventi anni, un arco cronologico giudicato breve abbastanza

77. Delogu, *Le origini del Medioevo*, p. 190; Pohl *Memory, Identity and Power*, p. 18; Wickham, *The Inheritance of Rome*, p. 142.

78. Si veda lo studio: Bruckner, *Die Quellen*, pp. 55-57. Esempi più recenti sono: Cingolani, *Le storie dei Longobardi*, in particolare pp. 15-28; Bracciotti, *La saga di Gambara*. Una decisa critica Goffart, *The Narrators*, pp. 329-432.

79. L'idea è molto antica si vedano: Kögel, *Geschichte der deutschen Literatur*, II, pp. 107-108; Bruckner, *Die Sprache*, pp. 19-20; Id., *Die Quellen*. Più recentemente: Gschwantler, *Formen langobardischer mündlicher Überlieferung*, pp. 58-60; Moisl, *Kingship*. Su questo Everett, *Literacy in the Lombard Kingdom*, p. 88, con numerosi riferimenti. Una simile idea è stata recentemente riproposta per lo studio dei *Getica* e la preistoria dei Goti: Liebeschuetz, *Making a Gothic History*.

per preservare la memoria degli avvenimenti, ma ampio al punto di consentire la loro elaborazione mitopoietica.[80] L'episodio su re Alboino era una delle più giovani aggiunte a questo *Lied*, ma aveva la medesima origine, orale e germanica, del resto del racconto.

Il testo dell'*Origo* ha sicuramente carattere più innocente, ma la sua natura resta difficile da comprendere a pieno; soprattutto sarebbe incauto sminuirne la grande originalità. Ernst Bernheim molti anni fa ne aveva svelato il carattere di lista regia, e sicuramente, dopo un'introduzione di alcune righe, il testo procede scandito dai regni dei sovrani longobardi che si succedettero da Agilmundo a Pertarito; in determinate circostanze, tuttavia, il racconto si apre a narrazioni più estese, come nel celebre episodio di Votan e Frea.[81] Sono questi gli episodi che permettono di apprezzare l'originalità del testo. Nel racconto, i Longobardi, allora chiamati Vinnili, si rivolsero alle divinità Frea prima di scontrarsi con i Vandali in battaglia; in questa occasione le donne dei Vinnili si sparsero i lunghi capelli sul volto simulando delle folte barbe. Grazie a questo espediente ottennero da Votan il nome *Langobardi* e la vittoria sul campo.[82] Votan e Frea sono solo due dei numerosi nomi carichi di significato, spesso attestati in maniera molto dissimile nella tradizione manoscritta, che troviamo nella narrazione.[83] Questi appellativi presentano difficoltà interpretative: se permane un certo scetticismo nel leggerli come tracce di un'antichissima oralità, sarebbe sconsiderato interpretarli tutti come mere invenzioni. Alcuni potrebbero, infatti, ricondurci ad antiche leggende e tradizioni, aprendo una finestra nella fase «pre-etnografica» della loro storia, per utilizzare un felice concetto di Herwig Wolfram.[84]

3. Ancora più complesso è individuare il pubblico dell'*Origo* che sembrerebbe celarsi invisibile nel testo. Il gastaldo di Conza

80. Gschwantler, *Formen langobardischer mündlicher Überlieferung*, p. 58; Genzmer, *Vorgeschichtliche und frühgeschichtliche*, p. 11.

81. Bernheim, *Über die Origo gentis Langobardorum*.

82. *Origo gentis Langobardorum* 1, a cura di Waitz, pp. 2-3. Sul nome Vinnili: Graf, *Die Ethnonyme Winnili und Assipitti*, p. 54, che lo legge come derivato dal campo semantico della guerra.

83. Sulla diversa ortografia dei nomi contenuti nell'*Origo gentis Langobardorum*: Pohl, *Origo gentis Langobardorum*, pp. 112-113.

84. Wolfram, *Terminologisches*, pp. 797-798.

Ramfone, uno dei turbolenti personaggi del *Chronicon Salernitanum*, un testo prodotto nell'ultimo quarto del X secolo, era in grado di menzionare l'*Origo*, che quindi era conosciuta dalle élites laiche della *Langobardia minor* di quegli anni, ma per il VII secolo non abbiamo nulla di simile.[85] Di certo l'opera non era mirata a un pubblico di monaci, il disinteresse per il trascorre cristiano del tempo e per qualunque evento religioso è evidente: come *Beowulf* alcuni decenni più tardi, sembrerebbe che l'*Origo* fosse una narrazione dedicata, *par exellence*, all'aristocrazia.[86] Il testo racconta, infatti, di una durissima schiera di guerrieri nati da una terra lontana e inospitale e delle successive battaglie che li videro piegare Vandali, Eruli, Svevi, Gepidi e Romani fino a giungere in Italia. Con l'eccezione dei Romani, si trattava di popoli del passato, il cui nome se noto al pubblico, poteva offrire profondità cronologica al racconto. I protagonisti dell'opera sono chiaramente i re dei Longobardi, che si uccidono tra di loro e uccidono i re rivali sul campo. L'*exercitus* che aveva un ruolo importante nelle leggi di Rotari, qui sembra avere il medesimo ruolo dei *Langobardi* costantemente vittoriosi al seguito del re. Re e regine erano con ogni probabilità tra i destinatari dell'opera, ma in due occasioni il lettore ideale sembra affiorare dalle righe del testo.[87] Una volta che i Vandali costrinsero i Longobardi, allora chiamati Vinnili, alla scelta tra la battaglia e il pagamento di un tributo questi risposero: «Melium est nobis pugnam preparare, quam wandalis tributa per solvere», preferiamo combattere che pagare il tributo ai Vandali. È possibile che questo motto gagliardo rappresentasse un'idea diffusa tra le aristocrazie longobarde in un momento di conflitto. Sui tributi versati dai Longobardi sappiamo poco. Nelle *Cronache di Fredegario* si legge che negli anni che seguirono la morte di Clefi e la disastrosa sconfitta dei Longobardi in Gallia, re Guntramno (561-592) impose un ingente tributo ai *duces* vinti e questo tributo venne pagato fino ai giorni di Agilulfo quando re Clotario II lo sollevò graziosamente dai suoi obblighi.[88] Era con questi eventi

85. *Chronicon Salernitanum* 39, a cura di Westerbergh, p. 41. Su questo: Pohl, *Werkstätte*, pp. 30-31.

86. Wormald, *Bede, Beowulf and the Conversion of the Anglo-Saxons*, p. 58.

87. Eco, *Lector in fabula*.

88. *Chronicarum quae dicuntur Fredegarii* IV, 45, a cura di Krusch, p. 143.

in mente che il pubblico ascoltava le parole dei Longobardi? Denaro venne versato anche da re Arioaldo al *patricius* Isacio, ma si trattò di un unico pagamento e generalmente erano i Romani a versare tributi ai re dei Longobardi.[89]

Vi è un secondo passaggio che merita attenzione. Quando re Tatone, in un lontano passato, sconfisse gli Eruli nel *Feld* uccidendone il re Rodolfo «tulit vando ispsius et capsidem», prese lui l'elmo e le insegne.[90] Il valore simbolico dell'elmo è chiaro, ma questo passaggio crea un'anomalia con il resto della narrazione, poiché si tratta dell'unica menzione di oggetti che troviamo nell'*Origo gentis Langobardorum*. È possibile che l'elmo esistesse davvero alla corte dei re longobardi? Se così fosse la storia di Rodolfo, poi raccontata anche da Paolo Diacono, sarebbe potuta originare dalla presenza fisica dell'oggetto a corte. Soprattutto avremmo un prezioso indizio sul luogo in cui l'*Origo gentis Langobardorum* potesse venir letta: le aule del palazzo, di fronte ai sovrani e i loro ospiti. Una certa confidenza con le sedi del potere traspare anche dall'episodio della morte di Alboino, quando leggiamo che il re fu ucciso «in palatio».[91] E sappiamo che i palazzi divennero spesso gli scrigni dentro i quali si preservava l'identità della stirpe e il culto della monarchia: era nelle aule, tra dipinti e oggetti carichi di valore che si celebrava la memoria della *gens* e dei suoi *reges*.[92] Che esistessero luoghi che il pubblico dell'*Origo* poteva collegare alle gesta del passato?

4. È dopo il celebre episodio di Votan, e il racconto della lunga marcia dei Longobardi verso la Pannonia, che incontriamo re Alboino. Si tratta della seconda e ultima pausa narrativa dell'opera. La narrazione su Alboino si presenta come una storia articolata con un inizio, un'evoluzione della vicenda e una conclusione, animata da personaggi secondari e sottotrame chiaramente definibili. Nell'*Origo gentis Langobardorum* Alboino è il figlio di Audoino, il re già conosciuto da Procopio, che aveva condotto i Longobardi dal *Feld* alla

89. *Chronicarum quae dicuntur Fredegarii* IV, 69, a cura di Krusch, pp. 155-156.
90. *Origo gentis Langobardorum* 4, a cura di Waitz, p. 3.
91. *Origo gentis Langobardorum* 5, a cura di Waitz, p. 4.
92. Airlie, *The Palace of Memory*, in particolare p. 10; Gasparri, *Il tesoro del re*, p. 52.

Pannonia.[93] Il nome «Albuin» è reso nella stessa dizione barbarica che si era letta nel prologo all'*Edictum Rothari*. Nella narrazione, Alboino sconfisse i Gepidi e il loro re Cunimondo rimase ucciso, apparentemente nello scontro. Ne sposò poi la figlia, come già aveva scritto l'anonimo continuatore di Prospero. L'autore dell'*Origo* però aveva anche ricordato la prima moglie del re, Clodosvinda, morta prematuramente e la figlia di lei e Alboino, chiamata Albsuinda.[94] Se Alboino fosse l'uccisore del rivale non è chiaro; l'autore dell'*Origo* scrisse unicamente «et mortuus est Cunimuns», un'annotazione che si distanzia dalle parole utilizzate in altre occasioni per raccontare la morte sul campo di battaglia di celebri sovrani. Odoacre fu chiaramente l'uccisore materiale del re dei Rugi Teuva, come Tatone fu il carnefice di Rodolfo.[95] Solo nelle più tarde testimonianze di Paolo Diacono, della storia di Gotha e di Agnello di Ravenna, Alboino divenne l'uccisore di re Cunimondo. Si tratta, come vedremo di una delle tracce più chiare del processo di fusione e sincresi che le diverse narrazioni stavano subendo nella produzione storiografica di VII secolo, originando la creazione della storia che ancora oggi conosciamo. Già nell'*Origo*, comunque, si legge che solo Alboino sopravvisse allo scontro, mentre nella *Continuatio Prosperi* di Copenhagen nulla si sapeva sulla sorte di Cunimondo.

Invitato da Narsete *scribarum*, il re giunse in Italia. L'ingresso di Alboino in Italia fornisce la menzione dell'unica ricorrenza religiosa menzionata nel testo («Pannonia mense aprilis a pascha indictione prima»).[96] L'anonimo autore proseguì narrando quella

93. *PLRE* III A, pp. 152-153.

94. *Origo gentis Langobardorum* 5, a cura di Waitz, p. 4: «Eo tempore pugnavit Albuin cum rege Gippidorum nomine Cunimund, et mortuus est Cunimund in ipsa pugna, et debellati sunt Gippidis. Tulit Albuin uxore Rosemunda, filia Cunimundi, quae praedaverat, quia iam mortua fuerat uxor ipsius Flutsuinda, quae fuit filia Flothario regis francorum; de qua habuit filia nomine Albsuinda». Sulla figlia del re *PLRE* III A, p. 40.

95. Teuva: *Origo gentis Langobardorum* 3, a cura di Waitz, p. 3: «Illo tempore exivit rex Audoachari de Ravenna cum exercitu Alanorum, et venit in Rugilandia et impugnavit Rugos, et occidit Theuvane regem Rugorum [...]». Rodolfo: *Origo gentis Langobardorum* 4, a cura di Waitz, p. 3.

96. *Origo gentis Langobardorum* 5, a cura di Waitz, p. 4: «Ipse Albuin adduxit Langobardos in Italia, invitatos a Narsete scribarum; et movit Albuin rex Langobardorum de Pannonia mense Aprilis a pascha indictione prima».

che per noi è diventata una vecchia storia, ma che viene, in questo contesto, raccontata con una forza e una ricchezza di dettagli ancora sconosciute, soprattutto per quanto concerne la morte del re nei suoi immediati sviluppi. Dopo aver regnato per tre anni, il re fu assassinato a Verona da Elemechi e Rosmunda «per consilium» di Peredeo («Peritheus»), un personaggio altrimenti sconosciuto, ma destinato a una certa popolarità.[97] Quando Elmechi comprese che i Longobardi non lo avrebbero accettato come loro sovrano, si rifugiò assieme a Rosmunda e la figlia di Alboino, a Ravenna, portando con sé il tesoro dei Longobardi. L'autore menziona una «navis agarialis» su cui i tre viaggiarono, un particolare precedentemente sconosciuto.[98] A Ravenna regnava Longino, un personaggio che, come Peredeo, compare per la prima volta nell'*Origo*, ma la presenza di un funzionario dal medesimo nome è attestata da un'epigrafe databile al 574/5.[99] Rosmunda ed Elmechi si stabilirono a Ravenna, ma l'*Origo* non ci fornisce alcuna coordinata cronologica che possa aiutarci a comprendere meglio gli avvenimenti. Leggiamo unicamente che, una volta a Ravenna, Longino propose a Rosmunda di uccidere Elmechi e divenire sua sposa. Nessuno si stupirà di sapere che la regina accettò immediatamente.[100] Rosmunda pertanto offrì una bevanda avvelenata a Elmechi dopo il bagno, ma questi, accorgendosi che ciò che andava bevendo era letale, costrinse la donna a bere a sua volta, ed entrambi morirono a Ravenna. L'ambientazione nei bagni romani è un particolare non menzionato dai testi più antichi dell'*Origo gentis Langobardorum*. Nonostante la generale sporcizia

97. *Origo gentis Langobardorum* 4, a cura di Waitz, pp. 4-5: «Regnavit Albuin in italia annos tres, et occisus est in Verona in palatio ab Hilmichis et Rosemunda uxore sua per consilium Peritheo». Su Perdeo: *PLRE* III B, p. 990; Bracciotti, *Il ruolo di Peredeo*; Gschwanter, *Die Heldensage von Alboin und Rosimund*, pp. 228-236.

98. *Origo gentis Langobardorum* 4, a cura di Waitz, p. 5: «Voluit regnare Hilmichis, et non potuit, quia volebant eum langobardi occidere. Tunc mandavit rosemunda ad Longinum praefectum, ut eam reciperet ravenna. Mox ut audivit Longinus, gavisus est, misit navem angarialem, et tulerunt Rosemunda et Hilmichis et Albsuindam, filia Albuin regis, et omnes thesauros langobardorum secum duxerunt in Ravenna».

99. *PLRE* III B, p. 797.

100. *Origo gentis Langobardorum* 5, a cura di Waitz, p. 5: «Tunc ortare coepit Longinus praefectus Rosemunda, ut occideret Hilmichis et esset uxor Longini».

che nell'immaginario comune è associata ai secoli altomedievali, o almeno lo era fino a qualche anno fa, i bagni antichi restarono in funzione in numerose città italiane.[101] In questo contesto è possibile che le terme richiamassero una generale idea di *romanitas*, un palco perfetto per inscenare l'epilogo del dramma di Alboino.

La negatività dell'elemento romano, che nel capitolo successivo vedremo confermata nell'episodio di Eusebio e Adaloaldo, dovette essere un messaggio chiarissimo per il lettore dell'opera. Esistono inoltre delle ridondanze letterarie che potrebbero spiegare questa scelta. La morte di Rosmunda poteva, infatti, richiamare alla mente del lettore l'omicidio della perfida Amalasunta che, stando a Gregorio di Tours, fu uccisa dai sicari di Teodato proprio nelle terme.[102] Anche Costante II, stando alla testimonianza di Teofane che scrisse nel IX secolo, morì a Siracusa nei bagni di Dafne nel 668.[103] Un'ulteriore possibile associazione sarebbe da cercarsi in un racconto molto oscuro delle *Cronache di Fredegario* per cui l'imperatore Avito, dopo aver usato violenza alla moglie del senatore Lucio, un uomo malato, lo derise crudelmente dicendo: «Hai delle belle terme, ma ti lavi con acqua fredda» («Pulcras termas habes, nam frigido labas»).[104] Le implicazioni di questo scherzo sono perdute: possiamo solamente intuire un osceno legame tra donne e terme, ma non sapremo mai se la morte di Rosmunda nei bagni di Ravenna richiamasse un simile gioco di parole. Morta Rosmunda e morto Elmechi, Longino inviò il tesoro regio e la figlia di Alboino a Costantinopoli; nulla sappiamo sul destino di Peredeo.[105]

Anche qui è da notarsi come l'idea della vendetta non sia esplicitamente menzionata: a differenza della *Continuatio Prosperi* la

101. Squatriti, *Water and Society*, pp. 44-65.

102. Gregorio di Tours, *Libri Historiarum* III, 31, a cura di Levison e Krusch, p. 127. Joye e Knaepen, *L'image d'Amalasonthe*.

103. Teofane il Confessore, *Chronographia* 6160, a cura di De Boor, I, pp. 351-352.

104. *Chronicarum quae dicuntur Fredegarii* III, 7, a cura di Krusch, p. 94. Vorrei ringraziare Andreas Fischer che mi ha segnalato questo passaggio, e ne discuterà nel suo libro di prossima uscita.

105. *Origo gentis Langobardorum* 5, a cura di Waitz, p. 5: «Audito consilium ipsius, temperavit venenum, et post valneum dedit ei in caldo bibere. Cumque bibisset hilmichis, intellexit, quod malignum bibisset; praecepit, ut ipsa Rosemunda biberet invita; et mortui sunt ambo».

morte di Cunimondo è chiaramente ricordata nell'*Origo*, ma non la mano di Alboino nella sua uccisione.[106] Ad Alboino succedette Clefi «de beleos», ma i regni di Autari, Agilulfo e della loro celebre consorte Teodolinda sono narrati in maniera asciutta e laconica, se confrontati alla narrazione della *Continuatio Prosperi* di Copenhagen. Anche gli scontri tra Eleuterio e Sundarico non sono menzionati. Tuttavia è ricordato il fratello di Teodolinda Gundoaldo, sconosciuto alla *Continuatio*, ma presente nelle *Cronache di Fredegario*.[107] Al figlio di Agilulfo e Teodolinda Adaloaldo, succedette Rotari di cui sono narrate le imprese belliche contro i Romani.[108]

Le Cronache di Fredegario

Le *Cronache di Fredegario* sono un testo probabilmente composto attorno al 660, forse in Burgundia, da un autore, o più autori, legati ai signori di Austrasia. Il nome *Cronache di Fredegario* è stato attribuito alla narrazione in sede storiografica: Bruno Krusch riporta una nota scritta nel XVI secolo in margine a un manoscritto di XI, in cui si menziona un certo abate Fredegario.[109] Sia la natura dell'opera, che la sua composizione, sono state soggette a un lungo dibattito che si protrae tuttora. Che il testo fosse composto a più mani è stato proposto sin dagli albori degli studi sulla cronaca, ma all'inizio degli anni Sessanta del secolo scorso Walter Goffart ha suggerito, con numerosi argomenti, la paternità di un singolo autore.[110] Anche la data di composizione è molto incerta e Roger Collins, in maniera

106. Gschwantler, *Die Heldensage von Alboin und Rosimund*, p. 225.

107. *Chronicarum quae dicuntur Fredegarii*, IV, 34, a cura di Krusch, p. 134.

108. *Origo gentis Langobardorum* 6, a cura di Waitz, pp. 5-6: «Et post ipso regnavit Rothari ex genere Arodus, et rupit civitatem vel castra Romanorum quae fuerunt circa litora aprisio Lune usque in terra Francorum quam Ubitergium ad partem orienti, et pugnavit cirva fluvium Scultenna, et ceciderunt a parte Romanorum octo milia numerus». Si veda anche la narrazione riportata in *Chronicarum quae dicuntur Fredegarii* IV, 71, a cura di Krusch, pp. 156-157.

109. Collins, *Fredegar*, pp. 81-83. Sulle cronache si veda Fischer, *Die Fredegar-Chronik*; Reimitz, *History*, 166-239; e Wood, *Fredegar's Fables*.

110. Goffart, *The Fredegar Problem Reconsidered.* Inoltre si veda: Collins, *Fredegar*, pp. 91-96; che riassume il dibattito.

forse provocatoria, ha fatto notare come anche una datazione di inizio VIII secolo, tardissima, sarebbe accettabile.[111]

Le *Cronache* sono un testo di dimensioni superiori rispetto all'*Origo*, ma come l'*Origo* si concentrano sulle stirpi dei barbari e sui loro re, riportando numerosissimi avvenimenti dalla Spagna visigota, dall'Italia longobarda, ma anche dal mondo bizantino e musulmano altrimenti mai attestati nell'occidente latino: in rare occasioni, come nel racconto su Cesara, l'autore si concentrò sulla Persia dei Sasanidi.[112] È generalmente ritenuto che il maggior contributo delle *Cronache di Fredegario* alla storia dei Franchi e del Mediterraneo sia il quarto libro, che è costituto da una narrazione interamente nuova che inizia con l'anno 584 per concludersi alla metà del VII secolo. I tre libri precedenti sono in massima parte debitori alle cronache di Girolamo, Idazio e alla versione abbreviata in sei libri dell'opera di Gregorio di Tours, ma l'autore interrompe in più occasioni il racconto delle sue fonti per inserire avvincenti episodi che, grazie alle omissioni e alle aggiunte, ci offrono una chiave d'accesso a un contesto di VII secolo.[113]

L'autore delle *Cronache di Fredegario* raccontò di re Alboino e dell'invasione dell'Italia nel terzo libro, in cui è riportata la versione abbreviata dell'opera di Gregorio. Centrale diviene in questo contesto la storia di Narsete, che nell'opera del vescovo di Tours non giocava alcun ruolo. Leggiamo infatti che la perfida Sofia inviò al patrizio un fuso d'oro, suggerendogli di filare assieme alle donne nel gineceo, invece che governare l'Italia. Narsete rispose all'offesa convincendo i Longobardi a conquistare l'Italia. Alboino («Albuenus») è menzionato per la prima volta quando, accettando l'invito di Narsete, mosse verso l'Italia. Nelle cronache il re era sposato con la franca Clodosvinda, ma quando questa morì, sposò una donna di cui aveva ucciso il padre.[114] Tuttavia, assente è il particolare dei sette anni durante i quali i Longobardi avrebbero devastato l'Italia. Questa omissione rivela come l'autore delle cronache (o la sua fonte) in-

111. Collins, *Fredegar*, p. 83, ipotizza un arco cronologico per una possibile produzione dal 659 al 714.

112. Si vedano le simili considerazioni di Collins, *Fredegar*, p. 99. Su Cesara: *Chronicarum quae dicuntur Fredegarii* IV, 9, a cura di Krusch, pp. 125-126.

113. Reimitz, *History*, pp. 167-174.

114. *Chronicarum quae dicuntur Fredegarii* III, 65, a cura di Krusch, p. 110.

tendesse porre il suo racconto in linea con quello delle testimonianze coeve. Come risultato, la violenza della conquista, così presente nell'opera del vescovo di Tours, viene qui a mancare. Inoltre l'autore poté arricchire la testimonianza di Gregorio, forse basandosi sul *Chronicon* di Mario di Avenches.[115] Come nei *Libri Historiarum* di Gregorio, Alboino è avvelenato dalla moglie. Morto il re, la donna, a cui le *Cronache* non assegnano un nome, fuggì assieme a un longobardo, a sua volta anonimo («cum aliquo Langobardo»), da Verona a Ravenna, un particolare che l'autore non avrebbe potuto trovare nella narrazione di Gregorio di Tours. Raggiunti dagli uomini di Alboino lungo il cammino, furono catturati e uccisi.[116] L'ascesa di Clefi («Cliip») al trono, che non figurava nei *Libri Historiarum*, è narrata a conclusione del racconto.[117]

La mancata elaborazione del racconto su Alboino contrasta con lo spazio dedicato ad alcuni dei suoi successori, Teodolinda e Rotari tra tutti.[118] I sovrani inoltre ricoprono grande spazio nella cronaca e molta attenzione è dedicata al narrare le storie che videro protagonisti Teodorico, di cui viene riportata l'intera biografia, compresa la nascita, Clodoveo, o Giustiniano e Belisario.[119] La storia di Alboino, al contrario, non vi trova spazio.

* * *

In questo capitolo si è visto come i racconti di VII secolo siano più ricchi e omogenei rispetto a quelli di VI, presentando un'immagine più coerente con il racconto di Paolo Diacono di fine VIII. Come si

115. Della medesima idea Coumert, *Origines des peuples*, p. 158.

116. *Chronicarum quae dicuntur Fredegarii* III, 66, a cura di Krusch, p. 111: «Ipse vero eiusdem muliebri fraude venino perit. Ipsaque postea cum aliquo Langobardo, apud quem Ravennam fugaciter de civitatem Verona, ubi viro occiderato, adgrediebat, pariter in itinere adprehensi et interfecti sunt».

117. *Chronicarum quae dicuntur Fredegarii* IV, 67, a cura di Krusch, p. 111: «Langobardi regem nomine Clip super se eligunt».

118. *Chronicarum quae dicuntur Fredegarii* IV, 70-71, a cura di Krusch, pp. 156-157.

119. Su Teodorico: *Chronicarum quae dicuntur Fredegarii* II, 56-59, a cura di Krusch, pp. 77-83; su Clodoveo: ivi III, 15-27, a cura di Krusch, pp. 98-103; la storia di Belisario e Giustiniano si trova invece ivi II, 62, a cura di Krusch, pp. 85-86.

accennava in apertura, la storiografia più tradizionale aveva interpretato le divergenze fra gli autori di VI secolo come il risultato dell'informazione frammentaria giunta ai diversi cronisti che scrissero lungo la Loira, nella Spagna meridionale o nelle attuali Alpi svizzere. Esisterebbe quindi una *Urgeschichte*, una storia originaria, i cui frammenti erano già riportati da questi autori del VI secolo, ma che, decenni più tardi, avrebbe potuto essere restituita alla sua forma più completa grazie alla partecipazione dei Longobardi depositari della cultura ancestrale della stirpe, una sorta di *Traditionskern* di Reinhard Wenskus, alla vita di corte.[120] Propongo un'interpretazione diversa: le fonti di VI secolo non contenevano gli elementi narrativi poi sviluppati nelle testimonianze di VII non perché una narrazione imperfetta dei medesimi eventi, ma poiché di questi costituivano la fonte. Pertanto non esisteva alcuna tradizione antica, scivolata tra le intercapedini della storiografia fino al VII secolo. Le informazioni e gli elementi narrativi riportati dal *Liber pontificalis*, Mario, Giovanni e Gregorio furono sviluppate e incrociate per fornire una tradizione che rispondesse alle necessità della monarchia longobarda nel VII secolo.[121] Questa idea assume forza maggiore se si conviene con la mia ipotesi sull'*Historiola* di Secondo, per cui l'abate di Trento non dovette fornire una testimonianza a noi sconosciuta sulla morte del re.

Nelle fonti latine troviamo una tradizione per cui il re fu ucciso dalla moglie. Stando a Gregorio di Tours, fu la seconda moglie di Alboino, sposata in Italia, ad assassinare il re colpevole di averle ucciso il padre, un episodio che, nella logica narrativa di Gregorio, sembrerebbe da collegarsi alla brutalità dei Longobardi nei primi giorni della conquista. La storia non è riportata da altri autori. Nel corso del VII secolo lo sfortunato padre vittima di Alboino divenne Cunimondo, il re dei Gepidi di cui Giovanni di Biclaro e Menandro Protettore avevano raccontato la sconfitta contro i Longobardi. Assistiamo, quindi, alla fusione degli elementi narrativi presenti nei racconti di VI secolo: la morte di Cunimondo in battaglia, narrata da Giovanni, le insidie della moglie presenti in tutte le nostre testimonianze e la volontà della

120. Si tratta del celebre concetto di Wenskus, *Stammesbildung und Verfassung*; sul ruolo delle tradizioni orali per la coesione della stirpe: ivi, pp. 54-82. Sul concetto di *Traditionskern*: Wolfram, *Terminologisches*, pp. 787-790.

121. Lévi-Strauss, *La pensée sauvage*.

donna di vendicare il padre ucciso da Alboino, raccontata da Gregorio. Grazie a questa semplice associazione Alboino divenne l'eroico vincitore di un re nemico sul campo di battaglia, mentre il personaggio della sua seconda moglie maturò in una regina di origine gepida, guadagnando il nome Rosmunda, in precedenza sconosciuto. L'evoluzione dell'anonima moglie di Alboino nella gepida Rosmunda si sviluppava lungo rodati tropi letterari: da un lato le regine costituivano di per sé un tesoro, che nel caso di Rosmunda, Alboino saccheggiò dopo aver sconfitto Cunimondo.[122] Dall'altro, sappiamo che in numerose narrazioni le regine erano le guardiane del tesoro regio: in *Waltharius*, la bella Ildegunde divenne la custode dell'intero tesoro degli Unni.[123] Fu di questo ruolo che Rosmunda abusò fuggendo a Ravenna con le ricchezze dei Longobardi.

È vero che una chiara menzione della vendetta non compare mai in tutto ciò che fu scritto tra Gregorio di Tours e Paolo Diacono, ma il legame tra la caduta del sovrano gepida e l'uccisione di Alboino da parte della figlia seguiva il modello tracciato dai *Libri Historiarum*. Che l'anonimo autore dell'*Origo* fosse a conoscenza della testimonianza di Gregorio, potrebbe essere confermato dalla menzione di Clodosvinda come la prima moglie del re, una testimonianza altrimenti sconosciuta e riportata solamente dalla lettera di Nicezio di Treviri analizzata nel primo capitolo.

Una conferma del processo di sintesi subito dai racconti su re Alboino, è da trovarsi nel racconto della morte di Elmechi e Rosmunda. La tragica fine dei due amanti a Ravenna, descritta per la prima volta nella storia di Copenhagen, sembrerebbe essere un'elaborazione delle precedenti testimonianze. Se Giovanni e Mario ne avevano narrato la fuga assieme al tesoro e parte dell'*exercitus* a Ravenna, Gregorio di Tours aveva laconicamente riportato il fallito tentativo di evasione, la cattura dei due da parte degli uomini fedeli al defunto re e la conseguente uccisione di Rosmunda ed Elmechi. Le testimonianze divergenti si tradussero, nel VII secolo, nel racconto della loro morte a Ravenna, precedentemente sconosciuto, e che forse mirava ad echeggiare il simile episodio della morte di Amalasunta nei *Libri Historiarum* di Gregorio di Tours.

122. Stafford, *Queens and Treasure*, p. 64.
123. *Waltharius* vv. 113-114, a cura di Strecker, p. 29.

Apparirà come questa interpretazione offra un ruolo solo marginale alla cultura orale, che secondo alcuni autori dovette, al contrario, giocare un ruolo di grande importanza nelle culture barbariche dell'Europa altomedievale.[124] Non è mia intenzione porre in discussione quest'immagine, ma l'evidenza delle fonti sulla morte di re Alboino fa propendere per una rielaborazione letteraria del mito, patrocinata dalla corte di Pavia. Quindi, se vi fu una forma di *Heroisierung*, questa fu una volontaria scelta degli ambienti vicini alla corte per trovare in re Alboino un personaggio che desse forza all'autorità regia nel VII secolo. Tradizioni locali, e probabilmente tramandate in forma orale, si svilupparono solo in un secondo tempo, scaturendo dal mito del re creato alla metà del VII secolo. Sarà forse possibile seguire le tracce di alcune di queste tradizioni analizzando il più ricco e vivido racconto dell'*Historia Langobardorum* di Paolo Diacono. Tra VI e VII secolo pertanto, il lungo regno di Teodolinda assieme ai suoi energici mariti, aveva ridato prestigio alla figura dei *reges Langobardorum* e gli storici di quegli anni descrissero le vittorie di Alboino, Autari e Agilulfo. Pochi anni più tardi, tuttavia, Agilulfo e Autari ricevettero solamente un'asciutta menzione, mentre la leggenda di Alboino venne ulteriormente arricchita, assumendo una posizione dominante nell'elaborazione del passato della stirpe. Il nostro interesse è ora comprendere perché la figura del primo re dei Longobardi in Italia subisse, nel VII secolo, la ricca evoluzione ora delineata, divenendo un guerriero infallibile e un uccisore di re, a scapito dei suoi colleghi che nella *Continuatio Prosperi* ancora godevano di un ruolo di primo piano. In secondo luogo si tenterà di comprendere perché una storiografia barbara, e apparentemente arcaica, si sostituisse a modelli più chiaramente tardoantichi.

124. Uno degli esempi più celebri è Richter, *The Formation of the Medieval West*; ma si veda l'accurata analisi in Innes, *Memory, Orality and Literacy*, pp. 7-9.

4. Stagioni diverse

Una lettera scritta da papa Onorio (626-638), datata al febbraio 628, illuminava d'improvviso un periodo tra i più bui della storia d'Italia. Nello scritto, il pontefice invitava l'esarco Isacio alla difesa di re Adaloaldo e di sua madre Teodolinda, nei giorni in cui i vescovi «transpadani» appoggiavano l'usurpatore Arioaldo («Ariopaltus tyrannus»).[1] Si hanno numerose difficoltà nel comprendere a pieno lo scenario dipinto da questo laconico passaggio: quali fazioni sostenessero il tiranno e quali il re, la consistenza degli effettivi, chi, nello specifico, fossero i vescovi «transpadani», quali le loro sedi e, soprattutto, le condizioni in cui si trovavano. Tuttavia, emerge come una dimestichezza con il lessico del potere e la geografia del mondo romano fosse ancora comune nella corrispondenza Italiana di VII secolo. La lettera era scritta da un romano e a un romano era destinata, ma anche i Longobardi dovettero essere avvezzi a questo linguaggio antico e carico di significato. Lo erano stati negli anni Alboino, e ancora lo erano negli anni che seguirono la morte di Clefi, come è possibile constatare grazie allo scambio epistolare tra i *duces* del Friuli e i *patricii* d'Italia.[2] Questa conoscenza della terminologia romana rimase viva anche negli anni della regina Teodolinda.

Nella lettera di Onorio, la definizione di «transpadani» echeggiava una chiara regione amministrativa del mondo romano, i ter-

1. *Epistolae langobardicae collectae* 2, a cura di Gundlach, p. 694. Sull'episodio Delogu, *Il regno*, pp. 52-53.

2. *Epistolae Austrasicae* 48, a cura di Malaspina, pp. 218-220; Pohl, *The Empire and the Lombards*, p. 101.

ritori oltre il fiume Po, in qualche modo esterni all'Italia e ai cui abitanti diversi autori avevano attribuito caratteristiche dissimili a seconda della temperie politica, ma che nel contesto della missiva del pontefice sembrava richiamare l'antica barbarie della regione.[3] «Tyrannus» era poi una parola antica e carica di significato che nell'impero cristiano aveva assunto una carica ulteriormente infamante rispetto alla già pesantissima accusa che aveva costituito nei secoli del Principato. Già nel IV secolo erano *tyranni* non solo gli aspiranti al trono che concludevano nella tomba le loro ambizioni, ma anche i sovrani pagani, eretici e persino di dubbia ortodossia.[4] I nemici dello stato divenivano, pertanto, anche nemici della fede. E, infatti, tra le pochissime informazioni che su Arioaldo possediamo, vi è la sua fede ariana: si tratta di uno dei pochissimi *reges* longobardi per cui se ne abbia esplicita menzione.[5] La lettera tradiva, quindi, i toni allarmati del pontefice per la sfida lanciata alla casa di Agilulfo che da anni si era impegnata per l'ortodossia e l'alleanza con Roma. Riesumare l'arianesimo nel secondo quarto del VII secolo aveva una chiara e forte valenza politica, essendo l'Arianesimo la religione dei re guerrieri del passato, il grande Teodorico tra tutti, e una chiara sfida lanciata ai Romani.[6]

La ribellione si concluse con la vittoria del tiranno, che divenne re per dieci anni. Come conseguenza, la pluriennale vicinanza tra i re longobardi e i patrizi dei Romani si infranse e attorno al 643 re Rotari, che di Arioaldo fu il successore, lanciò una grande offensiva contro l'impero che avrebbe portato alla conquista della Liguria bizantina e di Oderzo.[7] Ritengo che in seguito a questi mutamenti la casa di Agilulfo subisse una sorta di *damnatio memoriae* che ha lasciato labili tracce nelle narrazioni che ci sono giunte, e allo stesso tempo che l'identità dell'aristocrazia longobarda subisse una tra-

3. Giardina, *L'Italia romana*, pp. 267-268; Mazzarino, *Il pensiero storico classico*, II, pp. 216-218.

4. Barnes, *Oppressor, Persecutor, Usurper*, pp. 58-60; Cameron, *The Last Pagans of Rome*, pp. 94-95; Fanning, *Rex and Tyrannus*.

5. Giona di Bobbio, *Vita Columbani* II, 24, a cura di Krusch, p. 286. Fanning, *Lombard Arianism*, p. 255; Gasparri, *I duchi*, pp. 51-52.

6. Su questo tema si veda ora *Arianism*, a cura di Berndt e Steinacher.

7. Balzaretti, *Dark Age Liguria*, pp. 45-53; Delogu, *Il regno dei Longobardi*, pp. 60-61.

sformazione, questa ben più visibile della *damnatio*, per cui i valori della stirpe e l'esaltazione degli elementi percepiti come barbarici subirono un giro di vite.

Anni fa, gli storici interpretavano questo mutamento dell'identità delle aristocrazie longobarde come il ritorno ai classici valori della *gens* a seguito del momentaneo riemergere della *romanitas* negli anni di Teodolinda. Si è già detto che se Bognetti interpretava il lungo regno della regina come l'estate dei morti dell'Italia romana, che aveva seguito l'autunno del regno di Alboino e Clefi, l'avvento di Arioaldo e Rotari marcava l'infuriare dell'inverno. Quasi dispiace distanziarsi da una teoria costruita con tanta passione, ma ritengo che la *barbaritas* dei Longobardi fosse una trasformazione del VII secolo. Le situazioni sociali ed economiche dei primi giorni della conquista si erano, nel secondo quarto del secolo, profondamente trasformate e questo mutamento di identità fu forse un riflesso delle nuove strutture.[8] L'accresciuto ruolo di re Alboino, la cui memoria era stata così orgogliosamente ribadita da re Rotari nel prologo delle sue leggi, era parte della nuova identità delle aristocrazie del regno.

Tracciare i confini

1. Che una versione dell'*Origo gentis Langobardorum* fosse composta in un contesto contiguo a quello che vide la stesura delle leggi di Rotari era già stato proposto da Ernst Bernheim, che aveva riconosciuto le similitudini tra la lista regia che costituisce l'ossatura dell'*Origo* e l'elenco di sovrani riportato nell'*Edictum Rothari*.[9] Come si è visto, anche oggi numerosi storici convengono sull'idea che una sorta di proto *Origo* avesse accompagnato la raccolta di leggi sin dall'inizio. Tracce di questa redazione sono da riscontrarsi nella versione dell'*Origo gentis Langobardorum* giunta fino a noi. Come nell'*Edictum* il ruolo dei re è infatti dominante, e anche nell'*Origo* i nomi dei sovrani sono resi in una forma germanica così da esaltare la natura barbarica della stirpe. Se abbiamo visto come

8. Wickham, *Framing the Early Middle Ages*, pp. 117-118.
9. Bernheim, *Über die Origo gentis Langobardorum*, p. 377.

il ruolo di Alboino fosse centrale in entrambe le composizioni, un ulteriore indizio per l'esistenza di una recensione dell'*Origo gentis Langobardorum* coeva all'*Edictum* è la narrazione delle imprese di Rotari, che è l'ultimo sovrano le cui azioni siano raccontate con una certa ricchezza di particolari. Il racconto avrebbe potuto fungere da chiusa al testo.[10]

Nel racconto, inoltre, troviamo tracce del conflitto tra Adaloaldo e i suoi successori. Nell'*Origo gentis Langobardorum* le imprese di Agilulfo contro i Romani, che avevano occupato la sezione finale, e tra le più importanti, della *Continuatio Prosperi Havnensis* non sono menzionate. Agilulfo è unicamente ricordato per l'avere ucciso i *duces* a lui ribelli («duces revelles suos»), di cui sono ricordati i nomi. Soprattutto, il re è chiamato «turingus de thaurini», ma di un'etnia turingia di Agilulfo non siamo altrimenti informati. La *Continuatio Prosperi* non menziona nulla a riguardo, mentre nelle *Cronache di Fredegario* il re è descritto come il figlio di Autari, a sua volta figlio di Clefi, un chiaro indizio di come, per l'autore e il suo pubblico, re Agilulfo fosse di stirpe longobarda.[11] È possibile che il re fosse chiamato «turingus» per il ruolo di duca di Torino che aveva forse ricoperto prima di divenire re nel 590, ma la definizione, in questo delicato contesto, suggeriva una sua origine non longobarda.[12] La menzione di «turingus» appare anche nella lista regia che segue il prologo dell'editto di Rotari («quartodecimus agilulf, turingus, ex genere anawas») e il nome di Agilulfo è l'unico, tra quelli dei diciassette re dei Longobardi, a cui sia apposto, oltre che il lignaggio o il nome del padre, l'origine etnica.

Il risultato di questa manipolazione mi sembra chiaro: un re straniero, un «turingus» appunto, è ricordato unicamente per essere stato il vincitore di altri Longobardi. Il contrasto con Rotari, che «rupit civitatem vel castra romanorum», appare chiarissimo.[13] In questo contesto, la regina Teodolinda è solo menzionata, senza che ne siano riportate le lodi del *Continuator*. Soprattutto, è con lei che la linea

10. *Origo gentis Langobardorum* 6, a cura di Waitz, p. 5. Delogu, *Le origini del Medioevo*, p. 190.

11. *Chronicarum quae dicuntur Fredegarii* IV, 34, a cura di Krusch, p. 134.

12. *Origo gentis Langobardorum* 6, a cura di Waitz, p. 5: «Et exivit Acquo dux Turingus de Thaurinis». Gasparri, *I duchi*, pp. 45-46.

13. *Origo gentis Langobardorum* 6, a cura di Waitz, pp. 5-6.

femminile si interrompe. La figlia Gundeperga è sì ricordata, ma non lo è il suo matrimonio con Rotari, di cui siamo informati dalle *Cronache di Fredegario*. La linea che unisce Autari e Agilulfo ad Arioaldo e Rotari non è qui rappresentata.

2. In questo contesto, alcuni brevi racconti disseminati nel quarto libro delle *Cronache di Fredegario* sembrano fornirci una chiave di accesso a questo periodo di conflitto. Nella Gallia della seconda metà di VII secolo, Gundeperga, una regina considerata di sangue franco, era nota per il difficile rapporto con i suoi mariti Arioaldo e Rotari.[14] I racconti si incentravano sulla miserabile condotta dei Longobardi nei suoi confronti, e il lettore era invitato a simpatizzare con la bella regina per le sue sfortune.[15] Stando alla narrazione delle *Cronache di Fredegario*, Gundeperga fu ingiustamente accusata di adulterio, esiliata per tre anni da Arioaldo e imprigionata per cinque da Rotari.[16] In quest'ultimo episodio è indicativo che la regina fosse liberata grazie al provvido intervento di Clodoveo II (639-657). L'ambasciatore del re merovingio ricordò a re Rotari il suo debito verso la regina, a cui doveva il trono, rammentando anche quanto fosse pericoloso trattare in siffatto modo una principessa di sangue franco. L'autore concludeva ricordando il timore che il re longobardo nutriva verso i Franchi («reurenciam Francorum habens»), un chiaro indizio del lieto fine della storia.[17]

C'è un altro racconto in cui possiamo seguire le tracce per ricostruire la temperie culturale dei regni di Arioaldo e Rotari. Sempre nel quarto libro delle *Cronache di Fredegario*, si può leggere come il giovane Adaloaldo, il figlio di Teodolinda e Agilulfo, fosse in ottimi rapporti con i Romani. Eusebio, un *patricius* inviato dell'imperatore, giunse alla corte longobarda con tutti gli onori. Non sappiamo che rapporto si stabilisse tra Eusebio e il giovane re, ma il patrizio propose

14. Sulla discendenza franca di Gundeperga: *Chronicarum quae dicuntur Fredegarii* IV, 34 a cura di Krusch, p. 134. Inoltre: Hartmann, *Die Königin*, pp. 47-48.

15. Sul gradevole aspetto di Gundeperga: *Chronicarum quae dicuntur Fredegarii* IV, 51 a cura di Krusch, p. 145. Per le narrazioni sulla bellezza delle regine De Jong, *Queens and Beauty*.

16. *Chronicarum quae dicuntur Fredegarii* IV, 51; IV, 71, a cura di Krusch, pp. 145-146; 156-157.

17. *Chronicarum quae dicuntur Fredegarii* IV, 71, a cura di Krusch, p. 157.

al sovrano, una volta che i due si trovarono alle terme, di praticargli un massaggio con un particolare olio. Naturalmente si trattava di un inganno e l'unguento celava un potente incantesimo che soggiogò il sovrano alla volontà dell'ambasciatore. Adaloaldo divenne pertanto una marionetta nelle mani dei Romani che scatenarono il re contro i suoi Longobardi. La natura dell'offerta di Eusebio e l'ambientazione della vicenda alle terme, un luogo legato alla presenza dei Romani e che già aveva giocato un ruolo nella morte di Alboino, gettano una torbida ombra sul regno del giovane e imbelle sovrano. La conseguente reazione delle aristocrazie longobarde e l'elezione di Arioaldo per contrastare un re controllato dai Romani assumono un nuovo significato, divenendo Arioaldo un uomo innalzato al trono dai guerrieri longobardi per liberarli dalla tirannia dei nemici.[18] È possibile che anche la regina Teodolinda cadesse vittima della generale *damnatio memoriae* che investì la stirpe di Agilulfo, ma tracce sopravvivono unicamente in un oscuro passo dell'*Historia Langobardorum* di Paolo Diacono, di cui si parlerà nel prossimo capitolo.

Identità longobarda ed etnografia antica

1. L'*Origo gentis Langobardorum* è la narrazione più importante per comprendere la trasformazione dell'identità aristocratica dei Longobardi. Il testo reca la più chiara affermazione di identità non romana che provenga dall'alto Medioevo e offre una visione coerente di cosa significasse essere un longobardo alla metà del VII secolo. È vero, come notato da Chris Wickham, che vi è pochissimo che possa informarci sull'identità longobarda precedentemente al 643, anno di pubblicazione dell'editto di Rotari, ma abbiamo abbastanza materiale per sostenere che ciò che ci è giunto dal periodo posteriore rappresentasse una novità.[19] Fu in questo momento che l'immagine di re Alboino fu concepita nella sua forma più estesa.

Il mutato stile dell'*Origo* rispetto alla produzione storiografica precedente, è comprensibile già dalla breve introduzione, che segna

18. *Chronicarum quae dicuntur Fredegarii* IV, 49, a cura di Krusch, p. 145. Su Eusebio: *PLRE* III A, p. 469.
19. Wickham, *The Inheritance of Rome*, p. 142.

un'anomalia con il resto dell'opera. Assieme al racconto del regno di Alboino, è l'unica narrazione a spezzare il ritmico succedersi di sovrani, ed è caratterizzata dal frequente ricorso al discorso diretto, assente nel resto della narrazione. Più di ogni altra cosa, sono queste le righe che riflettono il gusto barbarico e l'esaltazione dei valori della stirpe caratteristici della mutata identità delle aristocrazie longobarde. Stando all'autore dell'*Origo gentis Langobardorum*, i Longobardi discendevano da una popolazione chiamata Vinnili, in un passato immemore stanziata nella regione chiamata *Scadanan*.[20] La *Scadanan* è l'estremità meridionale della penisola scandinava, che gli autori antichi consideravano un'isola.[21] Le difficoltà insite nelle prime righe del testo sono molteplici. L'autore afferma che il significato di *Scadanan* andrebbe cercato in "stragi" («quod interpretatur excidia») e si è pensato che l'origine del nome sia da cercarsi nell'assonanza tra *Scadanan* e il tedesco *Schaden*; Magali Coumert, in un'elegante e complicata interpretazione, ha invece suggerito che gli «excidia» sarebbero un'incomprensione del copista trovatosi di fronte all'etnonimo Sciti («Exitia»).[22] Anche l'origine del nome Vinnili è incerta e la storiografia ha offerto spiegazioni discordanti.[23]

L'*Origo* proseguiva narrando la migrazione dei Longobardi. Dalla Scandinavia i barbari mossero verso sud, sconfiggendo, uno dopo l'altro, tutti i popoli e i re che ebbero la sfortuna di intralciare il loro cammino. In questo frangente il testo offre al lettore numerosi toponimi ed etnonimi, che come si è menzionato sarebbe errato ridurre all'invenzione di un'isolata volontà autoriale. Analogamente, le storie di migrazione erano tra i tropi più antichi dell'etnografia antica e dovettero essere cariche di significato nella logica di VII secolo. Anche l'introduzione geografica, con lo scenario ostile che dipinge, seguiva un consolidato modello narrativo tardoantico che trovava origine nella celebre introduzione al secondo libro delle *Historiarum adversus Paganos* di Paolo Orosio, e che era stata utiliz-

20. *Origo gentis Langobardorum* 1, a cura di Waitz, p. 2.

21. Christiansen, *Cassiodorus*, pp. 251-263; Merrils, *History and Geography*, pp. 142-155.

22. Svennung, *Jordanes und Scandia*, pp. 52-64; poi riportato in Everett, *Literacy in the Lombard Kingdom*, p. 89; Coumert, *Origines des peuples*, pp. 191-192.

23. Sestan, *La storiografia dell'Italia longobarda*, p. 373; Jarnut, *Zur Frühgeschichte*, p. 9. Si veda anche Coumert, *Origines des peuples*, pp. 181-182.

zata da autori che scrissero in anni non distanti da quelli che videro la stesura dell'*Origo gentis Langobardorum*.[24] Gilda, Isidoro di Siviglia e Beda aprirono le loro narrazioni con descrizioni della penisola iberica e della Britannia.[25]

Lo spostamento dell'ambientazione dai più miti paesaggi mediterranei ai ghiacci del nord, pur marcando una chiara differenza rispetto alle narrazioni contemporanee, seguiva una lunga tradizione, essendo parte del discorso tardoantico e altomedievale sulla barbarie. Le radici erano molto antiche e il gelido Nord era stato la patria dei Galli già presso gli scrittori di età repubblicana, per poi divenire, nei secoli tardoimperiali, un luogo della memoria dei Goti, il più prestigio tra i popoli barbarici.[26] Claudio Claudiano aveva posto l'origine di questi barbari tra le terre ghiacciate sotto la stella dell'Orsa; mentre decenni più tardi, Giordane aveva sviluppato questa brevissima annotazione nel lungo racconto delle meraviglie del settentrione, chiamato *Scandza*, una terra talmente aspra e selvaggia da accecare i lupi.[27] Origini scandinave, perse in un passato immemore, divennero molto popolari nell'alto Medioevo, venendo riproposte in numerosi contesti.[28] La più antica storia longobarda costituì il modello della *Passio Sigismundi*, composta alla fine dell'VIII secolo, un testo in cui la Scandinavia divenne l'antica patria dei Burgundi.[29] Un'origine scandinava venne, infine, proposta da Freculfo di Lieux per i Franchi nel IX secolo: quest'idea non è altrimenti conosciuta, se si

24. Paolo Orosio, *Historiarum adversus paganos* I, 2, a cura di Lippold e Bartalucci, pp. 16-44. Merrils, *History and Geography*, pp. 1-3.

25. Gilda, *De excidio Britanniane* 3, a cura di Winterbottom, pp. 89-90; Beda, *Historia ecclesiastica gentis Anglorum* I, 1-4, a cura di Lapidge e Chiesa, pp. 22-28; Isidoro di Siviglia, *Historia de regibus Gothorum, Vandalorum et Suevorum* prologus, a cura di Mommsen, p. 267.

26. Merrils, *History and Geography*, pp. 149-155; Christiansen, *Cassiodorus, Jordanes and the History of the Goths,* pp. 250-300; Dagron, *Discours utopique et récit des origines*.

27. Claudio Claudiano, *De bello Gothico* vv. 134-135, a cura di Platnauer, p. 136: «hic validam gentem, quam dura nivosis educat Ursa plagis». Goffart, *The Narrators*, pp. 387-8; Coumert, *Origines des peuples*, p. 39. Giordane, *Getica* 25-30, a cura di Mommsen, pp. 60-61.

28. Merills, *History and Geography*, pp. 117-118; Coumert, *Origines des peuples*, pp. 367-368; Innes, *Teutons or Trojans?* pp. 233-234.

29. *Passio Sigismundi regis* 1, a cura di Krusch, p. 333.

eccettuano le laconiche menzioni di Ermoldo il Nero sulla provenienza danese dei Franchi.[30] Freculfo la aggiungeva alla più diffusa leggenda troiana, facendo della Scandinavia la terra originaria delle popolazioni teutoniche («nationes Theotiscae»).[31]

Non comprendiamo a pieno quale fosse il significato di reclamare un'origine scandinava; un indizio, tuttavia pertinente alla Costantinopoli di VI secolo, potrebbe essere trovato nelle parole di Giordane che descrisse la *Scandza* come «vagina nationum», facendo dell'origine dei Goti l'«estrazione di un'arma», per citare l'accattivante interpretazione di Merrils.[32] Un'origine che ribadiva la natura ferrea e guerriera delle nazioni barbariche. Più significativo è che a un'origine scandinava esistessero alternative. La Scizia, l'immensa steppa dei nomadi di Erodoto, o Troia erano possibilità attraenti. Nell'Italia del VII secolo, la scelta fatta nell'*Origo* sembrava riflettere la condivisa esigenza di rappresentare le origini dei Longobardi come particolarmente barbare e aliene al mondo mediterraneo.[33] L'antica teoria dei climi era forse alla base di questa associazione. Questa fu una credenza antichissima, formulata nella maniera più completa nel V secolo a.C. da Ippocrate per poi essere divulgata in latino da Vitruvio, l'architetto di Cesare, nel I secolo a.C.; nella tarda Antichità autori classicizzanti come Procopio dimostrarono di essere ancora in confidenza con quest'antica visione del mondo.[34]

30. Ermoldo il Nero, *In honorem Hludowici christianissimi Caesaris Augusti* vv. 1886-1899, a cura di Faral, p. 144. Coumert, *Origines des peuples*, pp. 363-366.

31. Freculfo di Lieux, *Historiae* I, 2, xxvi, a cura di Allen, p. 148: «Alii euro adfirmant eos de Scanza insula, que uaginae gentium est, exordium habuisse, de qua Gotthi et ceterae nationes Theotiscae exierunt, quod et idioma linguae eorum testatur». Su questo: Ghosh, *Writing the Barbarian Past*, pp. 243-245.

32. Giordane, *Getica* 25, a cura di Mommsen, p. 60. Merrils, *History and Geography*, p. 148. Su *vagina* come fodero: Reydellet, *La royauté dans la littérature latine*, p. 270. Il medesimo termine venne utilizzato anche da Gregorio Magno per descrivere la patria (Pannonica?) dei Longobardi. Gregorio Magno, *Dialogi* III, 38, iii, a cura di Vogüe e Antin, II, p. 430: «Mox effera Langobardorum gens, de uagina suae habitationis educta, in nostra ceruice grassata est [...]».

33. Si veda anche Ghosh, *Writing the Barbarian Past*, p. 151.

34. Sul classicismo di Procopio: Kaldellis, *Procopius of Caesarea*, pp. 60-61; si veda la descrizione degli Σκλαβηνοί (VIII, 14, x). Su questo Cameron, *Procopius*, pp. 218-219. Sulla teoria dei climi: Honigmann, *Die sieben Klimata*; Dicks, *The ΚΛΙΜΑΤΑ in the Greek Geography*. Per simili riflessioni sull'origine dei Goti: Weibull, *Die Auswanderung der Goten*, pp. 18-20.

Stando alla teoria dei climi esisteva un'intima correlazione tra le regioni in cui le persone erano nate e cresciute (il κλίμα dei Greci) e le loro caratteristiche fisiche e psicologiche: le genti del nord, dove i raggi del sole giungevano obliqui e deboli avevano grandi corpi chiari e forza immane se paragonati alle genti del sud. Non erano dei geni, ma erano guerrieri forti e indomabili. L'origine settentrionale dei Longobardi doveva evocare una natura barbara e bellicosa.[35]

2. Nell'appropriarsi del discorso sui barbari, con il suo capitale simbolico di miti e *topoi* per raccontare una tradizione più o meno inventata e confermare il prestigio di classe, la monarchia longobarda seguiva una vecchia strategia delle élites militari della tarda Antichità.

Sappiamo che, a partire dal III secolo d.C., i soldati romani iniziarono a seguire, con costanza crescente, i costumi dei barbari del nord.[36] Non solo nelle acconciature e armamento, ma anche nell'antroponimia: nomi germanici che richiamavano animali rapaci o gli strumenti della guerra iniziarono ad essere preferiti a quelli di tradizione mediterranea, romani, greci e cristiani; persino i nomi delle unità dell'esercito echeggiavano quelli delle *gentes* del *Barbaricum*. Negli ultimi secoli dell'impero, pertanto, i soldati avevano perso l'aspetto rasato dei legionari di Cesare, per divenire quasi indistinguibili dai barbari che combattevano. Capelli lunghi e barbe irsute dovettero evocare un'immagine virile di forza e libertà apprezzata dai soldati tardoantichi e, decenni più tardi, amatissima dalle aristocrazie altomedievali che ereditarono queste mode e acconciature, assieme al loro pesante capitale simbolico.[37] Guy Halsall ha suggerito che esistesse anche un aspetto comportamentale in questa auto rappresentazione. Bere in eccesso, ridere sguaiatamente e, in generale, lasciarsi possedere dalle passioni, erano condotte che program-

35. Simili associazione erano state, in Età Classica, innescate dall'origine appenninica o montana dei popoli: Giardina, *L'Italia romana*, p. 34.

36. von Rummel, *Habitus barbarus*, pp. 213-231; Halsall, *Barbarian Migrations*, pp. 101-110; Id., *Warfare*, pp. 22-26.

37. Per una rassegna ragionata dei possibili segni esteriori di identità Pohl, *Telling the Difference*. Sulla virilità dei barbari Dumézil, *L'univers barbare*. Sull'importanza dei capelli: Diesenberger, *Hair, Sacrality and Symbolic Capital*; Dutton, *Charlemagne's Mustaches*, pp. 3-42; Schramm, *Herrschaftszeichen*, I, p. 125. Per un'analisi dedicata ai secoli più tardi: Bartlett, *Symbolic Meanings of Hair*.

maticamente contrastavano la leggendaria *humanitas* dell'uomo romano.[38] Sembrerebbe che essere barbari fosse, almeno in parte, una questione di scelta. Sul perché tra i Longobardi questa esaltazione del passato barbarico e del carattere militare dell'aristocrazia fosse particolarmente accentuata, si tornerà nelle conclusioni al capitolo.

Rendez-vous con Votan

1. Che questa immagine barbara e militare dei Longobardi fosse un mutamento rispetto al periodo precedente, può essere compreso analizzando Votan, che è una delle figure centrali della prima parte dell'*Origo gentis Langobardorum*. Votan (il cui nome, nella storiografia moderna, può trovarsi scritto come Wotan o Woden) è menzionato nell'*Origo gentis Langobardorum* e, più tardi, nell'*Historia Langobardorum* di Paolo Diacono come il dio che concesse ai Longobardi il loro nome, assieme alla vittoria contro i Vandali.[39] Sappiamo che anche gli Angli, almeno a partire dall'VIII, popolarono il loro passato di un personaggio dotato del medesimo nome.[40] È importante poi ricordare che l'immagine che si ha del dio menzionato nel VII secolo è spesso influenzata dalle attestazioni della divinità in Britannia nell'VIII secolo, in Danimarca nel IX, e dalle più tarde rappresentazioni di Odino delle saghe scandinave. Così il più giovane dio della guerra, dei morti e delle rune, dotato di un occhio guercio per sorvegliare i morti e di uno sano per guardare i vivi, ha finito per suggestionare la percezione che si ha del Votan di VII secolo. Sono pertanto chiari i limiti metodologici di quest'approccio e che, utilizzando fonti così distanti in maniera complementare, mira a ricreare una figura di Votan unica e costante nel tempo e nello spazio, che preesiste al testo. Ritengo al contrario che il significato di Votan dovette essere differente nelle varie regioni, mutando negli anni.

38. Guy Halsall, *Barbarian Migrations*, pp. 477-478. Sull'*humanitas* dei Romani: Veyne, *Humanitas*.

39. Per un'introduzione a Votan si vedano Hultgård, *Wotan-Odin*; Coumert, *Origines des peuples*, pp. 167-174. La più completa analisi è, a mio avviso, Shaw, *Uses of Wodan*, in particolare pp. 112-118.

40. Su Votan come antenato dei re angli e sassoni: Dumville, *Kingship*, pp. 77-79.

Partendo da questi presupposti, la storiografia più tradizionale leggeva nel racconto dell'incontro tra i Longobardi e il dio, la memoria di un mutamento sociale di grandi proporzioni che aveva portato una società stanziale e governata da sovrani dotati di carisma sacrale a divenire un esercito in marcia guidato da re guerrieri.[41] Quest'idea ha perso da tempo mordente e ritengo che la menzione di Votan, assieme alla possibile affiliazione, ignoriamo di quale tipo, della monarchia o le aristocrazie longobarde a questo personaggio, riflettesse una logica sociale di VII secolo. Nell'*Origo gentis Langobardorum*, la figura della divinità è infatti centrale: nello scontro con i Vandali che inaugura la lunga marcia verso il sole dei Longobardi non è il dio dei Cristiani a concedere la vittoria all'esercito, ma è Votan che fece dei Longobardi quello che erano nel VII secolo. È questa l'unica *conversio* che appaia nel testo: una sorta di ribaltamento della conversione di Clodoveo durante la battaglia contro gli Alemanni descritta nel celebre passaggio di Gregorio di Tours.[42]

2. È possibile che le prime attestazioni del dio Votan siano molto antiche. Si è trovata una traccia di Votan nella *Germania*, dove Tacito menzionava Mercurio tra le divinità principali dei Germani.[43] È tuttavia notissimo che Tacito non fece il nome Votan, e l'evidenza per un'entità soprannaturale dotata di questo nome è molto fragile precedentemente al VII secolo. Il nome del dio potrebbe essere cercato nel terzo giorno della settimana in numerose lingue germaniche (si pensi all'inglese *Wednesday*), forse già dal III secolo d.C., ma la cui evidenza positiva è molto più tarda.[44] Il dio Votan era poi cercato nell'iconografia di alcuni medaglioni anglo-sassoni, databili al V secolo, ma anche qui l'evidenza è perlomeno dubbia.[45] Infine Votan dovette essere menzionato in una delle fibule trovate a Nordendorf (vicino ad

41. Si veda, tra tutti: Schutz, *Die Langobarden als Wodanverehr.*

42. Gregorio di Tours, *Libri Historiarum* II, 40, a cura di Levison e Krusch, pp. 103-104.

43. Si veda, a titolo di esempio: Much, *Die Germania*, pp. 120-129.

44. Green, *Language and History*, pp. 236-253. La più antica attestazione del terzo giorno della settimana in lingua germanica è, ad ogni modo, *Mittwoch*, un nome che si riferisce alla centralità del giorno nella settimana piuttosto che a una sua affiliazione con Votan. Si veda Ginzel, *Handbuch*, p. 98. Inoltre, ma con molta cautela, Strutynski, *Germanic Divinities in Weekday Names.*

45. Behr, *The Origins of Kingship.*

Augsburg, in Baviera) e databili al VI o VII secolo.[46] Questo ci porta vicini alla metà del VII secolo, gli anni in cui Votan assunse finalmente importanza tra le aristocrazie dell'Europa medievale.

Sono tre le testimonianze che nell'arco di pochissimi anni ci informano su Votan, a mio avviso una prova della novità e della grande diffusione della divinità. La più antica è quella della *Vita Columbani* scritta verso la metà del VII secolo da Giona di Bobbio, in cui il diavolo, attraverso Votan, mirava a corrompere le anime dei barbari del Lago di Costanza.[47] Esiste poi la testimonianza dell'*Origo gentis Langobardorum* di cui si è discusso a lungo e, infine, il racconto delle *Cronache di Fredegario*, fondamentale per comprendere la modernità di Votan nel VII secolo.

Come ricordato, il terzo libro delle *Cronache di Fredegario* segue la versione ridotta in sei libri dei *Libri Historiarum* di Gregorio di Tours. È pertanto possibile, grazie alle aggiunte e alle omissioni dell'autore delle *Cronache*, accedere alla realtà politica e culturale della seconda metà del VII secolo e, soprattutto, seguire i mutamenti avvenuti nell'arco di due generazioni, un periodo ridottissimo quando parliamo di trasformazioni altomedievali. Dopo aver narrato la morte di Giustiniano e l'ambasceria inviata da re Sigeberto al successore Tiberio II Costantino, l'autore raccontò la morte di re Alboino, come si è visto nel capitolo precedente. Il passaggio è introdotto da una lunga narrazione, sconosciuta a Gregorio di Tours, che ricorda il racconto dell'*Origo gentis Langobardorum* sull'origine dei Longobardi. Con un manoscritto databile al 714-715, le *Cronache di Fredegario* offrono la più antica attestazione del confronto tra Votan e i barbari.[48] Esistono elementi di differenza con il racconto dell'*Origo*: nelle *Cronache* la Scandinavia (*Schatanavia*) è una regione dell'Europa Centrale, posta tra il Danubio e l'Oceano, mentre il nome Vinnili non è registrato. Questa inusuale ubicazione della Scandinavia

46. Müller, *Fibeln und Fibeltracht*, p. 537; Wagner, *Zu den Runeninschriften*; Düwel, *Runenkunde*, pp. 63-65, che legge l'iscrizione come un esorcismo piuttosto che come una professione di fede.

47. Giona, *Vita Columbani* I, 27, a cura di Krusch, p. 213: «Illi aiunt se Deo suo Vodano nomine, quem Mercurium, ut alii aiunt, autumant, velle litare». Bullough, *The Career of Columbanus*, p. 19. Su questo si veda Coumert, *Origines des peuples*, p. 168.

48. Ms. Paris, BnF, lat. 10910; devo questa considerazione a Coumert, *Origines des peuples*, p. 157.

mirava forse a evocare il testo di una lettera scritta da re Teodeberto all'imperatore Giustiniano alla metà del VI secolo. Nelle parole del grande re la sua autorità si estendeva «per Danubium et limitem Pannoniae usque in oceanis litoribus».[49] Collocare la Scandinavia tra i possedimenti dei re franchi aveva notevoli implicazioni che dovrò qui tralasciare. Il racconto ha un certo respiro epico: una volta raggiunte le sponde del Danubio, i Longobardi furono affrontati dagli Unni («Chuni»), che volevano impedire loro il passaggio.[50] L'autore delle *Cronache di Fredegario*, avendo posto la Scandinavia nell'Europa centro-orientale, volle emendare i Vandali negli Unni, ossia gli Avari: i barbari che ai suoi giorni popolavano le valli del Danubio. Nel suo racconto le donne decisero di ripetere l'inganno dei capelli sul volto e quando gli Unni si interrogarono su chi fossero quei guerrieri, una voce attribuita al dio «che i pagani chiamano Votan» («deo [...] que fanatice nominant Wodano»), diede loro la risposta.[51]

È dibattuto quale racconto desse origine a quale per via della difficile datazione dell'*Origo gentis Langobardorum*, ma è possibile enucleare alcuni elementi su cui gli autori svilupparono le loro narrazioni.[52] Una provenienza dei Longobardi dalla Scandinavia, poi collocata in diverse regioni del continente europeo, lo scontro con altri barbari, l'intervento del dio Votan e il ruolo delle donne nell'acquisizione di un nuovo nome: questi erano i nuclei narrativi che alla metà del VII secolo erano riconosciuti come parte dell'identità longobarda in diverse regioni d'Europa.[53] Apparirà come l'autore delle

49. *Epistolae Austrasicae* 20, a cura di Malaspina, pp. 136-138.

50. Si vedano le considerazioni sulle *Cronache di Fredegario* di Goffart, *Conspicuously Absent*, pp. 376-377.

51. *Chronicarum quae dicuntur Fredegarii* III, 65, a cura di Krusch, p. 110. Sul «fanatice» Ghosh, *Writing the Barbarian Past,* pp. 122-123.

52. Walter Pohl ha ipotizzato che i numerosi legami tra le regina Gundeperga e i Franchi attestati nelle *Cronache di Fredegario* fossero all'origine delle storie simili: Pohl, *Origo gentis Langobardorum*, pp. 115-116. Magali Coumert, al contrario, ha dubitato che questi racconti, dal carattere pagano, fossero trasmessi agli ambasciatori dei Franchi da regine di fede cattolica. Coumert ha pertanto cercato di stabilire quali fossero gli elementi preesistenti alle due narrazioni, stabilendo che il confronto con Votan dovesse essere attribuito a una fonte perduta o orale, e lo stesso varrebbe per il racconto sulla morte di Alboino, originato da materia eroica, anche qui perduta o orale: Coumert, *Origines des peuples*, pp. 160-176.

53. Si veda inoltre la dettagliata descrizione di Coumert, *Origines des peuples*, pp. 162-163, in cui spazio è dedicato anche al racconto su Alboino.

Cronache di Fredegario volesse aggiungere alla narrazione di Gregorio di Tours un episodio che nei suoi giorni aveva guadagnato di attualità, ma che nel VI secolo ancora non trovava spazio.[54]

Tempo della chiesa, tempo del longobardo

1. Un'ultima considerazione concerne l'utilizzo della cronologia e del genere storiografico per esprimere appartenenze culturali e la necessità di distinzione da vicini e nemici. Numerosi storici, tra cui vanno qui segnalati Rosamond McKitterick e Helmut Reimitz, hanno dimostrato come la rappresentazione del passato franco e dello scorrere del tempo rispondesse a chiari intenti politici.[55] Un processo simile è da osservarsi in Italia. Si è visto come l'opera di Secondo e quella del *Continuator* avessero carattere annalistico in continuità con la tradizione di Roma. Nella più antica storiografia longobarda, pertanto, lo scorrere degli anni era scandito da ricorrenze cristiane e imperiali, creando una concezione tardoimperiale del tempo che consentiva di collocare i Longobardi al culmine della storia originata con la creazione del mondo. È qui l'unico frammento a sopravvivere dell'opera di Secondo, al momento la più antica narrazione giuntaci dal regno longobardo, ad assumere grande significato. Il breve testo contiene, infatti, una datazione precisissima per l'ingresso dei Longobardi in Italia, basata sugli anni dalla creazione del mondo, sul conteggio delle indizioni, e sugli anni di regno dell'imperatore Tiberio II Costantino («anno 15, imperii Tiberii anno primo mense iunio indict. 13»).[56] Eventi che accadevano nel regno dei Longobardi negli anni dell'"anarchia ducale," erano pertanto datati sugli anni di regno dei Cesari e sulle ricorrenze cristiane.

Nell'*Origo gentis Langobardorum*, al contrario, il senso della storia è rappresentato in maniera diversa. Prima di tutto la profondità temporale del racconto poteva essere compresa dalla progressiva menzione delle *gentes* del passato barbarico dell'Europa. I nomi

54. Per simili considerazione sull'opera di Cassiodioro: Merrils, *History and Geography*, p. 112.

55. McKitterick, *Constructing the Past*; Reimitz, *Nomen Francorum obscuratum*.

56. Secondo di Trento, *Fragmentum*, a cura di Quaresima.

dei barbari che i Longobardi andavano sconfiggendo lungo il loro cammino, offrivano al lettore attento il senso del trascorrere delle generazioni. Soprattutto, il progredire del tempo era rappresentato dal succedersi di diciassette re: erano questi nomi che incarnavano e ritmavano il passato nell'Italia longobarda di VII secolo. Una scelta cronologica simile era stata effettuata nel compilare l'*Edictum Rothari*: la raccolta di leggi era unicamente datata sull'ottavo anno di regno di Rotari, collocato nella linea del tempo grazie alla datazione sull'ingresso dei Longobardi nella «provincia Italiae».[57] Nell'*Origo gentis Langobardorum* non esiste alcun riferimento cronologico esterno alla *gens* fino agli anni di regno di Odoacre, il primo re barbaro d'Italia; con l'eccezione della Pasqua, citata per datare l'ingresso di re Alboino in Italia, anche le ricorrenze religiose sono completamente omesse. Non troviamo nemmeno menzione degli imperatori romani, con l'esclusione di Costante II, la cui vicenda dovette essere una successiva aggiunta all'originario nucleo del racconto.[58] L'assenza di datazioni sugli imperatori è particolarmente evidente nell'episodio di Narsete e l'imperatrice Sofia, in cui il racconto è impoverito rispetto alla *Continuatio Prosperi* e le *Cronache di Fredegario*, così da eliminare qualsiasi ingerenza imperiale.[59]

Queste diverse percezioni del tempo sarebbero da interpretarsi come un sintomo delle affiliazioni culturali e politiche dei Longobardi, della loro identità e volontà di autorappresentazione nella cangiante temperie politica del VII secolo.[60] La natura di lista regia dell'*Origo gentis Langobardorum* non sarebbe pertanto il prodotto della cultura più vera e tradizionale dei Longobardi, ma il brillante risultato del mutato gusto storiografico nell'Italia del VII secolo.[61] La trasformazione dell'identità aristocratica longobarda può essere intimamente compresa nell'abbandono di un procedere cronachistico, utilizzato negli anni di Teodolinda, per la creazione di un tempo non romano per eccellenza. Una storia scandita unicamente da *reges*

57. *Edictum Rothari* prologus, a cura di Beyerle, p. 17.

58. *Origo gentis Langobardorum* 7, a cura di Waitz, p. 6. Lo stesso episodio si trova in Eugippo, *Vita Severini* 44, a cura di Sauppe, p. 29.

59. *Origo gentis Langobardorum* 5, a cura di Waitz, p. 4.

60. McKitterick, *Perceptions of the Past*, pp. 1-2.

61. Mutuo qui le celebri riflessioni di Walter Goffart sulla composizione dei *Getica*: Goffart, *The Narrators*, pp. 20-23.

e *gentes*: era difficile nella logica del VII secolo immaginare qualcosa di più barbarico.

La peculiarità di questa situazione può essere apprezzata da un confronto con la produzione storiografica di altri regni postromani. Isidoro, in tutta la sua ostilità verso Costantinopoli raccontò la storia dei Goti anno per anno, integrando il passato della stirpe nel contesto della storia di Roma, di cui ricordò i numerosi imperatori.[62] Nella sua narrazione il valore dei Goti si riconobbe sin dagli arbori, quando, accorsi in sostegno di Pompeo, si scontrarono con Giulio Cesare in battaglia.[63] Il passato romano diveniva ancora più presente nel tardo *Liber Historiae Francorum* in cui fu l'imperatore Valentiniano (364-375) a concedere il nome *Franci* ai Troiani.[64]

* * *

In questo capitolo si è cercato di delineare il mutamento culturale che seguì il regno di Teodolinda. Dal secondo quarto del VII secolo, sfruttando la lunga tradizione etnografica e militare dell'impero romano, la monarchia longobarda si sforzò di presentare un'immagine barbarica e guerriera di sé. Quest'immagine rifletteva un'evoluzione del pensiero politico longobardo che contrastava la politica dei precedenti sovrani. Come spesso accade, un nuovo passato divenne necessario e *Origo* e *lex* miravano a proiettare i Longobardi e i loro re in un passato immemore modellato sull'etnografia dei barbari del nord.[65] La creazione di un mito originario posto in questo passato lontano e inaccessibile, fungeva alla formazione di un regno coeso attorno al proprio sovrano, legittimando una situazione presente, come, in un differente contesto, è stato reso in forma cristallina da Ralph H.C. Davis.[66] Si è

62. Isidoro di Siviglia, *Historia de regibus Gothorum, Vandalorum et Suevorum* 62, a cura di Mommsen, p. 292.

63. Isidoro di Siviglia, *Historia de regibus Gothorum, Vandalorum et Suevorum* 3, a cura di Mommsen, p. 268.

64. *Liber Historiae Francorum* 2, a cura di Krusch, pp. 242-243. Reimitz, *History*, pp. 243-244.

65. Anderson, *Imagined Communities*; Smith, *Chosen People*. Inoltre per il valore del passato nel Medioevo: Wolfram, *Gotische Studien*, pp. 207-240.

66. Davis, *The Normans*, p. 16: «The creation of a myth does not mean the invention of a sort of fairy story, but rather the acceptance of a belief about the past, whether that belief was false or true; and as anthropologists and sociologists have

inoltre visto come nella narrazione dell'*Origo gentis Langobardorum*, i Longobardi giunsero in Italia senza alcuna mediazione imperiale ed era il popolo longobardo, il «felix exercitus», a confermare l'autorità di re Rotari nel suo promulgare le leggi.[67]

Ho inoltre menzionato come nell'Italia longobarda si assistette a uno degli esempi più evidenti del generale mutamento culturale che fece dei *domini* romani i guerrieri che controllavano la quasi totalità dei *regna* postromani.[68] È probabile che questa forte accentuazione del passato barbarico della stirpe trovasse ragione di essere nella situazione dell'Italia di VII secolo, di cui conosciamo la debolezza dell'elemento romano: le lettere di Pelagio I possono illuminarci su questa situazione.[69] I nuovi conquistatori, per quanto interessati a preservare le strutture dell'Italia postromana come fondamento del regno, non trovarono la situazione che invece incontrarono i Visigoti in Spagna o i Franchi in Gallia. Infine, l'ostinata presenza dell'impero nella penisola, costrinse i Longobardi a distanziarsi con veemenza dall'ideale di *romanitas*. Se i Romani potevano partecipare alla gestione del regno nella Gallia merovingia o nella Spagna visigota, in Italia rimanevano gli avversari politici di sempre, in grado di controllare le grandi metropoli tardoantiche come Roma, Ravenna, Milano, il cui arcivescovo si rifugiò a Genova, Aquileia, e Napoli. La carriera di Secondo è un elemento di particolare efficacia per comprendere la differenza del regno longobardo rispetto agli altri *regna* dell'Europa postromana. Un abate originario di un monastero periferico, ricoprì, alla corte longobarda, il ruolo che in Spagna e in Gallia avevano rivestito i potenti ecclesiastici delle fondazioni tardoantiche.[70] Che questa fosse, o meno, la ragione del mutamento della società longobarda, notiamo come a partire dal secondo quarto

shown, a people's belief about the past can be used as a guide to its hopes and aspirations in the future». Già citato in Wickham, *Lawyers' Time*, p. 53.

67. *Edicum Rothari* 386, a cura di Beyerle, p. 93.

68. Wickham, *The Inheritance of Rome*, pp. 95-108; Harrison, *The Development of Élites*.

69. Delogu, *Longobardi e Romani*, pp. 135-163. Inoltre: Wickham, *Framing the Early Middle Ages*, pp. 167-168; Gasparri, *Le élites romane di fronte ai Longobardi*, pp. 153-154. Una prospettiva archeologica si trova in: Christie, *From Constantine to Charlemagne*, pp. 365-369; Zanini, *Le Italie bizantine*, pp. 33-44.

70. Delogu, *Longobardi e Romani*, pp. 109-111; Gasparri, *Le élites romane di fronte ai Longobardi*, p. 153,

del VII secolo le numerose tradizioni che l'aristocrazia longobarda recò con sé dalla Pannonia, quelle scaturite dal soggiorno in Italia, le mere invenzioni e i cicli di racconti legati a persone, luoghi e oggetti furono riletti attraverso lo stencil dell'etnografia antica.[71] Anche l'Arianesimo di re Arioaldo e re Rotari, tardissimo rispetto alle simili espressioni di fede del Mediterraneo, potrebbe essere letto in questa direzione. Il passato ariano dell'Italia incarnato dai grandi re goti diveniva una chiara minaccia nei confronti di Roma.

Lo stesso modello di regalità delineato attorno ad Alboino, un re barbaro e guerriero, si distanziava da quelli coevi di Gallia e Spagna, dove i sovrani Merovingi e Visigoti erano sempre più influenzati dalla rappresentazione dei re dall'Antico Testamento.[72] Attorno al 650, il monaco Marculfo aveva rappresentato un sovrano che si premurava affinché si pregasse per la stabilità del regno.[73] Al contrario, nelle temperie politica e culturale del secondo quarto del VII secolo, la monarchia longobarda mirava a specchiarsi in un re guerriero e virile, una storia di tradimento e sangue e la costante insidia dei Romani. Nell'editto, re Rotari decise di datare gli anni del suo regno sul tempo dell'ingresso di Alboino in Italia offrendo l'unica coordinata cronologica (assieme alla data del 22 novembre, menzionata nel capitolo 388) del testo. Il mito di Alboino scaturiva dalla situazione politica in cui diveniva il fondatore del regno: questo ci porta all'Italia del VII secolo dove re Alboino, e non un imperatore romano, divenne il sovrano più importante della storia.[74] Fu solo in questo momento che il suo regno segnò l'anno primo della monarchia in Italia. Si trattava della chiara manifattura di una frattura nella storia.[75]

71. Sull'etnografia antica la lettura è divenuta vastissima. Si vedano: Momiglianom, *Alien Wisdom*; Wolff, *Tales of the Barbarians*; Gruen, *Rethinking the Other*; Dench, *Romulus' Asylum*, pp. 37-93, e l'imponente studio, ma di difficile utilizzo: Müller, *Geschichte der antiken Ethnographie*. Per il contesto tardo antico si veda soprattutto: Maas, *Strabo and Procopius*; Gillet, *The Mirror of Jordanes*.

72. Hen, *The Uses of the Bible*.

73. Marculfo, *Formularum libri duo* I, 6, a cura di Udholm, p. 48. Hen, *Roman Barbarians*, p. 120.

74. Harrison, *Political Rethoric*, pp. 242-243: «King Alboin and not some Roman emperor, therefore is regarded as the more important ruler in history». Pohl, *Alboin*, p. 217: «Alboins Zug nach Italien war dennoch für spätere Generationen der Gründungstag des langobardischen Königreiches».

75. Croke, *A.D. 476*.

5. Il re dei barbari

Durante il lungo regno di re Liutprando (712-744) la corona longobarda aveva goduto di un prestigio inedito a nord delle Alpi. I Longobardi avevano offerto sostegno militare a Carlo Martello nella lotta contro i Saraceni di Spagna, e negli anni seguenti Liutprando era stato padrino di Pipino il Breve (751-768), il figlio di Carlo.[1] A partire dagli anni Cinquanta dell'VIII secolo tuttavia questi rapporti di forza cambiarono radicalmente e i Carolingi si inserirono con intensità crescente nelle questioni italiane, intervenendo negli scontri tra i re longobardi che succedettero a Liutprando e i sempre più ridotti domini bizantini nella penisola. Come è noto questo interesse culminò nel 774, anno in cui i Franchi conquistarono il *regnum Langobardorum*.

Paolo Diacono, lo storico più celebre dell'Italia altomedievale, visse questa transizione lavorando prima per i re longobardi e successivamente per i sovrani carolingi. La sua *Historia Langobardorum*, scritta negli ultimi anni del 700, ha pertanto un'importanza fondamentale per comprendere questo passaggio. Il valore dell'*Historia*, tuttavia, supera di gran lunga la sua utilità per ricostruire un contesto di fine VIII secolo e l'opera è fondamentale per lo sguardo retrospettivo gettato sul passato longobardo dell'Italia, essendo la fonte pressoché unica per molte regioni e periodi. Nel secolo e mezzo circa, che intercorre tra la stesura dell'*Origo gentis Langobardorum* e l'attività storiografica di Paolo Diacono, la produzione letteraria dell'Italia longobarda è, infatti, scarsissima e consta fondamentalmente del *Carmen* sulla Sinodo di Pavia del 698, il *Carmen* del Magister Stefano, e di un'agiografia compilata alla metà dell'VIII

1. Fischer, *Karl Martell*, pp. 165-166.

secolo: la *Vita Walfridi*. In nessuna di queste compilazioni troviamo menzione di re Alboino, ma rispetto a questo silenzio, diversissima è la narrazione dell'*Historia Langobardorum*, dove il re è uno dei protagonisti indiscussi dell'opera. Il racconto si presenta come un'avvincente storia di avventura con vasto spazio offerto all'elemento bellico. La successione degli eventi e le battute gagliarde dei suoi protagonisti, Alboino fra tutti, anticipano di alcuni anni il gusto per l'epica che in epoca carolingia avrà grande diffusione, lasciando testimonianza in testi come *Karolus Magnus et Leo papa*, *Waltharius*, *Heliand*, o, più tardi, i *Bella Parisiacae urbis*.[2] Come si vedrà, tuttavia, la lettura della storia del diacono è complicata dall'elusività del suo pubblico e dell'ambiente in cui venne scritta.

*Paolo, l'*Historia Langobardorum *e i suoi lettori*

1. Paolo Dicono nacque tra il 720 e il 730 e morì alla fine dell'VIII secolo, forse nel 799. Paolo proveniva da un'influente famiglia friulana, divenendo uno dei più importanti uomini di cultura del suo tempo. Nell'arco della sua vita fu in grado di assistere alle maggiori conquiste dei Longobardi e al definitivo crollo del loro regno.[3] Fu impiegato alla corte di re Ratchis (744-749) e lì, ci dice, ebbe modo di vedere la coppa che re Alboino avrebbe ricavato dal cranio di re Cunimondo.[4] Dopo un periodo alla corte longobarda divenne monaco, iniziando in questa circostanza la sua produzione letteraria. Ma qui cominciano anche i problemi nel ricostruire la sua biografia: Georg Waitz aveva proposto che nel 749 il diacono avesse seguito re Ratchis in monastero, ma le certezze sono pochissime.[5]

2. Goffart, *Conspicuously Absent*, pp. 380-387.

3. Per alcune informazioni biografiche su Paolo: Bethmann, *Paulus Diaconus*. Inoltre vi sono numerosi contributi che offrono le informazioni che anch'io qui ripropongo. Li pongo in ordine alfabetico: Bullough *Ethnic History and the Carolingians*, pp. 98-100; Goffart, *The Narrators*, pp. 333-347; McKitterick, *Paul the Deacon*, pp. 324-328, che contesta il soggiorno a Montecassino del diacono (p. 325); Pohl, *Paulus Diaconus*.

4. Paolo Diacono, *Historia Langobardorum* II, 28, a cura di Bethmann e Waitz, pp. 87-88.

5. Waitz in: *MGH, SS rer. Lang.*, p. 14.

Sappiamo che nel 763 dedicò un poema ad Adalperga, figlia di Desiderio e moglie di Arechi di Benevento, in occasione della nascita di un bambino; e fu su commissione di lei che scrisse, attorno al 770, la sua *Historia Romana*, un'opera che, citando ampiamente la storia di Eutropio, ne proseguiva il racconto dalla morte di Valentiniano agli ultimi anni di regno di Giustiniano.[6] Negli anni turbolenti che seguirono la caduta del regno, Arechi, il fratello di Paolo, prese parte alla fallimentare rivolta del duca friulano Rodgaudo, finendo prigioniero di Carlomagno. Anche per perorare la libertà del fratello, Paolo giunse alla corte franca, dove nel 783 scrisse dei versi per la sua liberazione. Dell'anno seguente dovette essere la composizione dei *Gesta episcoporum Mettensium* commissionato dal vescovo di Metz Angilramo. Sul periodo che il diacono trascorse in *Francia* siamo informati dalle sue lettere e dai suoi componimenti poetici. È in questi anni che Paolo, in un passaggio dell'*Historia Langobardorum*, ci offre un'informazione autobiografica su un suo viaggio a Thionville, dove ambientò un episodio che serviva a corroborare alcune considerazioni geografiche, parte del suo lungo *excursus* sulle caratteristiche del settentrione. Il diacono osservò come la lunghezza della sua ombra nella Gallia Belgica fosse maggiore che in Italia, e ancora, come le ombre in Egitto e Terrasanta fossero di dimensioni ridottissime.[7] Paolo concluse la sua vita a Montecassino, dove ebbe modo di proseguire la sua attività di scrittore, anche se, come si vedrà a breve, esistono opinioni divergenti. Oltre dell'*Historia Langobardorum* e dell'*Historia Romana*, Paolo fu autore di una *Vita Gregorii*, delle *Gesta episcoporum Mettensium*, l'*Expositio artiis Donatis* e un'epitome del *Verborum Significatum* di Sesto Pompeo Festo. A questo si aggiungono numerose poesie e lettere.

2. L'*Historia Langobardorum* è la più tarda delle opere del diacono. La storia è anche il suo scritto più bello e fu tra le opere più lette del Medioevo, essendo largamente conosciuta dagli autori che

6. Goffart, *The Narrators*, pp. 357-370; Sestan, *Qualche aspetto*; Cervani, *Romanità e cristianesimo*.

7. Paolo Diacono, *Historia Langobardorum* I, 5, a cura di Bethmann e Waitz, pp. 49-50. Su questo passaggio: Bullough, *Ethnic History and the Carolingians*, pp. 99-100; Goffart, *The Narrators*, p. 329.

vissero dopo il diacono e sopravvivendo in oltre cento manoscritti, di cui venti risalgono a un periodo precedente all'XI secolo.[8] Assieme all'opera di Beda e a quella di Liutprando da Cremona, la storia del diacono è, infatti, tra i pochi componimenti altomedievali che un pubblico moderno possa seguire come un'avvincente narrazione. Tuttavia, nonostante la sua grande diffusione e l'esercito di lettori che l'ha analizzata in dettaglio, la complessità dell'opera del diacono non è stata ancora completamente afferrata e, come si vedrà, l'*Historia Langobardorum* si presta a diverse letture, come numerosi e contradditori sono i messaggi celati dal diacono dietro un'apparente semplicità. Tutti elementi che ne hanno senz'altro garantito il successo.

L'*Historia Langobardorum* narra la vicenda dei Longobardi dalle mitiche origini, perse in un passato antichissimo, fino alla morte di re Liutprando, avvenuta nel 744. Se parte della storiografia ha ritenuto che l'opera fosse restata incompiuta per i sopraggiunti limiti biologici dell'autore, morto, come si diceva, attorno al 799, è stato anche proposto (in verità seguendo un suggerimento dello storico di X secolo Erchemperto) che l'interruzione con l'anno della morte di re Liutprando fosse intenzionale e che Paolo non volesse narrare i successivi, cupi avvenimenti che flagellarono i Longobardi dopo la sua morte.[9] Chi ha avocato la natura incompiuta dell'opera, ha portato come evidenza un passaggio dell'*Historia Langobardorum* alla conclusione del VI libro, in cui Paolo prometteva di parlare, in un secondo momento, delle gesta del beato Savino, racconto che nell'*Historia* non troviamo, ma questa laconica annotazione può difficilmente risolvere la questione.[10]

8. Waitz, *Über die handschriftliche Überlieferung*; Chiesa, *Caratteristiche della trasmissione*; Pani, *Aspetti della tradizione manoscritta.*

9. Erchemperto, *Historia Langobardorum Beneventanorum* 1, a cura di Pertz e Waitz, p. 234. L'idea è stata generalmente accettata sin dagli scritti di Theodor Mommsen, *Die Quellen der Langobardengeschichte*; su questo: Bullough, *Ethnic History and the Carolingians*, p. 110. Capitani, *Paolo Diacono*, p. 34; McKitterick, *Paul the Deacon*, p. 327, credono al contrario nella completezza dell'opera del diacono.

10. Paolo Diacono, *Historia Langobardorum* VI, 58, a cura di Bethmann e Waitz, p. 186. Morghen, *La civiltà dei Longobardi*, p. 14, si ispira forse a questo passaggio per dire: «si accenna alla intenzione dell'Autore di scrivere un settimo libro».

Che la storia fosse conclusa o meno ha importanza per comprendere la natura del pubblico dell'opera che, una volta individuato con chiarezza, consentirebbe l'interpretazione dell'intera narrazione. Non si tratta di un compito semplice: Walter Goffart, ha suggerito che *Historia Romana* e *Historia Langobardorum* andrebbero intese come le parti iniziali di un'unica narrazione che avrebbe incluso una terza sezione incentrata su Benevento, che tuttavia non venne mai scritta. Questa terza parte sarebbe stata dedicata al duca Grimoaldo III (774-806) e quindi l'opera di Paolo, narrando la conquista dei Franchi e la resistenza dei Beneventani, si inserirebbe in maniera propositiva in un chiaro contesto politico; un'interpretazione che si distanzia dalla lettura crepuscolare offerta da parte della storiografia italiana.[11] Negli ultimi anni Rosamond McKitterick ha proposto che la storia di Paolo fosse invece una sorta di prontuario sulla storia d'Italia dedicato ai nuovi signori franchi della penisola. Un testo animato dall'obbiettivo di legittimare il passato longobardo agli occhi di Carlomagno e dei suoi uomini, armonizzandolo nella memoria sociale franca. L'*Historia* inoltre avrebbe funto da legittimazione per l'avvento al potere e l'espansione dei Carolingi.[12] Questa interpretazione sarebbe corroborata dalla condanna dei sovrani merovingi presente nell'*Historia*.[13] I lettori ideali di Paolo, in questo contesto, non sarebbero state le élites della corte di Grimoaldo III, ma i Franchi di Carlomagno e le aristocrazie longobarde del regno legate a nuovi signori dell'Italia. Concludere l'*Historia Langobardorum* con la morte di Liutprando, omettendo i regni di Astolfo (749-756), Ratchis e Desiderio, assieme alle peregrinazioni di Adelchi, mirava a dimenticare gli ultimi anni di conflitto per integrare nella maniera più armonica possibile i Longobardi nella storia dei Franchi.[14] McKitterick, nella sua nuova interpre-

11. Goffart, *The Narrators*, pp. 343-347; un'idea proposta anche in Corbato, *Paolo Diacono*, p. 21; e Krüger, *Zur beneventanischen Konzeption*. Inoltre Capitani, *Paolo Diacono*, pp. 27-28. Per una lettura crepuscolare dell'*Historia Langobardorum*, in particolare: Vinay, *Alto medieovo latino*, pp. 107-129.

12. McKitterick, *Paul the Deacon*. Si vedano le critiche mosse da Coumert, *Origines des peuples*, pp. 218-220; Hartmann, *Vitam litteris ni emam*; e Ghosh, *Writing the Barbarian Past*, pp. 118-119.

13. Paolo Diacono, *Historia Langobardorum* VI, 16, a cura di Bethmann e Waitz, p. 170. McKitterck, *Paul the Deacon*, p. 329.

14. McKitterick, *Paul the Deacon*, p. 330.

tazione, dubita della visione classica che voleva l'*Historia* prodotta a Montecassino dove Paolo, finalmente libero dalle influenze della corte franca, avrebbe dato voce al desiderio di rivincita del suo popolo, optando invece per l'Italia settentrionale, il cuore del *regnum*, forse alla corte di re Pipino.[15] Walter Pohl, infine, ha proposto una lettura più multiforme dell'opera del diacono, non incompatibile con le due interpretazioni appena riportate, in cui Paolo è letto come un autore complesso, in grado di attribuire buone e cattive azioni in ugual misura sia ai Franchi, che ai Longobardi, piuttosto che come un partigiano politico.[16]

3. Ugualmente complesso è identificare le fonti del diacono. Conoscere il materiale su cui Paolo dovette basarsi per costruire la sua narrazione, ci permetterebbe di comprendere il lavoro dello storico sulle sue fonti. Oltre a narrazioni come quelle di Gregorio o Secondo, Paolo dovette affidarsi a racconti a noi sconosciuti.[17] Si è parlato di un ciclo narrativo incentrato sulla figura di re Grimoaldo o di fonti pavesi, forse ritmate dalla successione dei vescovi cittadini, un'idea ribadita da Aldo Settia.[18] È stato anche ipotizzato che il diacono potesse basarsi su una lista dei vescovi di Aquileia, da cui trasse le informazioni sulla fuga del patriarca Paolino.[19] Donald Bullough sosteneva infine la natura orale di numerosi dei racconti riportati dal diacono e la possibilità per Paolo di attingere a liste regie e ducali oltre che a tradizioni acquisite negli anni di ufficio alla corte di re Ratchis.[20]

Alcune narrazioni poi rivelano la materia epica a cui Paolo fu in grado di attingere. Il racconto della battaglia tra Longobardi ed Eruli difficilmente poté basarsi su un asciutto resoconto dello scon-

15. McKitterick, *Paul the Deacon*, pp. 334-337.

16. Pohl si è occupato di Paolo Diacono in numerose occasioni, qui ci si limita a rimandare a Pohl, *Paulus Diaconus*.

17. Jacobi, *Die Quellen*; Mommsen, *Die Quellen*.

18. Settia, *Aureliano imperatore*; Leicht, *Paolo Diacono*, p. 64, interrogandosi a sua volta sulla ricchezza di informazioni che il diacono offriva su re Grimoaldo, propose che Paolo: «trovasse a Benevento ed a Pavia qualche annotazione d'avvenimenti salienti riguardanti il suo eroe nei margini di codici più tardi dispersi».

19. Cessi, *I cataloghi patriarcali*; Leicht, *Paolo Diacono*, pp. 62-63; Bullough, *I vescovi di Pavia*.

20. Bullough *Ethnic History and the Carolingians*, pp. 104-105 e 108.

tro, e le azioni dei personaggi sembrerebbero derivare da materiale scritto in una lingua germanica. Molti storici hanno pensato che anche il lungo racconto su re Alboino originasse da materiale di questo tipo. Studiosi come Wilhelm Grimm e Hector Munro Chadwick avevano visto degli *Heldenlieder*, canzoni eroiche, dietro al latino di Paolo Diacono. Con un argomento un po' circolare, la storia di Alboino era un chiaro esempio di come queste saghe esistessero tra i Longobardi. Si pensava all'esistenza di un *Rosimundlied*, un *Alboinlied*, un *Turisindlied*, e persino un *Wotanlied*.[21] A volte ci si spingeva a riportare questi canti dal latino, con cui ci sono giunti, al presunto originale in *Althochdeutsch*, l'alto tedesco antico. Si era pensato che questi canti fossero un costume tipico e antichissimo dei Germani, menzionandone già Tacito l'esistenza in un celebre passo della *Germania*.[22] La struttura di questi *Lieder* era, naturalmente, ipotetica, ma trovava un modello in *Beowulf* o nel celebre *Hildebrandslied*, il più antico componimento in antico alto tedesco, databile alla prima metà del IX secolo, comparendo nel terzo decennio del secolo, in un manoscritto del monastero di Fulda. È certo che materiale antico confluisse nel racconto del diacono, ma si vedrà come Paolo rispondesse a una logica sociale del suo periodo, nella stessa maniera in cui l'Alboino di VII secolo aveva legittimato la nuova dinastia di sovrani.

4. Alcune delle fonti del diacono dovettero essere note anche ai suoi lettori. È probabile, infatti, che per apprezzare a pieno il gusto dell'*Historia Langobardorum* fosse necessaria una conoscenza dei testi cui il diacono si rifaceva. In alcune occasioni, Paolo decise di mutare le sue fonti, in parte dirottando il significato del racconto: abbiamo esempi di questo procedere anche nell'*Historia Romana*.[23] È in questa tensione tra il modello e l'intervento dell'autore che si celano alcuni tra i significanti più profondi dell'opera. Riraccontare una storia poteva arricchirne o mutarne il significato, offrendoci la chiave di accesso a un mutato contesto.

21. Per un'introduzione: de Vries, *Heroic Songs*. Inoltre si vedano i vecchi contributi Bruckner, *Die Quellen*; Genzmer, *Das Rosimundlied*; Eis, *Zum Turisindlied*.
22. Tac. *Germ.* 2.
23. Goffart, *The Narrators*, p. 358.

Stando a una pagina relativamente celebre del *Liber Historiae Francorum*, re Dagoberto (610 c.-641) si trovava nel 622 in Sassonia per combattere il duca Bertoaldo. Ferito, fu raggiunto da un secondo esercito franco, comandato dal padre Clotario II. I Sassoni non volevano credere che a guidare l'esercito franco fosse il re in persona e iniziarono a insultare e deridere i nuovi arrivati. A quel punto, Clotario si tolse l'elmo rivelando i lunghi capelli grigi, la caratteristica e riconoscibilissima capigliatura dei *reges criniti*, i sovrani merovingi. I Sassoni capirono allora che c'era poco da ridere, poiché avevano a che fare con re Clotario.[24] Paolo raccontò la medesima storia.[25] Negli anni in cui Vectari era duca del Friuli, gli Slavi attaccarono i territori longobardi, accampandosi nella località di «Broxas».[26] Il duca andò loro incontro con un esercito esiguo, posizionandosi, come i Franchi, sulla sponda opposta di un corso d'acqua, il Natisone, il fiume che scorre a Cividale del Friuli. Gli Slavi, non riconoscendo il duca, iniziarono a canzonare il ridotto schieramento longobardo, dicendo che il patriarca e i suoi chierici erano giunti a combattere. A quel punto anche il duca, come re Clotario, si tolse l'elmo, rivelando la sua identità. Apparentemente Paolo ritmò la narrazione verso una vera e propria *punch-line*, il finale comico. Vectari si tolse l'elmo scoprendo il volto e venendo immediatamente riconosciuto dagli Slavi: «erat enim calvo capite», era infatti pelato. La storia può essere compresa nella sua interezza unicamente presupponendo una conoscenza del *Liber Historiae Francorum*. O, più precisamente, al lettore che conoscesse il *Liber*, la storia si sarebbe svelata nel suo significato più profondo, scoprendo un sottotesto che altrimenti sarebbe restato celato. Da noi questo significato può essere compreso solo in frammenti, dato che abbiamo una conoscenza estremamente parziale della logica sociale che vide la nascita del racconto. È pos-

24. *Liber Historiae Francorum* 41, a cura di Krusch, p. 313: «Rex quoque illuc stans, lurica indutus, galea in capite crines cum canicie e variatas obvolutas. Cumque discopertus a galea apparuisset caput regis, cognovit eum Bertoaldus esse regem et ait 'Tu hic eras, bale iumente?'». Sull'episodio, i capelli e lo scopo del *Liber Historiae Francorum*: Diesenberger, *Hair, Sacrality and Symbolic Capital*, pp. 200-202.

25. Paolo Diacono, *Historia Langobardorum* V, 23, a cura di Bethmann e Waitz, pp. 152-153. Zurli, *Le 'proprietà'*.

26. Vectari: Gasparri, *I duchi*, p. 68

sibile si trattasse di un'arguzia mirata a suscitare ilarità, ma non ne abbiamo la certezza: si mirava forse a dire che anche i Longobardi, o i Friulani, avevano i loro Sassoni, gli Slavi delle regioni orientali; oppure si voleva creare un paragone fra i *duces* del Friuli e i *reges* merovingi, dove l'autorità longobarda non era rappresentata da una lunga chioma fluente, già derisa da Eginardo, ma dalla scintillante calvizie di Vetcari. Chiaro resta invece il legame che Paolo mirava a tessere tra il suo racconto e quello del *Liber*.

I re giunti dal freddo

1. Il racconto di Paolo si apre con una lunga e lirica descrizione del grande nord, che il diacono chiamò *Germania*. La narrazione allarga a dismisura la lapidaria frase di apertura dell'*Origo gentis Langobardorum*, ma fondamentalmente ne segue la struttura.[27] È in questa regione che si trova la *Scadinavia*, l'isola da cui i Vinnili iniziarono il loro lungo viaggio. Già dalla primissime parole della sua storia il diacono elaborò le precedenti narrazioni, dimostrando una chiara volontà di autore. Nel raccontare del gelido nord, Paolo diede a vedere di conoscere bene la teoria dei climi e l'opera di Giordane, menzionando la natura salubre del settentrione e la popolosità delle regioni sotto il cielo dell'Orsa («arctoo sub axe»).[28] Il diacono ci offre un'informazione altrimenti sconosciuta: i Vinnili, essendo divenuti troppo numerosi, decisero di dividersi in tre gruppi lasciando alla sorte di decidere chi avrebbe dovuto mettersi in cammino per il sud. Se nell'*Origo gentis Langobardorum* era stato l'intero popolo dei Vinnili a mettersi in marcia, nel racconto di Paolo leggiamo che fu solo un terzo ad abbandonare la Scandinavia. Come in numerosi degli episodi successivi, Paolo dissemina elementi narrativi in grado di generare processi associativi nei lettori più attenti: si trattava di richiami che potevano arricchire, o in alcuni casi alterare, il significato stesso della narrazione. Una prima implicazione della riscrittura del diacono era che nei giorni in cui scriveva, lassù a nord,

27. Goffart, *The Narrators*, p. 382.

28. Paolo Diacono, *Historia Langobardorum* I, 1, a cura di Bethmann e Waitz, p. 48.

oltre i Danesi e circondati dai ghiacci, ancora abitavano i parenti dei Longobardi. Inoltre, i Vinnili che avrebbero fondato un regno in Italia, lasciarono la loro terra con una pratica che molto ricorda il *ver sacrum*, conosciuto da numerosi autori antichi, tra cui Tito Livio.[29] La Primavera Sacra era un rituale che gli autori antichi ritenevano fosse praticato dalle popolazione dell'Italia arcaica, in particolare dell'Appennino Centrale. In un momento di particolare crisi un popolo decideva di dedicare agli dèi tutto ciò che fosse stato prodotto in un anno. Cosa potesse significare per un lettore di IX secolo è ora difficile da comprendere, ma per gli storici moderni, il breve racconto annuncia le numerose ridondanze classiche dell'*Historia*, che si andranno ora ad analizzare.

Dopo aver raccontato la partenza dei Vinnili dalla Scandinavia, Paolo descrisse i numerosi prodigi del settentrione, come i Sette Dormienti che, modificando la testimonianza di Gregorio di Tours, collocò a nord, gli Scribotini, o l'amplissimo gorgo che si apriva nel Mar del Nord, dove «sine fine oceanum pelagus patet», forse il *maelstrom* a nord delle isole Lofoten: un avvincente passaggio che, anche se indirettamente, dovette inspirare Edgar Allan Poe a scrivere il racconto *A Descent into Maelstrom*.[30] Il lungo *excursus* geografico è con ogni probabilità debitore all'opera di Orosio, ma l'apparente anomalia dello spostamento verso il nord, che era già stata una carat-

29. Paolo Diacono, *Historia Langobarodorum*, I, 2; I, 7, a cura di Bethmann e Waitz, p. 49; 52. Descrizione antiche del *Ver Sacrum* si trovano, ad esempio, in Liv. XXII, 9, x; XXXIV, 44, i-iii.

30. Sette dormienti: Paolo Diacono, *Historia Langobardorum* I, 4, a cura di Bethmann e Waitz, p. 49; simili considerazioni in Ghosh, *Writing the Barbarian Past*, p. 125. Scribotini: ivi I, 5, a cura di Bethmann e Waitz 49-50, è uno dei rarissimi *excursus* etnografici presenti nell'opera di Paolo, altri due sono dedicati a Sanniti e Galli: Paolo Diacono, *Historia Romana* II, 8; III, 5, a cura di Crivellucci 25-26; 40-41, su questo Sestan, *Qualche aspetto*, pp. 24-25. Il gorgo delle Lofoten: Paolo Diacono, *Historia Langobardorum* I, 6, a cura di Bethmann e Waitz 50-51. Poe fa narrare al Vecchio Norvegese un'esperienza del tutto simile a quella del diacono: la nave inghiottita, il rapido riflusso delle acque che precipitano nell'abisso, ma la salvezza finale come unico superstite e così la trasmissione della storia. Una differenza è riscontrabile nel fatto che il marinaio non si aggrappò a una roccia, ma a una botte, più lenta nella discesa rispetto al relitto dei Norvegesi. Poe non menziona Paolo Diacono e l'io narrante ammette di aver letto le descrizioni del vortice redatte da Jonas Ramus e paragona lo scenario delle rocce e dei flutti in tempesta alla descrizione del *Mare tenebrarum* fatta da un improbabile «Nubian geographer».

teristica dei *Getica* di Giordane trovava paralleli in altre narrazioni di età carolingia come il *De mensura orbis terrae* dell'irlandese Dicuil.[31] Paolo raccontò poi l'episodio dei Vandali e di Votan, ma arricchì la storia della migrazione aggiungendo nuove regioni e nuovi nemici per i Longobardi. Anche nella grande ricchezza con cui Paolo elaborò le informazioni trovate nell'*Origo gentis Langobardorum*, il racconto ne mantenne la struttura e, a cominciare dall'elezione di re Agilmundo, la narrazione si svolse attorno alla successione dei sovrani longobardi fino a Liutprando, morto nel 744.

2. Sono i sovrani del passato, assieme ai *duces* e a pochi uomini di chiesa, i grandi protagonisti dell'opera e grazie alla ricchezza documentaria che li circonda è possibile confrontarne la rappresentazione con quella, notissima, dei sovrani carolingi.[32] Negli anni in cui Paolo scriveva il dibattito sulle funzioni del re andava allargandosi rapidamente. Come tutti i sovrani, i re carolingi dovevano essere dei conquistatori formidabili, giusti legislatori, ma numerosi autori davano grande spazio alle virtù cristiane che avrebbero dovuto caratterizzarli.

Inutile riassumere un tema complesso e molto dibattuto, ma sarà sufficiente ricordare che secondo alcuni commentatori, l'unzione che innalzava al trono i discendenti della dinastia di Pipino il Breve, conferiva loro prerogative vescovili: come è forse noto, Paolino, il patriarca di Aquileia morto nell'802, si rivolse a Carlomagno chiamandolo «rex et sacerdos», ribadendo il ruolo del sovrano nella lotta all'eresia.[33] Già il misterioso Catulfo, nella sua celebre lettera a Carlo, elencava i doveri del sovrano, tra cui primeggia l'impegno per l'ortodossia e la lotta alle pratiche magiche e agli utenti di

31. Dicuil, *Liber de mensura orbis terrae* VII, 5-22, a cura di Tierney, pp. 72-78. Lozovsky, *Roman Geography*, pp. 355-357.

32. Sulla regalità carolingia è stato scritto tantissimo. Ottime sintesi sono: Nelson, *Kingship and Empire*; Smith, *Europe after Rome*, pp. 217-252, in particolare a p. 217.

33. *Concilium Francofurtense a. 794*, a cura di Werminghoff, p. 142: «sit consolatio viduarum, miserorum refrigerium, sit dominus et pater, sit rex et sacerdos, sit omnium Christianorum moderantissimus gubernator auxiliante domino nostro Iesu Christo». Angenendt, *Karl der Große als rex et sacerdos*; de Jong *Charlemagne's Church*, p. 111; e Fichtenau, *Das karolingisches Imperium*, p. 74.

magia, i «tempestarii» tra loro.[34] In anni successivi il dibattito sulla sacralità del re cristiano assieme all'elaborazione teorica delle sue funzioni raggiunse il suo apice: gli scritti di Alcuino e testi come i *De duodecim abusivis saeculi*, la *Via Regia* di Smaragdo, o, più tardi, il *De istitutione regia* di Giona di Orléans e il *De regis persona et regio ministerio* di Icamro, descrissero in dettaglio le virtù e i limiti del sovrano cristiano.[35]

In questo frangente è possibile constatare come i modelli di regalità proposti da Paolo per i sovrani del passato longobardo si distanziassero da quelli dei contemporanei carolingi, che tuttavia dovettero essere recepiti molto presto a sud delle Alpi. Già negli anni Settanta dell'VIII secolo, i poeti italiani alla corte di Carlo avevano attinto al repertorio biblico che sarebbe divenuto caratteristico della legislazione e della letteratura carolingie; fu proprio Paolo Diacono il primo poeta di corte a paragonare Carlo, anche se in maniera implicita, a Davide.[36] Se Paolo, come uomo di corte e intellettuale, fu avvezzo a questi modelli regi, la rarità di espliciti richiami all'Antico Testamento nel narrare le vicende dei sovrani che popolano l'*Historia Langobardorum* diviene suggestiva.[37] Modelli veterotestamentari erano da trovarsi unicamente nella caratterizzazione di Grimoaldo e Liutprando, che forse rappresentava il legame ideale tra i *reges* longobardi e i *reges* franchi in Italia. In particolare, il racconto della grandezza di Liutprando offriva largo spazio alla lotta per la fede e alla missione, echeggiando i contemporanei modelli della sovranità carolingia.[38] Liutprando, tuttavia, non fu l'unico re longobardo impegnato nell'ortodossia e Paolo dovette essere a conoscenza delle attività e la preoccupazione per le materie di fede di Ariperto (653-661), Pertarito e Cuniperto, i sovrani della così detta dinastia cattolica, ma nell'*Historia Langobardorum*

34. Catulfo, *Epistola*, a cura di Dümmler. Su questo: Garrison, *Letters to a King*; Story, *Cathwulf*. Si veda inoltre: Musca, *Caratteri e compiti del potere sovrano*.

35. Anton, *Fürstenspiegel und Herrscherethos*; Id., *Einleitung*. Inoltre sulla *Via Regia* si veda la nuova interpretazione di Kramer, *Great Expectations*, pp. 116-129.

36. Paolo Diacono, *Carmina* 22, a cura di Neff, p. 87. Garrison, *Letters to a King*, p. 308.

37. McKitterick *Paul the Deacon*, pp. 328-329.

38. Sulla regalità di Liutprando: Delogu, *Le origini del Medioevo*, pp. 198-208; Gasparri, *La regalità longobarda*, pp. 318-322.

questa funzione dei sovrani non è propriamente resa.[39] Sembrerebbe, al contrario, che nel racconto di Paolo Diacono i sovrani fossero mossi da norme comportamentali ben diverse, e nel seguito di uno dei più devoti e brillanti re fu posto un aruspice.[40]

3. Nella narrazione di Paolo, la caratteristica più importante per i sovrani longobardi è il successo in guerra. A cominciare da Agilmundo, il primo mitico re dei Longobardi, quasi tutti i re longobardi furono rappresentati come grandi guerrieri: Lamissione con le sue vittorie sulle Amazzoni, Tatone e la vittoria sugli Eruli, che è una delle narrazioni più belle dell'*Historia Langobardorum*, Vacone e gli Svevi, e così fino ad Alboino: tutti guerrieri infallibili.[41] Anche il perfido duca di Trento Alahis, che tentò di usurpare la corona di Pertarito e Cuniperto, uno dei personaggi più titanici dell'intera opera, ha doti di grande combattente.[42]

Soprattutto, vedremo come la caratterizzazione che Paolo fece di Alboino era propria di un sovrano duro e barbarico: un uomo nato per la guerra. Se, come si diceva nel capitolo precedente, le abilità belliche di un re facevano parte di un condiviso ideale di mascolinità tipico dei secoli medievali, l'Alboino di Paolo seguiva un modello letterario solo apparentemente in linea con quello degli altri sovrani medievali.

Ai confini dell'impero

1. Una breve narrazione delle guerre di Alboino in Pannonia è da trovarsi a conclusione dell'*Historia Romana* che si interrompe nei mo-

39. Sulla dinastia cattolica: Delogu, *Le origini del Medioevo*, pp. 190-198; Id., *Il regno longobardo*, pp. 86-121.

40. Paolo Diacono, *Historia Langobardorum* III, 30, a cura di Bethmann e Waitz, p. 110.

41. Lamissione e le Amazzoni: Paolo Dicono, *Historia Langobardorum* I, 15, a cura di Bethmann e Waitz, p. 55; Tatone e gli Eruli: ivi I, 20, a cura di Bethmann e Waitz, pp. 58-59; Vacone e gli Svevi: ivi I, 21, a cura di Bethmann e Waitz, p. 59. Taviani, *L'image du souverain lombard*, p. 680; Zanella, *La legittimazione del potere reale*, pp. 74-75.

42. Paolo Diacono, *Historia Langobardorum* V, 36-41, a cura di Berthmann e Waitz, pp. 156-161. Su Alahis: Gasparri, *I duchi*, p. 47.

menti che precedettero l'invasione longobarda dell'Italia. Nella narrazione le regioni dell'Europa Centrale già erano state lo scenario delle avventure dei Goti prima del loro ingresso in Italia; Alboino pertanto si muoveva nello stesso scenario che i grandi re barbari del passato avevano solcato.[43] Paolo raccontò che, in quei giorni, i Longobardi avevano abitato la Pannonia sotto la guida di re Audoino: nel corso dei conflitti con i Gepidi di re Turisindo, Audoino ottenne la vittoria grazie all'intervento del figlio Alboino, che Paolo descrisse come giovane e forte. Nell'infuriare della battaglia, Alboino affrontò Turismodo, il figlio di Turisindo, uccidendolo sul campo. Paolo concluse il racconto, commentando che il gesto di Alboino gettò i Gepidi nello scompiglio consegnando la vittoria ai Longobardi.[44] Il racconto suggerisce l'avvento della grandezza di Alboino, non trovando paralleli presso gli scrittori più antichi: si è infatti visto come Giordane menzionasse un grande scontro tra Gepidi e Longobardi, senza tuttavia nominarne i sovrani. A questo va aggiunto che la narrazione del diacono presenta ulteriori elementi di originalità. In primo luogo Alboino divenne l'uccisore del gepida Turismodo, un'azione che in precedenza nessun autore gli aveva ancora attribuito. È possibile si trattasse di un'elaborazione del diacono, ma Paolo dovette avere accesso a narrazioni recanti il nome Turisindo che per noi sono andate perdute. Il nome del sovrano, infatti, non trova alcun riscontro nella tradizione latina su questi eventi venendo registrato unicamente da Procopio di Cesarea, che scrisse in greco alla metà del VI secolo. Che Paolo potesse leggere Procopio è inverosimile; più probabile è pertanto l'esistenza di cicli di racconti in cui nomi carichi di significato poterono sopravvivere per molti decenni. Queste brevi testimonianze furono elaborate nell'*Historia Langobardorum*, dove gli aspetti eroici della personalità del re vennero enfatizzati a un livello precedentemente sconosciuto.

43. Ad esempio in Paolo Diacono, *Historia Romana* XV, 6, a cura di Crivellucci, pp. 210-211.

44. Paolo Diacono, *Historia Romana* XVI, 20, a cura di Crivellucci, p. 236: «Hac etiam aetate gens Langobardorum amica tunc populi Romani apud Pannonias degebat, quibus in regni gubenaculo Audoin praeerat. Is eo tempure cum Turiesendo Gepidarum rege confligens per Alboin suum filium iuvenem strenuum victoriam nanctus est. Denique inter ipsas Alboin sese acies Turismodum Turisendi regis filium appetentem alacrtiter adgressus extinxit pertubatisque hac occasione Gepidis suis victoriam peperit».

Sono questi i capitoli dell'*Historia Langobardorum* dove il gusto per l'epica diviene più evidente.

2. Nell'*Historia Langobardorum*, Paolo introduce Alboino in occasione della guerra dei Longobardi contro i Gepidi. Già nel presentare il re, l'*ego narrator* di Paolo non fa mistero dell'immensa ammirazione che nutre nei suoi confronti. Figlio di Audoino e Rodelinda, il decimo re dei Longobardi era, nelle parole del diacono, un uomo fortissimo e nato per combattere («bellis aptum et per omnia strenuum»).[45] Nel racconto di Paolo, Alboino è l'invincibile uccisore di re, che abbatte sul campo *due* sovrani dei Gepidi, figli di Turisindo. Una volta che il giovane Alboino ebbe ucciso Turismodo in battaglia, i guerrieri longobardi ne notarono il valore chiedendo a re Audoino che il figlio fosse ammesso alla tavola paterna, ma il re rispose che era costume che il giovane ottenesse prima le armi da un re straniero. Alboino si recò allora alla corte di Turisindo, per ottenere le famose armi, tra cui la spada di cui si diceva in apertura.[46] Alla corte di Turisindo, Alboino sedette sul posto che era stato di Turismodo, ma alla sua vista il vecchio re dei Gepidi si lasciò andare a singhiozzi e lamenti, dicendo che caro gli era il posto su cui sedeva Alboino, ma non la vista del giovane longobardo. Un figlio del re, Paolo non dice se si trattasse di Cunimondo («alter filius»), vedendo il padre in lacrime si lasciò andare ad accese parole, accusando i Longobardi di essere delle cavalle pulciose («fetilae sunt equae») per via delle fasce che erano soliti portare attorno ai polpacci.[47] Uno dei Longobardi allora rispose beffardo al figlio del re di recarsi nella piana di *Asfeld* (un nome che ricorda il *Feld* dell'*Origo gentis Langobardorum*) in modo da poter vedere come le cavalle sapessero calciare, dato che

45. Paolo Diacono, *Historia Langobardorum* I, 27, a cura di Bethmann e Waitz, p. 68.

46. Paolo Diacono, *Historia Langobardorum* I, 23, a cura di Bethmann e Waitz, p. 61.

47. «Fetilae» è attestato unicamente nell'*Historia Langobarardorum.* Vinay lo traduce con gravide: Vinay, *Alto Medioevo latino*, p. 119; Lidia Capo con balzane: Capo, *Storia dei Longobardi*, p. 45; 404, n. 17; si trova una dettagliata discussione sull'incidenza del termine. È stato, tuttavia, proposto che la parola avesse origini germaniche: Fourquet *Germanisch *fetila*; Gschwantler *Formen langobardischer mündlicher Überlieferung*, pp. 65-66.

le ossa di Turismodo giacevano lì, ancora insepolte. È chiaro che la cena fu rovinata per tutti. Gli sguardi si fecero duri e le spade furono sguainate mentre Gepidi e Longobardi si preparano allo scontro nella grande sala dei sovrani, ma il re con parole sagge e morigerate riuscì a far tornare la pace e il banchetto procedette senza nuove complicazioni. È una delle scene più drammatiche descritte dal diacono.[48] Alcuni anni fa, Franco Cardini aveva visto nel gesto di Alboino un antico rituale di reintegrazione del defunto praticato dai Germani e mirato a creare consanguineità tra i guerrieri, un'idea che era già stata espressa da Felix Genzmer.[49] L'autore dell'*Historia Langobardoroum* non avrebbe afferrato a pieno il significato profondo del rituale che meglio potrebbe essere compreso guardando al mito, le immancabili saghe islandesi di XIII secolo. Cardini ha senz'altro regione nel constatare la diffusione di episodi di questo tipo in alcune narrazioni altomedievali. Che un gusto per le prodezze in battaglia fosse condiviso tra le élites europee dell'Età del Ferro e dell'alto Medioevo, e che queste potessero costituire importanti riti di passaggio, è generalmente accettato. Sappiamo che anche Beowulf, una volta sconfitto Grendel e ritornato presso i Geati, venne accolto a Heorot, la mensa del fratello del padre re Hygelac, trovando posto proprio tra i figli del sovrano.[50] Qui sono però necessarie due considerazioni: la prima, più banale, è che le similitudini tra questi racconti non dovrebbero essere spiegate grazie a un modello di discendenza cercandone un'ipotetica natura in un antico passato germanico, ma nella capacità delle aristocrazie postromane, dall'Italia alla Britannia, di decifrare codici simili. In secondo luogo, sarebbe rischioso far coincidere una prassi viva al livello del discorso, ossia l'attestazione letteraria di una pratica, con un effettivo rituale.[51] Una lettura su cui si proietta sinistra l'ombra delle società segrete di Otto Höfler.[52]

48. Paolo Diacono, *Historia Langobardorum* I, 24, a cura di Bethmann e Waitz, p. 72. Vinay, *Alto Medioevo latino*, pp. 119-120.

49. Cardini, *Alle radici*, pp. 93-96; Genzmer *Vorgeschichtliche und frühgeschichtliche Zeit*, p. 134. Inoltre Gschwantler, *Formen langobardischer mündlicher Überlieferung*, pp. 69-70.

50. *Beowulf* v. 1191, a cura di Fulk, p. 164. Enright, *Lady with a Mead Cup*, pp. 10-11.

51. Buc, *The Dangers of Ritual*.

52. Tra tutti Höfler, *Kultische Geheimbünde der Germanen*. Su questo: Ginzburg, *Storia notturna*, p. 152.

Rimanendo nel dubbio su chi avesse tanto maldestramente assegnato i posti a sedere, apparirà evidente come la narrazione sia composta di due elementi. Il diffuso racconto del guerriero che prende il posto a sedere in una tavola in cui le precedenze hanno grande significato, e il tagliente scambio di battute che quasi fa degenerare il convivio in tragedia. Per quest'ultima sezione Otto Gschwantler aveva ravvisato uno stile che ne denunciava l'origine in una «volkssprachliche Quelle», in particolare un *Heldenlied*.[53] L'uso di alcune parole e nomi di origine germanica, come *Asfeld*, darebbe, secondo l'autore, forza alla sua ipotesi.[54] Di certo le battute di Alboino e i suoi compagni dovettero fare grande presa sul pubblico, ma non è necessario cercarne significati più profondi, distanti dal contesto dell'epica franca. Il drammatico evolversi della vicenda ricorda una simile scena delle *Cronache di Fredegario* in cui l'insolenza degli ambasciatori di Dagoberto avrebbe causato la guerra tra Franchi e i Vendi di re Samo. Una volta che gli uomini del re furono accusati dal legato di Dagoberto di essere dei cani, risposero che avrebbero dimostrato ai Franchi come questi cani sapessero mordere.[55] Non solo questa chiara ridondanza letteraria ci porta a un contesto vicino ai giorni del diacono, ma tutto il sistema di valori che sembra ombreggiato dal racconto appare caratteristico del mondo franco, merovingio e carolingio.

Che un giovane aristocratico visitasse la corte di un re straniero, talvolta trascorrendo lunghi periodi, imparando a maneggiare le armi e sedendo a tavola con i suoi coetanei, era una pratica caratteristica della Gallia altomedievale. Sappiamo che narrazioni coeve si sviluppavano lungo linee simili: il giovane Walter di Aquitania trascorse lunghi anni alla corte di Attila, dove strinse amicizie che poi divennero affetto come con Ildegunde o rivalità come nel caso del goto Hagen. Alcuni autori amavano ricordare gli anni ruggenti trascorsi nel *contubernium* del re.[56] L'episodio di Alboino sembrerebbe pertanto il frammento di un racconto più ampio. Si è infatti

53. Gschwantler, *Versöhnung als Thema einer heroischen Sage*.

54. Gschwantler, *Formen langobardischer mündlicher Überlieferung*, pp. 64-66.

55. *Chronicarum quae dicuntur Fredegarii* IV, 68, a cura di Krusch, p. 154.

56. Fischer, *Reflecting Romanness*, pp. 339-340; Hen, *Roman Barbarians*, 103-106.

visto come Audoino dovette essere in rapporti con Turisindo e una possibile amicizia tra Cunimondo e Alboino, stretta negli anni di gioventù, avrebbe aggiunto *pathos* e dramma al racconto, esattamente come in *Waltharius*. Anche la collocazione del dramma nel palazzo dei Gepidi, e la simile ambientazione della morte di Alboino nel palazzo di Verona, denunciavano il gusto carolingio degli anni. A seguito dell'arrestarsi dell'espansione militare dei Franchi e lo stabilimento di sedi permanenti del potere, i *palatia* diverranno spesso il palco delle narrazioni degli anni.[57]

3. Anni dopo la sfortunata cena, Alboino e Cunimondo divennero i re dei rispettivi popoli. Dimenticare l'antica inimicizia era impossibile, e i giovani e bellicosi sovrani si scontrarono sul campo di battaglia. Questa è un'elaborazione della storia già conosciuta dall'*Origo gentis Langobardorum*, ma Paolo aggiunse un particolare di grande importanza per l'economia narrativa del racconto. Nello scontro decisivo, Alboino uccise il rivale con le sue mani e ne mozzò il capo, per farne una coppa da cui bere, un recipiente detto «scala» tra i Longobardi, e che invece i Latini chiamano *patera*, commenta il diacono.[58] Come gli venisse questa idea dovrà restare un mistero, ma il sinistro oggetto divenne uno dei fulcri narrativi del racconto. Sconfitti i Gepidi in un bagno di sangue («tanta in Gepidos ira saevientes»), i Longobardi si accordarono con gli Avari, i loro vicini in Pannonia, e si accinsero a muovere per l'Italia. Le informazioni fornite dal diacono sul trattato tra Longobardi e Avari che assicurava a questi ultimi il possesso della terra dei Longobardi in Pannonia sono sconosciute agli autori più antichi.[59] Se, infatti, Teofilatto e Menandro avevano registrato un'alleanza militare tra re Alboino e gli Avari, Gregorio di Tours aveva apparentemente contestualizzato la migrazione dei Longobardi in Italia nel grande gioco di alleanze

57. Costambeys, Innes e MacLean, *The Carolingian World*, p. 178.

58. Paolo Diacono, *Historia Langobardorum* II, 28, a cura di Bethmann e Waitz p. 87. Coumert, *Origines des peuples*, p. 228, ha notato come il termine comparisse già in Isidoro di Siviglia, *Origines* XX, 5, v, a cura di Lindsay.

59. Paolo Diacono, *Historia Langobardorum* II, 7, a cura di Bethmann e Waitz, p. 76: «Tunc Alboin sedes proprias, hoc est Pannoniam, amicis suis Hunnis contribuit, eo scilicet ordine, ut, si quo tempore Langobardis necesse esset greverti, sua rursus arva repeterent».

intessuto dai Merovingi. Il diacono concluse le imprese pannoniche del re scrivendo che Alboino, dopo aver lasciato la sua terra agli Avari, decise di marciare verso l'Italia. Inoltre, essendo morta Clodosvinda, la sua giovane moglie di stirpe franca, il re decise di sposare in seconde nozze Rosmunda, la figlia di Cunimondo: non avrebbe potuto fare scelta peggiore.[60]

La tela di Narsete

1. Dopo aver raccontato la vittoria di Alboino su Cunimondo, Paolo narrò l'episodio della spada del re, di cui si è discusso in apertura, e di come le gesta del sovrano fossero cantate tra Bavari e Sassoni, passaggio che invece si discuterà a breve. Il diacono spostò poi la scena sull'Italia, descrivendo le gesta di Narsete, le sue guerre contro Franchi ed Eruli, e gli screzi con gli imperatori di Costantinopoli. In questa sezione del racconto, l'elemento narrativo più importante è la descrizione della peste, uno dei passaggi più lirici dell'intera *Historia Langobardorum*.[61] Scrivendo nel VI secolo, Mario di Avenches aveva raccontato che il terribile morbo era dilagato negli anni che seguirono l'invasione longobarda.[62] Paolo Diacono, al contrario, pose la grande pestilenza nei giorni che precedettero l'invasione. Il diacono, sembrava seguire i modelli di Gilda e Beda che avevano descritto una grande carestia infuriare nei tempi che preannunciavano l'ingresso di Angli e Sassoni in Britannia.[63] Paolo cercava nelle vittime causate dalla malattia la ragione del mancato conflitto tra Romani e Longobardi al loro ingresso in Italia, creando un chiaro rapporto di causa effetto tra il dilagare del morbo e la man-

60. Paolo Diacono, *Historia Langobardorum* I, 27, a cura di Bethmann e Waitz, p. 69: «Cuius filiam nomine Rosimundam cum magna simul multitudine diversi sexus et aetatis duxit captivam; quam, quia Chlotsuinda obierat, in suam, ut post patuit, perniciem, duxit uxorem».

61. Paolo Diacono, *Historia Langobardorum* II, 4, a cura di Bethmann e Waitz, pp. 74-75.

62. Mario di Avenches, *Chronicon* 569, a cura di Favrod, p. 82.

63. Gilda, *De excidio Britanniae* 20, a c di. Winterbottom, p. 95; Beda, *Historia ecclesiastica gentis Anglorum* I, 14, ii a cura di Lapidge e Chiesa, p. 66. Sulla peste in Britannia: Todd, *Famosa pestis*.

cata difesa romana della penisola.[64] Fu la peste a garantire ai Longobardi la conquista incruenta dell'Italia, che già Mario aveva narrato.

Descritti i sinistri sintomi della malattia, il diacono procedette raccontando la leggenda e le vittorie di Narsete, per cui si affidò alle narrazioni del *Liber pontificalis* e delle *Cronache di Fredegario*, a cui aggiunse due importanti elementi. Innanzitutto, leggiamo come il generale fosse in grado di ottenere le sue vittorie grazie alle preghiere e non alle armi, un antico motivo sui cui tornerò in chiusura del capitolo; in secondo luogo, il diacono scrisse come il patrizio, per invitare i Longobardi a varcare le Alpi, facesse inviare frutta e altri prodotti di cui l'Italia era ricca («multimoda pomorum genera aliarumque rerum species») di là delle Alpi, così da sedurre i Longobardi a prendere possesso della penisola.[65]

2. Che un popolo fosse mosso alla conquista dell'Italia dalla ricchezza dei suoi prodotti è un racconto molto antico e diffuso, qui mutuato dalla storia dell'invasione gallica dell'Italia, tradizionalmente datata al 390 a.C. La discesa dei Galli a sud delle Alpi è legata alla vicenda di Arunte di Chiusi, il tutore di uno dei figli di Lucumone, un nobile etrusco della medesima città. Le cure e l'affetto di Arunte per il giovane furono mal ripagate e, una volta cresciuto, questi ne sedusse la moglie, per poi diffamarla. Arunte, non riuscendo a ottenere giustizia a Chiusi, invocò l'aiuto dei Galli che una volta varcati i passi alpini decisero di rimanere nella penisola, stabilendosi in Italia settentrionale.[66] La storia di Arunte sopravvive in numerose versioni: Tito Livio, nel libro quinto del suo *Ab Urbe condita*, raccontò come i Galli mossero verso l'Italia dopo aver assaggiato il vino che Arunte aveva loro inviato.[67]

64. Paolo Diacono, *Historia Langobardorum* II, 26, a cura di Bethmann e Waitz, pp. 86-87: «Nec erat tunc virtus Romanis, ut resistere possint, quia et pestilentia, quae sub Narsete facta est, plurimos in Liguria et Venetiis extinxerat, et post annum, quem diximus fuisse ubertatis, fames nimia ingruens universam Italiam devastabat».

65. Le vittorie di Narsete: Paolo Diacono, *Historia Langobardorum* II, 3, a cura di Bethmann e Waitz, pp. 73-74; i doni a nord delle Alpi: ivi II, 5, a cura di Bethmann e Waitz, p. 75.

66. Sull'invasione gallica dell'Italia si veda Williams, *Beyond the Rubicon*, pp. 100-39; Sordi, *La leggenda di Arunte Chiusino*.

67. Liv. V, 33, ii-iv. Williams, *Beyond the Rubicon*, pp. 102-103.

La reazione dei barbari di fronte alla civiltà mediterranea è la medesima nel racconto di Paolo: la penisola, anche se prostrata dalle lunghe guerre e dalla peste, è ancora in grado di esercitare il suo fascino sui barbari del nord. Alla presa di coscienza delle ricchezze del Mediterraneo, come era successo per i Galli, segue il desiderio di possesso e la conseguente conquista dell'Italia.[68] La storia di Arunte era nota anche nel VII secolo: l'autore delle *Cronache di Fredegario* arricchì l'episodio della conquista franca di Treviri narrato da Gregorio di Tours (che a sua volta citava la narrazione di Sulpicio Alessandro), con il racconto del senatore Lucio: questi aveva deciso di consegnare la sua città ai Franchi per voler vendicare la violenza che l'imperatore Avito aveva fatto alla moglie.[69]

Non è chiaro se Paolo citasse direttamente Tito Livio, ma dovette conoscere il modello classico dei barbari che invadono una regione dopo averne assaporato le ricchezze. Decenni dopo la conquista longobarda dell'Italia, re Ariperto dimostrò di aver appreso bene la lezione su come i suoi avi fossero giunti in Italia e su come funzionassero, dai tempi più remoti, le invasioni della penisola. Ogni volta che gli ambasciatori stranieri giungevano a Pavia, si vestiva come un pezzente, «vilibus coram eis vestibus sive pellicis utebatur», guardandosi bene dall'offrire loro cibi raffinati o vini di prestigio, così che questi non iniziassero a nutrire mire sull'Italia.[70] Il modello è citato in un'ulteriore occasione. Re Grimoaldo decise di far guerra al duca Lupo del Friuli, che male aveva retto Pavia durante le sue campagne contro l'imperatore Costante II. Inviò ambasciatori al *qagan* degli Avari, affinché il sovrano intervenisse con un esercito in Friuli. Dopo un'aspra battaglia gli Avari sconfissero i Friulani presso *Flovius*, ma dopo la vittoria fu presto chiaro che non avevano intenzione di tornare alle loro sedi in Pannonia.[71] Come già avevano fatto Vandali, Angli e, ovviamente, Longobardi.

68. Williams, *Beyond the Rubicon*, p. 109.

69. *Chronicarum quae dicuntur Fredegarii* III, 7, a cura di Krusch, p. 94. Sull'episodio Collins, *Fredegar*, p. 103.

70. Paolo Diacono, *Historia Langobardorum*, VI, 35, ed Bethmann e Waitz, p. 176. Anche Bianchi, *Riflessi romani*, pp. 47-48.

71. Paolo Diacono, *Historia Langobardorum* V, 19-20, a cura di Bethmann e Waitz, pp. 151-152.

3. Il racconto dei Longobardi attirati dalle ricchezze del Mediterraneo potrà lasciare il lettore perplesso. Come in altre occasioni, Paolo utilizza numerosi livelli di comunicazione. In superficie siamo costantemente rassicurati sull'amicizia tra i Longobardi e l'impero, e sulla natura pacifica del loro insediamento, ma se ci immergiamo nelle profondità del testo, l'ingresso dei Longobardi richiamerà al lettore accorto il *dies Aliensis*, il giorno della sconfitta romana sul fiume Allia, una delle date più cupe della storia di Roma. Con una piccola aggiunta a una vecchia storia, Paolo inseriva i Longobardi nel grande metaracconto delle invasioni dell'Italia romana. La narrazione dell'invasione gallica, nonostante la riscossa dei Romani legata alla figura di Furio Camillo, fungeva a spiegare l'origine della presenza dei Galli in Italia settentrionale, la Gallia cisalpina. Il racconto di Livio aveva la funzione di ribadire l'estraneità dei barbari nella penisola, l'illegittimità della loro dominazione per via della loro provenienza nordica e la loro natura barbarica.[72] Che funzione aveva nel caso dei Longobardi?

Sulle orme degli invasori

1. Dopo aver narrato di Narsete, Paolo fornì un dettagliato racconto del cammino dei Longobardi in Italia. La marcia di Alboino costituisce una narrazione interamente nuova, di cui le fonti sono difficilmente tracciabili. Come in numerose altre occasioni, il racconto del diacono ha proiettato una lunga ombra sulle più antiche narrazioni dei medesimi eventi, gravando la comprensione del progressivo succedersi dei diversi racconti. Stando al diacono, il re entrò in Italia dai passi delle Alpi nord-orientali in un tratto dove le montagne sono facili da attraversare per chi si trovasse in cammino dalla Pannonia; in questa circostanza il re salì su un'alta montagna, che da quel giorno fu chiamata *mons Regis*, la montagna del re.[73] Dalla cima del monte, prosegue il diacono, re Alboino indicò ai Longobardi la terra delle future conquiste. Gli storici hanno dibattuto a lungo su quale montagna

72. Williams, *Beyond the Rubicon*, p. 61.

73. Paolo Diacono, *Historia Langobardorum* II, 8, a cura di Bethmann e Waitz, p. 76.

fosse il *mons Regis*, in modo da comprendere il tragitto di re Alboino. I primi editori del testo identificarono il rilievo nel Matajur visibile da Cividale.[74] Ritengo la questione relativamente ininfluente, poiché l'episodio, come il resto del racconto, non andrebbe contestualizzato in una realtà di VI secolo, ma nei giorni del diacono. A questo va aggiunto che la conformazione delle Alpi orientali, dove i passi sono più bassi rispetto a quelli delle pendici occidentali, e pertanto coperti di vegetazione, rende l'idea inverosimile, e forse lo era anche al pubblico di Paolo, se a conoscenza di quei luoghi.[75] Tuttavia, l'interesse che Paolo dedicò alle montagne echeggiava il respiro epico con cui Eginardo si premurò di raccontare la traversata che Carlomagno fece delle Alpi nel 774.[76] Si trattava di brevi narrazioni che denunciavano un mutato gusto letterario rispetto al disinteresse per il paesaggio alpino e alla difficoltà del tragitto. Come nelle dinamiche descrizioni delle avventure longobarde in Pannonia, Paolo sembrò anticipare il gusto per l'epica che in pochi anni si sarebbe diffuso nel mondo carolingio. In definitiva è probabile che Alboino non salisse mai sulla cima del monte, ma è possibile che una cima ai confini orientali del *regnum* fosse associata alla figura del re longobardo a un certo punto della sua storia. Si è visto in apertura come numerosi *lieux de mémoire* fossero legati alla figura del re. Il *mons Regis* dovette essere uno di questi: anche nella Britannia del IX secolo la *Hengestedune* era legata alla memoria del mitico re Hengest.[77]

Rimane, tuttavia, il valore simbolico (oltre che emozionale) dell'atto: il re che sale tra le rocce innevate e le nebbie ghiacciate delle Alpi per indicare ai suoi uomini la Terra Promessa evocava con ogni probabilità la medesima azione di Mosè, che, salito sul monte Nebo, poté ammirare tutte le terre degli Israeliti.[78] L'immagine sem-

74. Ludwig Bethmann e Georg Waitz hanno scritto in *MGH, SS rer. Lang.*, p. 76: «Monte Maggiore, quem ex archivi capitularis Forojuliensis fenestris mihi monstravit canonicus de Orlandis, mense Aprili, nive coopertum, narravitque, totam inde conspici posse terram Friulanam, nominarique nunc etiam Monte del Re».

75. Winckler, *Die Alpen im Frühmittelalter*, p. 69.

76. Eginardo, *Vita Karoli* 7, a cura di Waitz, p. 10. Si veda inoltre Ganz, *Einhard's Charlemagne*, p. 46; Winckler, *Gemeine Plätze*.

77. Halsall, *Worlds of Arthur*, p. 61.

78. *Deut.* 34. Krahwinkler, *Friaul*, p. 30; Cingolani, *Le storie dei Longobardi*, pp. 134-136; Pohl, *La costruzione di una memoria storica*, p. 567.

brerebbe essere coerente con quella descritta dall'*Edictum* di Rotari in cui re Alboino assunse un'importanza in precedenza sconosciuta per aver portato l'*exercitus* dalla Pannonia all'Italia. Vi è tuttavia una seconda associazione possibile, che arricchisce il significato del gesto descritto da Paolo Diacono. In un articolo pubblicato diversi anni fa, Dante Bianchi propose che il gesto di Alboino sarebbe uno di quelli che l'autore chiamava i «riflessi romani» dell'*Historia Langobardorum*. Un modello simile è da trovarsi ancora una volta nell'opera di Tito Livio, che narrò in maniera assai simile l'ingresso del generale cartaginese Annibale in Italia.[79] Un racconto immaginifico sullo stratega punico, forse nato da tradizioni italiane, era anche contenuto nella *Vita Columbani*, che il diacono dovette aver letto. Narrando della fondazione del monastero di Bobbio, Giona descrisse i luoghi solitari e remoti dell'Appennino nei pressi del torrente Trebbia, dove il generale avrebbe perso numerosi uomini, cavalli ed elefanti, non è chiaro se per le asperità dell'inverno o per una sconfitta militare altrimenti sconosciuta.[80] Il *Nachleben* di Annibale fu molto ricca e il Cartaginese fu considerato uno dei più grandi generali pagani, spesso assieme a Cesare e Alessandro Magno. Seguendo l'ipotesi di Bianchi la descrizione di Paolo ricalcherebbe pertanto le gesta del grande generale cartaginese, uno dei più temibili nemici di Roma. Suggestivo è notare come Annibale fosse solo uno dei barbari che vennero raffrontati alla figura del grande longobardo. Esempi erano presi dalla letteratura antica, come Annibale, appunto, o Brenno e i suoi feroci Galli, ma i paragoni più pregnanti furono forse stabiliti con i grandi *reges* barbari che precedettero Alboino: Attila e Teodorico.

79. Liv. XXI, 35: «Per omnia niue oppleta cum signis prima luce motis segniter agmen incederet pigritiaque et desperatio in omnium uoltu emineret, praegressus signa Hannibal in promunturio quodam, unde longe ac late prospectus erat, consistere iussis militibus Italiam ostentat subiectosque Alpinis montibus Circumpadanos campos, moeniaque eos tum transcendere non Italiae modo sed etiam urbis Romanae; cetera plana, procliuia fore; uno aut summum altero proelio arcem et caput Italiae in manu ac potestate habituros». Bianchi, *Riflessi romani*. Per una rassegna del lavoro, di livello alterno, di Dante Bianchi si vedano le note di Settia, *Aureliano*. Bullough *Ethnic History and the Carolingians*, p. 119, n. 24, definiva lapidariamente il lavoro di Bianchi «not helpful».

80. Giona, *Vita Colombani* I, 30, a cura di Krusch, p. 221.

2. L'avanzata di Alboino nel territorio italiano si collocava in una lunga tradizione di racconti sulla conquista della penisola. Cristina la Rocca ha suggerito come il modello fosse l'avanzata di Attila e sembrerebbe che Alboino e il re degli Unni rappresentassero due facce della stessa medaglia raffigurante il re conquistatore.[81] Questo diviene chiarissimo nell'incontro tra Alboino e il vescovo Felice di Treviso, racconto che chiaramente evocava il simile episodio di papa Leone e re Attila, narrato da Prospero di Aquitania. Paolo aveva dedicato gran parte del libro XIV dell'*Historia Romana* all'invasione da parte di Attila dell'Italia settentrionale. In questo contesto, il diacono raccontò nuovamente l'episodio dell'incontro tra il sovrano e il pontefice, emendandolo con l'elemento narrativo del barbaro spaventato dal vegliardo armato di spada che si ergeva vicino al pontefice, ma invisibile agli altri astanti.[82] Il diverso andamento degli incontri di Alboino e Attila con gli uomini di chiesa distinse anche il differente destino dei due sovrani: se il convegno con papa Leone segnò per il re unno la fine delle sue fortune, quello con Felice inaugurò, per Alboino, la sua marcia trionfale verso Pavia. Pertanto, il re longobardo, nel garantire i privilegi alla chiesa di Treviso, fu in grado di proseguire il suo cammino di conquista ottenendo, implicitamente, la benedizione del vescovo. All'episodio di Felice, il diacono fece seguire un lungo catalogo delle province italiane che si concluse con l'ingresso del re a Milano.[83] Il mito di re Attila sarà invocato nuovamente nel racconto della morte del re longobardo.

Il racconto di Felice di Treviso potrebbe essere nato negli anni di Paolo Diacono. Treviso appare con incidenza crescente nella documentazione carolingia a seguito dell'intensificarsi degli scambi lungo l'Adriatico nell'ultimo quarto dell'VIII secolo. In questi anni, la città andava assumendo il ruolo di punto di accesso al *regnum* per chi navigasse l'Adriatico giungendo alle lagune: nei *Miracula s. Genesii*, Gebeardo, conte di Treviso, ottenne dai *mercatores* venetici le reliquie di san Genesio che si trovavano a Gerusalemme all'inizio del IX seco-

81. La Rocca; *Città scomparse*; Borri, *Arrivano i barbari a cavallo!*

82. Prospero di Aquitania, *Chronicon* 1376 [a. 452], a cura di Mommsen, p. 482; Paolo Diacono, *Historia Romana* XIV, 11-12, a cura di Crivellucci, pp. 196-197.

83. Paolo Diacono, *Historia Langobardorum* II, 26, a cura di Bethmann e Waitz, pp. 86-87.

lo.[84] Al volgere dell'VIII secolo, la creazione di antichi diritti concessi da Alboino alla città poteva servire necessità contemporanee. Anche questa sarebbe una conferma del ruolo del re nel *regnum* dominato dai Franchi, di cui si discuterà, in maggiore dettaglio, nel prossimo capitolo. Una seconda storia aveva forse avuto origine nei medesimi anni. Ugo di Flavigny, che scrisse nella Verdun del XII secolo, raccontò che le porte di Treviso erano state aperte ai Franchi da un certo Pietro, *vir italicus*, negli anni della rivolta di Rodgaudo.[85]

3. Da Treviso Alboino mosse verso Pavia, l'antica *Ticinum*. Il diacono è il primo autore a narrare la conquista della città da parte del re. Nel racconto di Paolo, vista l'accanita difesa dei Pavesi, il re aveva giurato che, una volta entrato in città, avrebbe passato l'intera popolazione a filo di spada. Tuttavia, una volta espugnata la città, Alboino non fu in grado di varcare la porta di San Giovanni, poiché il suo cavallo non voleva saperne di muoversi. Il re poté entrare a Pavia solo una volta che, su consiglio di uno dei suoi uomini, ruppe il voto così crudele, garantendo l'incolumità ai cittadini. Aldo Settia ha riconosciuto nella vicenda di Alboino a Pavia, una eco della *Vita Aureliani*, contenuta nell'*Historia Augusta*, in cui l'imperatore Aureliano (270-275), durante le campagne contro Zenobia e il regno di Palmira, risparmiò la popolazione della ribelle Tiana (oggi Kemerhisar, in Turchia) per intercessione del taumaturgo Apollonio, che aveva visto sulle mura della città.[86] Questa non sembra essere l'unica ridondanza letteraria che troviamo nella narrazione: anche il protrarsi del blocco di Pavia per tre anni echeggia la durata di un altro celebre assedio: il cerchio con cui Teodorico strinse Ravenna dove Odoacre si era rifugiato, un episodio ancora una volta descritto dal diacono nella sua *Historia Romana*.[87] Sempre di tre anni era

84. *Miracula s. Genesii* 2, a cura di Wattenbach, p. 9. Sulla situazione di Treviso: Gasparri, *Venezia*, p. 7. Su Gebeardo: Hlawitschka, *Franken*, pp. 184-185.

85. Ugo di Flavigy, *Chronicon* I, a cura di Pertz, p. 351. Hammer, *Pipinus rex*, p. 240.

86. Settia, *Aureliano imperatore*; l'idea, anche se solamente accennata, era già presente in Bianchi, *L'elemento epico nella Historia Langobardorum*, pp. 154-155.

87. Paolo Diacono, *Historia Langobardorum*, II 26-27, a cura di Bethmann e Waitz, p. 87. Paolo Diacono, *Historia Romana* XV, 17, a cura di Crivellucci, p. 222: «[Theodoricus] per continuum pene triennium Odovacrem obsedit».

stata la durata dell'assedio in cui Attila cinse Aquileia. Anche questa credo fosse una chiara scelta del diacono, poiché Giordane, che per questo episodio era la fonte di Paolo, parlava di una generica lunga durata del blocco. In questo contesto una durata di tre anni istaurava un chiaro parallelismo tra Attila, Teoderico e Alboino, creando un metaracconto sulla conquista delle grandi capitali dell'Italia per mano di celebri barbari.[88]

Grazie a questi sapienti espedienti narrativi, Alboino si inseriva nella schiera dei grandi conquistatori che avevano marciato in Italia. Il re longobardo era il più brillante che si fosse sinora visto, ma Paolo, diversamente da quanto scrisse nelle *Gesta episcoporum Mettensium*, non fece alcun cenno alla conquista franca dell'Italia nell'*Historia Langobardorum*.[89] La scalata al *mons Regis*, la liberalità con Felice di Treviso e la clemenza dimostrata a Pavia non sono fatti storicamente accertabili, ma una conferma di ciò che i lettori di Paolo, alla fine dell'VIII secolo, volevano sentire sulla conquista longobarda d'Italia e su re Alboino. Il racconto del diacono sulla conquista dell'Italia era infatti un prodotto delle logiche sociali vive ai giorni di Paolo, in un contesto politico in cui i Franchi governavano il *regnum Langobardorum*.

Del marcio a Verona

1. La narrazione della conquista dell'Italia è seguita dal racconto della morte del re, che occupa una cospicua sezione del secondo libro dell'*Historia Langobardorum*: è in questa occasione che viene introdotto il personaggio di Rosmunda, moglie di Alboino e figlia di Cunimondo, l'esemplare più splendido in una galleria di donne mostruose dipinte dalla creativa misoginia di Paolo Diacono.[90] Il racconto di Paolo come sempre è molto più drammatico, lungo e avvincente di quello proposto dalle testimonianze più an-

88. Giordane, *Getica* 221, a cura di Mommsen, p. 114; Paolo Diacono, *Historia Romana*, a cura di Crivellucci XIV, 11. La Rocca *Città scomparse*, pp. 289-290; Borri, *Arrivano i barbari a cavallo!* p. 229.

89. Paolo Diacono, *Liber de episcopis Mettensibus*, a cura di Pertz, p. 265.

90. Skinner, *Women*, pp. 54-59; Martínez Pizarro, *Writing Ravenna*, p. 130.

tiche e nell'*Historia Langobardorum* la regina raggiunge il punto più basso della sua abbiezione, sconosciuto alle testimonianze più antiche.

Stando al racconto del diacono, l'odio di Rosmunda per il marito venne risvegliato nel palazzo di Verona il giorno in cui Alboino, allegro più del dovuto per via del vino, le propose di bere assieme a suo padre, mostrandole l'inquietante boccale che aveva ricavato dal cranio di Cunimondo. La scena è divenuta l'episodio più celebre della vicenda longobarda in Italia tantoché nessuna sintesi sull'argomento può prescindere dal riportare questa narrazione. Si pensi al successo della frase: «bevi Rosmunda dal teschio di tuo padre!», che tuttavia non compare nella narrazione del diacono.[91] Invitata a bere di fronte ai commensali del re, Rosmunda lo fece suo malgrado ma, umiliata, progettò una terribile vendetta nei confronti del marito. Una volta che i tempi furono maturi, nella notte la regina prese il posto dell'amante di Peredeo, un uomo fortissimo dice Paolo, che faceva parte della corte del re a Verona.[92]

Peredeo non era particolarmente forte nell'*Origo gentis Langobardorum* (almeno non lo sappiamo), ma lo divenne nella testimonianza di Paolo. Il diacono riporta un nome in parte diverso rispetto al *Perithus* dell'*Origo gentis Langobardorum* e Goffart ha suggerito che Paolo creasse intenzionalmente un'assonanza tra Peredeo e *perditio*.[93] Nonostante la sua forza, Peredeo non si accorse dell'identità della regina e una volta che i due ebbero condiviso il letto, Rosmunda pose lo sprovveduto longobardo di fronte a una scelta difficile: uccidere il re o essere ucciso. Peredeo acconsentì a malincuore alla richiesta della regina, divenendo parte del complotto per l'assassinio di Alboino. Passati alcuni giorni, i congiurati decisero di agire in un pomeriggio in cui il re dormiva («se Alboin in meridie sopori dedisset»). L'elemento del sonno non compare nelle narrazioni precedenti. Solo nel racconto di Giovanni di Biclaro il re venne assassinato

91. Paolo Diacono, *Historia Langobardorum* II, 28, a cura di Bethmann e Waitz, p. 87. Shanzer, *Laughter and Humour*, p. 37, ipotizza che in una versione della storia Alboino avesse potuto pronunciare il mostruoso gioco di parole: «bibe laeta cum patre!».

92. Paolo Diacono, *Historia Langobardorum* II, 28, a cura di Bethmann e Waitz, p. 88.

93. Goffart, *The Narrators*, p. 293.

«nocte».[94] Che il grande Alboino si facesse cogliere nel sonno non era, tuttavia, un dettaglio innocente. Nel pensiero medievale i grandi re dormivano brevemente e di un sonno leggero. I gelidi pensieri del sovrano dovevano sorvegliare dal profondo della notte il sonno dei suoi sudditi e il suo lavorare per la salute del regno doveva essere incessante. Inoltre, nel sonno gli uomini si rendevano vulnerabili divenendo facile presa degli atroci demoni che popolavano la notte.[95] Davide, Carlomagno e Beowulf non si sarebbero mai fatti trovare assopiti dai loro nemici, terreni o inferi che fossero. Il sonno di Alboino era il tassello di un mosaico nascosto che nel racconto di Paolo avrebbe fornito del re un'immagine negativa quanto sfuggente.

Con Alboino imperdonabilmente adagiato tra le braccia di Morfeo, Rosmunda nascose tutte le armi che si trovavano nel palazzo e legò al fodero la spada che il re teneva sulla spalliera del letto. Anni fa, Paolo Delogu aveva visto nella lama che Alboino non riuscì a sguainare un segno mitico della sua perduta virilità, e di certo molti dei lettori di Paolo dovettero cogliere la metafora.[96] Un sovrano separato dalla sue armi poteva divenire una sinistra profezia di morte: nei capitoli conclusivi della *Vita Karoli Magni*, in cui Eginardo collezionò i cupi presagi della morte di Carlo e le sciagure che sarebbero seguite, l'imperatore cadde violentemente da cavallo durante l'ultima campagna contro i Danesi, siamo nel 810, perdendo la sua spada.[97] A Verona, «grazie a un suggerimento di Peredeo» («iuxta consilium Peredeo»), e questo passo è stato interpretato nelle maniere più diverse, Elmechi, armato e furioso («omni bestia crudelior», parole simili erano state utilizzate per descrivere Rumetruda), entrò nella camera da letto del re.[98] Alboino, trovandosi disarmato, impugnò uno sgabello come estrema difesa. Per un po' il sovrano riuscì a respingere i colpi che gli venivano inferti, ma alla fine dovette soccombere al suo aggressore. Paolo confessa al lettore il suo sconfor-

94. Giovanni di Biclaro, *Chronicon* 573, a cura di Campos, p. 82.

95. Dutton, *The Politics of Dreaming*, pp. 5-22.

96. Delogu, *Il regno longobardo*, p. 16.

97. Eginardo, *Vita Karoli Magni* 32, a cura di Waitz, pp. 36-37; Fichtenau, *Das karolingische Imperium*, p. 186; Dutton, *The Politic of Dreaming*, pp. 89-90.

98. Paolo Diacono, *Historia Langobardorum* I, 20, a cura di Bethmann e Waitz, p. 20: «atrocissima belva».

to: un uomo tanto forte e audace, che aveva ucciso così tanti nemici, trovò la morte per le trame di un'infima donna («muliercula»).[99]

2. Stando alla tradizione manoscritta e al dibattito storiografico, due dei tre personaggi coinvolti nella congiura non hanno ruoli chiaramente definiti. Elmechi e Peredeo, infatti, hanno occupato l'interesse storiografico per molto tempo e si è spesso cercato di comprendere chi avesse fatto cosa.[100] Annalisa Bracciotti, in un articolo pubblicato alcuni anni fa, aveva sostenuto che le singolarità della narrazione del diacono rispetto ad altre, precedenti e come si vedrà posteriori, derivassero dal fatto che Paolo avesse a disposizione racconti contrastanti. Sapere chi fosse, stando a Paolo Diacono, il braccio e chi invece la mente dell'assassinio di re Alboino non è, a mio avviso, una questione di importanza centrale; di maggiore interesse è che tradizioni dissimili sulla morte del re circolassero in Italia tra VIII e IX secolo.

Sembrerebbe che un personaggio come Peredeo divenisse il protagonista di racconti paralleli: Paolo prosegue con una storia precedentemente sconosciuta che ha il forte longobardo per protagonista. Una volta che il *praefectus* Longino lo ebbe inviato a Costantinopoli assieme a Albsuinda, la figlia di Alboino e Clodosvinda, Peredeo si fece notare per la sua forza straordinaria abbattendo un grandissimo leone nel circo della città. Gli uomini che combattono i leoni sono molti tra le pagine della letteratura antica e medievale, e soprattutto il Circo di Costantinopoli fu una sorta di arena per antonomasia nell'immaginario di molti uomini dell'alto Medioevo: nelle *Cronache di Fredegario* fu lo stesso imperatore Eraclio a esibirsi nell'arena abbattendo le medesime fiere.[101]

Colpevoli i suoi trionfi, Peredeo attirò il sospetto dell'imperatore che decise di farlo accecare. Cieco, ma sempre duro, Peredeo nascose delle armi («cultelli») nelle maniche della sua camicia e introdottosi grazie a un inganno nel palazzo, uccise due consiglieri dell'imperatore: Paolo commenta che come aveva perso gli occhi,

99. Paolo Diacono, *Historia Langobardorum* II, 28, a cura di Bethmann e Waitz, pp. 88-89.

100. Già in: De Simone, *Una pretesa contraddizione*.

101. *Chronicarum quae dicuntur Fredegarii* IV, 65, a cura di Krusch, p. 153. Sul circo: Dagron, *L'hippodrome de Constantinople*.

questo fortissimo Sansone, tolse la vita a due importantissimi uomini dell'imperatore.[102]

Interpretare questo episodio è difficile. Bracciotti, con una certa spericolatezza, leggeva, nel motivo dell'accecamento del povero Peredeo, alcune tracce del culto di Votan; ma l'argomentazione si basa semplicemente su una superficiale associazione tra la sorte del longobardo e l'occhio orbo del dio norreno Odino nelle più tarde rappresentazioni islandesi.[103] È invece chiaro che l'accecamento si collegava all'epiteto di «Samson» che Paolo attribuiva al tenace longobardo. Il racconto di Peredeo suggerisce come questi dovette divenire, tra la compilazione dell'*Origo gentis Langobardorum* e i giorni del diacono, un personaggio con aspetti positivi: l'antroponimo Peredeo sembrò essere relativamente diffuso, almeno nell'VIII secolo, anche tra gli strati più ricchi della società. Un vescovo di Lucca si chiamava Peredeo e il duca di Vicenza che occupò Ravenna attorno al 740 aveva il medesimo nome.[104]

Donne orrende

1. Paolo non fu particolarmente generoso con le donne, che generalmente dipinse a tinte scurissime. In questo non fu originale: fulgidi esempi di fosche regine provenivano dall'Antico Testamento, trovando larga diffusione nei secoli altomedievali; anche tra gli scritti di autori che Paolo citò di frequente, come Paolo Orosio, Gregorio di Tours e l'anonimo compilatore del *Liber Historiae Francorum*, le regine sono spesso descritte con toni di biasimo.[105] Giustificare donne buone e cattive presenti nella narrazione di Paolo con una sorta di transfert sessuofobico del diacono, come per anni si è fatto, non ci porterebbe lontano.[106] La misoginia di Paolo non nasce-

102. Paolo Diacono, *Historia Langobardorum* II, 30, a cura di Bethmann e Waitz, pp. 89-90.

103. Bracciotti, *Il ruolo di Peredeo*, p. 118; 122.

104. Su Peredeo di Lucca: Gasparri, *Il regno dei Longobardi in Italia*, pp. 82-83; Peredeo duca di Vicenza: Paolo Diacono, *Historia Langobardorum* VI, 54, a cura di Bethmann e Waitz, pp. 183-184; Gasparri, *I duchi*, p. 59.

105. Nelson, *Queens as Jezebels*.

106. Si vedano le considerazioni, La Rocca, *Introduzione*, pp. 9-10.

va, infatti, da un suo irrazionale e incontrollato odio per le donne (a cui possiamo credere o meno, ma di cui nulla sappiamo), ma serviva a una chiara volontà di rappresentare le donne secondo specifici modelli, che dovevano, in un certo modo, soddisfare le aspettative del pubblico a cui Paolo si rivolgeva e in cui, con ogni probabilità, erano presenti anche delle lettrici.[107] È possibile che i racconti riflettessero un diffuso disagio per donne con ruoli di primo piano, una generale condanna dell'agire femminile, confermata dalla descrizione delle donne nell'*Historia Romana*.[108] Un certo imbarazzo per la sessualità è anche presente. Questo biasimo era parte di un'antichissima condanna dell'erotismo che trovava nella pirotecnica distruzione di Sodoma uno dei suoi risultati più estremi. Il severo Bonifacio non aveva remore nel collegare la conquista araba della Spagna e le successive razzie in Provenza e Borgogna alla disordinata condotta sessuale di Goti e Burgundi che, voltate le spalle a Dio, si erano dedicati con entusiasmo alla fornicazione.[109] Questa critica alla sessualità trovava tra le sue maggiori ragioni di esistere l'orrore per l'infedeltà che avrebbe messo in pericolo la legittimità delle linee di discendenza. Nel X secolo, Liutprando da Cremona mise in discussione il diritto a governare delle aristocrazie italiane attraverso una critica alla fedeltà coniugale delle loro donne, gettando una sinistra ombra sulla legittimità delle discendenze dei *reges* in Italia.[110]

Nell'*Historia Langobardorum*, il comportamento pessimo e a tratti osceno delle donne, non si riflette sui loro mariti, il cui eroismo e statura morale risultano, al contrario, accresciuti dal mettere una pezza ai misfatti delle loro compagne: come nell'esempio della Guerra di Troia dove le donne provocavano i conflitti che gli uomini si trovavano poi costretti a combattere. Re Alboino e i Longobardi che andremo ora a presentare furono accomunati dall'essere accom-

107. Si vedano le simili riflessioni di Balzaretti, *Liutprand of Cremona's Sense of Humour*, p. 125.

108. Goffart, *The Narrators*, pp. 351-352.

109. Bonifacio, *Epistolae* 73, a cura di Tangl, p. 151: «sicut aliis gentibus Hispaniae et Prouinciae et Burgundionum populis contigit; quae sic a Deo recedentes fornicatę sunt, donec iudex omnipotens talium criminum ultrices poenas per ignorantiam legis Dei et per Sarracenos venire et sęvire permisit». Hen, *Roman Barbarians*, p. 127.

110. Su questo: Buc, *Italian Hussies*.

pagnati da mogli perfide. Questo procedere argomentativo sembrava contrastare in maniera netta con quello di altri scrittori medievali per cui la leggerezza delle donne rifletteva immancabilmente l'inettitudine dei mariti. Nel mondo carolingio questa condanna della sessualità e delle donne che la praticavano si inasprì notevolmente.[111] Tuttavia, come si vedrà, si trattava di un contrasto solo apparente.

2. Il danno causato dalle donne dei Longobardi ai loro uomini aveva, nella visione del diacono, una storia antica. Quando, nei giorni dello stanziamento nel *Feld*, Longobardi ed Eruli erano prossimi alla pace, il fratello del re degli Eruli Rodolfo si recò presso la corte di Tatone, il re dei Longobardi, per concludere un trattato che ponesse fine alle ostilità tra i due popoli. Qui Paolo sviluppò alcuni elementi narrativi che poi ricorsero spesso nella sua opera. Rometruda, la figlia di Tatone, vide dalla sua casa il fratello del re degli Eruli passare con un grande seguito e si interessò all'uomo per il grande prestigio che immaginò potesse avere, invitandolo per un bicchiere («vini poculum»). A causa della distanza, Rometruda doveva essersi ingannata, perché il fratello di Rodolfo era di bassa statura, e una volta trovatoselo davanti, la perfida regina iniziò a canzonarlo («verbaque ad versus eum inrisoria protulit»). L'Erulo era piccolo, ma tagliente, e rispose in maniera ancora più crudele. Non sappiamo cosa le disse, ma Rometruda ne fu mortalmente offesa. «Furore femmineo succensa», nascose la rabbia e fece accomodare il fratello di re Rodolfo solo perché venisse assassinato a tradimento dai suoi uomini. Rodolfo, raggiunto dalla notizia, ruppe la pace e un nuovo conflitto esplose tra Eruli e Longobardi.[112]

In anni più vicini a Paolo la musica non cambiò. Un secondo episodio è ambientato durante una grande offensiva condotta dagli Avari contro il Friuli all'inizio del VII secolo.[113] Nel corso degli efferati scontri il duca Gisulfo e numerosi dei suoi guerrieri morirono sul campo. Nei giorni seguenti, i Longobardi si chiusero nelle loro fortezze mentre gli Avari devastavano il territorio. Le donne e gli

111. Airlie, *Private Bodies*.

112. Paolo Diacono, *Historia Langobardorum* I, 20, a cura di Bethmann e Waitz, pp. 57-59.

113. Paolo Diacono, *Historia Langobardorum* IV, 37, a cura di Bethmann e Waitz, pp. 128-130.

uomini assediati a Cividale si strinsero attorno a Romilda, la vedova del duca e ai loro numerosi figli. Non fu una scelta saggia dato che Romilda aveva già deciso di consegnare la città agli Avari. Avendo osservato, dalle mura della fortezza, la bellezza del *qagan* («cacanus») che sfilava con le sue truppe, gli fece pervenire l'offerta di aprire le porte della città; in cambio il sovrano degli Avari avrebbe accettato di sposarla.[114] Il *qagan* accettò e una volta che gli Avari entrarono a Cividale perpetuarono un massacro di dimensioni bibliche, riducendo la popolazione superstite in schiavitù e portandola con sé in Pannonia. Ligio alle sue promesse, il re degli Avari tenne Romilda per una notte in sposa, ma poi la fece torturare e violentare dai suoi uomini e, infine, impalare. Prima di ucciderla il *qagan* le mostrò il palo acuminato e, con umore macabro, le disse: «Questo è il tuo degno marito!».[115]

Lo svolgersi degli avvenimenti e il cupo ruolo di Romilda ricalcano in maniera molto netta il destino della vestale Tarpeia, protagonista di una delle numerose vicende che costellarono le mitiche origini di Roma. Tarpeia era la figlia di Spurio Tarpeo, l'uomo che controllava le difese del Campidoglio. Secondo la tradizione, Tarpeia avrebbe fatto entrare nella fortezza re Tito Tazio e i suoi Sabini in cambio dell'oro che questi portavano al braccio sinistro, una sorta di preziosa armilla, ma avrebbe invece ottenuto il feroce supplizio di essere sommersa dai loro scudi.[116] Una versione alternativa del racconto ci porta ancora più vicini alla storia del diacono. Properzio, nella quarta elegia dedicata alla Rupe Tarpeia, raccontò come la giovane vestale si innamorasse di Tito Tazio, vista la sua avvenenza e l'aspetto elegante conferitogli dal ferro delle sue armi lucenti. È un racconto identico a quello di Paolo, in cui il *qagan* ammagliò con il suo sembiante e lo splendere dell'armatura l'irrequieta Romilda.

114. Paolo Diacono, *Historia Langobardorum* IV, 37, a cura di Bethmann e Waitz, p. 129: «Horum rex, id est cacanus, dum circa muros armatus cum magno equitatu perambularet, ut, qua ex parte urbem facilius expugnare posset, inquireret, hunc Romilda de muris prospiciens, cum eum cerneret iuvenili aetate florentem, meretrix nefaria concupivit, eique mox per nuntium mandavit, ut, si eam in matrimonium sumeret, ipsa eidem civitatem cum omnibus qui aderant traderet».

115. Paolo Diacono, *Historia Langobardorum* IV, 37, a cura di Bethmann e Waitz, p. 129: «'Talem te dignum est maritum habere'».

116. Liv. I, 11, viii.

Anche la conclusione è simile. Tito Tazio aveva promesso a Tarpeia di prenderla in matrimonio, ma visto il suo tradimento la fece uccidere dai suoi uomini, dopo averla derisa con le parole: «nube [...] et regni scande cubile mei!» («sposami e sali al talamo del mio regno!»).[117] L'episodio era riportato anche da Giordane, che tuttavia non forniva altre spiegazioni per il tradimento di Tarpeia, se non la fame d'oro della giovane donna.[118] Più interessante è notare che Paolo non menzionò il motivo del tradimento della vestale nella sua *Historia Romana*, limitandosi a ricordarne solamente la truce morte per mano dei Sabini.[119] In questo contesto, un episodio che richiamava alla mente del lettore la vicenda di Tarpeia e dei Sabini per giustificare la sconfitta dei Longobardi per mano degli Avari, appare una nemmeno troppo celata strategia comunicativa, che ci informa sul ruolo delle donne longobarde a cui i lettori del diacono erano interessati. L'elemento narrativo della donna che per un amore proibito consegna la sua città ai nemici sarebbe restato a lungo un luogo della storia dei Longobardi e l'autore del *Chronicon* di Novalesa, tra XI e XII secolo, spiegò la caduta del regno nel 774 lungo i medesimi tropi. Una figlia senza nome di re Desiderio si innamorò di re Carlo, aprendo le porte di Pavia ai Franchi, per poi morire sotto gli zoccoli dei cavalli che irrompevano nella città.[120]

Il personaggio di Romilda non si presta alle numerose letture di figure come Teodolinda, che ora vedremo e, soprattutto, di Alboino. Romilda ha un ruolo chiaramente negativo e Paolo la critica aspramente chiamandola «meretrix nefaria», una definizione che lascia poco spazio alle incertezze. È di Romilda, stando al racconto del diacono, l'intera responsabilità per la morte di uomini valenti e la prigionia di molti longobardi. Nonostante la minore complessità il racconto ha numerosi elementi narrativi che caratterizzano anche la storia di Rosmunda e Alboino. È il secondo matrimonio, nato da pulsioni di natura sessuale, a causare la rovina dei Longobardi e ancora una volta è una donna a essere colpevole.

117. Prop. IV, 4, xc-xci. Sull'interpretazione di questo difficile passaggio: Stahl, *Propertius, Love and War*, pp. 298-303.

118. Giordane, *Romana* 91, a cura di Mommsen, p. 11.

119. Paolo Diacono, *Historia Romana* I, 2, a cura di Crivellucci, p. 12.

120. *Chronicon Novaliciense* III, 14, a cura di Alessio, pp. 156-158. Su questo: Gasparri, *Italia longobarda*, p. 144.

3. Esempi di donne positive non mancano. Conosciamo le figlie di Romilda, che si nascosero carne in decomposizione nel seno per smontare l'abbietta lussuria degli Avari che avevano conquistato Cividale. L'esempio più bello è forse quello della giovane Digna di Aquileia che si gettò dalle mura della città per sfuggire agli Unni che entravano nella metropoli romana.[121] Anni dopo, nello scrivere l'*Historia Langobardorum*, Paolo riprese il medesimo motivo nel narrare l'episodio di Romilda. Anche Digna, come Romilda, vide i Barbari circondare la sua città (e anche qui, curiosamente, sono *Steppenvölker*), ma diversamente dalla longobarda decise di uccidersi temendo ciò che sarebbe potuto accaderle.[122] Il medesimo racconto ha un'ulteriore variazione, ma con un tocco di follia in più, nell'episodio della moglie del «rex» Asdrubale che, vedendo i Romani avanzare tra le rovine di Cartagine, fu colta, come Rometruda, da «femineo furore», gettandosi tra le fiamme assieme ai suoi figli per non cadere in mano ai nemici.[123]

4. In questo circo di follia femminile umorale e balzana, andrà notato come Paolo, nonostante le sue parole di aperto disprezzo per Rosmunda, decise di ricondurre l'odio della regina a norme di comportamento chiaramente codificate. Il diacono, infatti, fece agire la sua antieroina in maniera crudele, ma, in definitiva, razionale, il che segna una differenza tra Rosmunda e le sue meno lucide college. La faida tra Longobardi e Gepidi, apparentemente ricomposta dal matrimonio di Alboino e Rosmunda fu pubblicamente riaperta dalle deprecabili azioni del re, provocate da un eccesso nel bere. Alla regina pertanto non restò altro che riscattare il suo onore con la vendetta. Soprattutto e come vedremo, il passo sembra citare un celebre racconto di Gregorio di Tours di cui si discuterà alla fine del capitolo.[124]

121. Le figlie di Romilda: Paolo Diacono, *Historia Langobardorum* IV, 37, a cura di Bethmann e Waitz, p. 130: «Filae vero eius non matris libidinem secutae»; Digna di Aquileia: Paolo Diacono, *Historia Romana* XIV, 10, a cura di Crivellucci, p. 196.

122. Un paragone tra Romilda è Digna si trova già in Goffart, *The Narrators*, p. 354.

123. Paolo Diacono, *Historia Romana* IV, 12, a cura di Crivellucci, p. 61.

124. Gregorio di Tours, *Libri Historiarum* VII, 47; IX, 19, a cura di Krusch e Levison, pp. 366-368; 432-434.

La disdicevole condotta di Alboino a tavola era già stata insinuata dagli esiti burrascosi del banchetto imbandito alla corte di Turisindo, quando le offese di un uomo del seguito quasi causarono uno scontro.[125] Gli insulti di Alboino ebbero in questa seconda occasione esiti fatali. Questo è un ulteriore indizio di come le personalità descritte da Paolo siano molto più complesse di quanto si possa credere a un primo sguardo. Un ottimo esempio è costituito dal personaggio della regina Teodolinda.

Il diavolo è nei dettagli

1. Assieme ad Alboino, Teodolinda è probabilmente il personaggio più famoso della storia longobarda. La regina è nota da numerose testimonianze, di cui molte sono contemporanee alla sua vita, essendo Teodolinda la destinataria di lettere scritte dal re dei Visigoti Sisebuto, di cui si è parlato, da san Colombano e, come noto, da Gregorio Magno.[126] Dagli scambi epistolari emerge il suo impegno nell'edificazione di fondazioni religiose e nella conversione dei meno ferventi mariti.[127] La regina ricopre un ruolo importante nella *Continuatio Prosperi* di Copenhagen, nell'*Historia Langobardorum* di Paolo Diacono, ed è molto probabile che avesse un ruolo di primo piano nell'*Historiola* di Secondo; è poi menzionata anche nell'*Origo gentis Langobardorum* e nelle *Cronache di Fredegario.*

La vicenda di Teodolinda è narrata nella sua forma più completa da Paolo Diacono da cui dipendono i più tardi racconti incentrati sulla regina. Teodolinda, la figlia del «rex» dei Bavari Garibaldo, sposò il re dei Longobardi Autari, il figlio di Clefi che aveva riunificato il regno dei longobardi dopo il periodo dell'anarchia ducale apertosi con la morte del padre. Il giovane re, comprensibilmente

125. Paolo Diacono, *Historia Langobardorum* I, 24, a cura di Bethmann e Waitz, pp. 61-62.

126. *PLRE* III B, pp. 1235-1236; Balzaretti, *Theodelinda*, pp. 186-189, per alcune attente riflessioni sull'evidenza letteraria relativa alla regina. Su Teodolinda si vedano, inoltre: Pohl, *Theodolinde*; Hartmann *Die Königin*, pp. 44-47; Skinner, *Women*, pp. 55-56.

127. Gregorio Magno, *Epistolae* IV, 2; IV, 37, a cura di Ewald e Hartmann, pp. 233-235; 272-274.

preoccupato dell'aspetto della sua futura moglie, si recò con alcuni dei suoi uomini fino alla corte dei Bavari. Teodolinda era incaricata di offrire del vino agli ospiti stranieri, così che il re e i suoi compagni riuscirono a vederla.[128] La regina era di tale bellezza che re Autari non poté trattenersi dal toccarle la mano: la giovane comprese immediatamente che chi osava tanto doveva senz'altro essere il re.[129] In questa occasione, Paolo ci offre un raro apprezzamento sull'aspetto esteriore di una delle protagoniste delle sue opere. Tra gli scarsissimi raffronti si possono qui elencare la bella romana di cui re Cuniperto si invaghì alle terme di Teodote, o la splendida giovane donna («pulcherrima virgum»), la più bella delle Sabine, che fu assegnata a Talassone, uno dei soldati di re Romolo.[130] Della bellezza di Rosmunda, come di molte altre protagoniste dell'*Historia Langobardorum* non sappiamo invece nulla. Tenendo conto che anche di Autari veniva sottolineato l'aspetto aitante, con il fisico prestante e la lunga chioma bionda, sembrerebbe che questi apprezzamenti fossero sintomatici della natura delle fonti del diacono, in questo caso un componimento di natura romantica sul matrimonio dei due giovani sovrani su cui Paolo avrebbe poi potuto ricalcare il resto del racconto. Queste narrazioni infatti, sembrano esulare dallo stile, per quanto ricostruito ipoteticamente, dell'*Historiola* di Secondo, che era la fonte principale di Paolo per la storia del periodo.

Morto Autari, la regina scelse per sé, pur consigliata dagli anziani del regno, il duca di Torino Agilulfo, che le divenne marito e re dei Longobardi. Avendolo incontrato a Lomello e avendogli offerto il consueto vino, la regina invitò Agilulfo a baciarle le labbra. Il

128. Enright, *Lady with Mead Cup*, vede nel gesto di offrire una bevanda alcolica a guerrieri stranieri, un rituale molto antico diffuso nelle culture celtiche dell'Antichità e poi tra i Germani dell'Età delle Invasioni e che avrebbe lasciato traccia in opere letterarie di natura dissimile come in *Beowulf* (v. 1192, a cura di Fulk, p. 164), o *Waltharius* (vv. 223-224; 1410-1420, a cura di Stecker, p. 33; 81-82). Il rituale, in cui la moglie del sovrano aveva un ruolo di primo piano, aveva la funzione di stringere un *comitatus* attorno ad un re per creare una società guerriera.

129. Paolo Diacono, *Historia Langobardorum* III, 30, a cura di Bethmann e Waitz, pp. 109-110. Balzaretti, *Theodelinda*, p. 197.

130. La bella romana: Paolo Diacono, *Historia Langobardorum*, V, 37, a cura di Bethmann e Waitz, p. 157; la bella sabina: Paolo Diacono, *Historia Romana* I, 2, a cura di Crivellucci, pp. 11-12.

matrimonio durò più di venticinque anni, dopo di che Teodolinda regnò assieme al figlio Adaloaldo fino al 626, quando Arioaldo prese il potere e sposò Gundeperga, sorella di re Adaloaldo e figlia di Teodolinda.[131] Paolo dedicò molto spazio alla regina che emerge come la personalità prominente del terzo libro, in apparenza descrivendone l'operato in maniera molto positiva, e questo in controtendenza ai toni cupi altrimenti adottati per descrivere la quasi totalità delle donne che popolano l'*Historia Langobardorum*.

2. Tuttavia, alcuni sottotesti della narrazione gettano ombre sull'immagine della regina. Narrando il matrimonio tra Autari e Teodolinda al campo di Sardi, presso Verona, il diacono rammentò come Agilulfo, il futuro re e all'epoca signore di Torino, fosse presente alla celebrazione. Il duca, appartatosi per espletare le sue funzioni corporee («ad requisita naturae resideret»), venne avvicinato da uno dei suoi servi, un *aruspex* in grado di interpretare i fulmini, che gli predisse il suo futuro matrimonio con Teodolinda.[132] Aruspici erano, stando alla descrizione degli storici romani, gli indovini etruschi in grado di leggere il futuro interpretando i fulmini e Paolo non aveva dubbi sulla natura demoniaca del sinistro individuo. L'«ars diabolica» dell'aruspice richiamava chiaramente l'«ars daemoniaca» che, nell'*Historia Romana*, il diacono aveva attribuito ad Attila nel trarre gli auspici dall'osservazione del bestiame.[133] Non solo la presenza dell'*aruspex*, ma anche il luogo dell'incontro, svoltosi in una latrina, l'ambientazione che vide la morte di Ario, contribuiva a delineare le tinte assai cupe dell'episodio. L'ingloriosa fine di Ario era conosciutissima nei secoli altomedievali, e venne narrata anche da Gregorio di Tours in apertura al secondo libro delle sue storie. La latrina tornava poi nel racconto dell'umiliante morte di

131. Balzaretti, *Theodelinda*, ha ipotizzato che il mito della regina, la sua sincera ortodossia e l'importanza data ai numerosi e profondi rapporti con alcune delle maggiori autorità religiose dell'epoca, fossero da ascrivere alla grande influenza dell'*Historia Langobardorum* e che la sua prominenza sia dovuta a un'elaborazione tarda.

132. Paolo Diacono, *Historia Langobardorum* III, 30, a cura di Bethman e Waitz, p. 110.

133. Paolo Diacono, *Historia Romana* XIV, 5, a cura di Crivellucci, p. 193: «arte daemonica exta pecudum perscrutans».

uno dei due anonimi preti che avevano ostacolato l'operato di Sidonio Apollinare.[134] Il vescovo di Tours aveva poi allestito una simile ambientazione per l'incontro tra il vescovo Nicezio di Treviri (di cui si è vista la lettera a Clodosvinda) e un demone, dipinto come un'ombra sinistra e altissima dotata di occhi di toro e un'ampissima bocca che sembrava fatta per ingoiare il sant'uomo.[135] Anche nel tardo VII secolo, situare la morte degli eretici e dei malfattori nella latrina ricolma di escrementi era un modello comunicativo che dovette essere molto chiaro al pubblico: sappiamo che anche il perfido Varnario morì espellendo dall'ano il suo intestino.[136] Una sinistra serie di maleodoranti associazioni gravano il racconto di Paolo sul presagio regio di Agilulfo.

In un secondo passaggio Paolo annunciò la morte di Autari, avvenuta il cinque settembre 590, una data che dovette ottenere dall'opera di Secondo. Paolo non descrive l'episodio, ma si limita ad affermare che, stando ad alcune voci, il re fu avvelenato («veneno, ut tradunt»). Anche questo racconto era sconosciuto prima della sua testimonianza. In questo contesto, risulta forse facile associare il veleno insinuato da Paolo alla prontezza e la diabolica costanza con cui Teodolinda offriva vino ai suoi ospiti. Con il cadavere di Autari ancora caldo, Teodolinda, previa consulta con alcuni saggi («consilium cum prudentibus habens»), scelse come re e marito Agilulfo («et sibi virum et Langobardorum genti regi elegit») offrendogli le labbra, un'offerta erotica.[137]

134. Gregorio di Tours, *Libri Historiarum* II, 23; III, 1, a cura di Krush e Levison, pp. 68-69; 97-98. Shanzer, *History*, pp. 408-410. Sulle latrine come luogo liminale: Bayless, *Sin and Filth*, pp. 1-28; Larrington, *Diet, Defecation and the Devil.*

135. Gregorio di Tours, *Liber vitae patrum* 17, III, a cura di Krusch, pp. 280-281: «Denique dum quadam die iter ageret, descendens ab equo, inter lepre condensas ventris purgandi gratia est ingressus. Et ecce adsteti ei umbra tetrissima, statu procera, crassitudine valida, colore tetra, ocolorum scinitillantium inmensitate in modu tauri petulantis habebat, ore patulo quasi ad deglutendum virum Dei parata».

136. *Miracula Austrigisilis* 3, a cura di Krush, p. 202: «pro secessu ventris intravit necessariam. Cumquem ibidem in loco consuetudinis sederet statim obdomrivit [...] omnia intestina vel iecora eius per posteriora de corpore evuolsa sunt». Shanzer, *Laughter and Humour*, p. 28.

137. Paolo Diacono, *Historia Langobardorum* III, 35, a cura di Bethmann e Waitz, p. 114.

3. È possibile, come suggerito da Walter Goffart, che Teodolinda e Agilulfo siano le personalità attorno a cui ruoti la conversione dei Longobardi, ma sappiamo anche di come Teodolinda fosse una regina in grado di sopravvivere alla discussa morte del marito, e capace di elevarne al trono il successore attraverso un'unione matrimoniale.[138] A mio avviso la Teodolinda di Paolo rappresenterebbe l'immagine speculare di Rosmunda. Entrambe sono regine straniere ed entrambe tentarono di dirottare la monarchia longobarda nominando il successore del defunto marito.[139] Per Rosmunda ed Elmechi le cose finirono molto male, ma per Teodolinda e Agilulfo, complice qualche potere superiore (o meglio ctonio, vista la natura demonica dell'*aruspex*), le cose funzionarono invece al meglio. Inoltre, Paolo sembrò voler porre ulteriormente in evidenza la similarità tra la vicenda di Teodolinda e quella di Rosmunda, ricordando la vicinanza tra Elmechi e Alboino, e Agilulfo e Autari. Elmechi era «collactaneus», fratello di latte del re, e Agilulfo «cognatus» di re Autari.[140] Entrambe le linee di parentela non erano mai state registrate in precedenza.

È da chiedersi se la diversa rappresentazione di Teodolinda che emerge dal sottotesto alla narrazione di Paolo Diacono, possa essere maturata già negli anni che seguirono la deposizione di Adaloaldo nel 626, un periodo vicino alla compilazione delle *Cronache di Fredegario* dove leggiamo un curioso racconto per cui Teodolinda e Agilulfo commissionarono l'omicidio di Gundoaldo, il fratello della regina, mentre questi «ad uentrem purgandum in faldaone sedebat».[141] Si è, inoltre, visto come l'*Origo gentis Langobardorum*, pur menzionando la regina in toni apparentemente neutrali, non ricordasse il matrimonio della figlia Gundeperga con i sovrani Arioaldo e Rotari e di come, nella mia interpretazione, la figura di re Rotari fosse opposta a quella di re Agilulfo. Due elementi sono di grande interesse. Il primo è una conferma della caratterizzazione negativa delle donne nell'opera di Paolo, il secondo è l'indizio di come alcuni

138. Goffart, *The Narrators*, p. 396.

139. Riflessioni simili sono da trovarsi anche in Bührer-Thierry, *Reines adultères*, p. 163.

140. Alboino ed Elmechi: Paolo Diacono, *Historia Langobardorum* II, 28, a cura di Bethmann e Waitz, p. 87; Autari e Agilulfo: ivi, III, 35, a cura di Bethmann e Waitz, p. 114.

141. *Chronicarum quae dicuntur Fredegarii* IV, 33, a cura di Krusch, p. 133.

protagonisti dell'*Historia Langobardorum*, in questo caso Teodolinda, fossero dotati di una complessità molto più profonda di quanto una prima analisi potrebbe rivelare. Vedremo ora quali messaggi gravassero anche la statura del grande re Alboino.

Refosco

1. Si è visto come il racconto sulla vita e la morte di Alboino, pur nella sua ricchezza, seguisse quello proposto nell'*Origo gentis Langobardorum*. Nel narrare del re in Pannonia, Paolo aveva arricchito la storia dell'*Origo*, ma il racconto della morte è molto più fedele alla fonte. I personaggi sono i medesimi, e simili sono le linee lungo cui si sviluppa la vicenda. Due sono gli elementi in cui la storia del diacono diverge da quella dell'*Origo*: il primo più evidente, e che sarà trattato a breve, è la coppa ricavata dal cranio di Cunimondo; il secondo è che Alboino, nel mettere in moto la catena di eventi che ne avrebbe provocato la morte, fosse ubriaco.

Che nell'alto Medioevo si bevesse troppo, in particolare tra aristocratici e militari, non dovette essere inconsueto, ma senz'altro deprecabile. Si trattava di un'attitudine ereditata dal mondo romano, che a sua volta aveva radici in un'antichità più profonda. Tre considerazioni sono necessarie a riguardo. Prima di tutto il bere in eccesso non era considerato sintomatico di una malattia, ma era guardato come una grave debolezza dello spirito. Secondo, non era il bere in sé che causava il disprezzo e il biasimo dei commentatori contemporanei, ma l'ubriachezza e la conseguente perdita di controllo. A tutti i lettori di Svetonio dovette essere chiaro che il perfido Tiberio, che in giovinezza aveva meritato il nome «biberius» potesse ingurgitare enormi quantità di sostanze inebrianti senza che questa pratica venisse annoverata tra le sue numerosissime debolezze e perfidie.[142] Infine, sappiamo che in alcuni contesti anche l'ubriachezza dei guerrieri poteva essere descritta in toni positivi, ma si trattava di un cono d'ombra tra ortodossia e barbarie che si verificava raramente. Gli esempi forse più chiari provengono dalle isole britanniche e sono da trovarsi in *Beowulf*, menzionato più volte, o in *Y Gododdin* un po-

142. Suet. *Tib.* 4, I, citato in Phang, *Roman Military Service*, p. 242.

ema gallese che narrò le vicende di trecento (o trecentosessantatre) guerrieri che tracannarono idromele per un anno intero chiusi nelle aule presso *Din Eidyn* (Edinburgo) prima di finire massacrati a *Catraeth* dagli Angli di Deira e Bernicia dopo una maestosa cavalcata notturna.[143] Nel mondo carolingio gli esempi di bevute eroiche si fanno molto più rari, ma una volta che Ludovico il Pio (814-840) e i suoi uomini si sedettero a tavola con Aroldo di Danimarca, Ermoldo il Nero, il cronista dell'evento, commentò come il buon Bacco donasse piacere ai cuori impavidi («laetificatque bonus mox pectora fortia Bacchus»), una citazione dei Salmi.[144]

Si trattava tuttavia di casi rari e il disprezzo dominava gli eccessi nel bere. Le pagine di Gregorio di Tours e Venanzio Fortunato collezionano numerosi esempi di abusi nel bere che generalmente degeneravano in cieca violenza e mancato controllo della sessualità. Traendo spunto dal racconto del prete Winnoch che, colpevole il Principe delle Tenebre, entrò in una spirale di perdizione visti i suoi eccessi nel bere, Gregorio si espresse con veemenza su quanto deplorabile fosse questo vizio.[145] Il suo collega Cesario di Arles è forse la migliore lettura per comprendere la prospettiva che nella Gallia di VI secolo, si aveva su questi eccessi.[146] Stando al contemporaneo Gilda, l'intera Britannia era caduta perché, dopo la vittoria di Monte Badon, i Brittoni, uomini di chiesa inclusi, si erano abbandonati allo smodato consumo di alcol riducendosi in uno stato di stupore aggressivo che aveva lasciato terreno di conquista ad Angli e Sassoni.[147] In anni più vicini a quelli del diacono, Paolino di Aquileia si raccomandava con Erico del Friuli a

143. *Y Gododdin*, a cura di Koch. Sulla narrazione è stato scritto tantissimo, per una breve, ma efficace introduzione si veda: Halsall, *Worlds of Arthur*, pp. 75-78.

144. Ermoldo il Nero, *In honorem Hludowici christianissimi Caesaris Augusti* v. 2434, a cura di Faral, p. 184; *Ps.* 103, XV; citato in Stone, *Morality and Masculinty*, p. 239.

145. Gregorio di Tours, *Libri Historiarum* VIII, 34, a cura di Levison e Krusch, p. 403. Hen, *The Uses of the Bible*, p. 241; Weidmann, *Kulturgeschichte der Merowingerzeit*, II, pp. 372-375.

146. Cesarius of Arles, *Sermones* 46-47; 55, a cura di Morin, I, pp. 205-215; 340-344. Bailey, «*These Are not Men*»; Hen, *Culture and Religion*, pp. 237-241.

147. Gilda, *De excidio Britanniae* 21, a cura di Winterbottom p. 96: «ebrietate quam plurimi quasi vino madidi torpebant resoluti et animositatum tumore». Poi ripreso in Beda, *Historia ecclesiastica gentis Anglorum* I, 14, ii, a cura di Lapidge e Chiesa, p. 66.

non esagerare con il vino. Il Signore, spiegava Paolino, ci ha donato la dolce bevanda per il conforto del cuore e non per l'ebrezza. Nel vino, continuava, si nascondono pericolosissimi demoni che spingono all'omicidio e alla fornicazione.[148] Nella lettera al sinistro Astolfo, colpevole di aver ucciso la moglie, il patriarca comandava soprattutto l'astinenza dal bere.[149] Anni più tardi l'autore di *Waltharius* raccontando il banchetto di Attila, descrisse quale spettacolo fosse vedere i grandi guerrieri del re incapaci di parlare senza bofonchiare e inabili a reggersi in piedi. Tanto era il vino, proseguiva il poeta, che se la reggia dove gli eroi festeggiavano fosse andata in fiamme, nessuno se ne sarebbe accorto.[150] Il mattino dopo, Ospirin, accorgendosi della fuga di Walter, accusò il vino di aver distrutto la Pannonia.[151] Anche il demone Viggo, il «satelles atque discipulus Satanae», uno dei personaggi più ostili della letteratura carolingia, elencava gli eccessi nel bere tra le svariate cause per cui il Signore l'aveva sguinzagliato sulla terra assieme ai suoi fratelli.[152] In alcuni scritti altomedievali la presenza di alcol è tale che Paul Edwards ha definito, ma non troppo seriamente, *Beowulf* uno studio sull'alcolismo.[153]

Le gozzoviglie erano tanto più pericolose se praticate dal sovrano. Nel mondo romano accusare l'imperatore di una propensione alla bottiglia (o all'anfora) gettava un'ombra infamante sul suo re-

148. Paolino di Aquileia, *Liber Exhortationis* 37, a cura di Migne, cc. 236-239.

149. Paolino di Aquileia, *Epistola ad Heistulfum*, a cura di Migne, c. 185.

150. *Waltharius* vv. 316-323, a cura di Strecker, p. 37.

151. *Waltharius* v. 373, a cura di Strecker, p. 39: «O vinum, quod Pannonias destruxerat omnes!».

152. Eginardo, *Translatio et miracula ss. Marcellini e Petri* 3, XIV, a cura di Waitz, p. 253: «Praeter haec sunt et alia multa ac pene innumerabilia, quae tam ab ipso populo quam a rectoribus eius cotidie coramittuntur, ut sunt per iuria, ebrietates, adulteria, homicidia, furta, rapinae; quae nemo fieri prohibet, et cum facta fuerint, non est qui vindicet». Dutton, *The Polics of Dreaming*, pp. 95-6.

153. Edwards, *Art and Alcoholism*, riflettendo sulla capacità di Beowulf di reggere gli alcolici, pari solo alla forza dimostra in battaglia, si chiede se il nome dell'eroe non presenti la perdita di una «r» intervocalica; il nome andrebbe, in tal caso, restituito all'originale Beorwulf, il lupo della birra. Dopo oscillanti e brillanti teorie, Edwards propone che Heorot potrebbe essere un'antica forma di *The White Hart* o *The Antlers* (tipici nomi di pub inglesi) e che la battaglia di Beo(r)wulf contro Grendel, in cui l'eroe strappa al mostro il braccio, sia un racconto nato dalla memoria del mutamento del nome Heorot in *The Grendel Arms*. Si veda inoltre Bullough, *Friends, Neighbours and Fellow-Drinkers*.

gno.[154] La sua inabilità a controllarsi lo rendeva simile ai barbari e alle bestie, non diversamente dagli eccessi di ira che contrastavano con l'*humanitas* che caratterizzava i Romani. Anche nei secoli medievali il comportamento dissoluto del re aveva ricadute disastrose sul regno, come ribadito dal *De duodecim abusivis saeculi*, attribuito a Cipriano di Cartagine, un testo che circolò negli anni in cui Paolo Diacono scrisse, o in numerosi *specula principum* di età carolingia.[155] La nefanda condotta di Clodoveo II confermava quanti e quali vizi si associassero al consumo di alcol.[156] Ermoldo il Nero, nel suo *In honorem Hludowici christianissimi Caesaris Augusti*, scritto tra 826 e 828, dà all'ebrezza una connotazione ripugnante se associata a un sovrano. Il re dei Bretoni Murman (morì nell'818) viene descritto come un orrendo ghiottone che gozzoviglia lasciandosi trasportare costantemente dalle sue emozioni.[157] Quali fossero i pericoli di un sovrano dedito agli eccessi dell'alcol è ben reso ancora una volta dall'autore del *Waltharius*. Il giorno dopo il clamoroso banchetto che consentì la fuga al grande Walter, re Attila si trovò penosamente sommerso dai postumi della sbornia, dolorosamente tenendosi la testa tra le mani.[158] Al contrario un buon sovrano era fedele alla sua morigeratezza: Sidonio Apollinare, nella sua celebre lettera ad Agricola di cui si è parlato, lodava la sobrietà del re visigoto Teodorico II.[159] La misura nel bere era stata descritta anche da Eginardo nel caratterizzare la grandiosa statura di Carlomagno. Il biografo raccontava l'insofferenza dell'imperatore per chiunque fosse ubriaco, specialmente se stesso e i suoi familiari.[160]

154. Humphries, *The Lexicon of Abuse*.

155. *De duodecim abusivis saeculi*, a cura di Hellmann, 52-53. Meens, *Politics, Mirrors of Princes and the Bible*; Anton, *Pseudo-Cyprian*; Griggs, *The Just King*.

156. *Liber Historiae Francorum* 44, a cura di Krusch, p. 316: «Fuit autem ipse Chlodoveus omne spurcicia deditus, fornicarius et inlusor feminarum, gulae et ebrietate contentus».

157. Ermoldo il Nero, *In honorem Hludowici christianissimi Caesaris Augusti* vv. 1460-1463, a cura di Faral p. 112: «Ecce miser tandem potu somnoque sepultus / Murman adest, oculosa vix aperire valens. / Ebrius haec ructans labris vix orsa remotis / Voce sonat, nunquam post placitura sibi [...]». Devo questa citazione a Rutger Kramer.

158. *Waltharius* vv. 358-373, a cura di Strecker, pp. 38-39.

159. Sidonio Apollinare, *Epistolae* II, 6, a cura di Anderson, p. 340.

160. Eginardo, *Vita Karoli Magni* 24, a cura di Waitz, p. 29.

Nel *regnum Langobardorum* i sentimenti dovettero essere simili, se non più intensi. Chris Wickham, ha notato come l'ubriachezza sia stata, in tutta la storia italiana, considerata una condizione particolarmente deprecabile ed è possibile che le narrazioni italiane accentuassero questo biasimo diffuso.[161] A bere erano, come sempre, i barbari: l'idea era perfidamente ribadita da Procopio di Cesarea nel raccontare di Atalarico, il nipote del re d'Italia Teodorico. I Goti sottrassero il giovane all'educazione romana che la madre Amalasunta voleva impartirgli per crescerlo alla più virile maniera gota, educazione che in pochi anni lo portò alla tomba per gli eccessi della bottiglia.[162] Tra VI e VII doveva essere viva l'espressione «bere come Goti» («biberunt ut Gothi»): Gregorio Magno dipinge questa propensione e due fortunati esponenti della stirpe ottennero una botte miracolosa in grado di produrre tanto vino che bastasse per tutto il tragitto tra Ferento (vicino Viterbo) e Ravenna.[163]

2. Nel descrivere il banchetto di Alboino, Paolo non si spinse così lontano, ma utilizzò il termine «laetus» per descrivere la vergognosa condizione del re, e fu l'alcol che portò il sovrano a commettere lo sconsiderato gesto di offrire da bere alla moglie dal cranio del padre. Paolo inoltre gioca con il termine a più livelli: il re «laetus» per il vino invita la regina a bere allegra, «laeta», con il padre.[164] Alboino non era nuovo a questo stato di alterazione e «laetus» era già stato quando, di ritorno dalla corte di Turisindo, aveva raccontato la sua avventura alla corte del re dei Gepidi godendo dei piaceri regali.[165] Una seconda implicazione dell'utilizzare il termine *laetitia* per caratterizzare il re nel momento che segna il suo tragico destino è più beffarda. *Laetitia*, la gioia, ma anche la grazia, era infatti uno dei tratti tipici del viso dei sovrani e la sua menzione ricorre con tale

161. Wickham, *Social Structures*, p. 131.

162. Proc. *Bell.* V, 2, viii-xix. Halsall, *Funny Foreigners*, pp. 106-107.

163. Gregorio Magno, *Dialogi* I, 9, xiv, a cura di de Vogüe e Antin, II, p. 88. Shanzer, *Laughter and Humour*, pp. 42-43.

164. Paolo Diacono, *Historia Langobardorum* II, 28, a cura di Bethmann e Waitz, p. p. 87.

165. Paolo Diacono, *Historia Langobardorum* I, 24, a cura di Bethmann e Waitz, p. 69: «Qui dum cum patre laetus regias delicias caperet, ordine cuncta retulit, quae illi aput Gepidos in Turismodi regia contigisset».

incidenza che Matthew Innes ha proposto non si trattasse di una tradizione letteraria, ma che la *laetitia* del sovrano si traducesse anche in un'effettiva norma comportamentale.[166]

Nell'*Historia Langobardorum* i sovrani sono in più occasioni accusati di essere degli ubriaconi, degli *ebriosi*. Re Pertarito, non ancora sovrano dei Longobardi, riuscì a salvarsi dalle vili insidie di Grimoaldo proprio perché rinunciò a bere gli splendidi vini che gli uomini del re andavano servendogli. Grimoaldo, conoscendo la debolezza del nemico, faceva recapitare nei suoi alloggi ricche pietanze e quantità omeriche di vino per poterlo poi uccidere una volta che Pertarito fosse collassato tra i fumi dell'alcol. Pertarito, avvertito da uno dei suoi servitori, bevette solo acqua.[167] L'accusa di bere smodatamente era anche rivolta a Cuniperto, e ripetuta più volte dagli uomini vicini al perfido Alahis.[168]

Come nel caso di Teodolinda, anche se in misura meno marcata, esistevano nel racconto del diacono dei sottotesti che contraddicevano il messaggio più immediato dell'*Historia Langobardorum*. È possibile che Paolo Diacono mirasse a riscrivere la storia di Alboino attraverso i modelli dell'etnografia antica. Il re barbaro giunto in Italia non riesce a padroneggiare le ricchezze del mondo Mediterraneo e la sua dedizione all'alcol, come quella dei Galli che invadevano Roma, ne causò la morte. Nel descrivere le province italiane Paolo ricordò un simile episodio della storia di Roma. I Galli avrebbero invaso l'Italia perché, una volta assaggiatone il vino, furono spinti da una voglia irrefrenabile di averne ancora.[169] Lo stesso modello utilizzato dagli autori classici venne sviluppato da Paolo Diacono che dimostrò la sua conoscenza della letteratura antica e dei modelli etnografici: in questo contesto, re Alboino che siede alla tavola più del dovuto con il bicchiere in mano assume aspetti sinistri. Se

166. Innes, *He Never even Allowed*, pp. 140-141. Inoltre: Fichtenau, *Lebensordnungen des 10. Jahrhunderts*, p. 88.

167. Paolo Diacono, *Historia Langobardorum* V, 2, a cura di Bethmann e Waitz, p. 143: «Bibat ebriosus ille; cras enim pariter eadem vina mixta cum sanguine refundet».

168. Paolo Diacono, *Historia Langobardorum* V, 39, a cura di Bethmann e Waitz, p. 158: «ebriosus ille Cunincpert».

169. Paolo Diacono, *Historia Langobardorum* II, 23, a cura di Bethmann e Waitz, pp. 85-86.

l'*ebrietas* del sovrano lo rendeva, nella tradizione romana, inadatto a regnare giustificando l'usurpazione, e nei secoli altomedievali era vista come una delle più abbiette pratiche a cui le aristocrazie potevano abbandonarsi, cosa voleva dire nel caso di re Alboino? È lecito pensare, pertanto, che per il diacono la *laetitia* di Alboino implicasse una celata debolezza del re. Questa, tuttavia, non era sufficiente a giustificarne la tragica morte, a cui era infatti associata la sinistra coppa che il re aveva ricavato dal cranio di Cunimondo.

Skål

1. La coppa ricavata dal teschio di Cunimondo che il re offrì a Rosmunda, mettendo in moto la serie di tragici eventi che portarono alla morte di tutti i personaggi principali nell'arco di poche righe, è sicuramente l'elemento più famoso del racconto di Paolo, il singolo episodio più celebre di tutta la storia longobarda. Un racconto così vivido è infatti raro da trovarsi nella narrativa altomedievale. Nella cultura popolare la sinistra usanza di ricavare una coppa dal cranio di un defunto è universalmente legata alla storia dei Longobardi: anche nel racconto *Ibid* dello scrittore americano Howard Phillips Lovecraft, un teschio è posto nel passato dei Longobardi. Non fu così per gli autori antichi: il motivo non è presente nell'*Origo gentis Langobardorum* o nella *Continuatio* di Copenhagen, e le ragioni sono dibattute da tempo. Particolarmente suggestivo è che Paolo, in occasione di questo racconto, interruppe l'ordine cronologico della sua narrazione, che si conclude con la morte di re Liutprando nel 744, per ricordare come egli stesso avesse visto la coppa quando era impiegato alla corte di re Ratchis. Menzionando l'oggetto, Paolo giurò al lettore («veritate in Christo loquor») di aver osservato Ratchis reggerlo in mano per mostrarlo ai suoi commensali.[170] La stessa espressione era stata utilizzata dal diacono per assicurare la veridicità dell'episodio legato al furto dei beni di Rotari dalla sua

170. Paolo Diacono, *Historia Langobardorum* II, 28, a cura di Bethmann e Waitz, pp. 87-88: «Hoc ne cui videatur inpossibile, veri tatem in Christo loquor: ego hoc poculum vidi in quodam die festo Ratchis principem ut illut convivis suis ostentaret manu tenentem».

tomba.[171] Walter Goffart, che ha commentato lungamente questo passaggio, ha visto dei paralleli biblici per questo «wonderful symbol associating original sin with ancestral babarbarity», collegando l'oggetto alla mela di Adamo ed Eva nel racconto della Genesi.[172] Joaquín Martínez Pizarro vedeva nella coppa un simbolo letterario, che rappresentava il passato rimosso dei Longobardi, tessendo inoltre un legame tra la coppa-cranio e il cranio spaccato da Clodoveo a Soissons, un celebre episodio narrato da Gregorio di Tours.[173]

La storiografia più antica, con piglio un po' positivista si era volentieri concentrata nel discutere se Alboino avesse o meno ricavato una coppa dalla testa del nemico ucciso. Ci si è chiesti se questo fosse un costume germanico o dei nomadi della Pannonia, e ci si è lasciati andare in avventurose speculazioni psicoanalitiche per meglio comprendere se il re longobardo fosse o meno il tipo di uomo da commettere tali roboanti gesti.[174] Chi riteneva l'episodio possibile, come il grande storico Ludwig Schmidt, lo ascriveva ai numerosi costumi che i Germani orientali (gli *Ostgermanen*) avrebbero appreso dagli *Steppenvölker*, come Avari e Peceneghi, per generale consenso avvezzi a tali pratiche barbariche.[175] Si è anche pensato che l'atto fosse una scelta personale di Alboino, nata dall'estremo odio che nutriva per il rivale.[176] In altre occasioni ci si è appigliati al senso comune, che già dagli scritti di

171. Paolo Diacono, *Historia Langobardorum* IV, 47, a cura di Bethmann e Waitz, p. 136.

172. Goffart, *The Narrators*, p. 392, e reazione di Capitani, *Paolo Diacono*, p. 37.

173. Martínez Pizarro, *A Rhetoric of the Scene*, pp. 191-192.

174. Blasel, *Die Wanderzüge der Langobarden*, pp. 112-124, che si decideva per la natura unicamente letteraria del racconto.

175. L'idea appare già negli scritti di Edward Gibbon, *History of the Decline and Fall of the Roman Empire*, c. 45 alla nota 13 Gibbon aggiunge: «It appears from Strabo, Pliny, and Ammianus Marcellinus, that the same practice was common among the Scythian tribes [...]. The scalps of North America are likewise trophies of valor. The skull of Cunimund was preserved above two hundred years among the Lombards; and Paul himself was one of the guests to whom Duke Ratchis exhibited this cup on a high festival [...]». Schmidt, *Geschichte der deutschen Stämme*, p. 583; anche Wenskus, *Alboin*, p. 133, seguiti da numerosi altri.

176. Diculescu, *Die Gepiden*, pp. 161-162: «Um die Rache in vollen Zügen zu genießen, schlug der Langobarde dem Gefallenen Gepiden König mit eigener Hand das Haupt von Rumpf ab und soll daraus einen Trinkbecher haben fertig lassen».

Antonio Gramsci sappiamo essere un pericoloso consigliere: Otto Gschwantler ha stabilito che, se un siffatto oggetto fosse esistito, Rosmunda l'avrebbe portato con sé a Ravenna assieme al resto del tesoro regio.[177] In generale, comunque, la storiografia si è cautamente posta in una situazione di saggia incertezza riguardo l'episodio. Si riteneva che il ricavare una coppa dal cranio di un defunto fosse un riconoscimento della sua forza e della sua autorità, ma non è sempre chiaro comprendere quali siano le ragioni di questa affermazione.[178] Muovendo da questi presupposti Samuel Barnish ha brillantemente affermato come: «Alboin was making a polite gesture to his wife, and she got him wrong». Un'incomprensione dalle conseguenze molto gravi.[179]

2. A mio avviso, tuttavia, la questione è mal posta. Non ci si dovrebbe, infatti, concentrare su quello che Alboino fece o non fece, ma su quello che Paolo Diacono vide (o non vide) alla corte di re Ratchis. Per una natura letteraria del passaggio pesa il fatto che la testimonianza del diacono non fu in alcun modo isolata. Il motivo di una coppa ricavata da un cranio è molto antico nella storiografia, e in un certo modo possiamo dire sia antico come la storiografia stessa, essendo già presente nelle storie di Erodoto che nel quarto libro ne commentò l'usanza presso gli Sciti.[180] La descrizione di questi inquietanti oggetti presenta una continuità sorprendente nella letteratura antica e la troviamo in Strabone, Livio, Floro, Pomponio Mela e Ammiano Marcellino.[181] Lo stesso Paolo aveva già

177. Gschwantler, *Die Heldensage von Alboin und Rosimund*, p. 225, per una trattazione del tema pp. 225-227.

178. Krenn, *Schädelbecher*, pp. 117-119.

179. *The Langobards*, p. 336. Di simile idee Gasparri, *La cultura tradizionale*, p. 44.

180. Hdt. IV, 26, ii. Il passaggio è discusso in Mora, *Religione e religioni*, pp. 57-58.

181. Strab. VII, 3, vii: in cui gli Sciti sono descritti come cannibali che ricavano coppe dai crani delle loro vittime; Liv. XXIII, 24, vi: nel cui racconto i Galli Boii tendono un sanguinoso agguato ai Romani nella Silva Litana, creando preziosi boccali dai crani dei nemici uccisi, che poi vennero utilizzati in funzioni religiose; Flor. I, 39, vii: che menziona gli Scordisci, una popolazione dell'Illirico, una testimonianza poi riportata anche da Amm. XXVII, 4, iv; Mela II, 9, iv: ne fa una pratica degli Issedoni (come Hdt. IV, 26, ii).

menzionato la pratica anche nella sua *Historia Romana* come un efferato costume dei Barbari dei Monti Rodopi (i Balcani orientali), un'informazione che dovette con ogni probabilità derivare dalle storie di Paolo Orosio.[182] Pertanto, se si crede nella natura letteraria del passaggio, è possibile immaginare che Paolo avesse tratto ispirazione per l'inquietante storia dalle sue vaste letture.[183] E il racconto presenta, infatti, alcune ricorrenze sorprendenti divenendo una sorta di triangolo perfetto. È alla vista del cranio del defunto padre che Rosmunda mise in atto la vendetta su Alboino ed è ancora una volta bevendo dalla coppa di Elmechi che la regina concluse i suoi giorni a Ravenna. *Scala*, la parola che Paolo Diacono utilizza per descrivere la coppa che Alboino ottenne dal cranio di Cunimondo, potrebbe poi richiamare la scala del palazzo di Verona presso cui il re venne sepolto.[184]

Ma queste ridondanze letterarie, non sono, a mio avviso, sufficienti a esaurire la natura e il valore dell'episodio, e per meglio comprendere la testimonianza del diacono è necessario porre in evidenza le sue strategie retoriche.[185] A uno sguardo attento apparirà, infatti, come Paolo utilizzasse l'espediente di rivolgersi direttamente al lettore per confermare la veridicità del suo racconto anche in altre occasioni. Introducendo Lamissione, il re che succedette ad Agilmundo, Paolo descrisse una terribile donna («quedam meretrix») che dopo aver dato alla luce sette figli li abbandonò in uno stagno per ucciderli. Il lettore che non avesse creduto al fatto che una donna potesse, in una sola occasione, partorire tanti bambini avrebbe dovuto rileggere («relegat») le storie degli antichi e lì avrebbe trovato come queste cose fossero possibili, in particolar modo presso gli Egiziani.[186] Narrando invece il cammino del re attraverso le Alpi, Paolo raccontò come una razza di bufali sconosciuta in Italia seguisse la sua avanzata. Questi bufali dovevano essere veramente grandi e

182. Paolo Diacono, *Historia Romana* VI, 10, a cura di Crivellucci, p. 85; Paolo Orosio, *Historiarum adverus paganos* V, 23, xviii, a cura di Lippold e Chiarini, p. 110. Goffart, *The Narrators*, p. 392; Sestan, *Qualche aspetto*, p. 26, n. 91.

183. È questa l'idea di Coumert, *Origines des peuples*, p. 228.

184. Shanzer, *Laughter and Humour*, p. 37.

185. Si veda anche: Coumert, *Origines des peuples*, pp. 226-227.

186. Paolo Diacono, *Historia Langobardorum* I, 15 a cura di Bethmann e Waitz, pp. 54-55.

l'informatore del diacono, un «veracissimus senex», gli aveva confidato di aver visto la pelle di uno di questi animali, su cui potevano stendersi quindici uomini.[187]

3. Queste, tuttavia, non sono le storie più incredibili narrate dal diacono. Raccontando della strana creatura che uscì dalla bocca del re dei Franchi Guntramno che dormiva appoggiato a un compagno, o dello stregone trasformatosi in mosca per spiare re Cuniperto, Paolo non interpellò il suo pubblico affinché gli credesse.[188] È difficile pertanto ipotizzare che il diacono invitasse il lettore a credere alle storie che egli stesso sapeva essere tra le più inverosimili. Proporrei che la ragione fosse un'altra, e che Paolo fosse esplicito sulle sue fonti perché le aveva potute consultare. Candidamente, il diacono disse al lettore di credere all'esistenza della coppa perché effettivamente la vide alla corte di Ratchis. È possibile che il re, durante i banchetti, mostrasse il cranio e amasse raccontare ai suoi ospiti la violenta storia del primo della sua stirpe a regnare in Italia. Nelle occasioni in cui cibo e alcol venivano offerti in abbondanza, i recipienti e le stoviglie ricoprivano un'importante funzione simbolica.[189] Nell'elencare i tesori di Ludovico il Pio, l'Astronomo menzionò anche dei preziosi boccali, un indice della loro importante funzione sociale.[190] Nel dissoluto banchetto che avrebbe consentito a Walter di fuggire dalla Pannonia, re Attila inaugurò i numerosissimi brindisi sollevando una coppa di grande valore artistico («nappam dedit arte peractam») che recava incise alcune scene tratte dalle gesta degli antenati del re («referentem gesta priorum»): un oggetto che, come

187. Paolo Diacono, *Historia Langobardorum* II, 8, a cura di Bethmann e Waitz, pp. 76-77: «Denique retulit mihi quidam veracissimus senex, tale se corium in hoc monte occisi bisontis vidisse, in quo quindecim, ut aiebat, homines, unus iuxta alium potuissent cubare».

188. Re Guntrammo: Paolo Diacono, *Historia Langobardorum* III, 34, a cura di Bethmann e Waitz, pp. 112-113; re Cuniperto e la mosca: ivi VI, 6, a cura di Bethmann e Waitz, p. 167.

189. Effros, *The Ritual Significance of Vessels*.

190. Astronomo, *Vita Hludowici imperatoris* 63, a cura di Timpe, p. 548: «Iussit autem eidem venerabili no fratri suo Drogoni, ut ministros camerę suae antevenire faceret, et rem familiarem, que constabat in ornamentis regalibus, scilicet coronis et armis, vasis, libris, vestibusque sacerdotalibus, per singula describi iuberet».

il cranio di Cunimondo, evocava il valore della stirpe e il prestigio militare della monarchia.[191] Per cogliere l'effettivo valore di questi oggetti si potrebbe pensare al Calice di Tassilone (*Tassilokelch*), una coppa per fini liturgici di altissima manifattura.

Che in questa temperie culturale, i re longobardi avessero una coppa ricavata da un teschio sembra possibile. Evidenza archeologica conferma la presenza di coppe ricavate da crani in numerose culture.[192] Molti anni fa il geografo Richard Andree, confrontò un'impressionante quantità di esemplari provenienti dalle fonti antiche e medievali e da alcuni ritrovamenti archeologici.[193] La mia idea è che un tale artefatto esistesse veramente alla corte longobarda di Pavia, almeno durante il regno di Rachtis, e che l'intero episodio della coppa ricavata dal cranio di Cunimondo fosse elaborato successivamente alla comparsa di un siffatto oggetto alla corte longobarda. Sappiamo che dove la documentazione scritta è assente, luoghi e oggetti possono innescare narrazioni che ne giustifichino la presenza.[194] Sarebbe stata l'esistenza della coppa a dare origine alla storia narrata da Paolo Diacono.

Una storia molto simile a quella del diacono circolava negli stessi anni anche a Costantinopoli. Teofane Confessore, il continuatore della *Chronographia* di Giorgio Sincello, descrisse le campagne dell'imperatore bizantino Niceforo I (802-811) in Bulgaria. Se le operazioni militari sembravano sorridere ai Bizantini, presto degenerarono in un disastro e presso Adrianopoli, l'impero subì una gravosa sconfitta, come già era successo nel 378. Per la soddisfazione del cronista l'imperatore perse, anche in questa occasione, la vita sul campo (come già era successo nel IV secolo) e Teofane proseguì raccontando come Krum, il *qagan* dei Bulgari, decidesse di appendere la testa del defunto imperatore ad un palo per alcuni giorni per poi farla ripulire e guarnire in argento, in modo da ricavarne una coppa con cui brindare assieme ai signori delle *Sclavinae* a lui sog-

191. *Waltharius* vv. 307-309, a cura di Strecker, p. 36.

192. Schutz, *Tools, Weapons and Ornaments*, pp. 84-85.

193. Andree, *Menschenschädel als Trinkgefäße*.

194. Ritz-Müller, *Afrikanisches Geschichtsdenken*. Sono debitore a Max Diesenberger per questa citazione. Sul ruolo degli oggetti alle origini delle narrazioni medievali: Martínez Pizarro, *A Rethoric of the Scene*, pp. 173-211. Si veda anche la discussione: Ghosh, *Writing the Barbarian Past*, pp. 138-139.

gette.[195] La narrazione di Teofane dovette fungere da modello per un ulteriore racconto concernente il terzo imperatore romano che ebbe in sorte di morire ad Adrianopoli, Baldovino di Fiandra, il sovrano imposto a Costantinopoli dopo la conquista veneziana della città nel 1204. Baldovino fu catturato dai Bulgari in seguito alla disastrosa sconfitta di Adrianopoli del 1205 e numerose e sinistre leggende iniziarono a circolare sulla sua prigionia a Trnovo: stando alla *Cronaca* di Giorgio Acropolita, lo *tsar* Kalojan (1197-1207) fece uccidere Baldovino e, di nuovo, ricavare una coppa dal suo cranio.[196]

I racconti di Teofane e Paolo, nonostante fossero collocati rispettivamente nel VI e nel IX secolo e compilati a una notevole distanza geografica l'uno dall'altro, furono entrambi scritti in un arco cronologico assai ridotto. È possibile che entrambi originassero da oggetti diffusi in Europa tra VIII e IX secolo?

In definitiva il teschio rappresentava perfettamente il ricordo del primo sovrano che condusse l'esercito in Italia e la sua storia con i suoi trionfi e la tragica fine. Sembrava poi confermare la persistenza del gusto barbarico e feroce con cui la monarchia longobarda amava rappresentare il proprio passato. Un gusto per cose selvagge che sembrava essere condiviso anche da parte delle élites del *regnum*, come è possibile leggere nel racconto del diacono sulle origini della sua famiglia.[197] Che i commensali credessero o meno che la coppa fosse veramente il cranio di Cunimondo è ininfluente. Chiunque poteva immaginare che fossero gli altri a crederci, ma dovette essere chiaro, come nel caso della «riducula fabula» di Votan e dei Vinnili, che la storia era divenuta parte del capitale simbolico e l'identità dei Longobardi.[198]

* * *

Narrando di re Alboino, Paolo dovette trovarsi di fronte a un vasto repertorio di miti e racconti nati negli anni dalla diffusione

195. Teofane Confessore, *Chronographia* 6303, a cura di De Boor, I, p. 491. L'episodio senza il particolare del teschio è riportato anche in *Annales regni Francorum* 812-813, a cura di Kurze, pp. 136-139. Inoltre: Ziemann, *Vom Wandervolk zur Großmacht*, pp. 249-51.

196. Giorgio Acropolita, *Historia* 13, a cura di Heisenberg, p. 21. Sull'episodio si veda il sempre valido: Wolff, *Baldwin of Flanders and Hainault*, p. 290.

197. Paolo Diacono, *Historia Langobardorum* IV, 37, a cura di Bethmann e Waitz, pp. 131-132.

198. Si vedano le riflession Žižek, *How to Read Lacan*, pp. 30-31.

dell'*Origo gentis Langobardorum* e continuamente trasformati e arricchiti fino ai suoi giorni. Le spade forgiate all'epoca dell'invasione, il cranio di Cunimondo e la fortuna di Peredeo erano tracce di quanto la leggenda di Alboino si fosse diffusa, divenendo parte integrante dell'identità dei Longobardi in Italia. Su questo ciclo di narrazioni e leggende, Paolo intervenne in maniera sottile, offrendo al lettore una seconda prospettiva sulla vita e la morte del grande re dei Longobardi. Le aggiunte e i silenzi del diacono sono, per noi, una finestra sul mondo di fine VIII secolo.

Il racconto, come ci appare, presenta, infatti, chiare ridondanze con la celebre vicenda di Sicario e Cramnesindo che, assieme al battesimo di Clodoveo, è una delle storie più celebri tra quelle raccontate da Gregorio di Tours.[199] La vicenda occupa diverse sezioni dei *Libri Historiarum*, e nel riportala tralascerò numerosi particolari. A Manthelan, un potente signore locale, chiamato Sicario, organizzò una festa per il Natale dell'anno 585, tra i vari invitati era presente anche un certo Austreghiselo. Il prete del villaggio, saputo dell'incontro, volle invitare gli ospiti di Sicario per un bicchiere a casa sua, ma le cose non andarono per il verso giusto. Molto alcol doveva essere già stato bevuto, e uno degli uomini di Austrighiselo uccise il *puer* che recava l'invito del prete. Sicario volle risolvere la questione con le armi e l'intera situazione si inasprì al punto di divenire un conflitto di vaste proporzioni: in pochi mesi la regione vide un crescendo di violenza che Gregorio non esitò a chiamare «bellum». Dopo un paio di anni numerose persone erano state uccise, abitazioni erano state date alle fiamme, e oggetti preziosi e bestiame avevano cambiato più volte di mano, ma la disputa sembrava essersi ricomposta. Sicario aveva ucciso numerosi congiunti di un certo Cramnesindo, ma ciò nonostante i due erano divenuti intimi amici, Gregorio ci dice che bevevano spesso assieme e che talvolta condividevano il letto. Una sera dopo aver assunto molto più alcol del dovuto, Sicario, «crapulato a vino», disse a Cramnesindo come questi dovesse essergli grato,

199. Gregorio di Tours, *Libri Historiarum* VII, 47; IX, 19; a cura di Krusch e Levison, pp. 366-368; 432-434. Sull'episodio la bibliografia è molto ricca, ci si limita qui a citare: Halsall, *Violence and Society*, pp. 1-2; Wallace-Hadrill, *The Long-Haired Kings*, pp. 121-147; Dießelhorst, *Die Fehde von Sichar und Chramnesind*, interpreta l'episodio nel contesto della *Lex Salica*. Inoltre l'estesa narrazione: Auerbach, *Mimesis*, pp. 78-94.

perché, massacrando la sua famiglia, l'aveva reso un uomo ricco per via delle numerosi compensazioni che questi aveva ricevuto. Cramnesindo, non la prese bene e, impugnata una spada, uccise Sicario. Il giorno dopo ne appese il cadavere, nudo, di fronte all'atrio della sua casa e si diresse prontamente presso il re per cercare protezione. La storia ha struttura simile a quella di Alboino e Rosmunda: una disputa da tempo composta e riaperta pubblicamente tra i fumi dell'alcol per una smargiassata, si conclude con l'assassinio dell'offendente. Paolo Diacono inoltre sembrò giocare con il particolare del letto condiviso tra i due, e soprattutto con la frase pronunciata da Cramnesindo, che affermò come una mancata vendetta lo avrebbe costretto a chiamarsi debole donna («mulier infirma»).[200] Un racconto noto aiutava la migliore comprensione di una storia nuova, grazie a un processo associativo che si innescava nella mente del lettore.

Sembrerebbe pertanto che Alboino, nonostante tutti i suoi aspetti eroici, fosse paragonato a una serie di barbari e personaggi abbietti, come Sicario. È certo che la statura di Alboino ponesse in ombra tutti questi uomini, ma l'associazione aveva comunque grande significato. Nel racconto inedito della morte di Alboino, Paolo citò chiaramente Giordane. Il passaggio echeggia il racconto sulla morte del re dei Visigoti Turismodo, un veterano della battaglia dei Campi Catalaunici. Insoddisfatti del suo governo, alcuni tra i suoi uomini avevano ordito una congiura: al re erano state sottratte le armi, ma una volta aggredito, questi afferrò uno sgabello («scabellum») per tentare un'estrema difesa. Stando a Giordane, riuscì a uccidere numerosi nemici prima di soccombere.[201] Una seconda associazione

200. Gregorio di Tours, *Libri Historiarum* IX, 19, a cura di Levison e Krusch, p. 433: «Haec ille audiens, amaro suscepit animo dicta Sichario dixitque in corde suo: 'Nisi ulciscar interitum parentum meorum, amittere nomen viri debeo et mulier infirma vocare'. Et statim extinctis luminaribus, caput Sichari seca dividit. Qui parvolam in ipso vitae termino vocem emittens, cecidit et mortuus est».

201. Giordane, *Getica* 228, a cura di Mommsen, p. 116: «Thorismud vero repulsis ab Alanis Hunnorum catervis sine aliqua suorum lesione Tolosa migravit suorumque quieta pace conposita tertio anno regni sui egrotans, dum sanguinem tollit de vena, ab Ascalc suo clienti inimico nuntiante arma subtracta peremptus est. Una tamen manu, quam liberam habebat, scabillum tenens sanguinis sui extitit ultor, aliquantos insidiantes sibi extinguens». Su Turismodo: *PLRE* II, pp. 1115-1116. La somiglianza tra i due episodi era stata già notata da von der Leyen, *Das Heldenliederbuch*, p. 9; poi ribadita in Gschwantler, *Die Heldensage von Alboin*

aveva implicazioni più inquietanti. Alboino che muore ucciso dalla sua donna e Alboino ubriaco ricordano molto da vicino le due versioni sull'ultima notte di Attila.

Stando al Conte Marcellino, infatti, il vecchio re degli Unni fu assassinato nella notte del suo terzo matrimonio dalla sua nuova, scandalosamente giovane moglie.[202] Nella versione di Giordane invece furono i rigurgiti del suo vomito a stroncare un Attila addormentato dopo una notte di bagordi.[203] In un gioco di specchi, la morte di Alboino descritta dal diacono sarebbe divenuta il modello per l'ultima notte di Attila nelle narrazioni del Poeta Sassone e degli *Annales Quedlinburgenses*, dove i racconti di Giordane e del Conte Marcellino furono emendati con l'aggiunta del motivo della vendetta della moglie di Attila per la morte del padre.[204]

Alla luce di questa evidenza possiamo ora comprendere come il lungo racconto di Paolo Diacono su Alboino celi una seconda storia. A un primo livello leggiamo delle leggendarie gesta del re che, con Roland Barthes, potremmo dire preesistessero alla sua volontà di autore: Alboino è un guerriero infallibile e un conquistatore giusto e benevolo, ma tra le righe Paolo, ricorrendo a narrazioni che forse i suoi lettori conoscevano a loro volta, dipinse un sovrano più cupo e debole, che pur sfuggendo a numerose letture, è chiaramente presente. È infatti Alboino che eccedendo nel bere riaprì la catena di rabbia e vendetta che porterà alle tragedie di Verona e Ravenna. Il superbo sovrano che siede a banchetto con la bevanda inebriante in mano era, infatti, l'oggetto di diffusissime critiche: Thegan dipingeva in negativo una società laica dedicata a feste e divertimenti per esaltare la ieratica maestà del suo signore, ma l'esempio forse più bello ci

und Rosimund, p. 216; 227; *Formen langobardischer mündlicher Überlieferung*, p. 74; e Goffart, *The Narrators*, p. 391, n. 196.

202. Conte Marcellino, *Chronicon* 454, II, a cura di Mommsen, p. 86: «Attila rex Hunnorum Europae orbator provinciae noctu mulieris manu cultroque confoditur quidam vero sanguinis reiectione necatum perhibent».

203. Giordane, *Getica* 254, a cura di Mommsen, pp. 123-124: «vino somnoque gravatus resupinus iaceret, redundans sanguis, qui ei solite de naribus effluebat, dum consuetis meatibus impeditur, itinere ferali faucibus illapsus extinxit». Su questo Moravcsik, *Attilas Tod*.

204. Vollmann, *Paulus Diaconus und das Heldenlied*, pp. 55-56. Poeta Sassone, *Annales de gestis Caroli magni imperatoris* III, 27-34, a cura di von Winterfeld, p. 31; *Annales Quedlinburgenses*, a cura di Giese, p. 415.

giunge dal poema in antico inglese *Vanagloria*, dove si creava un chiaro paragone tra il bere sociale degli aristocratici e la violenza dei guerrieri.[205]

Non è più l'odio della moglie covato e celato per anni ad assassinare vigliaccamente l'impeccabile sovrano dei Longobardi. Rosmunda, nonostante il suo comportamento osceno, reagisce a una pubblica offesa del marito.[206] Joaquin Martínez Pizarro ha ragione nel ribadire come la coppa ricavata dal cranio di Cunimondo rappresentasse il passato che si voleva dimenticare, ma che era connaturato all'unione di Alboino e Rosmunda: la morte del re dei Gepidi e lo sterminio del suo popolo. La sua esibizione, per volontà di Alboino, riapre lo scontro che sembrava dimenticato.[207]

Anche il ruolo delle donne assume qui un significato più profondo. È vero, come si diceva poc'anzi che nel racconto di Paolo il comportamento orrendo delle donne non si traduceva in un'esplicita condanna dei mariti, ma è anche vero che ogni testo fa parte di un più vasto e complesso contesto. Nel mondo di Paolo il comportamento delle donne era responsabilità dei mariti. Agobardo di Lione fu tra coloro che condannarono aspramente le azioni di Giuditta, la seconda, belissima moglie di Ludovico il Pio, per aver lordato il talamo del marito e posto in pericolo la sopravvivenza dell'impero.[208] Anni più tardi, Sedulio Scoto ribadì che tra le più importanti virtù di un sovrano vi era il saper governare la propria moglie.[209] Anche Paolo, in contesti diversi, espresse preoccupazioni simili. Nell'*Historia Romana*, il diacono raccontò come Cleopatra, splendidamente ornata di gioielli, avrebbe tentato, dopo che le sue truppe erano state

205. Thegan, *Gesta Hludowici imperatoris* 19, a cura di Timpe, p. 204: «Numquam in risum exaltavit vocem suam, nec quando in summis festivitatibus ad lęticiam populi procedebant themilici, scurri et mimi cum coraulis et citharistis ad mensam coram eo, tunc ad mensuram ridebat populus coram eo, ille numquam nec dentes candidos suos in risum ostendit», Innes, *He Never even Allowed*, pp. 133-4. *Vanagloria*, a cura di Shippey, pp. 54-56, Chadwick, *Friends, Neighbours, and Fellow-Drinkers*, p. 15.

206. Bougard, *Avant-propos*; Sutherland, *The Idea of Revenge*.

207. Martínez Pizarro, *The Rethoric of the Scene*, pp. 191-192.

208. Agobardo, *Liber Apologeticus* 1-2, a cura di Van Acker, p. 309; Ward, *Agobard of Lyons*, pp. 17-20.

209. Sedulio Scoto, *Liber de rectoribus christianis* 5, a cura di Hellman, pp. 34-35; Airlie, *The Palace of Memory*, p. 7.

sbaragliate ad Azio, di sedurre Ottaviano Cesare, che nel discorso medievale fu uno dei più grandi uomini mai esistiti. Si trattava di uno dei numeorsi approcci di esplicita natura sessuale che avevano causato la rovina dei Longobardi. Nell'*Historia Romana*, tuttavia, Ottaviano, un sasso, fece allontanare la bellissima Cleopatra senza cedere alle sue lusinghe.[210] Questo era il modo in cui un vero uomo aveva da comportarsi. Rivelatore è anche il racconto di Radeperga, la moglie del duca Pemmone di Cividale. Radeperga aveva la sfortuna di avere un aspetto poco gradevole («facie rusticana»), tantoché spesso consigliava al marito di trovarsi una donna che nel sembiante si confacesse al suo ruolo di duca. Pemmone, tuttavia, poiché «homo ingeniosus», era felice della moglie che aveva, conoscendone l'integrità. Paolo terminò l'aneddoto menzionando i figli di Radeperga, due dei quali Ratchis e Astolfo, sarebbero, come noto, divenuti re dei Longobardi.[211]

Come fatto notare anni fa da Walter Goffart, il diacono ha simpatie sfuggenti.[212] Il lettore attento avrebbe inteso la titanica statura che Paolo attribuiva ad Alboino, ma collezionando i messaggi che apparivano incoerenti con la caratterizzazione della sua grandezza, avrebbe compreso un secondo Alboino. Il re, per quanto coraggioso e gagliardo, restò sempre un barbaro schiacciato dall'antichità della civiltà mediterranea.[213] Era una legittimazione del regno dei Franchi in Italia?

210. Paolo Diacono, *Historia Romana* VII, 10, a cura di Crivellucci, pp. 99-100: «Cleopatra exornata diversis ornamentis ad Cesarem venit sperans eum, ut ceteros, sua specie libidinem inclicere; sed ille se intra pudicitiam coartans, ad eius concupiscentiam minime inflexus, eam mox custodiri mandavit». Sestan, *Qualche aspetto*, p. 21.

211. Paolo Diacono, *Historia Langoabardorum* VI, 26, a cura di Bethmann e Waitz, p. 174.

212. Goffart, *The Narrators*, p. 368

213. A questo va aggiunto che in Paolo la barbarie diviene spesso una categoria morale. I trionfi incruenti di Narsete erano, infatti, un antico espediente letterario utilizzato per descrivere le vittorie degli imperatori cristiani, come Costantino e Teodosio: Cameron, *The Last Pagans of Rome*, pp. 97-98. Difficile dire se questo elemento possa avere significato per l'interpretazione del ruolo dei Longobardi. Sembrerebbe, tuttavia, che nell'opera di Paolo la romanità e la barbarie avessero caratteristiche chiaramente dissimili e, forse, inconciliabili in una sorta di «etnografia etica»: Cervani, *Romanità e cristianesimo*, p. 37.

6. I Franchi e l'eredità longobarda del *regnum*

A seguito della conquista franca del *regnum* nel 774, si aprirono quindici anni di incertezza politica. Nel periodo che seguì la rivolta di Rodgaudo del 775, le lettere dei pontefici raccolte nel *Codex Carolinus*, la collezione della corrispondenza tra i vescovi di Roma e i signori dei Franchi, denunciano gli intrighi e le congiure che i Longobardi avrebbero ordito, assieme ai Bizantini, loro secolari nemici, ai danni dei nuovi signori d'Italia. Lo spauracchio di questi anni fu re Adelchi, il figlio di re Desiderio fuggito a Costantinopoli dopo la caduta del regno, che nel 788 prese parte a un fallimentare tentativo di conquista bizantina in Calabria. Adelchi dovette coagulare un certo consenso tra gli oppositori di Carlo ed è suggestivo che per l'anno 784 sia menzionato nel *Liber Vitae* di Salisburgo tra i sovrani in carica, nonostante il padre Desiderio avesse perso il trono dieci anni prima.[1] La menzione è forse da collegarsi alla presenza di Liudperga, una delle figlie di Desiderio giunta in sposa al duca Tassilone III di Baviera (748-787). Questa breve annotazione è un segnale di come il sangue dei re longobardi avesse mantenuto parte del suo carisma presso le aristocrazie che invano tentavano di contrastare l'espansione di Carlomagno. Paolo Diacono, concludendo il primo libro dell'*Historia Langobardorum*, scrisse come le gesta di re Alboino fossero note anche presso i Sassoni e i Bavari, popoli che furono duri avversari dei Franchi.[2] Questo riferimento non è iso-

1. *Liber Vitae* 784, a cura di Herzberg-Fränkel, p. 12. Diesenberger, *Dissidenten Stimmen*, p. 114; Airlie, *Narratives of Triumph*, pp. 102-103.

2. Paolo Diacono, *Historia Langobardorum* I, 27, a cura di Bethmann e Waitz, p. 70.

lato: menzioni di Sassoni nell'esercito di re Alboino erano, infatti, già presenti già nei *Libri Historiarum* di Gregorio di Tours, ma fu Paolo Diacono, per primo, a porre in risalto l'*amicitia* che legava, da tempo, i due popoli («ab amicis suis vetulis Saxonibus»).[3] Anche i Bavari, il secondo popolo presso cui le gesta di Alboino sarebbero state cantate, sono ricordati in numerose occasioni nella narrazione del diacono, e l'*Historia Langobardorum* costituisce una delle fonti principali per ricostruirne la storia tra VII e VIII secolo.

Nonostante questi difficili inizi, il regno d'Italia si avviava a divenire un'imporante *Teilreich* del mondo franco. Alla guida del regno, Carlo aveva posto suo figlio Carlomanno che a quattro anni aveva visto mutare il suo nome in Pipino, il nome regio del padre di Carlo e un indizio delle grandi aspettative che circondavano il giovane sovrano.[4] Pipino era l'eroe delle guerre in Avaria e le sue gesta erano state magnificate da numerosi dei cortigiani di Carlo. Sembrerebbe, ma qui si va nel campo delle ipotesi, che il re fosse particolarmente legato al suo secondogenito.[5] È Pipino «armi potens» l'unico dei suoi figli maschi a seguire il padre nella mistica caccia in cui Carlo ebbe la visione di papa Leone III (795-816) coperto di sangue.[6] A tale sovrano fu concesso un dominio confacente e il *regnum Italiae* di Pipino fu molto più vasto di quello dei suoi predecessori Longobardi, includendo sia Ravenna che Pavia, il *regnum* della Baviera e le vaste regioni dell'Europa Centrale conquistate a seguito delle campagne in Avaria. Con ogni probabilità Pipino fu il più potente sovrano che governasse l'Italia dai tempi di Teodorico.

Assistiamo pertanto alla necessità di legittimare questa grandezza con un passato adeguato, ma il capitale simbolico della corona longobarda poteva confluire solo faticosamente nella concezione regia prima, e imperiale poi, dei nuovi signori d'Italia. Si trattò di un

3. Gregorio di Tours, *Libri Historiarum*, IV, 42, a cura di Krusch e Levison, pp. 175-176; Paolo Diacono, *Historia Langobardaroum* II, 6, a cura di Bethmann e Waitz, pp. 75-76. Su questo: Wagner, *Alboins sächsische amici vetuli*.

4. Sintesi sul periodo sono: Gasparri, *Italien in der Karolingerzeit*; Guenich, *Pippin, König von Italien*; Cammarosano, *Nobili e re*, pp. 139-150; Albertoni, *Italia carolingia*, 26-28; Manacorda, *Ricerche*.

5. Manacorda, *Ricerche*, pp. 7-9; sul rapporto di Carlo con il primogenito: Hammer, *Christmas Day 800*.

6. *Karolus Magnus et Leo Papa*, vv. 200-212, a cura di Brünholz, p. 74.

instabile progetto ideologico in cui i re Franchi tentarono di inserirsi in linea di continuità con i *reges Langobardorum*. Tracce labili, ma non meno significative, ci permettono di gettare uno sguardo sulle sperimentazioni culturali e politiche mirate a includere l'eredità dei Longobardi, nella concezione egemonica dei Franchi. Fu un'operazione destinata al fallimento, ma da cui scaturirono affascinanti strategie per piegare il passato longobardo alle presenti necessità. Centrale in questo processo fu, ancora una volta, re Alboino.

*L'*Heldenliederbuch *di Carlomagno*

1. *Das Heldenliederbuch Karls den Grossen* (il libro di canti eroici di Carlomagno) è un testo scritto alla metà degli anni Cinquanta del secolo scorso dal germanista tedesco Friedrich von der Leyen. Nel piccolo scritto, von der Leyen, mirava a stabilire quali potessero essere le canzoni eroiche conosciute alla corte di Carlomagno, prendendo ispirazione da un celebre passo di Eginardo, il biografo dell'imperatore, che nella *Vita Karoli Magni* aveva raccontato come il re avesse fatto mettere per iscritto i «barbara et antiquissima carmina», in cui si cantavano le gesta degli antichi re e le loro guerre, così che ne fosse conservata memoria.[7] Il risultato è un libro che raccoglie numerosi episodi provenienti da autori medievali molto noti, come Paolo Diacono, Gregorio di Tours o Procopio che narrano le gesta dei *reges* e dei guerrieri della *Völkerwanderungszeit* alla maniera di Ildebrando, Ermarico o Sigfrido. Tra questi, Alboino, nelle sue lotte contro i Gepidi e la tragica morte per mano della moglie Rosmunda, aveva un ruolo centrale.[8] Nel tentativo di ricreare questo ipotetico testo fatto compilare da Carlomagno, von der Leyen cercò di isolare e raccogliere alcuni episodi che riteneva fossero stati originariamente scritti in una lingua germanica: gli *Heldenlieder* che avrebbero costituito la fonte a cui gli autori latini e greci dell'alto Medioevo attinsero per narrare le loro storie. Von der Leyen seguiva

7. Eginardo, *Vita Karoli Magni* 29, a cura di Waitz, p. 33: «Item barbara et antiquissima carmina, quibus veterum regum actus et bella canebantur, scripsit memoriaeque mandavit».

8. Von der Leyen, *Das Heldenliederbuch Karls des Großen*, pp. 5-20.

una linea di ricerca aperta già alla metà del XIX secolo: anche Wilhelm Grimm aveva scorto nei racconti del diacono, gli *Heldenlieder* che sarebbero stati cantati alla corte di Carlomagno.[9]

Si sono già esposte le difficoltà metodologiche insite in questo approccio, e la tesi di von den Leyen è stata, già negli anni della pubblicazione del suo libro, fortemente ridimensionata, anche se non in generale accordo.[10] In primo luogo, è controverso che il passaggio di Eginardo possa essere letto come un riflesso della circolazione di antichi canti, scritti e orali, sugli antichi re dei Goti e degli altri barbari. Molti storici, sulla scorta della testimonianza del Poeta Sassone («Poeta Saxo»), il nome che in sede storiografica è attribuito all'anonimo monaco di Corvey che alla fine del IX secolo pose in versi la *Vita Karoli Magni*, hanno ipotizzato che i re del passato fossero unicamente franchi, i predecessori di Carlo.[11] Inoltre, Matthew Innes ha proposto che il passaggio della *Vita Karoli Magni*, in cui Eginardo menzionava i «barbara et antiquissima carmina», non sarebbe una fattuale descrizione delle usanze dell'imperatore, cioè l'ascoltare queste storie del passato, ma una citazione del celebre brano della *Germania* di Tacito.[12] Eginardo, vivendo alla corte franca negli stessi anni di uomini come Freculfo o Rabano Mauro, sarebbe stato influenzato dalla ricerca di una comunanza tra i Franchi e le altre stirpi di barbari che popolavano l'impero e avrebbe attuato una volontaria germanizzazione di Carlo, guardando alla *Germania* come un testo che lo conducesse alla preistoria del mondo in cui si trovava a vivere.[13]

9. Grimm, *Die deutsche Heldensage*, p. 29; su questo, si veda la discussione di Haubrichs, *Veterum regum actus et bella*, p. 17.

10. Le idee più tradizionali sono riprese, con alcuni dubbi, in Edwards, *German Vernacular Literature*, p. 150.

11. Poeta Sassone, *Annales de gestis Caroli magni imperatoris* V, 117-121, a cura di von Winterfeld, p. 58. Haubrichs, *Veterum regum actus et bella*, p. 18; Innes, *Teutons or Trojans?* pp. 240-241. Sul *Poeta Saxo*: McKitterick, *Charlemagne*, pp. 22-27.

12. Tac. *Germ.* 2; Innes, *Teutons or Trojans?* pp. 237-239. Innes intendeva invitare alla cautela nell'interpretare il passaggio di Eginardo come la testimonianza dell'esistenza di una ricca e diffusa poesia orale e germanica alla corte di Carlo, come, per citare un esempio, proposto nei lavori, non privi di fascino: Richter, *The Formation of the Medieval West*; e Hauck, *Von einer spätantiken Randkultur*.

13. Sulla riscoperta dei Germani nel IX secolo: Goffart, *Rome, Constantinople, and the Barbarians*.

Come Eginardo, Freculfo e Rabano, numerosi intellettuali carolingi che vissero tra VIII e IX secolo mostrarono un vivace interesse per il passato barbarico dell'Europa e i legami tra i Franchi e i loro illustri predecessori, prima di tutti i Goti. Una crescente distanza dal passato romano, aveva portato numerosi pensatori a guardare alle *gentes* che erano succedute ai Romani come stirpi congiunte. Le similitudini linguistiche, ravvisabili anche nell'onomastica, infondevano una fiducia nella comune origine di numerosi gruppi barbarici, e si è vista la comunanza su base linguistica che Freculfo proponeva esistere tra le stirpi che indicava come originarie della Scandinavia. È chiaro che, in una siffatta temperie culturale, si coltivasse l'interesse per i *reges* del passato appartenenti a stirpi percepite come germaniche. Con certezza, Teodorico il Grande dovette godere di un certo prestigio e da una celebre allusione di Alcuino di York, sembrerebbe che le imprese di re Ingeld, un mitico sovrano conosciuto in *Beowulf* e in *Widsith*, fossero talvolta preferite ai vangeli.[14] Sappiamo che anche il re dei Geati Hygelac ebbe grande notorietà. Non solo fu, come Ingeld, uno dei numerosi personaggi ricordati in *Beowulf*, ma figura anche nel *Liber Monstrorum*, come un uomo di statura gigantesca. L'anonimo autore del *Liber* narrava di un'isola del Reno in cui le ossa del grande sovrano sarebbero state custodite ed esposte alla curiosità dei viaggiatori.[15] Questo ci porta nuovamente verso l'*Heldenliederbuch* di Carlo, anche se forse questo oggetto non dovette mai esistere fisicamente, e il ruolo che re Alboino ricoprì tra le sue pagine.

2. Agnello di Ravenna, di cui si discuterà più lungamente nel capitolo seguente, raccontò alla metà del IX secolo che Carlomagno, visitando Ravenna a seguito della sua conquista del *regnum Langobardorum*, rimase impressionato dalla statua equestre di re Teodorico, eroicamente armato di lancia e spada, ubicata di fronte al palazzo regio, tanto da farla trasportare ad Aquisgrana. Lo storico di Ravenna ci confessa come

14. Alcuino di York, *Epistolae* 124, a cura di Dümmler, p. 183: «Quid Hinieldus cum Christo?». Wormald, *Bede, Beowulf and the Conversion of the Anglo-Saxons*, pp. 41-42. Moreover: Bullough, *What has Ingeld to do with Lindisfarne?* Garrison, *Quid Hinieldus cum Christo?*

15. *Liber Monstrorum* I, 2, a cura di Porsia, p. 128. Il racconto ricorda il motivo del sovrano sepolto sotto il letto di un fiume, utilizzato per narrare la fine di Decebalo e del più celebre Alarico. Roma, *Intorno al mito di Alarico.*

in verità la statua rappresentasse l'imperatore Zenone, raccontando un aneddoto sulla velocità del monarca che, essendo senza rotule («patellis genuculorum non habuit»), era in grado di correre con la rapidità di un cavallo, una storia già riportata dall'Anonimo Valesiano.[16] Non sappiamo se Agnello volesse attribuire la statua all'imperatore Zenone solamente per poterne narrare l'aneddoto sulla spettacolare velocità, se la statua rappresentasse effettivamente l'imperatore e i Franchi non se ne accorsero, o se ancora si trattasse di una statua anonima che i Ravennati del IX secolo attribuivano all'imperatore d'Oriente. Tuttavia, per Carlomagno e i suoi Franchi il capitale simbolico del monumento era chiaramente quello di rappresentare il grande re dei Goti.

Che Carlomagno nutrisse interesse per Teodorico appare probabile. Sappiamo che uno dei numerosi figli che l'imperatore ebbe con le sue molte concubine negli intensi anni che seguirono la morte di Liutgarda nell'800, la sua quinta e ultima moglie, fu chiamato proprio Teodorico.[17] Paul Dutton ha poi suggerito che i baffi spioventi di Carlo, mai descritti nei testi letterari, ma effettivamente riscontrabili nell'iconografia, mirassero a imitare l'aspetto fiero e volitivo del grande re dei Goti. Assumere la guisa di Teodorico, inoltre, avrebbe permesso ai sovrani Carolingi di prendere le distanze dall'aspetto selvatico e irsuto dei *reges criniti* merovingi, ma anche da quello più liscio e pulito degli imperatori romani.[18] Soprattutto, il re goto che aveva governato su Roma poteva offrire un modello per governare l'Italia.[19]

16. Andrea Agnello, *Liber pontificalis ecclesiae Ravennatis* 94, a cura di Deliyannis, pp. 259-260: «Alii aiunt, quod supradictus equus pro amore Zenonis imperatoris factus fuisset. [...] Et nunc pene annis xxxiii, cum Karolus rex Francorum [...], reuertens Franciam, Rauennam ingressus, uidens pulcherrimam imaginem, quam numquam similem, ut ipse testatus est, uidit, Franciam deportare fecit atque in suo eam firmare palatio qui Aquisgranis uocatur». Anonymus Valesianus 39-40, a cura di Mommsen, p. 314.

17. Eginardo, *Vita Karoli Magni* 18, a cura di Waitz, p. 23: «Post cuius mortem tres habuit concubinas, Gersuindam Saxonici generis, de qua ei filia nomine Adaltrud nata est, et Reginam, quae ei Drogonem et Hugum genuit, et Adallindem, ex qua Theodericum i procreavit». Sul periodo: Nelson, *Women at the Court of Charlemagne*.

18. Dutton, *Charlemagne's Mustaches*, p. 25: «But why a Mustache? It is hard not to suspect that by wearing mustache Charlemagne was deliberately imitating Theodoric the Great».

19. L'idea era già stata espressa da Voorwinden, *La fonction*, p. 479.

Come ricordato, questo interesse per Teodorico e i suoi Goti sembrava essere parte di una più vasta ricerca del passato. Sono questi gli anni in cui Freculfo scrisse della simile origine di Goti e Franchi e in cui venne composto l'*Hildebrandslied*.[20] Il significato della statua di Ravenna diviene ora più chiaro. George Henderson ha suggerito che il cavaliere di Metz, forse la più celebre raffigurazione di un sovrano carolingio e oggi conservato al Louvre, sarebbe una miniatura modellata sulla statua equestre di Teodorico.[21] Anche la cappella palatina di Aquisgrana imitava forse le architetture della Ravenna dei *reges* goti, piuttosto che quella degli imperatori, ed è stato proposto che Carlomagno, nell'integrare l'architettura con preziose *spolia*, imitasse le azioni di re Teodorico, cui era possibile accedere grazie alla testimonianza delle *Variae* di Cassiodoro.[22]

3. La ricerca del passato gotico dell'Italia può essere anche spiegata nella difficile eredità longobarda del *regnum*. Dopo le testimonianze delle *Cronache di Fredegario* il laconico racconto del *Chronicon Universale 741* attribuiva ai Longobardi le violenze e le distruzioni ai danni delle chiese che seguirono la conquista di re Alboino.[23] Si trattava di una narrazione composta a ridosso della conquista franca dell'Italia, in grado di rivelare la percezione che, negli anni, si aveva del passato dei Longobardi.[24] Questo procedere ideologico appare coerente con i toni aspri e durissimi con cui i pontefici descrivevano i Longobardi nella corrispondenza di VIII secolo, toni in cui era possibile riconoscere le tinte escatologiche con cui Gregorio Magno aveva dipinto i decenni formativi del *regnum Langobardorum*.[25] L'epistolario di Gregorio Magno che noi conosciamo fu

20. Freculfo di Lieux, *Historiae* I, 2, xxvi, a cura di Allen, p. 148. Sull'*Hildebrandslied* e la conquista franca dell'Italia: Schützeichel, *Zur Hildebrandslied.*

21. Henderson, *Emulation and Invention*, p. 261.

22. Cassiodoro, *Variae* VII, 5, a cura di Mommsen, pp. 204-205; Brenk, *Spolia from Constantine to Charlemagne*; Henderson, *Emulation and Invention*, p. 260.

23. *Chronicon universale usque ad annum 741*, a cura di Waitz, p. 12: «Gens Langobardorum, comitante fame et mortalitate, omnem invadit Italiam ipsamque Romanam vastatrix obsidet e urbem, quibus tempore illo rex preerat Alboenus». Su questa narrazione: Reimitz, *History*, pp. 345-351. McKitterck, *Perceptions of the Past*, pp. 23-24.

24. Sulla data di composizione del *Chronicon*: Reimitz, *History*, p. 346.

25. Gasparri, *Le élites romane*; Id., *Italia longobarda*, pp. 146-154; Gantner, *Freunde Roms*, p. 139.

edito negli anni di pontificato di Adriano (772-795), un indizio della vitalità goduta dal linguaggio politico del grande pontefice al volgere dell'VIII secolo.[26] Sappiamo inoltre di come la seconda moglie di Carlomagno, una figlia del re dei Longobardi Desiderio, fu descritta con imbarazzo dagli scrittori vicini a Carlomagno, tanto che né l'autore degli *Annales regni Francorum*, né Eginardo ne riportarono il nome, che è restato sconosciuto anche a noi.[27]

Un simile silenzio sul passato dei Longobardi è da trovarsi nelle *Laudes Veronensis civitatis*, i versi dedicati alla città composti tra VIII e IX secolo, in anni vicini, pertanto, alle altre opere qui analizzate. Il componimento è una lunga elegia dedicata alle bellezze e le glorie di Verona. Della città sono magnificate le mura, l'imponente anfiteatro, paragonato al labirinto di Minosse («altum laberentum»), e i templi dedicati agli antichi dèi, ma nessuna architettura è attribuita ai due secoli di dominazione longobarda. Questo è in parte comprensibile poiché i versi sono il racconto del trionfo del Cristianesimo sul paganesimo, rappresentato dai marmi dell'età antica, e sui «mali homines» che la città di Verona fondarono. Resta, tuttavia, notevole come il passato longobardo della città che, stando alla testimonianza di Paolo Diacono, era costellata di luoghi della memoria e vestigia di re Alboino, fosse nelle *Laudes* incarnato unicamente dagli ultimi *reges Langobardorum*, Desiderio e Adelchi, ricordati solo per offrire una coordinata cronologica all'episcopato di Annone, che fu vescovo attorno al 750.[28] Il sovrano che legittimamente siede a Verona, il re d'Italia per antonomasia, è re Pipino («Magnum habitat in te rex pipinus piissimus»).[29]

4. Non fu tuttavia un processo univoco: gli anni che videro la raccolta del *Codex Carolinus*, furono gli stessi in cui Paolo Diaco-

26. *Codex Carolinus*, a cura di Gundlach. Sulla collezione adrianea Markus, *Gregory the Great*, pp. 206-209; Gasparri, *Italia longobarda*, pp. 151-152.

27. Gasparri, *Italia longobarda*, pp. 112-113. Un'idea diversa è quella di Nelson, *Making a Difference*, che ritiene la figlia di Desiderio si chiamasse Gerperga.

28. *Laudes Veronensis civitatis* 24, a cura di Dümmler, p. 121: «Quando complacuit deo, regi invisibili, / in te sunt facta renovata per Annonem presulem, / temporibus principum regum Desiderii et Adelchis».

29. *Laudes Veronensis civitatis* 32, a cura di Dümmler, p. 122: «Magnus habitat in te rex Pipinus piissimus, / non oblitus pietatem aut rectum iudicium, / qui bonis agens semper cunctis facit prospera».

no scriveva l'*Historia Langobardorum*, un testo che gettava nuova luce sul passato dei Longobardi. Si è menzionato come, una generazione più tardi, Freculfo di Lisieux narrasse l'origine comune di Franchi, Goti e Longobardi, a cui, per via del racconto della *Passio Sigismundi*, potremmo aggiungere i Burgundi. Nell'opera di Freculfo l'impero di Carlomagno è rappresentato come una quinta monarchia, voluta da Dio e che univa i regni dei barbari in quanto successori dell'impero dei Romani. L'autore concludeva il primo libro dell'opera con la nascita di Cristo, ma faceva terminare il secondo con gli anni di pontificato di Gregorio Magno, quando l'impero venne conquistato dai barbari. L'intenzione era quella di istituire un chiaro parallelismo tra Longobardi e Franchi: nel prologo al secondo libro, che era costituito da una lettera dedicatoria all'imperatrice Giuditta, Freculfo scrisse di voler terminare la sua storia con gli anni in cui Franchi e Longobardi si sostituirono ai Romani in Gallia e Goti in Italia.[30]

La storia di Gotha e le frontiere dell'impero

1. Quando Freculfo creava una simmetria tra il passato dei Longobardi e quello dei Franchi, il dramma di Alboino era ancora narrato dagli storici del *regnum.* All'inizio del IX secolo, il re, assieme a Pipino e Carlomagno, era l'unico sovrano longobardo descritto con una certa ricchezza nell'*Historia Langobardorum* conservata nella libreria di Gotha (Gotha, Forschungsbibliothek 84, foll. 336v-338v).[31] L'*Historia* di Gotha è una riscrittura dell'*Origo gentis Langobardorum* composta tra l'807 e l'810 che segue la successione dei re longobardi dal leggendario Agilmundo fino ai sovrani franchi d'Ita-

30. Freculo di Lisieux, *Historiae* II, prologus, a cura di Allen, p. 436: «Igitur ab Octauiano Augusto et Domini natiuitate saluatoris nostri secundum adgressus sum scribendo opus, quod peregi usque ad regna Francorum et Longobardorum, deficientibus Romanorum imperatoribus seu iudicibus ab Italia et Galliis, Gothorum quoque regibus qui successerant ab eis etiam repulsi; quod uidelicet opus quinque distinxi in libris». Innes e McKitterick, *The Writing of History*, p. 213.

31. Descrizioni del testo sono: Pohl, *Origo gentis Langobardorum*, pp. 113-114; Gschwantler, *Die Heldensage von Alboin und Rosimund*, pp. 222-223; Berto, *Introduzione*, pp. xv-x.

lia.[32] Se la fonte pressoché unica dell'autore fu l'*Origo gentis Langobardorum*, i due testi presentano suggestive differenze. L'autore, infatti, condivise alcune informazioni con Paolo Diacono assenti nell'*Origo* e Walter Goffart, seguito da Nicholas Everett, ha suggerito che l'autore potesse indirettamente derivare alcuni racconti dall'*Historia Langobardorum*.[33] La successione dei sovrani presenta alcune differenze con la lezione dell'*Origo gentis Langobardorum* e di Paolo Diacono: numerosi nomi sono riportati con diversa ortografia e alla lista regia è aggiunto Perone, un sovrano altrimenti sconosciuto che regnò dopo *Godin/Godehoc* e prima del figlio di questi, stando all'*Origo*, Claffone.[34] Arioaldo, poi, è ricordato come il figlio di Agilulfo e Teodolinda, un indizio di come nel IX secolo il conflitto tra i sovrani della casa di Agilulfo e i loro successori, e a cui si è dedicato largo spazio nel capitolo terzo, fosse divenuto ormai del tutto ininfluente.[35] Anche la durata dei singoli regni è spesso registrata in maniera diversa rispetto all'evidenza dell'*Origo gentis Langobardorum*. Inoltre, incontriamo piccole riscritture della dizione dell'*Origo gentis Langobardorum*: possiamo leggere delle «tuba clangencium» che accompagnano l'esercito di Vacone contro i Beovindi, o del terrore che investì tutti i popoli dopo le vittorie di Carlomagno.[36]

Una chiara cesura con il passato è rappresentata dall'ingresso dei Franchi in Italia, che nella prospettiva dell'autore segnò la fine del regno dei Longobardi per inaugurare il regno d'Italia («Hic finitum est regnum langobardorum, et incoravi regnum italie»). La storia prosegue elencando i successi di Carlo in Spagna, Sassonia, Baviera, Avaria, Boemia e Corsica.[37] È, tuttavia, la guerra contro gli Avari a rappresentare il *climax* della narrazione.

32. Sulla datazione della storia di Gota: Pohl, *Origo gentis Langobardorum*, p. 113; Berto, *Remembering Old and New Rulers*, p. 28.

33. Goffart, *The Narrators*, p. 382, n. 163; Everett, *Literacy in the Lombard Kingdom*, p. 94; inoltre Fabbro, *Charlemagne and the Lombard Kingdom that Was*, p. 14. Di idee contrarie Berto, *Remembering Old and New Rulers*, p. 28; Coumert, *Origines des peuples*, p. 252.

34. *Historia Langobardorum codicis Gothani* 3, a cura di Waitz, p. 8.

35. *Historia Langobardorum codicis Gothani* 6, a cura di Waitz, p. 10.

36. *Historia Langobardorum codicis Gothani* 2; 9, a cura di Waitz, p. 8; 10.

37. *Historia Langobardorum codicis Gothani* 9, a cura di Waitz, pp. 10-11.

2. Come nell'*Origo*, la storia dei Longobardi è letta come un susseguirsi di re, migrazioni e guerre, ma grandissima importanza è data al piano salvifico che muove l'intera storia. L'autore riporta la diceria («asserunt») per cui i progenitori dei Longobardi sarebbero nati da «serpentes», una stirpe sanguinosa e dura che viveva senza legge.[38] La ferinità dei Longobardi è ribadita in una seconda occasione e i barbari sono descritti come «lupi rapaces» divenuti agnelli, con un paragone preso dai Salmi.[39] Le metafore dei serpenti e dei lupi denunciano il tono che permea l'opera, in cui la migrazione dei Longobardi è un veicolo per ricevere la salvezza, non per ottenere guadagni terreni. L'autore confida al pubblico la sua sorpresa nel riconoscere come la grazia divina abbia potuto raggiungere una popolazione tanto barbara e paragona la nuova fede dei Longobardi a un aroma di chiesa sprigionatosi all'interno di aculei («qui deinter mucrones spinarum odoramenta aeclesiarum inventi sunt»).[40] Questi passaggi sono coerenti con due elementi di grande interesse. Innanzitutto, sono un'ulteriore testimonianza di come le aristocrazie franche giustificassero la conquista come mossa dalla loro vicinanza a Dio e dal paganesimo o cristianesimo imperfetto dei loro numerosi vicini.[41] Inoltre troviamo il discorso sulla natura quasi pacifica e non violenta della conquista dell'Italia, un'idea che possiamo incontrare in numerose testimonianze degli anni, dai *Gesta episcoporum Mettensium* alla lettera di Catulfo a Carlomagno.[42] È possibile che l'omissione dei Longobardi dal catalogo delle *gentes* conquistate dai Franchi, composto da Ermoldo il Nero alla fine del secondo decennio del IX secolo rispondesse a simili istanze conciliatorie.[43]

Nella storia di Gotha, l'origine della stirpe dei Longobardi è raccònta in maniera concisa e numerosi elementi che caratterizzavano l'*Origo* sono qui tralasciati. Queste omissioni hanno grande signifi-

38. Cingolani, *Le storie dei Longobardi*, pp. 49-53, propone che «serpentibus» debba essere letto «spernentibus».

39. *Historia Langobardorum codicis Gothani* 1, a cura di Waitz, p. 7; *Ps*. 112, VII, 8.

40. *Historia Langobardorum codicis Gothani* 1, a cura di Waitz, p. 8.

41. Costambeys, Innes e MacLean, *The Carolingian World*, pp. 80-81.

42. Gasparri, *Italia longobarda*, pp. 163-164.

43. Ermoldo il Nero, *In honorem Hludowici christianissimi Caesaris Augusti* vv. 2150-2163, a cura di Faral, p. 164.

cato per accedere ad una mutata temperie culturale. La decisione di tacere il racconto di Votan è forse l'elemento narrativo più suggestivo di un nuovo contesto. Sappiamo che il significato della figura di Votan dovette mutare tra VIII e IX secolo, quando Paolo Diacono liquidò come «ridicula fabula» una delle narrazioni centrali dell'*Origo gentis Langobardorum*.[44] Nel racconto di Paolo, il termine «fabula» aveva il probabile significato di storia pagana, che deviava dal discorso cristiano.[45] Già nell'*Historia Romana*, Paolo aveva commentato come Saturno fosse considerato un dio solo dagli ignoranti.[46] «Fabulose», ossia in maniera fantastica, si raccontava anche come re Pico, il figlio di Saturno, fosse trasformato in uccello dalla maga Circe poiché il giovane sovrano ne respingeva l'amore.[47] Pertanto, al volgere del secolo il diacono esprimeva perplessità su uno dei foci attorno cui, nel VII secolo, ruotava l'identità dei Longobardi.

Come si è visto, tuttavia, una genealogia che tra VII e VIII secolo includesse Votan non conduceva univocamente a un ipotetico paganesimo. Sappiamo che le liste regie dei sovrani dell'eptarchia anglosassone si aprivano con Votan: si trattava di narrazioni compilate in ambiente monastico, come notato a più riprese da David Dumville.[48] Ancora Beda, che scrisse nei primi anni dell'VIII secolo, ricordò Votan commentando come «de cuius stirpe multarum provinciarum regium genus originem duxut»: il sangue di Votan era il sangue dei re cristiani degli Angli.[49]

Se linee così nette tra *superstitio*, paganesimo e ortodossia non erano ancora state tracciate tra VII e VIII secolo, nel IX Votan era divenuto uno scomodo antenato che si andava caricando di fosche associazioni a un paganesimo aggressivo e militante. Esistevano dei

44. Paolo Diacono, *Historia Langobardorum* I, 8, a cura di Bethmann e Waitz, p. 52.

45. Wormald, *Bede, Beowulf and the Conversion of the Anglo-Saxons*, pp. 42-43; Momigliano, *L'età del trapasso*, p. 286, su *fabula* come genere storico.

46. Paolo Diacono, *Historia Romana* I, 1, a cura di Crivellucci, p 6: «pro quibus meritis ab indocili et rustica multitudine deus appellatus est». Cervani, *Romanità e cristianesimo*, p. 17.

47. Paolo Diacono, *Historia Romana* I, 1, a cura di Crivellucci, p 6. Eutropio. Maskarinec, *Who Were the Romans?*, p. 305.

48. Dumville, *The Anglian Colection.*

49. Beda, *Historia ecclesiastica gentis Anglorum* I, 15, ii, a cura di Lapidge e Chiesa, p. 70. Dumville, *Kingship*, p 77. Miller, *Historicity and Pedigrees*, p. 254

precedenti come l'esorcismo nelle fibule di Nordendorf (nell'interpretazione di Klaus Düwel) o il racconto delle *Cronache di Fredegario*. Nell'*Indiculus superstitionum et paganiarum*, una delle fonti più preziose che possediamo sul paganesimo nell'Europa Centrale, Votan, Thor e Saxnot erano scacciati da un rituale in lingua germanica che accompagnava i battesimi.[50] Questa tendenza sembrò divenire egemone negli anni in cui il diacono scrisse. Lo stesso Paolo sapeva che nei suoi giorni Votan e Thor («Waten» e «Thonar») figuravano tra gli dèi dei Danesi, nemici dell'impero e di Carlo.[51]

3. Considerando le omissioni e le aggiunte, è suggestivo come l'episodio di Alboino, che nell'*Origo* costituiva la seconda grande narrazione ad esulare dalla più asciutta lista regia alla base della storia, fosse presentato secondo le medesime linee positive dell'*Origo gentis Langobardorum*. Nell'*Historia* di Gotha, pertanto, il regno di Alboino è descritto lungamente, costituendo la narrazione più estesa e dettagliata assieme al racconto sulle gesta di Carlomagno e Pipino. L'autore arricchisce qui la narrazione dell'*Origo* ricordando la casa dei Gausi a cui il re apparteneva.[52] Soprattutto le doti militari del re sono esaltate con brevi, ma sapienti aggiunte. Ribadendo la portata della vittoria longobarda in Pannonia, l'autore aggiunge come i Gepidi fossero stati sconfitti «validissimi vehementer».[53] Soprattutto raccontò che Alboino uccise di persona re Cunimondo, un elemento che, in precedenza, era stato riportato unicamente da Paolo Diacono.[54] Troviamo, infine, l'alleanza dei Longobardi con gli Avari, sconosciu-

50. *Forma Abrenuntiationis diaboli: Indiculus superstitionum et paganiarum* 1, a cura di Pertz, p. 19: «end ec forsacho [...] Thunaer ende Uuoden ende Saxnote ende allum them unholdum the hira genotas sint [e io rinuncio a Thor e Votan e Saxnot e a tutti i demoni che sono loro sodali]». Sul testo si veda l'introduzione in: Dierkens, *Superstitions, christianisme et paganisme*; Filotas, *Pagan Survivals*, pp. 151-155. Si vedano inolte: Palmer, *Defining Paganism*, pp. 407-8; Wood, *Pagan Religions*, pp. 253-254; Constambeys, Innes e MacLean, *The Carolingian World*, pp. 87-89.

51. Paolo Diacono, *Carmina* 22, a cura di Neff, p. 104.

52. *Historia Langobardorum codicis Gothani* 5, a cura di Waitz, p. 9: «Audoin ex genere fuit Gausus».

53. *Historia Langobardorum codicis Gothani* 1, a cura di Waitz, p. 7.

54. *Historia Langobardorum codicis Gothani* 5, a cura di Waitz, p. 9: «que ipse occiderat».

ta all'autore dell'*Origo* e introdotta da Paolo: l'autore aggiunse una clausola per cui i primi avrebbero potuto reclamare la Pannonia per duecento anni.[55] L'invito di Narsete è raccontato, con l'aggiunta che il patrizio fuggì in Spagna una volta che i Longobardi mossero dalla Pannonia, un'informazione che forse aveva ottenuto dalla lettura della *Continuatio Prosperii Havnensis*.[56] A confermare il ruolo di grande condottiero del re, l'autore dell'*Historia* di Gotha ribadì come l'esercito che varcò le Alpi fosse «valde copiosum» per giungere in Italia, descritta come «fluente lac et mel».[57] Nella conquista è narrata inoltre la presa di Pavia, che negli stessi anni, come si è visto, Paolo ricordava per la prima volta, e che l'anonimo giudicava guidata da una volontà superiore. In uno dei passaggi più evocativi della narrazione l'autore descrisse gli abitanti («cives») di Pavia, Milano e delle restanti città italiane chinare il capo a re Alboino come era stato predestinato da Dio («sicut a Deo fuerat predestinatum»).[58]

Nella visione storica dell'anonimo, la morte di Alboino e l'aiuto offerto da Longino alla regina sono la causa delle discordie che flagellarono l'Italia divisa tra Longobardi e Romani.[59] La morte di Rosmunda ed Elmechi è narrata in maniera simile a quanto avviene nell'*Origo*, ma qui non è Longino a proporre l'omicidio a Rosmunda, ma è la regina, che l'autore paragonava a Eva, a pianificare il misfatto.[60] È seguendo l'*Historia Langobardorum codicis Gothani*

55. *Historia Langobardorum codicis Gothani* 5, a cura di Waitz, p. 9: «Eo tempore cum exire coeperunt langobardi a pannonia, tunc fecerunt pactum et foedus amiciciae abari cum ipsis langobardis, et cartam conscriptionis, ut usque ad annos ducentos, si eorum oporte esset pannoniam requirere, sine omnia bella certaminis ad eorum partem ipsam terram relaxarent».

56. *Historia Langobardorum codicis Gothani* 5, a cura di Waitz, p. 9: «Nam narsis proconsul italiae, si quid eorum promiserat, relinquens italiam, ad spaniarum provinciam est reversus»; *Continuatio Prosperi Havnensis*, a cura di Hille, p. 35.

57. Sull'esercito di Alboino: *Historia Langobardorum codicis Gothani* 5 a cura di Waitz, p. 9; sull'Italia: ivi 1, a cura di Waitz, p. 7.

58. *Historia Langobardorum codicis Gothani* 5, a cura di Waitz, p. 9: «Tunc Papie cives et Mediolanum metropolim cum reliquae aliae civitates Italiorum videntes se vacuae, sicut a Deo fuerat predestinatum, colla sui ipsi Albuin regi subicierunt».

59. *Historia Langobardorum codicis Gothani* 6, a cura di Waitz, p. 10.

60. *Historia Langobardorum codicis Gothani* 5, a cura di Waitz, p. 9: «Tunc, ut per fimeneum primum exordium accidit mala suasio peccati, inde usque ad praesentem diem feminalis tenet consuetudo peccandi, suasit ipsa rosemonia longino

che Otto Gschwantler aveva teorizzato che la materia di Alboino facesse parte di un *Rosimundlied* di origine gepida.[61] La centralità della figura di Alboino trova una ragione di essere nella dipendenza dell'anonimo dall'*Origo gentis Langobardorum*. Tuttavia, si è visto come il medesimo autore non mostrasse remore nell'alterare il testo, come ad esempio nell'episodio di Votan. Riraccontare il racconto su Alboino pressoché immutato dalla narrazione di VII secolo, aveva pertanto uno specifico significato nella logica sociale di IX.

4. Il ruolo ricoperto da Alboino nella narrazione di Gotha, potrebbe spiegarsi nella temperie culturale e politica delle guerre dei Franchi contro gli Avari, «qui ab inicio malorum stirpe progeniti inimici aecclesiarum», e le conseguenti ambizioni di re Pipino di creare un vasto regno che si estendesse in Pannonia. Nella *Divisio regnorum* dell'806, la Baviera, «sicut Tassilo tenuit», spettava al re d'Italia assieme alle regioni orientali dell'Alemannia e, anche se mai affermato con la stessa chiarezza della *divisio*, sembrerebbe che anche le vaste conquiste a Oriente fossero ordinate sotto l'autorità dei re d'Italia e dei potenti duchi del Friuli.[62] In questa breve stagione politica, le azioni dei Longobardi in Pannonia assumevano un nuovo significato. Si è già visto come Paolo Diacono sviluppasse la laconica menzione degli scontri tra Alboino e Cunimondo contenuta nell'*Historia Romana*, nel ricco racconto dell'*Historia Langobardorum*. La narrazione sembrava rispondere al grande interesse delle élites franche e longobarde per le terre che si estendevano oltre i confini orientali di Italia e Baviera, una vasta regione chiamata da Herwig Wolfram l'Ostland franco.[63] Apparentemente, questi racconti miravano a creare un passato comune tra Pannonia e Italia per offrire un prestigioso precedente al regno di Pipino. Gli *Annales regni Francorum*, in occasione della spedizione franca in Avaria del 796, menzionano la reggia del *qagan* che sappiamo

militi, sicut prius ab elmechis, ut et ipsa occideret helmechis et longino esset uxor». Balzaretti, *These are Things that Men Do*, p. 184, n. 22. Anche Gschwantler, *Die Heldensage von Alboin und Rosimund*, pp. 237-238, dove l'interpretazione è spiegata in dettaglio. Interpretazioni alternative, in cui è Rosmunda a essere convinta da Longino, sono quelle di Berto e Azzara.

61. Gschwantler, *Die Heldensage von Alboin und Rosimund*, pp. 236-247.

62. *Divisio imperii (806)* 2, a cura di Boretius, p. 127.

63. Wolfram, *Grenzen und Räume*, p. 211.

essere chiamata *Hring* (anello) e che nella tarda cronaca di Notchero Balbulo sarebbe divenuta una sorta di immenso alveare che occupava vaste regioni dell'Europa Centrale.[64] Gli *Annales* nella redazione E, la cosiddetta recensione di Eginardo, nel descrivere il medesimo episodio aggiungono sibillini: «Hring qui a Langobardis autem campus vocatur», il *Hring* che dai Longobardi è anche chiamato *campus*.[65] Gli *Annales q.d. Einhardi* denotano un generale interesse per i confini orientali dell'impero e la diffusione dei manoscritti dimostra che tra X e XI circolarono nelle regione a oriente del Reno.[66] In questo contesto, *campus* ricorda immediatamente il *Feld*, la regione in cui, stando all'*Origo gentis Langobardorum*, i Longobardi furono stanziati nei giorni di re Vacone.[67] È sempre re Vacone che appare nell'*Historia Langobardorum* di Gotha in un racconto altrimenti sconosciuto: qui si narra come le rovine del suo palazzo, una costruzione mai ricordata dagli autori precedenti, fossero avvistate dagli eserciti di Carlomagno, forse non lontano dalla regione dei Beovindi.[68] Ammesso che re Vacone avesse effettivamente abitato un palazzo presso l'alto corso del Danubio, è improbabile che i soldati di Pipino riuscissero a riconoscere l'architettura a quasi tre secoli di distanza. Possibile è che delle antiche rovine fossero associate alla residenza dell'antico re dei Longobardi, ma la questione è irrisolvibile. Il messaggio celato tra le brevi descrizioni dell'*Historia* di Gotha o degli *Annales* è che alcune regioni dell'Europa Centrale recavano tracce del passato longobardo, nell'architettura, nei toponimi e soprattutto nella memoria dei grandi

64. Notchero Balbulo, *Gesta Karoli Magni*, a cura di Haefele, pp. 50-51. Sul *Hring*: Pohl, *The Regia and the Hring*, pp. 445-46; Id., *Die Awaren*, pp. 306-308. Si veda inoltre Innes, *Memory, Orality and Literacy*, pp. 17-18, che evidenzia come il racconto di Notchero echeggi la descrizione che Virgilio fa dello Stige (*Aeneid*, VI, 438-439).

65. *Annales regni Francorum [Eginardo]* 796, a cura di Kurze, p. 99. Sulla recensione E degli *Annales regni Francorum*: Collins, *The 'Reviser' Revisited*; McKitterick, *Charlemagne*, pp. 27-31.

66. Collins, *The 'Reviser' Revisited*, pp. 200-201; McKitterick, *Charlemagne*, pp. 27-28.

67. Il significato di *feld* può essere facilmente letto nelle moderne lingue germaniche come il tedesco *Feld* o l'inglese *field*.

68. *Historia Langobardorum codicis Gothani* 2, a cura di Waitz, p. 8: «unde usque hodie praesentem diem diem Wachoni regi eorum domus et habitatio apparet signa».

uomini che le avevano solcate. La narrazione di Gotha contiene anche un'isolata menzione della morte di Audoino in Pannonia e viene da chiedersi se questa annotazione fosse associata ad un luogo in cui si credeva fosse seppellito il padre di Alboino.[69] Questa ipotesi, forse azzardata, potrebbe essere confermata dalla comparsa di una genealogia di Audoino precedentemente inedita. Madre del re sarebbe, infatti, stata una certa Menia, moglie di re Pissa, un personaggio sconosciuto, ma forse da identificarsi nel re dei Turingi Bisino.[70]

Re Alboino, come Vacone e forse Audoino, era tra i giganti del passato che avevano calcato le brughiere del *Feld* e della Pannonia: dovette trattarsi di una strategia per giustificare la restituzione di queste regioni al *regnum Langobardorum* governato dall'ambizioso re Pipino. Medesimi intenti sarebbero da leggersi nella menzione dei Beovindi, forse i Veneti (Slavi) Bianchi. Si tratta di una popolazione di cui conosciamo pochissimo, essendo ricordati unicamente dagli *Annales Xantenses*. Nell'*Historia* di Gotha i Beovindi erano stati, molte generazioni prima che Pipino li sconfiggesse, i nemici di Agilmundo, il primo re dei Longobardi.[71] Magali Coumert ha interpretato questa ricorrenza come una volontà di creare una comunanza e una continuità di intenti tra i Longobardi prima e dopo la conquista franca del regno.[72] Come abbiamo visto la narrazione di Paolo Diacono si sviluppava lungo linee simili. Il diacono aveva descritto le Alpi orientali come un passaggio naturale tra Pannonia e Italia e lì aveva situato il *mons Regis*.[73]

Nella storia di Gotha, inoltre, è possibile leggere di un trattato stipulato tra Alboino e gli Avari su un possibile ritorno dei Longobardi in Pannonia. Paolo Diacono aveva narrato una storia simile, ma nel racconto di Gotha troviamo un'informazione precedente-

69. *Historia Langobardorum codicis Gothani* 5, a cura di Waitz, p. 9: «Ipse adduxit Langobardos o in Pannoniam, et mortuus est Audoin in Pannonia».

70. *Historia Langobardorum codicis Gothani* 5, a cura di Waitz, p. 9: «Mater autem Audoin nomine Menia uxor fuit Pissae regis». Sulla figura di Menia: Brandes, *Das Gold der Menia*.

71. *Annales Xantenses* 847, a cura di Simson, p. 15: «Ipse [Ludewicus] vero cum exercitu suo contra Boemmanos perrexit, quos nos Beuwinitha vocamus»; *Historia Langobardorum codicis Gothani* 2, a cura di Waitz, p. 8.

72. Coumert, *Origines des peuples*, pp. 258-260.

73. Paolo Diacono, *Historia Langobardorum* II, 8, a cura di Bethmann e Waitz, p. 76.

mente sconosciuta concernente la durata del trattato, che l'anonimo stabiliva in duecento anni. Gli anni che re Alboino aveva concesso agli Avari si erano conclusi nel 768 e questo sembrerebbe legittimare ulteriormente le aspirazioni di re Pipino a Oriente.

Che i *duces* del Friuli potessero avere un ruolo di primo piano in questi disegni, sembra molto probabile. Già nel poema scritto da Paolino patriarca di Aquileia nella triste occasione della morte del *dux* Erico, avvenuta nel 799, venivano dipinti i vastissimi confini orientali del regno d'Italia che includevano Sirmio e la Tracia per estendersi fino alla lontanissima Palude Meotide. Nei versi del patriarca il duca assume una dimensione eroica venendo implicitamente associato ad Alessandro Magno.[74] Il poema è uno dei più antichi componimenti latini di cui si sia preservata la melodia.[75] I versi, scritti per essere cantati, dipingevano i vasti orizzonti del *regnum*.

Fu probabilmente nella seconda metà dell'VIII secolo che i *duces* del Friuli tracciarono la loro origine fino a re Alboino e la stirpe dei Gausi. Nell'*Historia Langobardorum*, Paolo racconta che una delle prime azioni di re Alboino, una volta giunto in Italia, sarebbe stata la creazione del *ducatus* del Friuli, alla cui testa pose il nipote Gisulfo. Paolo racconta che Alboino scelse le *farae* migliori che affidò al nipote assieme a numerosi cavalli.[76] Come nell'episodio del *mons Regis*, ci muoviamo in un contesto più tardo rispetto a quello della conquista, anni in cui i *duces* più preminenti tra quelli del *regnum*, furono i signori di Torino e Trento. È possibile che il racconto dei cavalli e le *farae* fosse nato alla metà dell'VIII secolo, quando i *duces* del Friuli aspiravano al trono di Pavia e conducevano brillanti campagne contro gli Slavi, forse vantandosi di appartenere al lignaggio di Alboino; ma il racconto avrebbe mantenuto tutto il

74. Paolino di Aquileia, *Versus de Herico duce* 6, a cura di Dümmler, p. 131: «Barbaras gentes domuit sevissimas, / cingit quas Drauva, recludit Danubius, / celant quas iunco paludes Meotides, / ponti coartat quas unda salsiflui, / Dalmatiarum quibus obstat terminus». Sul poema di Paolino: Norberg, *L'Œuvre poétique de Paulin d'Aquilée*, pp. 34-38; Krahwinkler, *Friaul*, pp. 154-158. Su Erico: Hlawitschka, *Franken*, pp. 176-177; inoltre il sempre valido: Ross, *Two Neglected Paladins*, pp. 225-31. Sulla conoscenza di Alessandro alla corte di Carlomagno: Innes e McKitterick, *The Writing of History*, pp. 207-208, n. 53.

75. Norberg, *L'Œuvre poétique de Paulin d'Aquilée*, p. 38.

76. Paolo Diacono, *Historia Langobardorum* II, 9, a cura di Bethmann e Waitz, pp. 77-78.

suo valore nel mondo franco, quando i signori del Friuli assunsero un ruolo di grandissimo rilievo.[77] Un secondo elemento che ci porta a una situazione più tarda rispetto ai giorni di Alboino, è il ruolo del sovrano nel concedere *honores* ai suoi aristocratici, tipico dell'epoca carolingia: Alboino che insignisce il nipote Gisulfo del prestigioso *ducatus* sui confini orientali del regno dovette essere una storia appropriata per i lettori del diacono.[78]

La centralità mantenuta dalla figura di Alboino contrasta con l'oblio riservato ad altri episodi topici del passato longobardo come il confronto con Votan o le guerre di Rotari. Dalle menzioni del palazzo di re Vacone e dal nome *campus* utilizzato dai Longobardi per descrivere il *Hring*, il palazzo dei sovrani degli Avari, apparirà chiaro come le vittorie dei Longobardi in Pannonia potessero fornire un precedente illustre e carico di prestigio alle aspirazione del nuovo re dei Longobardi Pipino in *Avaria*. È da domandarsi se la figura di re Liutprando, che Paolo Diacono raccontava come il miglior sovrano della storia longobarda, andrebbe interpretata alla luce della sua pace con gli Avari, la notizia che chiude l'*Historia Langobardorum*.[79] Alboino era, al contrario, un re che aveva governato sull'Italia e sulla Pannonia collezionando trionfi in entrambe le regioni, in maniera simile a re Pipino, che mirava alla creazione di quel regno «crande, amplum, potentissimum» che si estendeva sui monti e le selve dell'Europa centrale, come menzionato dai versi trionfali del *De Pippini regis victoria avarica*.[80]

Tuttavia re Pipino morì prematuramente nell'810, lasciando una ferita nel cuore del padre, e inaugurando la rovina dei suoi sostenitori in Italia.[81] Da questo momento, una sfortunata successione di eventi progressivamente ridusse il prestigio dei re e delle aristocrazie italiane. Questa parabola discendente raggiunse il suo climax negativo nell'anno 827 quando, in seguito a frustranti incomprensioni, l'esercito dei Bulgari risalì la Sava conquistando la regione

77. Gasparri, *Italia longobarda*, p. 38.

78. Costambeys, Innes e MacLean, *The Carolingian World*, pp. 313-316; Airlie, *Semper fideles?*

79. Paolo Diacono, *Historia Langobardorum* VI, 58, a cura di Bethmann e Waitz, p. 187.

80. *De Pippini regis victoria avarica* 15, a cura di Dümmler, p. 117.

81. Manacorda, *Ricerche*, p. 8.

e dissipando l'Ostland italiano.[82] L'anno seguente Ludovico il Germanico ascendeva al trono di Baviera, divenendo un formidabile antagonista per le mire a Oriente dei sovrani italiani e anticipando la caduta dei potentissimi *duces* del Friuli.[83] Da questo momento in poi, il capitale simbolico che Alboino ancora poteva recare ai *reges* d'Italia sarebbe completamente svanito.

* * *

Valafrido Strabone, era un giovane e ambizioso intellettuale quando giunse alla corte di Ludovico il Pio. Nell'orazione che nella primavera dell'829 lo introdusse alla corte dell'imperatore, il poeta decise di trattare della grande statua di Teodorico che sorgeva presso il palazzo imperiale.[84] Si trattava, con ogni probabilità, della statua che il padre dell'imperatore aveva fatto giungere da Ravenna e di cui aveva narrato Andrea Agnello. Nel poema *De imagine Tetrici*, Valfrido inscenò un dialogo fittizio tra se stesso e la sua musa, chiamata Scintilla: i due conversano ad Aquisgrana, non lontano dalla statua che si ergeva sopra di loro, grande e sinistra.[85] Il nome Tetricus, scelto da Valafrido per il re dei Goti, echeggia chiaramente gli aggettivi «taeter» e «taetricus», a riprova dell'oscura natura della sua presenza.[86] Prendendo spunto dall'antico sovrano plasmato nell'oro della statua, il poeta ricordava agli astanti che il successore di Carlomagno dovrebbe guardare a Mosè come un modello per regnare sul suo popolo e non a Teodorico, un eretico uccisore di Cristiani, la cui figura è possibile celasse un attacco al padre dell'imperatore: il grande Carlo.[87] L'associazione era spietata: sappiamo che, nei suoi *Dialogi*, Gregorio Magno aveva fatto gettare Teodorico nel vulcano presso Lipari perché espiasse le sue molte colpe.[88] La ricezione di questa storia fu immediata e già nell'*Hodoeporicon* del monaco Villibaldo l'«insula Vulcana», chiamata «infernus Theodrichi», è

82. *Annales regni Francorum* 827, a cura di Kurze, p. 173; Ziemann, *Vom Wandervolk zur Großmacht*, pp. 314-5.
83. Goldberg, *Struggle for Empire*, pp. 47-56.
84. Herren, *Walafrid Strabo's De imagine Tetrici*, p. 25.
85. *De imagine Tetrici* vv. 28-29, a cura di Herren, p. 123.
86. Herren, *Walafrid Strabo's De imagine Tetrici*, p. 26.
87. *De imagine Tetrici* v. 100, a cura di Herren, p. 125. Herren, *Walafrid Strabo's De imagine Tetrici*, pp. 34-5.
88. Gregorio Magno, *Dialogi* IV, 31, ii-iii, a cura di Vogüe e Antin, III, p. 104.

descritta come l'antro rovente e nerissimo dell'inferno.[89] Non sappiamo quali fossero i risultati dell'attacco di Valafrido, ma questa storia, per quanto frammentaria, ci informa della rapidità con cui i processi di memoria e oblio fossero in atto nella rappresentazione di personaggi del passato attraverso cangianti temperie politiche.

Questo attacco ai sovrani del passato, Carlo tra tutti, faceva parte di un ampio discorso dell'età di Ludovico il Pio sulla figura del *rex* come modello e fonte di virtù cristiane.[90] Particolarmente i *reges Ausoniae*, i re d'Italia, assurgevano a ideale della durezza del potere temporale, il perché è ancora da esplorare.[91] Nella *Visio Wettini*, una narrazione, come il *De imagine Tetrici*, composta da Valafrido Strabone, il grande Carlo era posto nell'allucinato paesaggio di un *purgatorium*, immobile nello spazio mentre una una fiera («animal») gli lacerava i genitali come punizione per aver ceduto alla lussuria divenendo a sua volta simile a una bestia.[92] Per re Alboino non abbiamo testimonianze così chiare, ma è forse possibile seguire le tracce della declinante fortuna del grande re longobardo. Nei cosiddetti *Excerpta Sangallensia*, Valafrido Strabone commentava ancora una volta la disdicevole condotta dei re. Come discusso da Richard Corradini, collezionando estratti delle storie di Orosio, la Cronaca del 354 e la *Chronica Maiora* di Beda, il grande teologo aveva giustapposto frammenti che narravano le guerre dei sovrani del passato in Italia, ad altri che descrivevano sinistri presagi celesti, epidemie e terremoti. Alboino, enigmaticamente chiamato «Albida», concludeva questo cupo catalogo con la sua conquista dell'Italia e la successiva epidemia che aveva infuriato sulla penisola.[93] Intorno all'830 i frutti della conquista del grande re erano rappresentati unicamente dalla pestifera piaga che aveva devastato l'Italia.

89. Hugeburc di Heidenheim, *Vita Willibaldi epicopi Eichestetis* 5, ed. Holder-Egger, p. 101.

90. Si veda su questo: De Jong, *The Penitential State*, pp. 112-113.

91. Devo queste considerazioni a Richard Corradini.

92. Valafrido Strabone, *Visio Wettini* vv. 446-450, a cura di Dümmler, pp. 318-319. Sul passo: Dutton, *The Politics of Dreaming*, pp. 63-64. Inoltre: Ganz, *Charlemagne in Hell*. Sulla forma dell'Aldilà: Carozzi, *La géographie de l'audelà*.

93. *Excerpta Sangallensia*, a cura di Mommsen, p. 336: «eo anno occisus est a suis Albida rex Langobardorum VIII kl. Iun. et fuit hominum nimia mortalitas». Corradini, *Pieces of a Puzzle*, p. 490. Sul nome «Albida»: Wagner, *Ostgermanisch-alanisch-hunnische Beziehungen*, in cui propone che il nome fosse una forma gepida di Alboino.

7. Il re d'inverno

Il personaggio di Alboino creato da Paolo Diacono rispondeva ancora alle esigenze della monarchia tra VIII e IX secolo, sia per un generale interesse dei nuovi signori d'Italia per i *reges* barbari del passato come Ingeld, Odoacre e Teodorico, sia perché negli anni in cui Pipino era l'ambizioso *rex Italiae*, poteva fornire un prestigioso precedente alle aspirazioni di dominio sulle regioni danubiane. Tutte queste necessità vennero a mancare già alla metà del IX secolo. Nonostante un sovrano della stirpe di Carlo avesse la base del suo potere in Italia ancora nell'875 e suoi parenti governassero il *regnum* dalle loro sedi a nord delle Alpi fino all'888, il grande prestigio di cui i *reges* longobardi avevano goduto sembrò svanire nel corso del secolo.[1] Non solo i re franchi che succedettero a Pipino ebbero un certo imbarazzo quando confrontati con la regalità longobarda, ma anche i numerosi re d'Italia che a loro seguirono (888-962) cercarono una legittimazione al regno nel loro legame con la dinastia di Carlo piuttosto che con i sovrani longobardi del passato. I Franchi esercitarono una sorta di monopolio della regalità per i secoli successivi e anche i sovrani della più solida e persistente dinastia che regnò in Italia nel X secolo, gli Ottoni, guardarono chiaramente ai modelli carolingi, non a quelli longobardi.[2] In questo contesto, non solo il passato longobardo della monarchia perse di prestigio, come

1. Sul periodo si veda la classica narrazione Fasoli, *I re d'Italia*; e Cammarosano, *Nobili e re*, pp. 189-229.

2. Innes, MacLean e Constambeys, *The Carolingian World*, p. 3; Keller, *Grundlagen ottonischer Königsherrschaft*, p. 29; Tabacco, *Regno, impero e aristocrazie*, p. 264.

già era avvenuto nei decenni precedenti, ma fu la regalità stessa, in alcune occasioni, ad essere messa in discussione e l'idea di regno in Italia andò sempre più collimando con quella di impero.[3]

Inoltre, con l'estinguersi della dinastia carolingia, il progressivo sfaldarsi delle strutture costitutive del *regum* divenne evidente, mentre l'Italia si avviava al cosiddetto particolarismo postcarolingio e le potenti dinastie che, al seguito dei Franchi, si erano insediate in Friuli, Toscana e Spoleto si andavano gradualmente emancipando dall'autorità centrale.[4] Tuttavia, il declino della regalità non fu repentino come per molti anni si era ritenuto e la carriera di Berengario (re, 888-924) può dimostrare la tenacia con cui alcuni dei sovrani che succedettero ai Carolingi tentarono di mantenere il loro prestigio e il loro potere.[5] Proprio Berengario, però, come anni fa ripeteva Marc Bloch, fu uno dei tre sovrani della *societé feudale* a perdere il carisma regio al punto di finire assassinato.[6]

Anche in questo mutato scenario politico la storia di Alboino dovette essere notissima grazie alla grande diffusione dell'*Historia Langobardorum* di cui si è parlato nel capitolo quinto. Le imprese e la morte del re potevano essere consultate nei medesimi manoscritti in cui le nuove storie erano conservate. Tuttavia, se fino agli anni di Paolo, re Alboino aveva rappresentato il primo della gloriosa schiatta di re che ancora reggevano il regno d'Italia; nel corso del IX secolo la sua memoria venne frammentata, adattata a nuovi contesti e piegata alle nuove necessità politiche e culturali che si andavano formando. La vicenda del vecchio re mantenne parte della sua energia sociale, ma le funzioni che assunse erano interamente nuove, in contesti inediti.[7] La tragedia di Alboino non rispondeva più ad alcun *wir-Gefühl*.[8]

Inoltre se gli autori che successero a Paolo elaborarono il racconto di Alboino, seguire questa evoluzione diviene comunque diffi-

3. Tabacco, *Regno, impero e aristocrazie*, p. 256.

4. Tabacco, *Regno, impero e aristocrazie*, pp. 248-249.

5. Rosenwein, *The Family Politics of Berengar I*; MacLean, *'After his death a great tribulation came to Italy... '*, pp. 243-244.

6. Citato in Albertoni, *Berengario I*, p. 25.

7. Sul concetto di energia sociale: Greenblatt, *Shakespearean Negotiations*, p. 1-20.

8. Eggert e Pätzold, *Wir-Gefühl*, pp. 15-19.

cile per la natura della documentazione. Ugo Balzani, molti anni fa, scriveva che: «la cronografia italiana entra ora nel periodo più povero della sua vita. Un decadimento profondo seguì gli ultimi bagliori del classicismo e quello sforzo verso una rinascenza tentato da Carlo Magno è cessato con lui».[9] Nessuna sorpresa che anche un re ormai marginale come Alboino divenisse quasi invisibile.

Un pessimo marito

1. Andrea Agnello visse a Ravenna nella prima metà del IX secolo scrivendo una storia dei vescovi della sua città dalle origini ai suoi giorni. L'*ego narrator* di Agnello è dotato di grandissima autostima, tanto che Gustavo Vinay lo ritenne uno fra i più egocentrici scrittori altomedievali.[10] Questa percezione fu in parte giustificata dal ruolo di Andrea Agnello nella Ravenna del IX secolo: l'autore proveniva, infatti, da un'influente famiglia in grado di tracciare la propria discendenza fino alle lotte contro gli odiati Greci di inizio VIII secolo. Nei suoi giorni Agnello fu attivamente coinvolto nella vita politica della città, divenendo un accanito oppositore dell'arcivescovo Giorgio, di cui in precedenza era stato amico, e che descrisse come un uomo di rara perfidia.[11] Il ruolo che Agnello ricoprì nella Ravenna dei suoi giorni può essere inoltre letto nella sua partecipazione alla cerimonia per il battesimo della figlia dell'imperatore Lotario.[12] Fu infine coinvolto nelle turbolente vicende che seguirono la morte di Ludovico il Pio, lasciando una bella descrizione dell'eclissi

9. Balzani, *Le cronache italiane*, p. 91.

10. Vinay, *Alto Medioevo latino*, p. 287.

11. Sulla vita di Andrea Agnello: Martínez Pizarro, *Writing Ravenna*, pp. 22-27; Deliyannis, *Introduction*, pp. 7-9; Vinay, *Alto Medioevo latino*, pp. 287-288; Benericetti, *Il pontificale di Ravenna*, pp. 55-62; Fasoli, *Rileggendo il Liber pontificalis*, pp. 462-468. Sulla passata amicizia tra Agnello e Giorgio Andrea Agnello, *Liber pontificalis ecclesiae Ravennatis* 26, a cura di Deliyannis, pp. 173-174. Martínez Pizarro, *Writing Ravenna*, p. 16; seguendo Testi-Rasponi, *Note marginali*, pp. 241-243. Inoltre, con un po' di romanticismo: Benericetti, *Il pontificale di Ravenna*, pp. 85-86.

12. Andrea Agnello, *Liber pontificalis ecclesiae Ravennatis* 171, a cura di Deliyannis, p. 351. Martínez Pizarro, *Writing Ravenna*, p. 16; Benericetti, *Il pontificale di Ravenna*, pp. 61-62; Fasoli, *Rileggendo il Liber pontificalis*, pp. 467-468.

che precedette la morte dell'imperatore e una delle poche narrazioni della battaglia di Fontenoy.[13]

Il libro di Agnello sopravvive integralmente in unico manoscritto, il Codice Estense (Biblioteca Estense di Modena, Cod. Lat. 371 X.P.4.9), databile al XV secolo, mentre le biografie dei vescovi, fino alle parole «sed ipse sanctissimus» della vita di Pietro II (494-520), il capitolo 48 dell'edizione di Oswald Holder-Egger (divisione poi ripresa da Deborah M. Deliyannis) sono contenute in un manoscritto vaticano di XVI secolo (Vat. Lat. 5834).[14]

La storia di Agnello rientra nel genere dei *Gesta episcoporum*, di cui Paolo Diacono è tradizionalmente considerato il fondatore, e che in Italia si attestò nelle città in cui l'eredità dell'impero d'Oriente era più forte, come Ravenna, Roma, e Napoli dove Giovanni Diacono, negli stessi anni di Andrea Agnello, scrisse una continuazione dei *Gesta episcoporum Neapolitanorum* fino ai suoi giorni.[15] La storia di Ravenna si apre con il pontificato di Apollinare (I sec. d.C.) per concludersi con quello di Giorgio (ca. 837-846), che fu presule nei giorni in cui Agnello preparò il suo libro. Numerose delle *vitae* più tarde ci sono pervenute in forma frammentaria e incompleta.[16]

2. Il testo di Agnello ha una struttura particolare, collezionando elementi di sermone, agiografia e biografia in egual misura.[17] Contiene numerose «lectiones» che l'autore ci dice di aver recitato in città in un arco cronologico di svariati anni.[18] Alcune di queste «lectiones» sono state analizzate con grande cura, come l'episodio che descrive l'incontro tra Carlomagno e il vescovo Grazioso, ma il testo di Andrea Agnello è rimasto in gran parte marginale al dibattito

13. Andrea Agnello, *Liber pontificalis ecclesiae Ravennatis* 172; 174, a cura di Deliyannis, pp. 352-353.

14. Per una ricca descrizione dei manoscritti Benericetti, *Il pontificale di Ravenna*, pp. 11-22. Inoltre: Deliyannis, *Introduction*, pp. 52-67.

15. Sot, *Gesta episcoporum*, pp. 33-37; Martínez Pizarro, *Writing Ravenna*, pp. 33-35. Altre città bizantine d'Italia ebbero cronache scritte solamente più tardi, a partire dall'XI secolo, che tuttavia non furono incentrate sulla figura episcopale, come avvenne a Bari o a Venezia.

16. Fasoli, *Rileggendo il Liber pontificalis*, pp. 458-459.

17. Deliyannis, *Introduction*, p. 21.

18. Martínez Pizarro, *Writing Ravenna*, pp. 71-81; Benericetti, *Il pontifcale di Ravenna*, pp. 63-70.

sul mondo carolingio se si escludono gli studi di Joaquin Martínez Pizarro e Deborah M. Deliyannis e, forse meno conosciuti, di Ruggero Berenicetti.[19] Agnello si rivolge costantemente al suo pubblico, che possiamo immaginare riunito di fronte a lui nelle piazze della Ravenna di IX secolo. In una biografia leggiamo l'espediente narrativo del sole che tramonta e Agnello si dice costretto a effettuare una pausa nella narrazione fino al giorno seguente.[20] In altre occasioni, come Gregorio Magno, l'autore si ritrae devastato dalla malattia e impossibilitato a proseguire oltre il suo racconto.[21] Narrando di re Alboino, infine, lo storico interpella direttamente il suo pubblico al fine di portare un insegnamento edificante. Numerosi studiosi hanno ritenuto che Agnello avesse realmente recitato queste letture e che non si trattasse di un artificio retorico: si è pensato che il suo pubblico potesse essere costituito da alcuni dissidenti che si opponevano all'autorità del vescovo.[22] Alessandro Testi-Rasponi ha anche tentato di stabilire una cronologia per le performance di Agnello, che si sarebbero protratte dall'830 all'846, mentre un arco cronologico più limitato, dall'839 all'847, è stato proposto da Benericetti.[23] In anni più recenti è stato al contrario suggerito che l'oralità di Agnello fosse un espediente retorico mirato a richiamare lo stile dei sermoni.[24] In ogni caso, vi è accordo sul fatto che la composizione del testo si protrasse per un lungo tempo, almeno quindici anni.

Agnello scrisse una storia generalmente confusa, ma affascinante. La cronologia è spesso incoerente rispetto a quella proposta da altri scritti, e alcuni eventi sembrano nati da un'incomprensione delle fon-

19. L'incontro tra Carlo e Grazioso è descritto in Andrea Agnello, *Liber pontificalis ecclesiae Ravennatis* 165, a cura di Deliyannis, pp. 342-343. Kershaw, *Laughing after Babel's Fall*, pp. 184-190.

20. Andrea Agnello, *Liber pontificalis ecclesiae Ravennatis* 78, a cura di Deliyannis, pp. 246-247. Martínez Pizarro, *Writing Ravenna*, p. 76; Fasoli, *Rileggendo il Liber pontificalis*, p. 484. Altre cesure si trovano in Andrea Agnello, *Liber pontificalis ecclesiae Ravennatis* 38-39, 64, 79, 92, a cura di Deliyannis, p. 195; 233; 248; 257. Fasoli, *Rileggendo il Liber pontificalis*, pp. 472-473 e n. 41.

21. Andrea Agnello, *Liber pontificalis ecclesiae Ravennatis* 39; 45, a cura di Deliyannis, p. 195; 206. Martínez Pizarro, *Writing Ravenna*, pp. 77-78.

22. Chiaramente espresso da Martínez Pizarro, *Writing Ravenna*, pp. 77-78.

23. Testi-Rasponi, *Note marginali*, pp. 86-101; seguito da Martínez Pizarro, *Writing Ravenna*, pp. 27-29, e Benericetti, *Il pontificale di Ravenna*, p. 93.

24. Deliyannis, *Introduction*, pp. 16-17.

ti, come il trasformare Veneti e Prasini, le fazioni del circo di Costantinopoli, in due eserciti schierati che devastarono il Mediterraneo orientale.[25] Tuttavia il testo ha una carica avvincente: il gusto per l'orrido del suo autore, i frequenti dialoghi e il sangue che gronda copioso da quasi ogni pagina lo rendono una lettura ancora piacevole. Soprattutto, assieme agli autori dei *libri* di Napoli e Roma, Agnello ci fornisce una rara e vivida testimonianza sulla vita cittadina nel IX secolo descrivendone i conflitti interni, l'organizzazione militare, e altri aspetti economici e sociali che sarebbero altrimenti andati perduti. Infine, Agnello ha un grandissimo interesse per i monumenti, le architetture e le epigrafi di Ravenna, il che lo ha reso molto popolare tra gli storici dell'arte, e si è già visto un episodio di cui Agnello rese protagonista una statua dell'imperatore Zenone: Martínez Pizarro ha proposto che questa potesse essere un'influenza dei *patria* di Costantinopoli, che venivano compilati nei medesimi anni.[26] Altre storie, infine, ci portano oltre il crepuscolo, dischiudendo un angusto accesso per una storia notturna dell'Europa altomedievale.[27] Oltre questi piccoli racconti che Francesco Lanzoni, più di un secolo fa, aveva definito «leggende orientali» è possibile riconoscere una chiara metanarrazione che tiene assieme tutti gli episodi che formano il *Liber*. I temi principali del *Liber pontificalis ecclesiae Ravennatis* sono l'opposizione a Roma, la difesa del clero di Ravenna dall'autorità dei vescovi e i rapporti, spesso di tensione, e che a volte degenerano in aperto conflitto, con le autorità militari, come i vari *reges* barbari e in particolare l'impero con i suoi esarchi, spesso dipinti a tinte fosche.[28]

3. Raccontando la vita del vescovo Pietro *senior* (570-578), Agnello introdusse re Alboino.[29] Agnello citò raramente le sue fonti:

25. Veneti e Praesini: Andrea Agnello, *Liber pontificalis ecclesiae Ravennatis* 107, a cura di Deliyannis, p. 278.

26. Martínez Pizarro, *Writing Ravenna*, pp. 85-86. Sull'interesse per la storia dell'arte: Fasoli, *Rileggendo il Liber Pontificalis*, pp. 479-481. Per monografie su Agnello scritte da storici dell'arte, si veda ad esempio Gonin, *Excerpta Agnelliana*.

27. Borri, *Nightfall in Ravenna*.

28. Benericetti, *Il pontificale di Ravenna*, pp. 89-96; Martínez Pizarro, *Writing Ravenna*, pp. 9-65.

29. Andrea Agnello, *Liber pontificalis ecclesiae Ravennatis* 96-97, a cura di Deliyannis, pp. 260-266. Martínez Pizarro, *Writing Ravenna*, pp. 119-141; anche Fasoli, *Rileggendo il Liber pontificalis*, pp. 492-493.

narrando di re Alboino non fece eccezione, ma possiamo identificare l'origine del suo racconto nell'*Historia Langobardorum* di Paolo Diacono, che Agnello dovette almeno in parte conoscere.[30] Lo storico seguì la storia di Paolo arricchendo la narrazione con numerosi dettagli e incentrandola sulla morte del sovrano: la vicenda è interamente ambientata in Italia. Sembrerebbe che il suo pubblico fosse a conoscenza del racconto dell'*Historia Langobardorum*: Agnello, infatti, scrisse che non avrebbe tralasciato le cause dell'uccisione di Alboino nonostante fossero note («quam scimus»).

La tragedia è narrata in una delle maniere più colorite e avvincenti che ci siano giunte. La prima caratteristica che il lettore può incontrare è la lunghezza dei dialoghi che spesso hanno carattere didascalico, svolgendo la funzione di chiarire al pubblico le cause che spingono i personaggi ad agire. Nonostante questa maggiore ricchezza rispetto al lavoro del diacono, la narrazione del pontificale di Ravenna prende avvio dalle stesse linee. Alboino, dopo aver cenato, siede a tavola più a lungo del dovuto, continuando a bere. La *laetitia* che pervade il re nell'*Historia Langobardorum* diviene, nel *Liber pontificalis* di Ravenna, la più deprecabile condizione della «crapula vini».[31] Allegro per l'alcol, il re straparla e continua a chiedere altro vino, facendosi portare dai suoi inservienti, tra i vari recipienti che possedeva, quello che aveva fatto ricavare dalla testa del padre della moglie, che resta anonimo. Agnello crea un effetto comico, ribadendo in questa occasione il legame familiare che univa Cunimondo ad Alboino, che finì per bere dalla testa mozzata del suocero («caput soceri sui, Rosmundae patris»).[32] La coppa, inoltre, è per la prima volta descritta in dettaglio come guarnita d'oro e impreziosita da perle e gemme («quod capud erat ex auro ligatum optimum margaritisque et diversis preciosissimis gemmis infixum»). Si tratta dell'unica descrizione dell'oggetto che ci sia giunta, anche se è molto probabile che Agnello non dovette mai vedere il recipiente. Il re fece riempire il calice «usque

30. Fasoli, *Rileggendo il Liber pontificalis*, pp. 276-277.

31. Andrea Agnello, *Liber pontificalis ecclesiae Ravennatis* 96, a cura di Deliyannis, p. 260. Lazard, *De l'origine des hellénismes d'Agnello*, p. 263; Martínez Pizarro, *Writing Ravenna*, p. 122, n. 43.

32. Per una simile suggestione Martínez Pizarro, *A Rhetoric of the Scene*, p. 192.

ad summum» di vino e tracannò il contenuto, ridendo con i suoi commensali. Fece nuovamente riempire la coppa offrendola, questa volta, a Rosmunda e pronunciando la sinistra frase: «bibe per totum».[33] La regina, umiliata di fronte a tutti, acconsentì già meditando vendetta.

Ciò che segue è il maggiore contributo di Agnello alla storia di Alboino, che ne segna l'originalità rispetto al modello, costituito dalla narrazione di Paolo Diacono, e ai racconti precedenti. Agnello aggiunse dialoghi e ulteriore drammaticità alla scena. Elmechi e Peredeo sono fusi in un unico personaggio, chiamato come il primo. È Elmechi a essere fortissimo e sempre lui che giace con la regina senza accorgersi della sua vera identità. Nel racconto di Agnello, la regina aveva tentato invano di coinvolgere il longobardo, che si era rifiutato, restando fedele al re, ma una volta che la regina si sostituì alla sua amante, l'uomo, accortosi del guaio in cui si era infilato, si trovò costretto ad appoggiare i disegni di Rosmunda. In un momento brillante, forse involontario, Elemechi chiama la sua amante non per nome (che non ha), ma «vesteraria reginae», per meglio chiarire al suo pubblico cosa stesse accadendo.[34]

Intanto Alboino, a confermare la sua fama di pessimo marito, è ancora una volta ubriaco quando viene ucciso, un particolare maligno che era assente nella narrazione di Paolo. È Rosmunda a spingerlo all'eccesso così che il re, svuotando bicchiere dopo bicchiere, si ritrovò sbornio come non lo era stato da tempo («et bibit tantum vinum, quantum numquam plurimo biberat tempore, ortante uxore sua»). Rosmunda accompagnò sensualmente al sonno il marito e una volta che questi si fu addormentato, fece entrare Elmechi nella stanza.[35] Qui la scena si fa nuovamente comica: nonostante la

33. Andrea Agnello, *Liber pontificalis ecclesiae Ravennatis* 96, a cura di Deliyannis, p. 261. Già notato da Martínez Pizarro, *Writing Ravenna*, pp. 132-133.

34. Andrea Agnello, *Liber pontificalis ecclesiae Ravennatis* 96, a cura di Deliyannis, p. 262: «'Qui ego sum?' Ille inquit: 'Vesteraria reginae.' Cui illa subiunxit 'Nunquid non Rosmunda regina sum? Nonne dixi tibi quod sponte facere noluisti cogam inuite?'».

35. Andrea Agnello, *Liber pontificalis ecclesiae Ravennatis* 96, a cura di Deliyannis, p. 263: «Et postquam se strato suo recepit, Rosmunda ingressa coepit capitis regis capillos huc illuc dividere et cutem unguibus attrectare, quasi pro delectamento ei fuisset».

spada del re fosse legata, Elemechi, intimorito dal valore e la forza del sovrano, non osava colpire. Ora, Agnello ci dice, la regina tentò con svariate argomentazione di convincere il longobardo ad agire, probabilmente sulla soglia della camera da letto del re. Il tutto durò quasi un'ora («haec intententio inter eos adcrevit pene hora una»), con Alboino che continuava a giacere tra i fumi dell'alcol. Vinto dalle esortazioni e dalle minacce della regina, Elmechi trovò il coraggio di estrarre la sua arma e colpire il re. Come nel racconto di Paolo, il re si svegliò tentando una disperata difesa con uno sgabello, ma ancora una volta tutto fu inutile. Il grande re fu liquidato con le parole: «superatusque rex interfectus est».[36]

Morto Alboino, Elmechi e la regina si rifugiarono a Verona finché le acque non si fossero calmate: non è chiaro dove Agnello ambientasse la tragedia. Le speranze dei due amanti si rivelarono infondate e i Longobardi, infuriati, distrussero il palazzo della città. Rosmunda e Elmechi allora, accompagnati da numerosi Longobardi e Gepidi («cum moltitudine Gebedorum et Langobardorum»), ripararono a Ravenna, dove furono accolti dal prefetto Longino.

Queste incongruenze sono state spiegate in maniera diversa: Bracciotti, riflettendo sul «ruolo di Peredeo» ha ritenuto che Agnello avesse a disposizione, come l'anonimo autore della storia di Gotha, una diversa versione del racconto, mentre Gschwantler ha ritenuto che Agnello avesse operato una semplificazione dell'opera di Paolo Diacono.[37] Queste interpretazioni, tuttavia, non considerano a sufficienza la volontà narrativa di Andrea Agnello. Agnello raccontò la storia di Alboino non perché avesse interesse in alcun *Heldenlied*, ma per il chiaro intento narrativo di invitare gli uomini alla prudenza nel rapportarsi con le loro consorti e, preferibilmente, a rimanere celibi. I mariti dovrebbero, infatti, guardarsi bene dal bere in eccesso e maltrattare le mogli per non subire ciò che Alboino dovette subire.[38] E nella storia di Ravenna la moglie Rosmunda è l'unica colpevole della vicenda, mentre

36. Andrea Agnello, *Liber pontificalis ecclesiae Ravennatis* 96, a cura di Deliyannis, p. 264.

37. Bracciotti, *Il ruolo di Peredeo*, pp. 110-111; Gschwantler, *Die Heldensage von Alboin und Rosimund*, p. 233.

38. Andrea Agnello, *Liber pontificalis ecclesiae Ravennatis* 97, a cura di Deliyannis, pp. 265-266. Vinay, *Alto Medioevo latino*, pp. 288-289.

Elmechi diviene una delle pedine manovrate dalla perfida regina per ottenere vendetta sul marito. Che Andrea si basasse su fonti diverse rispetto a Paolo, resta ovviamente una possibilità, ma apparirà chiaro come tutta l'architettura narrativa costruita da Andrea Agnello perderebbe di significato se altri, oltre alla moglie ferita nell'orgoglio, avessero giocato un ruolo di primo piano nella macchinazione dell'omicidio di re Alboino.

4. Il racconto di Agnello non aggiunge alcun dettaglio all'epilogo della tragedia, inscenata a Ravenna. Questo è particolarmente degno di attenzione dato che Andrea Agnello fu uno storico normalmente attento alle architetture e i monumenti della sua città. Soprattutto nel raccontare la vita di Teodorico, Agnello ne aveva descritto il sarcofago assieme al mosaico che lo raffigurava nel suo palazzo di Pavia.[39] È chiaro che gli edifici legati alla memoria di Alboino a Ravenna non possano in alcun modo essere paragonati a quelli legati a Teodorico, ma sembrerebbe che Agnello non conoscesse alcun luogo, esistente ai suoi giorni, legato alla memoria del dramma finale della morte di Elmechi e Rosmunda: anche le terme sono descritte semplicemente come un «balneum».[40] Sembrerebbe, pertanto, che la leggenda non avesse avuto uno sviluppo locale, una chiara differenza rispetto alla Verona di fine VIII secolo. Questo ci porta a un ulteriore, più interessante, aspetto.

Il racconto aveva ora un nuovo messaggio, avendo perduto qualsiasi legame con un contesto di VI secolo e rispondendo a una logica sociale molto diversa rispetto a quella viva nella Pavia di VII, VIII o inizio IX secolo. Del grande re, infatti, è qui narrato solamente l'episodio della morte. Le gesta di Alboino sono riassunte in maniera enfatica, ma sfocata nel racconto del terrorizzato Elmechi e, ancora una volta, in conclusione della vicenda, da Agnello stesso rivoltosi al suo pubblico: si tratta in entrambi casi di descrizioni topiche e molto generiche.[41] In questo nuovo conte-

39. Andrea Agnello, *Liber pontificalis ecclesiae Ravennatis* 39; 94, a cura di Deliyannis, p. 195; 259. Vinay, *Alto Medievo latino*, pp. 294-295.

40. Andrea Agnello, *Liber pontificalis ecclesiae Ravennatis* 96, a cura di Deliyannis, p. 264.

41. Andrea Agnello, *Liber pontificalis ecclesiae Ravennatis* 96; 97, a cura di Deliyannis, p. 263; 265.

sto, Alboino rispondeva unicamente ai modelli comportamentali diffusi nell'opera: rappresentava la brutalità e l'ottusità del potere laico che riuniva violenza ed eccessi. Inoltre arricchendo il racconto con una seconda ubriacatura del re, che lo condannò a giacere inerme nel letto, Agnello sembrava voler proporre un nuovo piano di lettura, accessibile a chi conoscesse il *Libro di Giuditta*. Nel racconto dell'Antico Testamento, la giovane vedova si introdusse nella tenda di Oloferne, il generale assiro che assediava Betulia. Il condottiero dormiva ubriaco e Giuditta, presagli la spada, che come quella di Alboino era posta vicino al letto, lo uccise.[42] La caratterizzazione generalmente negativa che Agnello offrì dei sovrani è comunque resa esplicita nella vita di Mariniano (595-606), in cui lo scrittore creò un paragone tra i vescovi e i re, gli ultimi descritti come uomini rivestiti di porpora e oro che costantemente pensano a causare morte.[43]

Alboino non era più un re modello all'origine della stirpe, ma la sua tragedia offriva ad Agnello lo spunto per discutere con i suoi lettori i limiti del matrimonio, come aveva fatto in altre occasioni.[44] Un paragone qui potrebbe essere effettuato ancora una volta con Attila, un terribile sovrano barbaro ucciso a sua volta da una donna. Del re degli Unni, tuttavia, sono raccontate la conversione e la grandezza in battaglia, elementi che nel racconto di Alboino sono assenti o meno accentuati: un indizio di come la memoria dei due sovrani barbari si avviasse al destino assai dissimile di cui godettero nei secoli successivi.[45] È, pertanto, la grande autorità del racconto di Paolo che fece sì che Agnello riportasse la storia di Alboino e Rosmunda nel suo libro, ma tutte le implicazioni politiche, e il ruolo del re per l'autorappresentazione dell'identità longobarda sono perduti. Nella Ravenna del IX secolo Alboino era, prima di tutto, un pessimo marito.

42. *Iud.* XIII, 1-10.

43. Andrea Agnello, *Liber pontificalis ecclesiae Ravennatis* 100, a cura di Deliyannis, p. 269.

44. Andrea Agnello, *Liber pontificalis ecclesiae Ravennatis* 84, a cura di Deliyannis, p. 252.

45. Andrea Agnello, *Liber pontificalis ecclesiae Ravennatis* 37, a cura di Deliyannis, p. 195. Vinlay, *Alto Medioevo latino*, pp. 296-298.

Alboino a pezzi

1. Andrea da Bergamo scrisse la sua storia negli anni conclusivi della vicenda carolingia in Italia e all'alba dei gravi conflitti che seguirono la morte di Ludovico II (855-875) che era la figura principale dell'opera.[46] Il nome *Andreas*, assieme alla qualifica di *presbiter*, è contenuto nell'*Historia* stessa, che è l'unica fonte che possediamo sull'autore.[47] Andrea partecipò alle celebrazioni funebri per Ludovico II e dovette morire poco dopo gli eventi; la narrazione si interrompe improvvisamente con la frase «Inter haec Hludovicus rex...».[48] Identificare Bergamo come luogo di provenienza dell'autore è una consuetudine storiografica nata da un'ipotesi formulata da Georg Heinrich Pertz in occasione della prima edizione del 1838, per via dei numerosi eventi che riguardano la città registrati a conclusione dell'*Historia*.[49] L'idea di una origine bergamasca di Andrea è sicuramente più probabile della precedente idea di Johannes Burchard Mencke che identificava l'*Andreas* autore dell'*Historia* con Andrea Agnello di Ravenna.[50] La storia di Andrea sopravvive in due manoscritti, entrambi provenienti da San Gallo, di cui il più antico è contemporaneo all'autore, databile alla fine del IX secolo e conservato nella Kantonsbibliothek (Sangallensis 371, foll. 76r-86v), ma non è autografo essendo stato scritto a più mani.[51]

Come numerosissimi autori che scrissero in Italia all'ombra dell'enorme figura di Paolo, Andrea decise di continuare l'*Historia Langobardorum*, ma a differenza dell'Anonimo di Salerno e in maniera più estesa di Erchemperto, riassunse l'opera del diacono, offrendoci un racconto su Alboino, che, per quanto breve, ci permette di comprendere la declinante fortuna del re al volgere del IX secolo. Andrea raccontò la migrazione dei Longobardi, ma, come l'autore

46. MacLean, *'After his death a great tribulation came to Italy...'*, p. 239.

47. Andrea da Bergamo, *Historia* 2, a cura di Waitz, p. 223. Sulla biografia dell'autore: Mor, *La storiografia italiana nel sec. IX*; Bertolini, *Andrea da Bergamo*; Berto, *Introduzione*, pp. xx-i.

48. Berto, *Introduzione*, p. xlii.

49. *MGH, SS rer. Lang.*, p. 231. Simili riflessioni, Berto, *Remembering Old and New Rulers*, p. 30, n. 37.

50. Mencke, *Prefatio*. La Placa, *Andrea da Bergamo*, p. 61.

51. La Placa, *Andrea da Bergamo*, pp. 64-65.

della storia di Gotha, non fece menzione dell'episodio di Votan: se le origini del nome *Langobardi* restano le medesime, il confronto con la divinità è assente. Alla fine del IX secolo alcuni elementi della narrazione di Paolo Diacono, come il racconto dell'acquisizione del nome, la successione dei re a partire da Agilmundo e il racconto dell'invito di Narsete erano ancora significativi per le aristocrazie italiane, ma altri erano ormai andati perduti. Alboino è ancora una volta il sovrano longobardo cui è dedicato più spazio. Il re è ricordato, anche se con toni laconici per le sue vittorie sui popoli stranieri, i Gepidi come si è ormai visto in numerose altre occasioni, e, di maggior interesse, i Goti. Fu Alboino, infatti, a inviare parte dell'esercito longobardo «per mare Adriaticum» in Italia per scontrarsi con Totila. Invitati successivamente da Narsete, i Longobardi entrarono in Italia attraverso il Friuli, dove è ambientato l'episodio della cessione dei cavalli al nipote Gisulfo. Alboino conquistò le *Venetiae*, Pavia e la Tuscia, prendendo l'Italia, con la sola esclusione di Ravenna e Roma. Dopo questo rapido («pacua vero de multa dicam»), ma esaustivo elenco di conquiste, la morte del sovrano è descritta in maniera assai povera, e Alboino è ucciso dalle insidie della moglie, di cui Andrea non riporta il nome.[52] Andrà notato come la relativa ricchezza delle imprese del re, in particolar modo l'interesse per le sue guerre in Italia e la creazione di un *ducatus* in Friuli, contrasti con la brevità dell'episodio della morte, dove mancano pathos e la messe di dettagli offerti dal diacono. Sembrerebbe che le omissioni di Andrea fossero dettate dai gusti del pubblico: i suoi lettori, nei difficili anni che seguirono la morte di Ludovico II, non dovettero essere interessati a un'epoca così lontana e alla storia della caduta del primo re dei Longobardi in Italia.

Il senso dell'opera andrebbe cercato in queste circostanze. La pacifica conquista dell'Italia da parte dei Longobardi contrastava con le tinte fosche adottate per raccontare della conquista franca.[53] Tuttavia, nel momento in cui le potenti, ma frammentate aristocra-

52. Andrea da Bergamo, *Historia* 1, a cura di Waitz, p. 222: «Rex Alboin postquam in Italia tres ann. et sex menses regnavit, insidiae suae coniuge interemptus est».

53. Andrea da Bergamo, *Historia* 4, a cura di Waitz, p. 224: «tantaque tribulatio fuit in Italia; alii gladio interempti, alii fame perculsi, aliis bestiis occisi, ut vix pauci remanerent in vicos vel in civitates».

zie italiane temevano l'influenza dei re del nord, Alboino, che proprio dalla Pannonia giunse in un lontano passato, perdeva il capitale simbolico che aveva recato all'identità delle aristocrazie italiane. Al contrario, un re nativo dell'Italia e assassinato dalla perfidia dei suoi colleghi d'oltralpe diveniva un simbolo perfetto per la situazione di tensione che le aristocrazie vissero dopo l'875, quando Carlo il Calvo e Ludovico il Germanico tentarono di estendere la loro autorità sul *regnum Italiae*. È nell'*Historia* di Andrea che scorgiamo, infatti, alcune tracce, tra le più antiche, del mito di re Bernardo. Seguendo i modelli carolingi sulle virtù del sovrano, Andrea descrisse Bernardo come il re in grado di portare prestigio al *regnum*, ma anche fertilità alla terra («dignitatem ubertatemque advenit»), un elemento che già decenni prima compariva nella celebre lettera di Catulfo a Carlomagno.[54] Andrea raccontò come la promettente carriera di re Bernardo fosse brutalmente interrotta dalle insidie di Ermengarda, la moglie di Ludovico il Pio.[55] Un simile racconto era presentato nella *Visio cuiusdam pauperculae mulieris* un testo composto intorno al circolo di Haito di Basilea, in cui Ermengarda subiva atroci tormenti per aver mosso il marito a provocarne il supplizio.[56] Il nome di Bernardo, invece, brillava tra tutti nella lista di coloro a cui era stato concesso di entrare in paradiso.[57] Lo spostare le responsabilità di un sovrano sulla moglie, dipinta a tinte fosche, era un topos molto antico. In anni vicini a quelli di Andrea, anche Eginardo aveva incolpato Fastrada, la quarta moglie di Carlo, per i rari eccessi di crudeltà del marito.[58] L'imperatore, al contrario, era apertamente lodato per la sua *pietas* e munificenza.

54. Andrea da Bergamo, *Historia* 5 a cura di Waitz, p. 224: «Qui cum esset penuriae famis Italiae preucuputa, subito ut Bernardo regnum accepit, dignitatem ubertatemque advenit, et sic fuit dum ipse regnavit».

55. Andrea da Bergamo, *Historia* 6-8, a cura di Waitz, pp. 224-226. Sul ruolo negativo di Ermengarda nella narrazione: Hartmann, *Die Königin*, pp. 106-107.

56. *Visio cuiusdam pauperculae mulieris*, a cura di Houben, p. 41: «Irmingartarn namque reginam aeque in torrnentis quae super se habebat cautes tres quasi molares, unum super caput, alterum super pectus, tertiumo super dorsum, qui semper eam in profundum mergebant».

57. *Visio cuiusdam pauperculae mulieris*, a cura di Houben, p. 42. Sulla narrazione: Dutton, *The Politics of Dreaming*, 67-73.

58. Eginardo, *Vita Karoli Magni* 20, a cura di Waitz, pp. 25-26. Hartmann, *Die*

Fu attorno alla figura di Bernardo e al tragico racconto della sua morte che si dovettero legare i sentimenti identitari delle élites del *regnum Italiae*.[59] Inoltre, sembrerebbe che sempre meno i *reges* si prestassero a rappresentare le potenti aristocrazie del regno e che personaggi locali iniziassero a ricoprire un ruolo per l'autorappresentazione delle aristocrazie. La rivolta del *dux* del Friuli Rodgaudo, che fu sconfitto nel 775 sul fiume Livenza, perdendo poi la vita, venne reinterpretata, nella storia di Andrea, come una vittoria longobarda.[60] Come il racconto di Bernardo, la storia di Rodgaudo sembrerebbe una più tarda elaborazione, che aveva assunto valenza negli anni in cui Andrea scriveva. Che Andrea scegliesse di ricordare l'episodio di Alboino e il duca del Friuli Gisulfo conosciuto da Paolo Diacono, il suo sangue regio, la consegna delle *farae* e dei cavalli migliori sembrava rispondere alle aspettative dei potenti signori del Friuli che da lì a poco, con Berengario figlio di Eberardo e Gisella, avrebbero ottenuto il titolo regio (888) e poi quello imperiale (924).

2. Dopo la testimonianza di Andrea da Bergamo non sappiamo di altri scrittori vicini ai sovrani d'Italia che si occuparono di re Alboino. In Germania il passato barbarico dei Sassoni venne integrato nelle ambizioni monarchiche e imperiali dei re di Sassonia, come in Italia si era tentato di fare negli anni di re Pipino, ma la situazione della penisola di fine IX secolo era gravata da numerose complicazioni.[61] Da un lato, come si diceva, il titolo di *rex Italiae* si andò sempre di più fondendo con il titolo imperiale, limitando l'indipendenza del *regnum* d'Italia. D'altro canto i re della penisola dovettero spesso negoziare la loro identità con i rivali settentrionali: in questa temperie, i Longobardi, essendo originari della Pannonia, provenivano dalle regioni su cui, tra IX e X secolo, regnava saldamente Arnolfo di Carinzia, un vero mostro nella letteratura italiana, e finirono per incarnare un passato difficilmente spendibile.

Königin, p. 102. Inoltre Dutton, *The Politics of Dreaming*, 56-57; Stafford, *Queen, Concubines and Dowagers*, 60-62.

59. Albertoni, *Italia carolingia*, pp. 34-37.

60. *Annales Regni Francorum* 776, a cura di Kurze, pp. 43-45.

61. Vituchindo di Corvey, *Res gestae saxonicae sive annalium libri tres* I, 9, a cura di Hirsch e Lohmann, p. 11.

I nuovi modelli rappresentativi per l'autorità sull'Italia possono essere compresi leggendo le *Gesta Berengarii imperatoris*. Si tratta di una lunga narrazione in versi, incentrata sulle gesta belliche di re Berengario I, che prendeva a modello gli antichi panegirici imperiali, componimenti che nei secoli altomedievali erano ampiamente conosciuti. Il testo è stato datato tra 915 e 924, la data della morte in Berengario, e si pensa fosse composto da un uomo vicino al sovrano.[62] Il poema è diviso in quattro libri introdotti da un prologo, dove, tra alcuni salti cronologici, si raccontano gli eventi bellici più significativi per l'Italia settentrionale tra IX e X secolo, e l'antagonismo tra Berengario e Guido di Spoleto: la narrazione termina con l'incoronazione di Berengario del 915.[63] Alboino non è mai menzionato, mancandone ogni possibile occasione, ma rivelatrice è la completa assenza del passato longobardo, nonostante alcuni guerrieri del regno fossero definiti «Langobardi». Sembrerebbe che in questo nuovo contesto il capitale simbolico della corona dei Longobardi non fosse più spendibile per legittimare i sovrani italiani. Al contrario, il prestigio di Berengario sembrava derivare dal discendere per linea materna da Carlomagno e dall'essere stato uno dei fedeli sostenitori di Carlo III il Grosso, il precedente imperatore.[64] Si trattava dell'onda lunga del mito politico creato dai Carolingi per cui solo gli esponenti della loro famiglia potevano salire al trono, come è stato elegantemente notato da Stuart Airlie.[65]

Non solo: i fedeli di Berengario sono ripetutamente chiamati «Italici» e questo per creare un chiarissimo contrasto con i «Galli», i fedeli di Guido, o i «Germani». Sono pertanto i modelli classici a dominare il testo, e se Berengario è plasmato su Enea, a Guido è donata la tragica statura di Turno.[66] Il fantasma di Roma, con intensità crescente, iniziava a dominare la storia d'Italia e attraverso le lenti con cui l'anonimo autore leggeva la secolare vicenda della penisola, i Longobardi sarebbero stati liquidati come barbari.[67]

62. Ermini, *Poeti epici latini*, p. 201.

63. Stella, *Scontri*, pp. 5-12, riassume i contenuti dell'opera.

64. *Gesta Berengarii imperatoris* I, 21-22; I, 34-40, a cura di von Winterfeld, pp. 358-359. MacLean, *Kingship and Politics*, pp. 90-96.

65. Airlie, *Semper fideles?*

66. Novati, *L'influsso del pensiero latino*, p. 31; Giovini, *Le riprese dell'Ilias latina*.

67. Giardina e Vauchez, *Il mito di Roma*, pp. 17-23.

Nemmeno il più celebre autore di X secolo, Liutprando da Cremona, menzionò Alboino. Liutprando, come noto, scrisse in Italia l'opera storiografica più vicina alla monarchia del X secolo. La narrazione, giuntaci in sei libri, è restata incompiuta. Il nome che Liutprando scelse per la sua compilazione storiografica, *Antapodosis* indica la sua reazione al regno di Berengario II e ai reggenti di Roma, i discendenti di Teodora e Marozia.[68] I *reges*, un nome con cui l'autore descrive i numerosi sovrani di Europa e Mediterraneo, sia cristiani che no, sono i grandi protagonisti dell'opera.[69] Per Liutprando, che scriveva negli anni dei sovrani sassoni, i re giunti da nord non potevano ricevere il biasimo che fino a pochi decenni prima aveva accompagnato un'origine settentrionale nel discorso italiano, ma gli antichi re dei Longobardi erano comunque di scarso utilizzo come modello per la regalità. L'eroe di Liutprando, Ottone I di Sassonia è dipinto come un re guerriero e santo, portando a convergere due aspetti che per secoli il pensiero cristiano aveva percepito come inconciliabili.[70] È forse indicativo dei tempi, che un autore che orgogliosamente si definiva *Langobardus*, potesse raccontare il passato senza menzionare il primo re dei Longobardi in Italia.[71] Nella visione storica di Liutprando i modelli di regalità di Ottone sono prima di tutto quelli dell'Antico Testamento seguiti dai grandi generali romani immortalati da Cornelio Nepote.

Se la memoria di Alboino aveva perso la sua funzione di mito monarchico, il ricordo del re subì un'affascinante frammentazione e i brani della sua storia vennero utilizzati in contesti diversi, ricoprendo funzioni differenti che alterarono l'originale logica del racconto.

3. Suggestive trasformazioni del personaggio di Alboino sono attestate nelle cronache compilate in regioni dove l'autorità del *regnum* era percepita come lontana. Una delle prime attestazioni di questo processo è da leggersi nella *Translatio s. Marci*, il racconto del furto delle reliquie di san Marco da Alessandria a Venezia, am-

68. Liutprando da Cremona, *Antapodosis*, a cura di Chiesa.
69. Gandino, *Il vocabolario*, p. 18.
70. Gandino, *Il vocabolario*, p. 35.
71. Liutprando da Cremona, *Relatio de legatione Constantinopolitana* 12, a cura di Chiesa, pp. 192-193. Gandino, *Il vocabolario*, pp. 268-269.

bientato nella prima metà del IX secolo. Negli ultimi anni il testo è stato sottoposto a nuove ricerche che hanno profondamente mutato la lettura di Nelson McNealy, lo studioso che curò l'edizione utilizzata da generazioni di storici. La *Translatio* è composta da due sezioni diverse, compilate da autori differenti in diversi momenti.[72] Se la seconda parte della narrazione racconta il furto delle reliquie dell'evangelista da parte dei tribuni Bono e Rustico, e la loro fuga verso Venezia, la prima sezione narrativa costituisce una sorta di *origo gentis* dei Veneziani incentrata sull'arrivo dei barbari, la distruzione dei grandi centri dell'Antichità e la fuga dei Romani verso le lagune e altri luoghi irraggiungibili. Da qui la nascita di Venezia.

La prima sezione è interamente costruita sull'opera di Paolo Diacono, che brevemente aveva menzionato, narrando l'avanzata di Alboino in Italia, la fuga del patriarca Paolino di Aquileia verso Grado.[73] È questo il nucleo narrativo sviluppato dall'autore della *Translatio*. Nella narrazione il ruolo principale è quello di Narsete che inviò le primizie dell'Italia in Pannonia per muovere i Longobardi a conquistare la penisola e vendicarsi degli imperatori di Costantinopoli. Alboino è menzionato unicamente una volta, come il re che conquistò l'Italia.[74] È possibile che le gesta e la tragedia del grande re fossero note a chi leggeva la *Translatio* e che l'evoluzione del racconto fosse recepita come una semplice costola dell'*Historia Langobardorum*, ma il ruolo del re in questo nuovo contesto appare chiaro: Alboino diviene il semplice *deus ex machina* per la fuga dei Romani nelle lagune.[75] La storia longobarda fu qui utilizzata per scrivere il passato di Venezia, ma se per Paolo Diacono Alboino poteva ancora rappresentare il re della sua stirpe che giunse in Italia assieme ai suoi avi, decenni più tardi, nel territorio bizantino delle *Venetiae*, il racconto dell'invasione diveniva uno stampo attraverso cui creare, in negativo, una nuova storia. Le azioni dei *Venetici* erano modellate su quelle dei Longobardi, ora dipinti come feroci inva-

72. Colombi, *Storie di santi e reliquie*, pp. 97-132.

73. Paolo Diacono, *Historia Langobardorum* II, 10, a cura di Bethmann e Waitz, p. 78.

74. *Translatio sancti Marci* V, 5, a cura di Colombi, p. 51: «et egressi cum Alboin rege suo Italiam possessori adveniunt».

75. *Translatio sancti Marci*, a cura di Colombi. Su questo si vedano: Carile, *La città di Venezia nasce dalle cronache*; Borri, *Arrivano i barbari a cavallo!*

sori: è questa l'immagine consegnata alla storiografia successiva, con l'eccezione di alcune opere redatte nella *Langobardia minor*. Alboino aveva, in questo contesto, radicalmente mutato di valenza. È possibile che originasse da Venezia il racconto di Costantino VII Porfirogenito (913-959) che pose la leggenda di Narsete negli anni dell'imperatrice Irene (787-802).[76] Così decontestualizzata appare la figura di Alboino, che nelle tradizioni più tarde, come il racconto di Martino da Canale, i barbari che costrinsero i Veneziani alla fuga divennero gli Unni e il loro re, ovviamente, il grande Attila.[77]

Inoltre, i luoghi del passato longobardo rielaborati localmente, lontano dalla tutela dei re, spesso assunsero dei significati incomprensibili per noi, come nel caso del *Chronicon* di Benedetto, un monaco che scrisse in un monastero del Soratte attorno al 1000.[78] La narrazione è enigmatica e presenta numerose incoerenze con altre storie dell'alto Medioevo italiano. La successione dei sovrani longobardi, gli eventi di natura politica e religiosa si discostano di molto dalla versione degli eventi che gli storici hanno da decenni stabilito. La storiografia più tradizionale aveva scartato la cronaca come un lavoro sciatto, prodotto di un autore estremamente ignorante, ma dopo la svolta linguistica alla critica letteraria, è chiaro come la storia, nelle sue incongruenze e contraddizioni rispondesse a un rapporto tra scrittore e lettori che ancora ci sfugge. Il significato di alcuni racconti, come quello sulle leggendarie sbornie di Rotari, è probabilmente perduto per sempre.[79] Il racconto sull'invasione longobarda è, per noi, confusissimo: Alboino è accompagnato da «morte e distruzione» e i Longobardi si spargono per la penisola italiana come locuste.[80] La morte di Alboino non è più raccontata, ma al so-

76. Costantino Porfirogento, *De administrando imperio* 27, a cura di Jenkins e Moravcsik, p. 114: «Ἐπεὶ οὕτως παρ ὑμῖν ἐνομίσθην νήθειν καὶ κλώθειν, καθάπερ γυνή, κλῶσαι ἔχω νήματα μετὰ τῆς ἀτράκτου καὶ ἠλακάτης, ἵνα, μέχρις ἂν ζῶσιν οἱ Ῥωμαῖοι, μὴ δυνηθῶσιν ἐξυφᾶναι ταῦτα».

77. Martino da Canale, *Les estoires de Venise*, a cura di Limentani, pp. 6-7.

78. Sull'opera di veda ora Delogu, *I Romani e l'impero*, pp. 191-201. Inoltre: Kunsemüller, *Die Chronik Benedikts von S. Andrea*; Balzani, *Le cronache italiane*, pp. 140-143.

79. Benedetto Monaco, *Chronicon*, a cura di Zucchetti, p. 38: «lubricum suis corporis et multum vinolentum».

80. Benedetto Monaco, *Chronicon*, a cura di Zucchetti, p. 31: «et multiplicati sunt sicut locuste».

vrano succedette Rotari, che è descritto come un grande guerriero.[81] Una volta salito al trono Rotari regnò sull'Italia assieme a Narsete, quasi i due fossero fratelli, commenta Benedetto, e si ribellarono ingegnosamente ai Greci.[82] Trovare le origini di questo racconto credo sia impossibile al momento. Tuttavia l'inedita narrazione segna alcune caratteristiche dell'epoca. I Longobardi, con Alboino in testa, erano ormai dipinti come dei barbari estranei alla penisola, mentre la memoria locale venne sempre più fondata sui ritagli e gli avanzi letterari degli autori precedenti, Paolo Diacono tra tutti. Nel *Chronicon* del Soratte è Narsete a fondare il monastero di Benedetto, come a Venezia erano i comprimari della cronaca del diacono a divenire i protagonisti del racconto e i fondatori dell'identità locale.[83]

* * *

Se, alla metà del VII secolo, re Rotari aveva orgogliosamente ribadito come il suo ruolo di *rex* si ponesse in continuità con la gloriosa istituzione in cui Alboino aveva avuto un ruolo di primo piano, e ancora Paolo Dicono ricordasse come nel *regnum* di VIII secolo la memoria del sovrano fosse ancora viva e presente, attraverso armi, bestie e montagne, con la conquista franca dell'Italia, questa tradizione dovette mutare nell'arco di una generazione, frammentandosi ed evolvendosi lungo linee divergenti.

Questo è suggestivo se teniamo a mente il grandissimo spazio dedicato al sovrano da Paolo Diacono. Si trattava di una tradizione di vasto potenziale sociale e simbolico, che non venne recepita nella sua interezza, come Paolo avrebbe forse sperato, ma che venne spezzata e reimpiegata per gli utilizzi più diversi e venendo, più spesso, dimenticata. Nei decenni successivi alla morte di Pipino, re Alboino fu apparentemente utilizzato in contesti diversi per spiegare una situazione contemporanea, come il prestigio dei *duces* friulani negli

81. Benedetto Monaco, *Chronicon*, a cura di Zucchetti, p. 31: «mortuo idem Albuin rex Langobardoriim, successit Rotharius»; *ibidem*: «Rotharius rex, vir excellentissimus, belligerrimus, factus est robustus, nullus ei similis suis temporibus».

82. Benedetto Monaco, *Chronicon*, a cura di Zucchetti, p. 32 «qui facti sunt Narsiis et Rotharius quasi germanis in regno, et emerunt consilio, quomodo regno Italico a Iustini principe et eius successoribus eripere posset».

83. Benedetto Monaco, *Chronicon*, a cura di Zucchetti, p. 33: «unde accepit eas Narsus monasterium Seraptis montis, et donarla simul et rebus eique constituit».

anni di Eberardo, il nuovo dinamismo dei Veneziani che popolavano le lagune e aspiravano al dominio sull'Adriatico, o altre temperie che ci sfuggono come la Roma nelle pagine del monaco del Soratte. Chi scriveva vicino ai sovrani trovava invece i modelli monarchici dei longobardi deboli o inadatti. I re descritti da Paolo, Liutprando compreso, sembravano inadeguati a dar forza alle prerogative dei numerosi sovrani che si disputarono il trono d'Italia e l'impero tra la fine del IX e la metà del X secolo. Qui i modelli carolingi tra tutti, ma anche quelli presi dall'antichità classica o l'Antico Testamento, si dimostrarono di gran lunga più efficaci, recando un capitale simbolico incomparabile a quello rappresentato dal tormentato Alboino e i suoi sfuggenti successori.

Tempo di concludere.

Conclusioni. I mille volti di re Alboino

1. Quello che sappiamo su re Alboino che visse, lottò e morì nel VI secolo si riduce a poco. Da una lettera scritta dall'arcivescovo Nicezio di Treviri alla moglie Clodosvinda, conosciamo l'imperfetta cristianizzazione della sua corte. Autori che vissero a Costantinopoli narrarono delle guerre che il re combatté in Pannonia, inserendosi nelle mutevoli alleanze tra Avari, Gepidi e impero. Infine, quasi tutte le narrazioni sulla conquista longobarda dell'Italia, concordarono che il sovrano fu assassinato, forse a Verona, da uomini del suo seguito, appoggiati dalla sua seconda moglie, che fino al secondo quarto del VII secolo restò anonima.

Più ricche sono le informazioni sui processi di memoria e oblio che seguirono la sua morte. A partire del VII secolo le informazioni frammentarie e in parte discordanti sulla morte del re vennero rielaborate e rese coerenti in una storia di vendetta e morte che è la medesima giunta fino a noi. Questo lavoro di *bricolage* è sintomatico di più ampi mutamenti che agivano sulla società italiana di VII secolo. Dal secondo quarto del VII, quando l'aggressiva politica di Arioaldo e Rotari inaugurò una nuova stagione di guerra con l'impero, l'identità longobarda fu ricreata offrendo grande rilievo ai valori della stirpe, per cui tradizione antiche e nuove furono sviluppate attorno al discorso imperiale sui barbari del nord. Fu nella temperie politica e culturale del rarefarsi delle strutture romane, e del riorganizzarsi della società longobarda attorno ai sovrani che la figura di re Alboino assunse un'importanza precedentemente sconosciuta per l'identità longobarda.

È probabile che, dalla circolazione dell'*Origo gentis Langobardorum*, numerosi cicli narrativi si sviluppassero attorno alla figura del re e degli altri personaggi coinvolti nella sua tragica esistenza, come si è visto nel caso di Peredeo. Nei giorni di Paolo Diacono numerosi luoghi e leggende erano legati al primo re dei Longobardi in Italia. Il racconto di Paolo celava inoltre una volontà autoriale, offrendo numerosi livelli di lettura e una chiara ambiguità nel presentare alcuni personaggi del passato dei Longobardi. Si è vista l'aurea lurida che avvolgeva il personaggio di Teodolinda e, nella mia interpretazione, Alboino era rappresentato come un grande re guerriero, ma anche un barbaro, sedotto dalla civiltà mediterranea che alla fine ne causerà la morte. Un ulteriore aspetto guadagnava di significato negli anni in cui Paolo scriveva e Pipino regnava sull'Italia: un legame tra Longobardi e Pannonia che fungeva a legittimare le guerre di re Pipino in Oriente. Fu in questi anni che Alboino, per l'ultima volta, rivestì il ruolo di fondatore del regno d'Italia. Con la morte di re Pipino, e i successivi disastri dell'817 e dell'827, le pendici orientali del regno si dissolsero, e con esse la necessità di un'eredità longobarda che legittimasse le aspirazioni dei *reges* italiani in Pannonia. Pochi anni più tardi, Andrea Agnello caratterizzò Alboino come un orrendo marito, ma anche fonti più vicine al trono d'Italia dedicarono poco spazio al re longobardo. Nei decenni successivi, la storia di Alboino venne fondamentalmente utilizzata come un negativo da cui scrivere altre storie, prima tra tutte la vicenda delle origini di Venezia. I modelli letterari che legittimassero l'autorità regia erano invece cercati altrove.

2. Tuttavia dovettero esistere storie che per noi sono andate irrimediabilmente perdute. Storie che forse assursero a una certa popolarità per decenni, forse secoli, ma che in definitiva non sopravvissero alla prova del tempo. Paolo Diacono ricordò come la fama di Alboino fosse celebrata anche nelle canzoni dei Bavari e dei Sassoni.[1] Queste composizioni, se esistettero, non ci sono giunte, ma Alboino è uno dei protagonisti del poema in antico inglese *Widsith*. Si tratta di una breve narrazione composta da 144 versi che sopravvive in copia unica nel *Libro di Exter*, un manoscritto probabilmente compilato alla fine del X secolo.[2] «Widsith» significa lungo viaggio,

1. Paolo Diacono, *Historia Langobardorum* I, 27, a cura di Bethmann e Waitz, p. 70.

2. *Widsith*, a cura di Hill. Sul passaggio di Paolo sulle canzoni presso Bavari e Sassoni e il *Widsith*: Vollmann, *Paulus Diaconus und das Heldenlied*, p. 50.

ed è il nome del protagonista ed *ego narrator* dell'opera, un poeta (*scop*) e viaggiatore che ha visitato le corti di numerosi sovrani che regnarono su diverse popolazioni come i Pitti, i Fenni, i Goti, ma anche Greci e Romani.

Il testo è fondamentalmente un lungo catalogo di genti e dei loro re. Sono menzionati circa novanta popoli, una cinquantina di sovrani e più di venti eroi. Il narratore racconta in prima persona le sue numerose visite ai grandi uomini del passato, lodandone il valore e la generosità.[3] Il lungo viaggio di Widsith si colloca in una dimensione diacronica poiché il poeta è ospite di uomini che vissero secoli distanti l'uno dall'altro come Alessandro Magno, Giulio Cesare o il re dei Goti Ermarico, vagando per l'Europa e il Mare del Nord per circa mille anni.[4] La maggior parte dei sovrani descritti, tuttavia, sono i re barbari della *Völkerwanderungszeit*, uomini che vissero tra il IV e il VI secolo d.C. Le datazioni più alte proposte, tra gli altri, dagli editori del testo Raymond W. Chambers e Kemp Malone, interpretavano il testo come un prodotto di VII secolo e, pertanto, uno dei più antichi poemi in antico inglese.[5] Una data così antica per la composizione del testo, assieme al menzionato passo di Paolo Diacono sulla diffusione dei racconti su Alboino presso Sassoni e Bavari, aveva portato a credere che il mito di Alboino fosse diffuso in numerose società germaniche in quella che Hector Munro Chadwick aveva battezzato *Heroic Age*.[6] La ricerca più recente tuttavia, ha datato la composizione del *Widsith* ad anni vicini a quella del *Libro di Exter*, un periodo, pertanto, molto lontano della vita, le battaglie e la morte di re Alboino, ma non senza generare un'appassionata difesa delle idee di Chambers e Malone.[7]

Sul poema la letteratura di base risale a molti anni addietro: Chambers, *Widsith*; e Much, *Widisith*.

3. Dietz, *Widsith*, p. 574.

4. Chambers, *Widsith*, p. 8. Sulla vaga dimensione storica e geografica di questi componimenti: Frank, *Germanic Legend*, p. 89.

5. Chambers, *Widsith*; Malone, *Preface*. Gli studiosi di questa opinione sono elencati in: Neidorf, *The Dating of Widsið*, pp. 165-166.

6. Chadwick, *The Heroic Age*.

7. L'idea venne proposta per la prima volta in Langenfelt, *Studies in Widsith*. Inoltre: Hill, *Widsið and the Tenth Century*; Frank, *Germanic Legend*, p. 99; Dietz, *Widisith*, p. 576. Si veda tuttavia la recente critica Neidorf, *The Dating of Widsið*,

Widsith si rivolge a un pubblico immaginario seduto a tavola, probabilmente con un bicchiere in mano, come nelle Sale dell'Idromele delle saghe scandinave. Era a questi sfocati astanti del passato che le storie di Alboino erano narrate. Il poeta elencava re Ælfwine (Alboino) il figlio di Ædwine (Audoino) che regnò su Eatul: l'Italia. Alboino è il più tardo tra i personaggi storici menzionati nei versi di *Widisith* e il sovrano è descritto come un uomo di eroica statura, ricordato per il suo grande coraggio e la generosità nel regalare anelli e altri monili.[8] È molto probabile che gli Angli e gli altri che costituivano l'uditorio del *Widsith* dovessero conoscere le storie a cui il poeta alludeva. Come elegantemente rilevato da Roberta Frank, nessun testo è un'isola, ed è probabile che i brevi ed enigmatici versi di *Widisith* costituissero una risposta, un'eco o una citazione di opere più vaste di cui, a volte, sono restate solo labili tracce.[9] Il lungo elenco di nomi, stirpi e regioni dovette infatti spesso evocare racconti più lunghi e articolati. Il fortuito ritrovamento dei versi di *Waldere* dimostra come le avventure del grande Walter fossero state conosciute, e successivamente dimenticate, anche nella lontana Britannia, suggerendo quale patrimonio potesse essere esistito.[10] Menzioni di Attila, Teodorico o Heorot, la leggendaria reggia di re Hroðgar di cui Beowulf varcò la soglia in una delle più grandi avventure mai raccontate, avranno certamente condotto il pubblico di *Widisith* lontano: dalle rovine del passato romano, alle profonde acque del Danubio, per solcare le onde del nord fino ai brumosi fiordi della Scandinavia.[11] Che il nome Ælfwine conducesse il lettore alla fredde vastità della Pannonia o agli oscuri antri del palazzo di Verona dovrà restare un'opinione: quel che ci rimane sono i frammenti di un sovrano medievale e le rovine della sua fama.

pp. 178-180; e le interessanti, ma forse avventate, idee Metzner, *Ein erstes europazentriertes Weltbild.*

8. *Widsith* vv. 70-74, a cura di Hill, p. 33: *Swylce ic wæs on Eatule mid Ælfwine, / se hæfde moncynnes, mine gefrœge, / leohteste hond lofes to wyrcenne, / heortan unhneaweste hringa gedales, / beorhtra beaga, bearn Eadwines.*

9. Frank, *Germanic Legend*, p. 101.

10. *Waldere*, a cura di Zettersten.

11. Attila: *Widsith* v. 18; 122, ed. Hill, p. 30; 35; Teodorico: ivi v. 24, a cura di Hill, p. 32; Heorot: ivi v. 49, a cura di Hill, p. 32.

Bibliografia

Abbreviazioni

CC	Corpus Christianorum
SL	Series Latina
CM	Continuatio Medievalis
CFHB	Corpus fontium historiae Byzantinae
FSI	Fonti per la storia d'Italia
MGH	Monumentae Germaniae Historica
AA	Antiquitates
Capit.	Capitularia
Conc.	Concilia
Epp. sel.	Epistolae selectae
Epp.	Epistolae
Necr.	Necrologia Germaniae
Poetae	Poetae Latini medii aevi
SS	Scriptores
SS rer. Germ.	Scriptores rerum Germanicarum in usum scholarum separatim editi
SS rer. Germ. N.S.	Scriptores rerum Germanicarum, Nova series
SS rer. Lang.	Scriptores rerum Langobaricarum et Italicarum
SS rer. Merov.	Scriptores rerum Merovingincarum
PL	Patrologia Latina
PLRE	*Prosopography of the Late Roman Empire*, a cura di Arold H.M. Jones, John Morris e John Robert Martindale, 3 voll., Cambridge 1971-1992

RGA	Reallexikon der Germanischen Altertumskunde
SAAME	Seminari del centro interuniversitario per la storia e l'archeologia dell'alto Medioevo
Settimane	Settimane del Centro italiano di studi sull'alto Medioevo
TRW	The Transformation of the Roman World

*Fonti**

Agazia di Myrina, *Historiae*, a cura di Rudolf Keydell, Berlin 1967 (CFHB, 2)

Agobardo di Lione, *Liber Apologeticus*, a cura di Lieven Van Acker, Turnhout 1981 (CCSL, CM, 52), pp. 307-12

Alcuino di York, *Epistolae*, a cura di Ernst Dümmler, in *Epistolae Karolini aevi II*, Berlin 1895 (MGH, Epp. 4), pp. 1-481

Andrea Agnello, *Liber pontificalis ecclesiae Ravennatis*, a cura di Deborah M. Deliyannis, Turnhout 2006 (CCSL, CM, 199); tr. it. Mario Pierpaolo, *Il libro di Agnello istorico*, Ravenna 1988

Andrea da Bergamo, *Historia*, a cura di Gerg Waitz, in *MGH, SS rer. Lang.*, Hannover 1878, pp. 220-230; tr. it. *Testi storici* [v.], pp. 21-65; Jacopo Ricciardi e Alberto Tamburrini, *Andrea da Bergamo, Cronaca, storia dei Longobardi 744-877*, Cassino s.d.

Anonymus Valesianus, a cura di Theodor Mommsen, in *Chronica minora (I)*, Berlin 1892 (MGH, AA, 9), pp. 259-262; 306-328

Annales regni Francorum, a cura di Friedrich Pertz, Hannover 1895 (MGH, SS rer. Germ., [6])

Annales Xantenses, a cura di B. de Simson, *Annales Xantenses et Annales Vedastini*, Hannover-Lepzig 1909 (MGH, SS rer. Germ., [17]), pp. 1-39

Annales Quedlinburgenses, a cura di Marta Giese, *Die Annales Quedlinburgenses*, Hannover 2004 (MGH, SS rer. Germ., 72)

Anthologia Latina, a cura di David R. Shackleton Bailey, *Antholgia Latina I, 1: Libri Salmasiani aliorumque carmina*, Stuttgart 1982

* Delle fonti ho utilizzato le edizioni più facilmente reperibili (i testi «MGH» possono essere consultati per esteso al sito www.dmgh.de). Inoltre ho riportato le traduzioni italiane, qualora esistenti.

Astronomi, *Vita Hludowici imperatoris*, a cura di Ernst Timpe, *Thegan, Die Taten Kaiser Ludwigs. Astronomus, Das Leben Kaiser Ludwigs*, Hannover 1995 (MGH, SS rer. Germ., 64)

Avito di Vienne, *Epistulae ad diversos*, a cura di Rudolf Peiper, in *Alcimi Ecdicii Aviti Viennensis episcopi Opera quae supersunt*, Berlin 1883 (MGH, AA, 6, II), pp. 25-103

Beda, *Chronica Maiora*, a cura di Theodor Mommsen, in *Chronica minora (III)*, Berlin 1898 (MGH, AA, 13), pp. 223-354

Beda, *Historia ecclesiastica gentis Anglorum*, a cura di Michael Lapidge e Paolo Chiesa, *Beda: Storia degli Inglesi*, 2 voll., Roma 2008-2010

Benedetto Monaco, *Chronicon*, a cura di Giuseppe Zucchetti, in *Il Chronicon di Benedetto Monaco di S. Andrea del Soratte e il Libellus de Imperatoria Potestate in Urbe Roma*, Roma 1920 (FSI, 55), pp. 3-187

Beowulf, a cura di R.D. Fulk, in *The Beowulf Manuscript*, Cambridge, Ma-London 2010 (Dumbarton Oaks Medieval Library) pp. 85-295; tr. it. Ludovica Koch, *Beowulf*, Torino 2005

Bonifacio, *Epistolae*, a cura di Michael Tangl, in *Die Briefe des heiliges Bonifatius und Lullus*, Berlin 1916 (MGH, Epp. Sel., 1)

Carmen de Synodo Ticinensi, a cura di Ludwig Bethmann, in *MGH, SS rer. Lang.*, Hannover 1878, pp. 189-191

Cassiodoro, *Variae*, a cura di Theodor Mommsen, *Cassiodori Senatoris Variae*, Berlin 1892 (MGH, AA, 12), pp. 1-385

Catulfo, *Epistola*, a cura di Ernst Dümmler, in *Epistolae Karolini aevi II*, Berlin 1895 (MGH, Epp., 4), pp. 501-505

Chronicarum quae dicuntur Fredegarii, a cura di Bruno Krusch, in *Fredegarii et aliorum Chronica. Vitae sanctorum*, Hannover 1888 (MGH SS rer. Merov. 2), pp. 1-193

Chronicon Novalicensis, a cura di Gian Carlo Alessio, *Cronaca di Novalesa*, Torino 1982

Chronicon Salernitanum, a cura di Ulla Westerbergh, *Chronicon Salernitanum: A Critical Edition with Studies on Literary and Historical Sources, and on Languages*, Stockholm 1956 (Studia Latina Stockholmiensia, 3); tr. it. Raffaele Matarazzo, *Chronicon dell'Anonimo Salernitano,* Napoli 2002

Chronicon universale usque ad annum 741, a cura di Georg Waitz, *Supplementa tomorum I-XII: pars I*, Hannover 1881 (MGH, SS, 13), pp. 4-19

Cesarius of Arles, *Sermones*, a cura di Germain Morin, 2 voll., Turnhout 1953 (CC SL, 103-104)

Claudio Claudiano, *De bello Gothico*, a cura di Maurice Platnauer, in *Claudian*, 2 voll., London 1922 (Loeb Classical Library, 135-6), II, pp.

124-172; tr. it Franco Serpa, *Il rapimento di Proserpina, La guerra dei Goti*, Milano 1981

Codice diplomatico longobardo I, a cura di Luigi Schiaparelli, Roma 1929 (FSI, 62)

Concilia Galliae, a. 511-a. 695, a cura di Charles de Clercq, Turnhout 1963 (CC SL, CM, 148)

Colombano, *Epistolae*, a cura di G.S. Murdoch Walker, in *Santi Columbani Opera*, Dublin 1957 (Scriptores Latini Hiberniae, 2), pp. 2-58

Concilium Francofurtense a. 794, a cura di Albert Werminghoff, *Concilia aevi Karolini I*, Hannover-Lepzig 1906 (MGH, Conc., 2, I), pp. 110-171

Conte Marcellino, *Chronicon*, a cura di Theodor Mommsen, in *Chronica minora (II)*, Berlin 1894 (MGH, AA, 11), pp. 37-108

Continuatio Epitomae Hispaniae, a cura di Theodor Mommsen, *Chronicam minora (II)*, Berlin 1894 (MGH AA, 11), p. 36

Continuatio Prosperi Havnensis, a cura di Georg Hille, *Prosperi Aquitanici Chronici Continuator Havnensis*, Berlin 1866

Costantino Porfirogenito, *De Administrando Imperio*, a cura di Gyula Moravcsik e Romily J.H. Jenkins, Washington, Dc1968 (CFHB, 1)

De duodecim abusivis saeculi, a cura di Siegmund Hellmann, *Ps.-Cyprianus: De xii abusiuis saeculi*, Leipzig 1909 (Texte und Untersuchungen zur Geschichte der altchristlichen Literatur, 34)

De Pippini regis victoria avarica, a cura di Ernst Dümmler, in *Poetae Latini aevi Carolini (I)*, Berlin 1881 (MGH, Poetae, 1), pp. 116-117; tr. it. *Testi storici* [v.], pp. 67-71

Dicuil, *Liber de mensura orbis terrae*, a cura di Ludwig Bieler e James J. Tierney, Dublin 1967 (Scriptores latini Hiberniae, 6)

Divisio Regnorum (806), a cura di Alfred Boretius, in *MGH Capit. I*, Hannover 1883, pp. 126-130

Edictum Rothari, a cura di Franz Beyerle, *Das Gesetz der Langobarden*, ed., Göttingen 1962 (Germanenrechte, Neue Folge, 9, II), pp. 16-93; tr. it. *Le leggi longobarde* [v.], pp. 13-127

Eginardo, *Vita Karoli Magni*, a cura di Georg Waitz, Hannover-Leipzig 1911 (MGH, SS rer. Germ., [25]); tr. it. Valerio Marucci e Claudio Leonardi, *Vita di Carlomagno*, II. ed., Roma 2006 (Faville, 39); Paolo Chiesa *et alii*, Eginardo, *Vita Karoli: Personalità e imprese di un re grandissimo e di meritatissima fama*, Firenze 2014 (Per Verba: Testi mediolatini con traduzione, 29)

Eginardo, *Translatio et miracula ss. Marcellini e Petri*, a cura di Georg Waitz, *Supplementa tomorum I-XII: pars III*, Hannover 1887 (MGH, SS 15, II), pp. 238-264; tr. it. Francesco Stella, *Eginardo, Traslazione e miracoli dei santi Marcellino e Pietro*, Pisa 2009 (Scrittori Latini dell'Europa medievale, 3)

Notchero Balbulo, *Gesta Karoli Magni imperatoris*, a cura di Hans F. Haefele, *Taten Kaiser Karls des Großen*, Hannover 1959 (MGH, Script. rer. Germ. N.S., 12)

Epistolae Austrasicae, a cura di Elena Malaspina, *Il Liber epistolarum della cancelleria austrasica (sec. V-VI)*, Roma 2001 (Biblioteca di cultura Romanobarbarica, 4)

Epistolae langobardicae collectae, a cura di Wilhelm Gundlach, in *Epistolae Merowingici et Karolini aevi (I),* Berlin 1892 (MGH, Epp., 3), pp. 691-715

Epistolae Wisigoticae, a cura di Ernst Dümmler, in *Epistolae Merowingici et Karolini aevi (I)*, Berlin 1892 (MGH, Epp., 3), pp. 658-690

Excerpta Sangallensia, a cura di Theodor Mommsen, *Chronica minora (I)*, Berlin 1892, (MGH, AA, 9), pp. 274-336

Erchemperto, *Historia Langobardorum Beneventanorum*, a cura di Georg H. Pertz e Georg Waitz in *MGH, SS rer. Lang.*, Hannover 1878, pp. 231-264; tr. it. Raffaele Matarazzo, *Storia dei Longobardi beneventani di Erchemperto*, Napoli 1999

Ermoldo il Nero, *In honorem Hludowici christianissimi Caesaris Augusti*, a cura di Edmond Faral, *Ermold le Noir: Poème sur Louis le Pieux et epîtres au roi Pépin* Paris 1932 (Les Classiques de l'Histoire de France au Moyen Age, 14)

Eugippo, *Vita Severini*, a cura di Hermann Sauppe, *Eugippii Vita sancti Severini*, Berlin 1877 (MGH, AA, 1, II); tr. it. Armando Genovese, *Vita di Severino*, Roma 2007 (Collana di testi patristici, 195)

Forma Abrenuntiationis diaboli: Indiculus superstitionum et paganiarum, a cura di Georg H. Pertz, in *Capitualaria regum Francorum*, Hannover 1885 (MGH, LL, 1), pp. 19-20

Freculfo di Lisieux, *Historiae*, a cura di Michael Allen, *Frechulfi Lexoviensis episcopi opera Omnia*, 2 voll., Turnhout 2002 (CC SL, CM, 169)

Gilda, *De excidio Britanniae*, a cura di Michael Winterbottom, *Gildas: The Ruin of Britain and Other Documents*, London-Chichester 1978 (Arthurian Period Sources, 7)

Giona di Bobbio, *Vita Columbani*, a cura di Bruno Krusch, *Ionae viate sactorum Columbani, Vedasti, Iohannis*, Hannover-Lepizig 1905 (MGH, SS rer. Germ., [37]), pp. 1-294; tr. it. Inos Biffi e Aldo Granata, *Giona di Bobbio, Vita di Colombano e dei suoi discepoli*, Milano 2001 (Di fronte e attraverso, 556)

Giordane, *Getica*, a cura di Theodor Mommsen, *Iordanis Romana et Getica*, Berlin 1882 (MGH, AA, 5, I), pp. 53-138; tr. it. Elio Bartolini, *Jordanes, Storia dei Goti*, Milano 1991 (Le storie, 2)

Giordane, *Romana*, a cura di Theodor Mommsen, *Iordanis Romana et Getica*, Berlin 1882 (MGH, AA, 5, I), pp. 1-52

Giorgio Akropolita, *Historia*, a cura di August Heisenberg, *Georgii Akropolitae Opera*, 2 voll., Leipzig 1903, I, pp. 1-189

Giovanni di Biclaro, *Chronicon*, a cura di Julio Campos, *Juan de Bíclaro, obispo de Gerona, su vida y su obra, edición crítica*, Madrid 1960 (Consejo Superior de Investigaciones Científicas, 32)

Girolamo, *Chronicon*, a cura di Rudolf Helm, *Eusebii Caesariensis Chronicon: Hieronymi continuatio*, Berlin, 1956 (Die Griechischen Christlichen Schriftsteller der Ersten Jahrhunderte, 47)

Gesta Berengarii imperatoris, a cura di Paul von Winterfeld, in *Poetae Latini aevi Carolini (IV)*, Berlin 1898 (MGH, Poetae, 4, I), pp. 354-401; tr. it. Francesco Stella e Giuseppe Albertoni, *Gesta Berengarii: Scontro per il regno nell'Italia del X secolo*, Pisa 2009 (Scrittori latini dell'Europa medievale, 1)

Giuliano di Toledo, *Historia Wambae regis*, a cura di Wilhelm Levison, in *Passiones vitaeque sanctorum aevi Merovingici (III)*, Hannover 1910 (MGH, SS rer. Merov., 5), pp. 486-535

Giulio Onorio, *Cosmographia*, a cura di Alexander Riese, Geographi latini minores, Heilbronn 1878, pp. 21-55

Gregorio di Tours, *Liber vitae Patrum*, a cura di Bruno Krusch, in *Gregorii Turonensis Opera II*, Hannover 1885 (MGH, SS rer. Merov., 1, II), pp. 211-294

Gregorio di Tours, *Liber in gloria martirum*, a cura di Bruno Krusch, in *Gregorii Turonensis Opera II*, Hannover 1885 (MGH, SS rer. Merov., 1, II), pp. 34-111

Gregorio di Tours, *Libri Historiarum*, a cura di Bruno Krusch e Wilhelm Levison, *Gregorii Turonensis Opera I*, Hannover 1951 (MGH, SS rer. Merov., 1, II)

Gregorio Magno, *Epistolae*, a cura di Paul Ewald e Ludo M. Hartmann, *Gregorii I papae Registrum epistolarum*, 2 voll., Berlin 1891-1899 (MGH, Epp., 1-2)

Gregorio Magno, *Dialogi*, a cura di Adalbert De Vogüét e Paul Antin, Paris 1978-1980 (Sources Chrétiennes, 251; 260; 265)

Hildebrandslied, a cura di C.W.M. Grein, *Das Hildebrandslied nach der Handschrift von Neuem herausgegeben, kritisch bearbeitet und erläutert nebst Bemerkungen über die ehemaligen Fulder Codices der Casseler Bibliothek*, Göttingen 1858; tr. it. Andrea Bochese, *Il carme di Ildebrando. Storia, lingua e cultura*, Milano 2011

Historia Langobardorum codicis Gothani, a cura di Georg Waitz, in *MGH, SS rer. Lang.*, Hannover 1878, pp. 7-11; tr. it. *Le leggi longobarde* [v.], pp. 317-327; *Testi storici* [v.], pp. 1-19

Hugeburc di Heidenheim, *Vita Willibaldi epicopi Eichstetensis*, a cura di

Oswald Holder-Egger, in *Supplementa tomorum I-XII: pars III*, Hannover 1887 (MGH, SS, 15, I), pp. 86-106

Isidoro di Siviglia, *Chronica Maiora*, a cura di José C. Martin, *Isidori Hispalensis Chronica*, Turnhout 2003 (CCSL, CM, 112)

Isidoro di Siviglia, *Historia de regibus Gothorum, Vandalorum et Suevorum*, a cura di Theodor Mommsen, in *Chronica minora (II)*, Berlin 1894 (MGH, AA, 11), pp. 241-303

Isidoro di Siviglia, *De viris illustribus*, a cura di Carmen Codoñer Merino, *El 'De viris illustribus' de Isidoro de Sevilla*, Salamanca 1964 (Theses et studia philologica Salmanticensia, 12)

Itineraria Romana, a cura di Konrad Miller, *Itineraria Romana: Römische Reisewege anhand der Tabula Peutingeriana dargestellt*, Stuttgart 1916

Karolus Magnus et Leo Papa, a cura di Franz Brünholz, *Karolus Magnus et Leo Papa, Ein Paderborner Epos von Jahre 799*, a cura di di Helmut Beumann, Franz Brünholz e Wilhelm Winkelmann, Paderborn 1966 (Studien und Quellen zur Westfälischen Geschichte, 8)

Lamberto di Hersfeld, *Annales*, a cura di Oswald Holger-Egger, in *Lamperti monachi Hersfeldensis Opera*, Hannover 1894 (MGH, SS rer. Ger., [38]), pp. 1-304

Laudes Veronensis civitatis, a cura di Ernst Dümmler, in *Poetae Latini aevi Carolini (I)*, Berlin 1880 (MGH, Poetae, 1), pp. 119-122

Liber Historiae Francorum, a cura di Bruno Krusch, in *Fredegarii et aliorum Chronica. Vitae sanctorum* Hannover 1888 (MGH, SS rer. Merov., 2), pp. 215-328

Liber monstrorum, a cura di Franco Porsia, *Liber monstrorum (secolo IX): Introduzione, edizione critica e commento*, Napoli 2012 (Nuovo Medioevo, 88)

Liber pontificalis, a cura di Theodor Mommsen, Berlin 1898 (MGH, Gesta Pontificum Romanorum, 1)

Liber Vitae, a cura di Sigismund Herzberg-Fränkel, in *Diocesis Salisburgensis*, Berlin 1904 (MGH, Necr., 2), pp. 2-44

Liutprando da Cremona, *Antapododis*, a cura di Paolo Chiesa, *Liudprandi Cremonensis Antapodosis, Homelia Paschalis, Historia Ottonis, Relatio de Legatione Constantinopolitana*, Turnhout 1998 (CCSL, CM, 156), pp. 1-150; tr. it. Massimo Oldoni e Pierangelo Ariatta, *Italia e Bisanzio alle soglie dell'anno Mille*, Novara 1987, pp. 39-197

Liutprando da Cremona, *Relatio de legatione Constantinopolitana*, a cura di Paolo Chiesa, *Liudprandi Cremonensis Antapodosis, Homelia Paschalis, Historia Ottonis, Relatio de Legatione Constantinopolitana*, Turnhout 1998 (CCSL, CM, 156), pp. 185-218; tr. it. Massimo Oldoni e Pierangelo Ariatta, *Italia e Bisanzio alle soglie dell'anno Mille*, Novara 1987, pp. 217-252

Marculfo, *Formularum libri duo*, a cura di Alf Uddholm, Uppsala 1962 (Collectio scriptorum veterum Upsaliensis, 13)

Mario di Avenches, *Chronicon*, a cura di Justin Favrod, *La chronique de Marius d'Avenches (455-581)*, Lausanne 1993 (Cahiers Lausannois d'Histoire Médiévale, 4)

Martino da Canale, *Les estoires de Venise*, a cura di Alberto Limentani, *Martin da Canal: Les estoires de Venise cronaca veneziana in lingua francese dalle origini al 1275*, Firenze 1972 (Fondazione Giorgio Cini: Civiltà veneziana, Fonti e testi, s. III, 3)

Maurizio, *Strategikon*, a cura di George T. Dennis ed Ernst Gamillscheg, *Das Strategikon des Maurikios*, Wien 1981 (CFHB, 17); tr. it. Giuseppe Cascarino, *Maurizio imperatore, Strategikon, manuale dell'Impero Romano d'Oriente*, Firenze 2006

Menandro Protettore, *Historia*, a cura di R.C. Blockley, *The History of Menander the Guardsman: Introductory Essay, Text, Translation and Historiographical Notes*, Liverpool 1985 (Arca, 17)

Miracula S. Genesii, a cura di Wilhem Wattenbach, *Die Übertragung der Reliquien des hl. Genesius nach Schienen*, in «Zeitschrift für die Geschichte des Oberrheins», 24 (1872), pp. 1-21

Origo gentis Langobardorum, a cura di Georg Waitz, in *MGH, SS rer. Lang.*, Hanover 1878, pp. 1-6; tr. it. *Le leggi longobarde* [v.], pp. 3-11

Paolino di Aquileia, *Epistola ad Heistulfum*, a cura di Jaques P. Migne, *PL* 99, Paris 1864, cc. 181-198

Paolino di Aquileia, *Liber Exhortationis*, a cura di Jaques P. Migne, *PL* 99, Paris 1864, cc. 197-282

Paolino di Aquileia, *Versus de Herico duce*, a cura di Ernst Dümmler, in *Poetae latini aevi Carolini* (I), Berlin 1881, (MGH, Poetae, 1), pp. 131-133; tr. it. *Opere II: Ritmi e carmi*, a cura di Alessio Peršič e Sandro Piussi, Aquileia 2007 (Scrittori della Chiesa di Aquileia, 10/2), pp. 220-230

Paolo Orosio, *Historiarum aversus paganos*, a cura di Adolf Lippold, Aldo Bartalucci e Gioachino Chiarini, *Orosio: Le storie contro i pagani*, 2 voll., Milano 1976

Paolo Diacono, *Historia Romana*, a cura di Amedeo Crivellucci, *Pauli Diaconi Historia Romana,* Roma 1914 (FSI, 51)

Paolo Diacono, *Carmina*, a cura di Karl Neff, *Die Gedichte des Paulus Diaconus: Kritische und erklärende Ausgabe*, München 1908 (Lateinische Philologie des Mittelalters, 3)

Paolo Diacono, *Liber de episcopis Mettensibus*, a cura di Georg H. Pertz, in *Scriptores rerum Sangallensium. Annales, chronica et historiae aevi Carolini*, Hannover 1829 (MGH, SS, 2), pp. 260-88

Paolo Diacono, *Historia Langobardorum*, a cura di Ludwig Bethmann e Georg Waitz, in *MGH, SS rer. Lang.*, Hannover, 1878, pp. 12-187; tr. it. Lidia Capo, *Paolo Diacono, Storia dei Longobardi*, Milano 1992

Passio Sigismundi regis, a cura di Bruno Krusch, in *Fredegarii et aliorum Chronica. Vitae sanctorum*, Hannover 1888 (MGH, SS rer. Merov., 2), pp. 333-340

Poeta Sassone, *Annales de gestis Caroli magni imperatoris*, a cura di Paul von Winterfeld, in *Poetae Latini aevi Carolini (IV)*, Berlin 1909 (MGH, Poetae 4, I), pp. 1-71; tr. it. Antonino Isola, *Poeta Sassone, Le gesta dell'imperatore Carlo Magno*, Milano 1987 (Di fronte e attraverso, 205)

Prospero da Aquitania, *Chronicon*, a cura di Theodor Mommsen, *Chronica minora (I)*, Hannover 1892 (MGH, AA, 9), pp. 341-485

Sedulio Scoto, *Liber de rectoribus christianis*, a cura di Siegmund Hellman, Munich 1906 (Quellen und Untersuchungen zur Lateinischen Philologie des Mittelalters, 1)

Sidonio Apollinare, *Epistolae*, a cura di Christian Levetjohann, in *Gai Solii Apollinaris Sidonii Epistulae et carmina*, Berlin 1887 (MGH, AA, 8), pp. 1-172

Teofane Confessore, *Chronographia*, a cura di Carl De Boor, 2 voll., Leipzig 1883-1885

Teofilatto Simocatta, *Historia*, a cura di Carl De Boor e Peter Wirth, Stuttgart 1972

Tietmaro di Merseburgo, *Chronicon*, a cura di Robert Holtzmann, *Die Chronik des Bischofs Thietmar von Merseburg und ihre Korveier Überarbeitung*, Berlin 1935 (MGH SS rer. Germ. N.S., 9)

Translatio s. Marci, a cura di Emanuela Colombi, *Storie di cronache e reliquie nella Venetia altomedievale*, Trieste 2012 (Antichità Altoadriatiche: Monografie, 6), pp. 16-63

Ugo di Flavigy, *Chronicon*, a cura di Georg H. Pertz, in *Chronica et gesta aevi Salici*, Hannover 1848 (MGH, SS, 8), pp. 288-502

Valafrido Strabone, *De imagine Tetrici*, a cura di Michael W. Herren, *The De imagine Tetrici of Walahfrid Strabo: Edition and Translation*, in «Journal of Medieval Latin», 1 (1991), pp. 118-139

Valafrido Strabone, *Visio Wettini*, a cura di Ernst Dümmler, in *Poetae Latini aevi Carolini (II)*, Berlin 1884 (MGH, Poetae, 2), pp. 301-334; tr. it. Francesco Stella, *Valafrido Strabone: Visione di Vetti*, Pisa 2009 (Scrittori latini dell'Europa medievale, 4)

Vanagloria, a cura di Tom A. Shippey, *Poems of Wisdom and Learning in Old English*, Cambridge 1976, pp. 54-57

Visio cuiusdam pauperculae mulieris, a cura di Hubert Houben, *Visio cuiusdam pauperculae mulieris: Überlieferung und Herkunft eines früh-*

mittelalterlichen Visionstextes (mit Neuedition), in «Zeitschrift für die Geschichte des Oberrheins», 124 (1976), pp. 31-42

Visio Karoli Magni, a cura di Philipp Jaffé, in *Bibliotheca rerum Germanicarum IV*, Berlin 1868, pp. 701-704

Vituchindo di Corvey, *Rerum gestarum Saxonicarum libri tres*, a cura di Paul Hirsch e Hans E. Lohmann, *Die Sachsengeschichte des Widukind von Korvei*, Hannover 1935 (MGH, SS rer. Germ., [60])

Walderere, a cura di Arne Zettersten, Manchester 1979

Waltharius, a cura di Karl Strecker, in *Nachträge zu den Poetae aevi Carolini*, Weimar 1951 (MGH, Poetae, 6, I), pp. 1-83; tr. it. Edoardo D'Angelo, *Waltharius: Epica e saga tra Virgilio e i Nibelunghi*, Milano-Trento 1998 (Biblioteca medievale, 9)

Widsith, a cura di Joyce Hill, in *Old English Heroic Poems*, Durham-Toronto 2009, pp. 30-36

Y Gododdin, a cura di John Koch, *The Gododdin of Aneirin Text and Context from Dark-Age North Britain*, Cardiff 1997; tr. it. Francesco Benozzo, *Il Gododdin. Poema eroico antico-gallese*, Milano-Trento 2000 (Biblioteca medievale, 81)

Studi

Abels, Richard, *What has Weland to Do with Christ? The Franks Casket and the Acculturation of Christianity in Early Anglo-Saxon England*, in «Speculum», 84 (2009), pp. 549-581

Agire da donna, a cura di M. Cristina La Rocca, Turnhout 2007 (Haut Moyen Âge, 3)

Airlie, Stuart, *Private Bodies and the Body Politic in the Divorce Case of Lothar II*, in «Past and Present», 161 (1998), pp. 3-38

Airlie, Stuart, *Semper fideles? Loyauté envers les Carolingiens comme constituant de l'identité aristocratique*, in *La royauté et les élites dans l'Europe carolingienne*, a cura di Régine Le Jan, Villeneuve d'Ascq 1998 (Collection Histoire et littérature régionales, 17), pp. 129-143

Airlie, Stuart, *Narratives of Triumph and Rituals of Submission: Charlemagne's Mastering of Bavaria*, in «Transactions of the Royal Historical Society», 9 (1999), pp. 93-119

Airlie, Stuart, *The Palace of Memory: The Court as Political Centre*, in *Courts and Regions in Medieval Europe*, a cura di Sarah Rees Jones, Richard Marks e Alastair J. Minnis, Woodbridge 2000, pp. 1-20

Albertoni, Giuseppe, *L'Italia carolingia*, Roma 1997

Albertoni, Giuseppe, *Berengario I e la sua rappresentazione nei Gesta Be-*

rengarii, in *Gesta Berengari. Scontro per il regno nell'Italia del X secolo*, a cura di Giuseppe Albertoni e Francesco Stella, Pisa 2009 (Scrittori latini dell'Europa medievale, 1), pp. 25-47

Alvarez García, F., *Tiempo, religión y política en el Chronicon de Ioannis Biclarensis*, in «En la España medieval», 20 (1997), pp. 9-30

Amory, Patrick, *People and Identity in Ostrogothic Italy 489-554*, Cambridge 1997

Anderson, Benedict, *Imagined Communities: Reflections on the Origin and Spread of Nationalism*, II ed., London-New York 2004

Andree, R., *Menschenschädel als Trinkgefäße*, in «Zeitschrift für Volkskunde», 22 (1912), pp. 1-37

Angenendt, Arnold, *Karl der Große als rex et sacerdos*, in *Das Frankfurter Konzil von 794*, a cura di Rainer Berndt, 2 voll., Mainz 1997 (Quellen und Abhandlungen zur mittelrheinischen Kirchengeschichte, 80), I, pp. 255-278

Anton, Hans, H., *Fürstenspiegel und Herrscherethos in der Karolingerzeit*, Bonn 1968 (Bonner historische Forschungen, 32)

Anton, Hans H., *Pseudo-Cyprian: De duodecim abusivis saeculi und sein Einfluss auf den Kontinent, insbesondere auf die karolingischen Fürstenspiegel*, in *Die Iren und Europa im früheren Mittelalter*, a cura di Heinz Löwe, 2 voll., Stuttgart 1982, pp. 568-617

Anton, Hans H., *Die Trierer Kirche und das nördliche Gallien in spätrömischer und fränkischer Zeit*, in *La Neustrie. Les pays au nord de la Loire de 650 à 850*, a cura di Hartmut Atsma, 2 voll., Sigmaringen 1989 (Beihefte der Francia, 16), pp. 53-73

Anton, Hans H., *Einleitung*, in *Fürstenspiegel des frühen und hohen Mittelalters*, a cura di Id., Darmstadt 2006 (Ausgewählte Quellen zur deutschen Geschichte des Mittelalters, 45), pp. 3-44

Arianism: Roman Heresy and Barbarian Creed, a cura di Guido M. Berndt e Roland Steinacher, Turnhout 2014

Arndt, Wilhelm, *Einleitung*, in Id., *Bischof Marius von Aventicum: Sein Leben und Seine Chronik, nebst Einem Anhang über die Consulreihe der Chronik*, Leipzig 1874, pp. 1-28

Artifoni, Enrico, *Le questioni longobarde: Osservazioni su alcuni testi del primo Ottocento storiografico italiano*», in «Mélanges de l'École française de Rome: Moyen Âge», 119 (2007), pp. 297-304

Arvidsson, Stefan, *Aryan Idols: Indo-European Mythology as Ideology and Science*, Chicago 2006

Astuti, Guido, *Influssi romanistici nelle fonti del diritto longobardo*, in *La cultura antica nell'occidente latino del VII all'XI secolo*, 2 voll., Spoleto 1975 (Settimane, 22), II, pp. 653-695

Auerbach, Erich, *Mimesis: Dargestellte Wirklichkeit in der abendländischen Literatur*, XI ed., Tübingen 2015

Bailey, Lisa, *«The Are not Men»: Sex and Drinks in the Sermons of Cesarius of Arles*, in «Journal of Early Christian Studies» 15 (2007), pp. 23-43

Baldwin, B., *Menander Protector*, in «Dumbarton Oaks Papers», 32 (1978), pp. 99-125

Balzani, Ugo, *Le cronache italiane nel Medio Evo*, Milano 1909

Balzaretti, Ross, *These are Things that Men do, not Women: the Social Regulation of Female Violence in Langobard Italy*, in *Violence and Society* [v.], pp. 175-192

Balzaretti, Ross, *Theodelinda, Most Glorious Queen: Gender and Power in Lombard Italy*, in «The Medieval History Journal», 2 (1999), pp. 183-207

Balzaretti, Ross, *Liutprand of Cremona's Sense of Humour*, in *Humour*, pp. 114-128

Balzaretti, Ross, *Dark Age Liguria: Regional Identity and Local Power, c. 400-1020*, London 2013

Banti, Alberto M., *La nazione come comunità di discendenza: aspetti del paradigma romantico*, in «Parolechiave», 25 (2001), pp. 115-141

Barbiera, Irene, *Changing Lands in Changing Memories: Migration and Identity during the Lombard Invasions*, Firenze 2005 (Biblioteca di Archeogia Medievale, 19)

Barnes Timothy D., *Oppressor, Persecutor, Usurper: The Meaning of tyrannus in the Fourth Century*, in *Historiae Augustae Colloquium Barcinonense*, a cura di Giorgio Bonamente e Marc Mayer, Bari 1996, pp. 55-65

Bartlett, Robert, *Symbolic Meanings of Hair in the Middle Ages*, in «Transactions of the Royal Historical Society», 4 (1994), pp. 43-60

Bayless, Martha, *Sin and Filth in Medieval Culture: The Devil in the Latrine*, New York 2012 (Routledge Studies in Medieval Literature and Culture, 2)

Becher, Mathias, *Chlodwig I: Der Aufstieg der Merowinger und das Ende der antiken Welt*, München 2011

Beck, Heinrich, *Otto Höfler*, in «RGA», 15 (2000), pp. 30-34

Behr, Charlotte, *The Origins of Kingship in Early Medieval Kent*, in «Early Medieval Europe», 9 (2000), pp. 25-52

Benericetti, Ruggero, *Il pontificale di Ravenna: Studio critico*, Faenza 1994

Bernheim Ernst, *Über die Origo gentis Langobardorum*, in «Neues Archiv», 21 (1896), pp. 373-399

Berschin, Walter, *Personenbeschreibung in der Biographie des Mittelalters*, in *Historiographie* [v.], pp. 186-193

Berto, L. Andrea, *Introduzione*, in *Testi storici* [v.], pp. xi-xliii

Berto, L. Andrea, *Remembering Old and New Rulers: Lombards and Carolingians in Carolingian Italian Memory*, in «The Medieval History Journal», 13 (2010), pp. 23-53

Bertolini, Ottorino, *Il patrizio Isacio esarca d'Italia*, in *Atti del II Congresso Internazionale di Studi sull'alto Medioevo*, Spoleto 1952, pp. 117-120

Bertolini, Margherita G., *Andrea da Bergamo*, in *Dizionario Biografico degli Italiani*, 3, Roma 1961, pp. 79-80

Besta, Enrico, *Le fonti dell'Editto di Rotari*, in *Atti del I Congresso internazionale di studi longobardi*, Spoleto 1952, pp. 51-70

Bethmann, Ludwig C., *Paulus Diaconus Leben und Schriften*, in «Archiv der Gesellschaft für ältere deutsche Geschichtskunde», 10 (1851), pp. 247-334

Bianchi, Dante, *Riflessi romani nell'Historia Langobardorum di Paolo Diacono*, in «Memorie storiche forogiuliesi», 35 (1929), pp. 23-58

Bianchi, Dante, *L'elemento epico nella Historia Langobardorum di Paolo Diacono*, in «Memorie storiche forogiuliesi», 30 (1934), pp. 117-163

Blasel, Carl, *Der Übertritt der Langobarden zum Christentum*, in «Archiv für Katholischen Kirchenrecht», 83 (1903), pp. 585-653

Blasel, Carl, *Die Wanderzüge der Langobarden: ein Beitrag zur Geschichte und Geographie der Völkerwanderungszeit*, Breslau 1909

Bloch, Marc, *Les Rois thaumaturges: Étude sur le caractère surnaturel attribué à la puissance royale particulièrement en France et en Angleterre*, Paris 1926

Blockley, Roger C., *Introduction*, in *The History of Menander the Guardsman: Introductory Essay, Text, Translation and Historiographical Notes*, a cura di Id., Liverpool 1985 (Arca, 17), pp. 1-30

Bognetti, Gian Piero, *L'età longobarda*, 4 voll., Milano 1966-1968

Bognetti, Gian Piero, *S. Maria Foris Portas di Castelseprio e la storia religiosa dei Longobardi*, in *L'età longobarda* [v.], II, pp. 13-673

Bognetti, Gian Piero, *Processo logico e integrazione delle fonti nella storiografia di Paolo Diacono*, in *L'Età longobarda* [v.], III, pp. 159-184

Bognetti, Gian Piero, *L'editto di Rotari come espediente politico di una monarchia barbarica*, in *L'Età longobarda* [v.], IV, pp. 115-135

Bona, Istvan, *The Dawn of the Dark Ages: The Gepids and the Lombards in the Carpathian Basin*, Budapest 1976

Borri, Francesco, *Murder by Death: Alboin's Life, End(s), and Means*, in «Millennium», 8 (2011), pp. 223-270

Borri, Francesco, *Arrivano i barbari a cavallo! Foundation Myths and Origines gentium in the Adriatic Arc*, in *Post-Roman Transitions: Christian and Barbarian Identities in the Early Medieval West*, a cura di Walter Pohl e Gerda Heydemann, Turnhout 2013 (Cultural Encounters in Late Antiquity and the Middle Ages, 14) pp. 215-270

Borri, Francesco, *Romans Growing Beards: Identity and Historiography in Seventh-Century Italy*, in «Viator», 45 (2014), pp. 39-71

Borri, Francesco, *Nightfall on Ravenna: Storms and Narrativity in the Work of Andreas Agnellus*, in «Magic, Ritual, and Witchcraft», 9 (2014), pp. 33-61

Bourgain, Pascale e Martin Heinzelmann, *L'œuvre de Grégoire de Tours: la diffusion des manuscrits*, in *Grégoire de Tours et l'espace gaulois*, a cura di Nancy Gauthier e Henri Galinié, Tours 1997, pp. 273-317

Bougard, François, *Avant-propos: les mots de la vengeance*, in *La Vengeance, 400-1200,* a cura di Dominique Barthélémy, François Bougard e Régine Le Jan, Roma 2006 (Collection de l'École française de Rome, 357) pp. 1-6

Bracciotti, Annalisa, *La saga di Gambara nella Origo gentis Langobardorum*, in «Romanobarbarica», 12 (1992-1993), pp. 81-86

Bracciotti, Annalisa, *Il ruolo di Peredeo nell'assassinio di Alboino*, in «Romanobarbarica», 13 (1994-1995), pp. 99-123

Brandes, Wolfram, *Das Gold der Menia: Ein Beispiel transkulturellen Wissenstransfers*, in «Millennium», 2 (2005), pp. 175-226

Brenk, Beat, *Spolia from Constantine to Charlemagne: Aesthetics versus Ideology*, in *Studies on Art and Archeology in Honor of Ernst Kitzinger on His Seventy-Fifth Birthday* (= «Dumbarton Oaks Papers», 41 [1987]), pp. 103-109

Breukelaar, Adriaan H., *Historiography and Episcopal Authority in Sixth-Century Gaul: The Histories of Gregory of Tours Interpreted in Their Historical Context*, Göttingen 1994 (Forschungen zur Kirchen- und Dogmengeschichte, 57)

Brodka, Dariusz, *Die Geschichtsphilosophie in der spätantiken Historiographie: Studien zu Prokopios von Kaisareia, Agathias von Myrina und Theophylaktos Simokattes*, Frankfurt am Main 2004 (Studien und Texte zur Byzantinistik, 5)

Brown, Peter, *Gregory of Tours: Introduction*, in *The World of Gregory of Tours* [v.], pp. 1-28

Bruckner, Willhelm, *Die Sprache der Langobarden*, Straßburg 1895

Bruckner, Willhem, *Die Quellen der Origo gentis Langobardorum*, in «Zeitschrift für deutsches Altertum», 43 (1899), pp. 47-58

Buc, Philippe, *Italian Hussies and German Matrons: Liutprand of Cre-*

mona on Dynastic Legitimacy, in «Frühmittelalterliche Studien», 29 (1995), pp. 207-225

Buc, Philippe, *The Dangers of Ritual: Between Early Medieval Texts and Social Scientific Theory*, II ed., Princeton 2009

Bührer-Thierry, Geneviève, *Reines adultères et empoisonneuses, reines injustement accusées: la confrontation de deux modèles aux VIIIe-Xe siècles*, in *Agire da donna* [v.], pp. 151-170

Bullough Donald A., *I vescovi di Pavia nei secoli ottavo e nono: fonti e cronologia*, in *Atti del IV Congresso internazionale di studi sull'alto Medioevo*, Spoleto 1969, pp. 317-328

Bullough, Donald A., *Friends, Neighbours and Fellow-Drinkers: Aspects of Community and Conflict in the Early Medieval West*, Cambridge 1990 (H.M. Chadwick Memorial Lectures, 1)

Bullough, Donald A., *The Career of Columbanus*, in *Columbanus: Studies on the Latin Writings*, a cura di Michael Lapidge, Woodbridge 1997, pp. 1-28

Bullough, Donald A., *Ethnic History and the Carolingians: an Alternative Reading of Paul the Deacon's Historia Langobardorum*, in *The Inheritance of Historiography 350-900*, a cura di Cristopher Holdsworth e T.P. Wiseman, Exeter 1990, pp. 85-105

Bullough, Donald A., *What has Ingeld to do with Lindisfarne?* in «Anglo-Saxon England», 22 (1993), pp. 93-125

Burgess, Richard W. e Michael Kulikowski, *Mosaics of Time: The Latin Chronicle Traditions from the First Century BC to the Sixth Century AD. I: A Historical Introduction to the Chronicle Genre from its Origins to the High Middle Ages*, Turnhout 2013

Burrow, John W., *The Crisis of Reason: European Thoughts, 1848-1914*, New Haven-London 2000

Cameron, Alan, *The Last Pagans of Rome*, Oxford 2011

Cameron, Averil, *Agathias*, Oxford 1970

Cameron, Averil, *Procopius and the Sixth Century*, Berkley-Los Angeles 1985 (The Transformation of the Classical Heritage, 10)

Cammarosano, Paolo, *Nobili e re: L'Italia politica nell'alto Medioevo*, Roma-Bari 1998

Campos, Julio, *Introduccion*, in *Juan de Bíclaro, obispo de Gerona, su vida y su obra, edición crítica*, a cura di Id., Madrid 1960 (Consejo Superior de Investigaciones Científicas, 32), pp. 13-74

Capitani, Ovidio, *Paolo Diacono e la storiografia altomedievale*, in *Paolo Diacono e il Friuli altomedievale (sec. VI-X)*, 2 voll., Spoleto 2001 (Atti del XIV congresso internazionale di studio sull'alto Medioevo), I, pp. 25-44

Carile, Antonio, *La città di Venezia nasce dalle cronache*, in *Le città italiane tra la tarda antichità e l'alto Medioevo*, a cura di Andrea Augenti, Firenze 2006 (Biblioteca di Archeologia Medievale, 20), pp. 137-149

Cardini, Franco, *Alle radici della cavalleria medievale*, Firenze 1981

Carnevale, Laura, *Totila come perfidus rex tra storia e agiografia*, in «Vetera Christianorum», 40 (2003), pp. 43-69

Carolingian Culture: Emulation and Innovation, a cura di Rosamond McKitterick, Oxford 1994

Carozzi, Claude, *La géographie de l'audelà et sa signification pendant le haut Moyen Âge*, in *Popoli e paesi nelle cultura altomedievale*, 2 voll., Spoleto 1983 (Settimane, 29), II, pp. 423-481

Cavanna, A., *Nuovi problemi attorno alle fonti dell'editto di Rotari*, in «Studia et documenta historiae et iuris», 34 (1968), pp. 269-361

Cervani, Roberta, *Romanità e cristianesimo nella prospettiva storiografica altomedievale: l'Historia Romana di Paolo Diacono*, in «Annali di Storia: Facoltà di Lettere e Filosofia, Lecce», 4 (1981), pp. 5-40

Cervani, R., *La fonte tridentina dell''Historia Langobardorum' di Paolo Diacono*, in *La regione Trentino-Alto Adige nel Medio Evo*, 2 voll. (= «Atti della Accademia Roveretana degli Agiati», 235-236 [1986]), II, pp. 97-104

Cesa, Maria, *Etnografia e geografia nella visione storica di Procopio di Cesarea*, in «Studi classici e orientali», 32 (1982), pp. 389-409

Cesaretti, Paolo, *I Longobardi di Procopio*, in *I Longobardi e la storia* [v.], pp. 19-73

Cessi, Roberto, *Studi sulle fonti dell'età gotica e longobarda II: Prosperi Continuatio Haunensis*, in «Archivio Muratoriano», 22 (1922), pp. 587-641

Cessi, Roberto, *I cataloghi patriarcali nell'Historia Langobardorum di Paolo Diacono*, in «Memorie storiche forogiuliesi», 25 (1929), pp. 39-66

Chambers, Raymond W., *Widsith: A Study in Old English Heroic Legend*, Cambridge 1912

Charlemagne: Empire and Society, a cura di Johanna Story, Manchester 2005

Chiesa, Paolo, *Caratteristiche della trasmissione dell'Historia Langobardorum*, in *Paolo Diacono e il Friuli altomedievale (saec. VI-X)*, in «Atti del XIV Congresso internazionale di studi sull'alto Medioevo», Spoleto 2001, pp. 45-66

Christiansen, Arne S., *Cassiodorus, Jordanes and the History of the Goths: Studies in a Migration Myth*, Copenhagen 2002

Christie, Neil, *Invasion or invitation? The Lombard occupation of Northern Italy*, in «Romanobarbarica», 11 (1991), pp. 79-108

Christie, Neil, *From Constantine to Charlemagne: An Archaeology of Italy, AD 300-850*, Ashgate 2006

Chrysos, Evangelos, *Conclusion: De foederatis iterum*, in *Kingdoms of the Empire: The Integration of Barbarians in Late Antiquity*, a cura di Walter Pohl, Leiden-Boston-Köln 1997 (TRW, 1), pp. 185-206

Cingolani, Stefano M., *Le storie dei Longobardi: Dall'Origine a Paolo Diacono*, Roma 1995 (I libri di Viella, 6)

Clovis: Histoire et mémoire, a cura di Michel Rouche, 2 voll., Paris 1997

Collins, Roger, *Fredegar*, Aldershot 1996 (Authors of the Middle Ages, 4)

Collins, Roger, *The 'Reviser' Revisited: Another Look at the Alternative Version of the Annales Regni Francorum*, in *After Rome's Fall: Narrators and Sources of Early Medieval History, Essays presented to Walter Goffart*, a cura di Alexander C. Murray, Toronto 1998

Corbato, Carlo, *Paolo Diacono*, in *Studi cividalesi*, Trieste 1975 (Antichità altoadriatiche, 7), pp. 7-22

Corradini, Richard, *Pieces of a Puzzle: Time and History in Walahfrid's Vademecum*, in *Being Roman after Rome*, a cura di Rosamond McKitterick (= «Early Medieval Europe», 22 [2014]), pp. 476-491

Corradini, Richard, *A Stone in the Capitol: Some aspects of* res publica *and* romanitas *in Augustine*, in *The Transformation of Romanness*, a cura di Clemens Gantner, Ginzia Grifoni e Marianne Pollheimer, Berlin, in corso di stampa

Cosentino, Salvatore, *L'iscrizione ravennate dell'esarca Isacio e le guerre di Rotari*, in «Atti e memorie (Modenesi)» 11 (1993), pp. 23-44

Costambeys, Marios, *Kinship, Gender and Property in Lombard Italy*, in *The Langobards* [v.], pp. 69-94

Costambeys, Marios, Matthew Innes, Simon MacLean, *The Carolingian World*, Cambridge 2011

Coumert, Magali, *Origines des peuples: Les récits du Haut Moyen Âge occidental (550-850)*, Paris 2007 (Collection des Études Augustiniennes: Série Moyen Âge et Temps Modernes, 42)

Coupland, Simon, *Carolingian Arms and Armor in the Ninth Century*, in «Viator», 21 (1990), pp. 29-50

Croke, Bryan, *A.D. 476: The Manufacture of a Turning Point*, in «Chiron», 13 (1983), pp. 81-119

Croke, Bryan, *Chronicles, Annals and "Consular Annals" in Late Antiquity*, in «Chiron», 31 (2001), pp. 291-331

Cumberland Jacobsen, Torsten, *The Gothic War: Rome's Final Conflict in the West*, Westholme 2009

Curta, Florin, *The Making of the Slavs: History and Archaeology of the Lower Danube Region, c. 500-700*, Cambridge 2001

Curta, Florin, *Southeastern Europe in the Middle Ages: 600-1200*, Cambridge 2006

Dagron, Gilbert, *Discours utopique et récit des origines I: Une lecture se Cassiodorus-Jordanes: le Goth de Scandza à Ravenne*, in «Annales ESC» 26 (1970), pp. 290-305

Dagron, Gilbert, *L'hippodrome de Constantinople: Jeux, peuple et politique*, Paris 2011

Darnton, Robert, *The Great Cat Massacre: And Other Episodes in French Cultural History*, New York 1990

Davis, Ralph H.C., *The Normans and their Myth*, London 1976

De Jong, Mayke, *Charlemagne's Church*, in *Charlemagne* [v.], pp. 103-135

De Jong, Mayke, *Queens and Beauty in the Early Medieval West: Balthild, Theodelinda*, in *Agire da donna* [v.], pp. 235-248

De Jong, Mayke, *The Penitential State: Authority and Atonement in the Age of Louis the Pious, 814-840*, Cambridge 2011

De Vries, Jan, *Das Königtum bei den Germanen*, in «Saeculum», 7 (1956), pp. 289-309

De Vries, Jan, *Heroic Songs and Heroic Legend*, Oxford 1963

Décréaux, Joseph, *Un seigneur gaulois de Marsannay-la-Côte: saint Maire, premier évêque de Lausanne (530-594)*, in «Annales de Bourgogne», 67 (1995), pp. 35-39

Deleuze, Gilles e Félix Guattari, *Mille plateaux: Capitalisme et schizophrénie II*, Paris 1980

Deliyannis, Deborah M., *Introduction*, in *Agnellis Ravennatis Liber pontificalis ecclesiae Ravennatis*, a cura di Ead., Turnhout 2006 (CCSL, CM, 199), pp. 7-121

Delogu, Paolo, *Il regno longobardo*, in Id., André Guillou e Gherardo Ortalli, *Longobardi e Bizantini*, Torino 1980 (Storia d'Italia, 1), pp. 1-216

Delogu, Paolo, *Longobardi e Romani: altre congetture*, in *Il regno* [v.], pp. 93-171

Delogu, Paolo, *Le origini del Medioevo: Studi sul settimo secolo*, Roma 2010 (Storia, 57)

Delogu, Paolo, *I Romani e l'impero (VII-X secolo)*, in *Three Empires, Three Cities: Identity, Material Culture and Legacy in Venice, Ravenna and Rome, 750-1000*, a cura di Veronica West-Harling, Turnhout 2015 (SAAME, 6), pp. 191-225

Dench, Emma, *Romulus' Asylum: Roman Identities from the Age of Alexander to the Age of Hadrian*, Oxford 2005

De Simone, Stefano, *Una pretesa contraddizione nel racconto della morte d'Alboino nella Historia Langobardorum di Paolo Diacono*, in «Archivio storico lombardo», 33 (1906), pp. 334-340

Díaz y Díaz, M.C., *La transmisión textual del Biclarense*, in «Annaleta Sacra Tarraconensia», 35 (1962), pp. 57-78

Dick, Stephanie, *Der Mythos vom ‚germanischen' Königtum: Studien zur Herrschaftsorganisation bei den germanischsprachigen Barbaren bis zum Beginn der Völkerwanderungszeit*, Berlin 2008 (Ergänzungsbände zum RGA, 60)

Dicks, David R., *The KAIMATA in the Greek Geography*, in «Classical Quarterly», 5 (1955), pp. 248-255

Diculescu, Constantin, *Die Gepiden: Forschungen zur Geschichte Daziens im frühen Mittelalter und zur Vorgeschichte des Rumänischen Volkes*, Halle an der Saale 1922

Dierkens, Alain, *Superstitions, christianisme et paganisme à la fin de l'époque mérovingienne: A propos de l'Indiculus superstitionum et paganiarum*, in *Magie, sorcellerie, parapsychologie*, a cura di Hervé Hasquin, Brussels, 1984, pp. 9-26

Diesenberger, Maximilian, *Kritik am Sakralkönigtum*, in «RGA», 26 (2004), pp. 216-219

Diesenberger, Maximilian, *Dissidenten Stimmen zum Sturz Tassilos III.*, in *Texts and Identities in the Early Middle Ages*, a cura di Richar Corradini, Rob Meens, Christina Pössel e Phillip Shaw, Wien 2006 (Forschungen zur Geschichte des Mittelalters, 12), pp. 105-120

Diesenberger, Maximilian e Helmut Reimitz, *Zwischen Vergangenheit und Zukunft: Momente des Königtums in der merowingischen Historiographie*, in *Das frühmittelalterliche Königtum*, Berlin-New York 2005 (Ergänzungsbände zum RGA, 49), pp. 214-269

Diesenberger, Maximillian, *Hair, Sacrality and Symbolic Capital in the Frankish Kingdoms*, in *The Construction of Communities in the Early Middle Ages: Texts, Resources and Artefacts*, a cura di Id., Richard Corradini e Helmut Reimitz, Leiden-Boston-Köln 2003 (TRW, 12), pp. 173-227

Dießelhorst, Malte, *Die Fehde von Sichar und Chramnesind, erzählt von Gregor von Tours*, in *Libertas: grundrechtliche und rechtsstaatliche Gewährungen in Antike und Gegenwart, Symposion aus Anlass des 80. Geburtstages von Franz Wieacker*, a cura di Id. e Okko Behrends, Ebelsbach 1991, pp. 187-208

Dietz, Klaus, *Widsith: Völkerkatalog*, in «RGA», 33 (2006), pp. 573-577

Dilcher, Gerhard, *Mythischer Ursprung und historische Herkunft als Legitimation mittelalterlicher Rechtsaufzeichnungen zwischen Leges und Sachsenspiegel*, in *Herkunft und Ursprung: Historische und mythische Formen der Legitimation*, a cura di Peter Wunderli, Sigmaringen 1994, pp. 141-155

Dumézil, Bruno, *L'univers barbare: Métissage et transformation de la virilité*, in *Histoire de la virilité I: Da l'Antiquité aux Lumières, L'invention de la virilité*, a cura di George Vigarello, Paris 2011, pp. 113-137

Dumville, David N., *The Anglian Collection of Royal Genealogies and Regnal Lists*, in «Anglo-Saxon England», 5 (1976), pp. 23-50

Dumville, David N., *Kingship, Genealogies, and the Regnal Lists*, in *Early Medieval Kingship* [v.], pp. 72-104

Dutton, Paul E., *The Politics of Dreaming in the Carolingian Empire*, Lincoln-London 1994

Dutton, Paul E., *Charlemagne's Mustache: And Other Cultural Clusters of a Dark Age*, New York 2004

Düwel, Klaus, *Runenkunde*, IV ed., Stuttgart 2008

Early Medieval Kingship, a cura di P.H. Sawyer e Ian N. Wood, Leeds 1977

Eco, Umberto, *Lector in fabula: La cooperazione interpretativa nei testi narrativi*, Milano 1979

Edwards, Cyril W., *German Vernacular Literature: A Survey*, in *Carolingian Culture* [v.], pp. 141-170

Edwards, Paul, *Art and Alcoholism in Beowulf*, in «Durham University Journal», 72 (1980), pp. 127-131

Effros, Bonnie, *The Ritual Significance of Vessels in the Formation of Merovingian Christian Communities*, in *The Construction of Communities in the Early Middle Ages: Texts, Resources and Artifacts*, a cura di Richard Corradini, Maximilian Diesenberger e Helmut Reimitz, Leiden-Boston-Köln 2003 (TRW, 12), pp. 213-227

Eggert, Wolfgang e Barbara Pätzold, *Wir-Gefühl und Regnum Saxonum bei frühmittelalterlichen Geschichtsschreibern*, Köln 1984 (Archiv für Kulturgeschichte, 21)

Eis, Gerhard, *Zum Turisindlied*, in «Zeitschrift für deutsches Altertum», 79 (1942), pp. 167-177

Enright, Michael, *Lady with a Mead Cup: Ritual, Prophecy and Lordship in the European Warband from La Tène to the Viking Age*, Dublin 1996

Ermini, Filippo, *Poeti epici latini del secolo X*, Roma 1920

Everett, Nicholas, *Literacy in Lombard Italy, c. 568-774*, Cambridge 2003

Fabbro, Edward, *Charlemagne and the Lombard Kingdom That Was: the Lombard Past in Post-Conquest Italian Historiography*, in «Journal of the CHA», 25 (2014), pp. 1-26

Falco, Giorgio, *La questione longobarda e la moderna storiografia italiana*, in «Rivista storica italiana», 64 (1951), pp. 265-278

Fanning, Steven, *Lombard Arianism Reconsidered*, in «Speculum», 56 (1981), pp. 241-258

Fanning, Steven, *Rex and Tyrannus in Roman Historiographical Tradition: Livy, Cicero, Josephus, and Gildas*, in «Majestas», 6 (1998), pp. 3-18

Fanning, Steven, *Odovacer Rex, Regal Terminology, and the Question of the End of the Western Roman Empire*, in «Medieval Prosopography», 24 (2003), pp. 45-54

Fasoli, Gina, *I re d'Italia (888-962)*, Firenze 1949

Fasoli, Gina, *Rileggendo il Liber pontificalis di Andrea Agnello*, in *La storiografia nell'alto Medioevo*, Spoleto 1970 (Settimane, 17), pp. 457-495

Favrod, Justin, *Les sources et la chronologie de Marius d'Avenches*, in «Francia», 17 (1990), pp. 1-22

Favrod, Justin, *Introduction*, in *La chronique de Marius d'Avenches (455-581)*, a cura di Id., Lausanne 1993 (Cahiers Lausannnois d'Histoire Médiévale, 4), pp. 5-60

Ferré, Josep e Carles Prats, *El ignoto monasterio de Bíclaro*, in «Historia y vida», 331 (1995), pp. 45-53

Fichtenau, Heinrich, *Das karolingische Imperium: Soziale und geistige Problematik eines Großreiches*, Zürich-Wien 1949

Fichtenau, Heinrich, *Lebensordnungen des 10. Jahrhunderts: Studien über Denkart und Existenz im einstigen Karolingerreich*, II ed., München 1992

Filotas, Bernadette, *Pagan Survivals, Superstitions and Popular Cultures in Early Medieval Pastoral Literature*, Toronto 2005 (Pontifical Institute of Mediaeval Studies: Studies and texts, 151)

Fischer, Andreas, *Karl Martell: Der Beginn karolingischer Herrschaft*, Stuttgart 2012

Fischer, Andreas, *Reflecting Romanness in the Fredegar Chronicle*, in *Being Roman after Rome*, a cura di Rosamond McKitterick (= «Early Medieval Europe», 22 [2014]), pp. 433-445

Fischer, Andreas, *Die Fredegar-Chronik: Komposition und Kontextualisierung*, Habil. Schrift, Freie Universität, Berlin 2017

Flegler, Alexander, *Das Königreich der Langobarden in Italien*, Leipzig 1851

Foltz, Robert, *La souvenir et la légende de Charlemagne dans l'empire germanique médiévale*, Paris 1950

Fourquet, Jean, *Germanisch *fetila und lateinisch petilus*, in «Zeitschrift für deutsches Altertum und deutsche Literatur», 83 (1951), pp. 1-6

Frank, Roberta, *Germanic Legend in Old English Literature*, in *The Cambridge Companion to Old English Literature*, a cura di Malcom Godden e Michael Lapidge, Cambridge 1991, pp. 88-106

Frendo, Joseph D.C., *History and Panegyric in the Age of Heraclius: The Literary Background to the Composition of the Histories of Theophylact Simocatta*, in «Dubarton Oaks Papers», 42 (1988), pp. 143-156

Galli della Loggia, Ernesto, *L'Identità Italiana*, Bologna 1998

Gandino, Germana, *Il vocabolario politico e sociale di Liutprando da Cremona*, Roma 1995

Gandino, Germana, *La storiografia, prima e dopo il 774*, in *774: Ipotesi su una transizione*, a cura di Stefano Gasparri, Turnhout 2008 (SAAME, 1), pp. 365-385

Gandino, Germana, *L'orso nelle tradizioni celtiche e germaniche*, in «Rivista storica italiana», 126 (2014), pp. 721-740

Ganz, David, *Charlemagne in Hell*, in «Florilegium» 17 (2000), pp. 175-194

Ganz, David, *Einhard's Charlemagne: the Characterization of Greatness*, in *Charlemagne* [v.], pp. 38-51

Gardiner, Ken, *Paul the Deacon and Secundus of Trento*, in *History and Historians in Late Antiquity*, a cura di Brian Croke e Alanna M. Emmett, Sydney 1983, pp. 147-153

Garrison, Mary, *Letters to a King and Biblical exempla: The Examples of Cathuulf and Clemens Peregrinus*, in «Early Medieval Europe», 7 (1998), pp. 305-328

Garrison, Mary, *Quid Hinieldus cum Christo?* in *Latin Learning and English Lore: Studies in Anglo-Saxon Literature for Michael Lapidge*, a cura di Katherine O'Brien O'Keeffe e Andy Orchard, 2 voll., Toronto 2005, I, pp. 237-259

Gasparri, Stefano, *I duchi longobardi*, Roma 1978 (Sudi storici, 109)

Gasparri, Stefano, *La cultura tradizionale dei Longobardi: strutture tribali e resistenze pagane*, Spoleto 1983 (Centro italiano di studi sull'alto Medioevo, 6)

Gasparri, Stefano, *Venezia fra i secoli VIII e IX*, in *Studi veneti offerti a Gaetano Cozzi*, a cura di Gherardo Ortalli e Giovanni Scarabello, Venezia 1992, pp. 3-18

Gasparri, Stefano, *La regalità longobarda*, in *Visigoti e Longobardi*, a cura di Javier Arce e Paolo Delogu, Firenze 2001, pp. 305-324

Gasparri, Stefano, *I Germani immaginari e la realtà del regno: Cinquant'anni di studi sui Longobardi*, in *I Longobardi dei ducati di Spoleto e Benevento*, 2 voll., Spoleto 2003 (Atti del XVI congresso internazionale di studi sull'alto Medioevo), I, pp. 3-28

Gasparri, Stefano, *Il regno dei Longobardi in Italia: struttura e funzionamento di uno stato altomedievale in Italia*, in *Il regno* [v.], pp. 1-92

Gasparri, Stefano, *Il tesoro del re*, in *Tesori: Forme di accumulazione della ricchezza nell'alto medioevo (secoli V-XI)*, a cura di Sauro Gelichi e Cristina La Rocca, Roma 2004 (Altomedioevo, 3), pp. 47-67

Gasparri, Stefano, *La memoria storica dei Longobardi*, in *Le leggi longobarde* [v.], pp. xvii-xxxix

Gasparri, Stefano, *Le élites romane di fronte ai Longobardi*, in *Les élites au Haut Moyen Âge: Crises et renouvellements*, a cura di Françoise Bougard, Laurent Feller e Régine Le Jan, Turnhout 2006 (Haut Moyen Âge, 1), pp. 143-166

Gasparri, Stefano, *Italien in der Karolingerzeit*, in *Der frühmittelalterliche Staat: Europäische Perspektiven*, a cura di Walter Pohl e Veronika Wieser, Wien 2009 (Forschungen zur Geschichte des Mittelalters, 16), pp. 63-71

Gasparri, Stefano, *Italia longobarda: il regno, i Franchi, il papato*, Roma-Bari 2012

Geary, Patrick, *Living with the Dead in the Middle Ages*, Ithaca, Ny 1994

Geary, Patrick, *The Myth of Nations: The Medieval Origins of Europe*, Princeton, Nj 2002

Geertman, Herman, *La genesi del Liber pontificalis romano: un processo di organizzazione della memoria*, in *Liber, Gesta, Histoire: Ecrire l'histoire des évêques et des papes de l'Antiquité au XXIe siècle*, a cura di François Bougard e Michel Sot, Turnhout 2009, pp. 37-107

Genzmer, Felix, *Das Rosimundlied*, in «Archiv für das Studium der neueren Sprachen und Literatur», 142 (1921), pp. 1-8

Genzmer, Felix, *Vorgeschichtliche und frühgeschichtliche Zeit 2000 v. bis 770 n. Chr.*, in *Annalen der deutschen Literatur*, a cura di Heinz O. Burger, Stuttgart 1952, pp. 1-36

Ghosh, Shami, *Writing the Barbarian Past: Studies in Early Medieval Historical Narrative*, Leiden-Boston 2016 (Brill's Series on the Early Middle Ages, 24)

Giardina, Andrea, *L'Italia romana: Storie di un'identità incompiuta*, Roma-Bari 2004

Giardina, Andrea e André Vauchez, *Il mito di Roma: Da Carlo Magno a Mussolini*, Roma-Bari 2000

Giovini, Marco, *Le riprese dell'Ilias latina nei Gesta Berengarii imperatoris*, in «Maia», 50 (1998), pp. 499-510

Gillett, Andrew, *The Mirror of Jordanes: Concepts of the Barbarian, Then and Now*, in *A Companion to Late Antiquity*, a cura di Philip Rousseau e Jutta Raithel, Oxford 2009, pp. 392-408

Ginzburg, Carlo, *Miti, emblemi, spie: Morfologia e storia*, Torino 1986

Ginzburg, Carlo, *Storia notturna: Una decifrazione del Sabbath*, Torino 1989

Ginzel, Friedrich K., *Handbuch der Mathematischen und Technischen Chronologie das Zeitrechnungswesen der Völker III*, Leipzig 1914

Goffart, Walter, *The Fredegar Problem Reconsidered*, in «Speculum», 38 (1963), pp. 206-241

Goffart, Walter, *Barbarians and Romans, A.D. 418-584: The Techniques of Accommodation*, Princeton, Nj 1980

Goffart, Walter, *Rome, Constantinople, and the Barbarians*, in «American Historical Review», 86 (1981), pp. 275-306

Goffart, Walter, *The Supposedly 'Frankish' Table of Nations: An Edition and Study*, in «Frümittelalterliche Studien», 17 (1983), pp. 98-130

Goffart, Walter, *The Map of Barbarian Invasions: A Preliminary Report*, in «Nottingham Medieval Studies», 32 (1988), pp. 49-64

Goffart, Walter, *From Historiae to Historia Francorum and Back Again Aspects of the Textual History of Gregory of Tours*, in *Religion, Culture, and Society in the Early Middle Ages: Studies in Honor of Richard E. Sullivan*, a cura di Thomas F.X. Noble e John J. Contreni, Kalmazoo, Mi 1989, pp. 55-76

Goffart, Walter, *Conspicuously Absent: Martial Heroism in the Histories of Gregory of Tours and Its Likes*, in *The World of Gregory of Tours* [v.], pp. 365-393

Goffart, Walter, *The Narrators of Barbarian History (A.D. 550-800): Jordanes, Gregory of Tours, Bede, and Paul the Deacon*, II ed., Notre Dame, In 2005

Goldberg, Eric J., *Struggle for Empire: Kingship and Conflict under Louis the German 817-876*, Ithaca-London 2006

Goldsmith Mysteries: Archaeological, Pictorial and Documentary Evidence from the First Millennium AD in Northern Europe, a cura di Alexandra Pesch e Ruth Blankenfeldt, Neumünster 2012 (Schriften des Archäologischen Landesmuseum, 8)

Goltz, Andreas, *Barbar – König – Tyrann: Das Bild Theoderichs des Großen in der Überlieferung des 5. bis 9. Jahrhunderts*, Berlin-New York 2008 (Millennium-Studien, 12)

Gonin, Henri L., *Excerpta Agnelliana: The Ravennate Liber pontificalis as a Source for the History of Art*, Utrecht 1933

Goody Jack e Ian Watt, *The Consequences of Literacy*, in «Comparative Studies in Society and History», 5 (1963), pp. 304-345

Graf, Martin H., *Die Ethnonyme Winnili und Assipitti in der lateinischen Überlieferung der langobardischen Frühgeschichte*, in *Strenarum lanx: Beiträge zur Philologie und Geschichte des Mittelalters und der Frühen Neuzeit, Festgabe P. Stotz*, a cura di Id. e Christian Moser, Zug 2003, pp. 47-75

Gray, Patrick T.R. e Michael Herren, *Columbanus and the Three Chapters*

Controversy: A New Approach, in «Journal of Theological Studies», 45 (1994), pp. 160-170

Green, Dennis H., *Language and History in the Early Germanic World*, Cambridge 1998

Greenblatt, Stephen, *Shakespearean Negotiations*, Berkley-Los Angeles 1988

Griggs, Juliana, *The Just King and De Duodecim Abusiuis Saeculi*, in «Paregon», 27 (2010), pp. 27-51

Grimm, Wilhelm, *Die deutsche Heldensage*, III ed., Gütersloh 1889

Gruen, Erich S., *Rethinking the Other in Antiquity*, Princeton, Nj 2011

Gschwantler, Otto, *Versöhnung als Thema einer heroischen Sage: Die Alboin-Thurisind (Sage und eine archaische Form der Buße an. vera í sonar stad)*, in «Beiträge zur Geschichte der deutschen Sprache und Literatur», 97 (1975), pp. 230-262

Gschwantler, Otto, *Die Heldensage von Alboin und Rosimund*, in *Festgabe Otto Höfler zum 75. Geburtstag*, a cura di Helmut Birkhan, Wien-Stuttgart 1976 (Philologia Germanica, 2), pp. 214-254

Gschwantler, Otto, *Formen langobardischer mündlicher Überlieferung*, in «Jahrbuch für Internationale Germanistik», 11 (1979), pp. 58-85

Geuenich, Dieter, *Pippin, König von Italien (781-810)*, in *Wandel und Konstanz zwischen Bodensee und Lombardei zur Zeit Karls des Grossen*, a cura di Hans Rudolf Sennhauser, Zürich 2013, pp. 111-123

Haldon, John, *The Byzantine Wars*, Didcot 2001

Halsall, Guy, *Violence and Society in the Early Medieval West: An Introductory Survey*, in *Violence and Society* [v.], pp. 1-45

Halsall, Guy, *Funny Foreigners: Laughing with the Barbarians in Late Antiquity*, in *Humour*, pp. 89-113

Halsall, Guy, *Warfare and Society in the Barbarian West, 450-900*, New York 2003

Halsall, Guy, *Barbarian Migrations and the Roman West, 376-568*, Cambridge 2007

Halsall, Guy, *The Preface to Book V of Gregory of Tours' Histories: Its Form, Context and Significance*, in «English Historical Review», 122 (2007), pp. 297-317

Halsall, Guy, *Worlds of Arthur: Facts & Fiction of the Dark Ages*, Oxford 2013

Hammer, Carl I., *Pipinus Rex: Pippin's Plot of 792 and Bavaria*, in «Traditio», 63 (2008), pp. 235-276

Hammer, Carl I., *Christmas Day 800: Charles the Younger, Alcuin and the Frankish Royal Succession*, in «English Historical Review», 127 (2012), pp. 1-23

Hardt, Mathias, *Gold und Herrschaft: Die Schätze europäischer Könige und Fürsten im ersten Jahrtausend*, Berlin 2004 (Europa im Mittelalter, 6)

Hardt, Matthias, *Edelmetallschmiede in erzählenden Quellen der Völkerwanderungszeit und des frühen Mittelalters*, in *Goldsmith Mysteries* [v.], pp. 271-278

Härke, Heinrich, *Warrior Graves? The Background of the Anglo-Saxon Weapon Burial Rite*, in «Past and Present», 126 (1990), pp. 22-43

Harrison, Dick, *Political Rhetoric and Political Ideology in Lombard Italy*, in *Strategies of Distinction: The Construction of Ethnic Communities, 300-800*, a cura di Walter Pohl e Helmut Reimitz, Leiden-Boston-Köln 1998 (TRW, 12), pp. 241-254

Harrison, Dick, *The Development of Élites: From Roman Bureaucrats to Medieval Warlords*, in *Integration und Herrschaft: Ethnische Identitäten und Soziale Organisation im Frühmittelalter*, a cura di Walter Pohl e Maximilian Disenberger, Wien 2002 (Forschungen zur Geschichte des Mittelalters, 3), pp. 289-300

Hartmann, Florian, *Vitam litteris ni emam, nihil est, quod tribuam: Paulus Diaconus zwischen Langobarden und Franken*, in «Frühmittelalterliche Studien», 43 (2009), pp. 71-93

Hartmann, Martina, *Die Königin im frühen Mittelalter*, Stuttgart 2009

Haubrichs, Wolfgang, *Veterum regum actus et bella: Zur sog. Heldenliedersammlung Karls des Großen*, in *Aspekte der Germanistik: Festschrift für Hans-Friedrich Rosenfeld zum 90. Geburtstag*, a cura di Walter Tauber, Göppingen 1989 (Göppinger Arbeiten zur Germanistik, 521), pp. 17-46

Haubrichs, Wolfgang, *Die ‚Erzählung des Helden' in narrativen Passagen der Historia Langobardorum des Paulus Diaconus*, in *Narration and Hero: Recounting the Deeds of Heroes in Literature and Art of the Early Medieval Period*, a cura di In Heike Sahm e Victor Millet, Berlin 2004 (Ergänzungsbände zum RGA, 87), pp. 277-304

Hauck, Karl, *Von einer spätantiken Randkultur zum karolingischen Europa*, in «Frühmittelalterliche Studien», 1 (1967), pp. 3-93

Hauptfeld, Gerg, *Zur langobardischen Eroberung Italiens: Das Heer und die Bischöfe*, in «Mitteilungen des Instituts für Österreichische Geschichtsforschung», 91 (1983), pp. 37-94

Heather, Peter, *Foedera and Foederati in the Fourth Century*, in *Kingdoms of the Empire: The Integration of Barbarians in Late Antiquity*, a cura di Walter Pohl, Leiden-Boston-Köln 1997 (TRW, 1), pp. 57-74

Heinzelmann, Martin, *Gregor von Tours (538-594) ‚Zehn Bücher Geschichte:' Historiographie und Gesellschaftskonzept im 6. Jahrhundert*, Darmstadt 1994

Heissig, Walther, *Ethnische Gruppenbildung in Zentralasien im Licht mündlicher und schriftlicher Überlieferung*, in *Studien zur Ethnogenese I* (= «Abhandlungen der Rheinisch-Westfälisch Akademie der Wissenschaften» 72 [1985]), pp. 47-55

Hen, Yitzhak, *Culture and Religion in Merovingian Gaul A.D: 481-751*, Leiden-New York-Köln 1995, (Culture Belief and Traditions, 1)

Hen, Ytzhak, *The Uses of the Bible and the Perception of Kingship in Merovingian Gaul*, in «Early Medieval Europe», 7 (1998), pp. 277-289

Hen, Ytzhak, *Roman Barbarians: The Royal Court and Culture in the Early Medieval West*, New York 2007

Henderson, George D.S., *Emulation and Invention in Carolingian Art*, in *Carolingian Culture* [v.], pp. 248-273

Herren, Michael, *Walafrid Strabo's De imagine Tetrici: an interpretation*, in *Latin Culture and Medieval Germanic Europe: Proceedings of the First Germania Latina Conference held at the University of Groningen, 26 May 1989*, a cura di Richard North e Tette Hofstra, Groningen 1992, pp. 25-41

Hill, Joyce, *Widsið and the Tenth Century*, in «Neuphilologische Mitteilungen», 85 (1984), pp. 305-315

Hillgarth, Jocelyn N., *Christianity and Paganism: 350-750*, Philadelphia Pn 1986

Historiographie im frühen Mittelalter, a cura di Anton Scharer e Georg Scheibelreiter, Wien-München 1994 (Veröffentlichungen des Instituts für Österreichische Geschichtsforschung, 32)

Hlawitschka, Eduard, *Franken, Alemannen, Bayern und Burgunder in Oberitalien: (774-962): Zum Verständnis der fränkischen Königsherrschaft in Italien*, Freiburg im Breisgau 1960 (Forschungen zur oberrheinischen Landesgeschichte, 8)

Höfler, Otto, *Kultische Geheimbünde der Germanen I*, Frankfurt am Main 1934

Höfler, Otto, *Germanisches Sakralkönigtum I: Der Runenstein von Rök und die germanische Individualweihe*, Münster-Köln 1952

Höfler, Otto, *Der Sakralcharakter des germanischen Königtums*, in *Das Königtum: Seine geistigen und rechtlichen Grundlagen* (= «Vorträge und Forschungen», 3 [1963]), pp. 75-104

Honigmann, Ernst, *Die sieben Klimata und die πόλεις ἐπίσημοι: Eine Untersuchung zur Geschichte der Geographie und Astrologie in Altertum und Mittelalter*, Heidelberg 1929

Hultgård, Anders, *Wotan-Odin*, in «RGA», 35 (2007), pp. 757-786

Humor, History and Politics in Late Antiquity and the Early Middle Ages, a cura di Guy Halsall, Cambridge 2002

Humphries, Mark, *The Lexicon of Abuse: Drunkenness and Political Ille-*

gitimacy in the Late Roman World, in *Humour, History, and Politics*, pp. 75-88

Innes, Matthew, *Memory, Orality and Literacy in an Early Medieval Society*, in «Past and Present», 158 (1998), pp. 3-36

Innes, Matthew, *Teutons or Trojans? The Carolingians and the Germanic Past*, in *The Uses of the Past in the early Middle Ages*, a cura di Yitzhak Hen e Matthew J. Innes, Cambridge 2000, pp. 227-249

Innes, Matthew, *He Never even Allowed his White Teeth to be Bared in Laughter: The Politics of Humour in the Carolingian Renaissance*, in *Humour, History and Politics*, pp. 131-156

Innes, Matthew e Rosamond McKitterick, *The Writing of History*, in *Carolingian Culture* [v.], pp. 193-220

Jacobi, Reinhard F., *Die Quellen der Langobardengeschichte des Paulus Diaconus: ein Beitrag zur Geschichte deutscher Historiographie*, Halle 1977

James, Edward, *Europe's Barbarians AD 200-600*, Edinburgh 2009

Jarnut, Jörg, *Zur Frühgeschichte der Langobarden*, in «Studi Medievali», 24 (1983), pp. 1-16

Jarnut, Jörg, *Agilolfingerstudien: Untersuchungen zur Geschichte einer Adligen Familie im 6. und 7. Jahrhundert*, Stuttgart 1986 (Monographien zur Geschichte des Mittelalters, 32)

Jarnut, Jörg, *Das Herzogtum Trient in langobardischer Zeit*, in *La regione Trentino-Alto Adige nel Medio Evo*, 2 voll. (= «Atti della Accademia Roveretana degli Agiati», 235-236 [1986]), I, pp. 167-176

Joye, Sylvie e Arnaud Knaepen, *L'image d'Amalasonthe chez Procope de Césarée et Grégoire de Tours: Portraits contrastés entre Orient et Occident*, in «Le Moyen Âge», 111 (2005), pp. 229-258

Kaldellis, Anthony, *Procopius of Caesarea: Tyranny, History, and Philosophy at the End of Antiquity*, Philadelphia 2004

Kantorowicz, Ernst, *Kaiser Friedrich der Zweite*, Berlin 1927

Keller, Hagen, *Grundlagen ottonischer Königsherrschaft*, in *Reich und Kirche vor dem Investiturstreit. Vorträge beim wissenschaftlichen Kolloquium aus Anlaß des 80. Geburtstags von Gerd Tellenbach*, a cura di Karl Schmid, Sigmaringen 1985, pp. 17-34

Kershaw, Paul, *Laughing after Babel's Fall: Misunderstanding and Miscommunication in the Ninth-Century West*, in *Humor* [v.], pp. 179-202

Kögel, Rudolf, *Geschichte der deutschen Literatur bis zum Ausgang des Mittelalters*, 3 voll., Straßburg, 1894-1897

Kollautz, Arnulf, *Orient und Okzident am Ausgang des 6. Jahrhunderts: Johannes, Abt von Biclarum, Bischof von Gerona, der Chronist des westgotischen Spaniens*, in «Byzantina», 12 (1983), pp. 465-506

Krahwinkler, Harald, *Friaul im Frühmittelalter: Geschichte einer Region vom Ende des fünften bis zum Ende des zehnten Jahrhunderts*, Wien-Köln-Weimar 1992 (Veröffentlichungen des Instituts für Österreichische Geschichtsforschung, 30)

Kramer, Rutger, *Great Exectations: Imperial Ideologies and Ecclesiastical Reforms from Charlemagne to Louis the Pious (813-822)*, Diss. Freie Universität Berlin 2014

Krenn, Karl, *Schädelbecher*, in «Sudeta», 5 (1929), pp. 73-122

Krivušin, Igor V., *Les personnages dans les Histoires de Théphylacte Simocatta*, in «Byzantinoslavica», 55 (1994), pp. 8-14

Krüger, Karl Heinz, *Die Universalchroniken*, Turnhout 1976 (Typologie des sources du Moyen Âge occidental, 16)

Krüger, Karl Heinz, *Zur beneventanischen Konzeption der Langobardengeschichte des Paulus Diaconus*, «Frühmittelalterliche Studien», 15 (1981), pp. 18-35

Kunsemüller, Johannes, *Die Chronik Benedikts von S. Andrea*, Diss. Univ. Erlangen-Nürnberg 1961

La Placa, Gabriella, *Andrea da Bergamo e l'Adbrevatio de gestis Langobardorum: note biografiche e testuali*, in «Maia», 46 (1994), pp. 61-72

La Rocca, M. Cristina, *Città scomparse in area veneta nell'alto Medioevo: dati archeologici, fonti scritte e memoria storiografica*, in *L'Adriatico dalla tarda Antichita all'eta carolingia*, a cura di Gian Pietro Brogiolo e Paolo Delogu, Firenze 2005, pp. 287-307

La Rocca, M. Cristina, *Introduzione: Fonti scritte e fonti materiali per la storia dell'agire femminile (secc. VI-X)*, in *Agire da donna* [v.], pp. 7-10

La Rocca, M. Cristina, *Figlie e sorelle peregrinae: Le migrazioni delle donne nell'altomedioevo (secoli VI-VIII)*, in «Storia delle donne», 9 (2013), pp. 71-95

La Rocca, M. Cristina e Stefano Gasparri, *Forging an Early Medieval Royal Couple: Agilulf, Theodolinda and the 'Lombard Treasure' (1888-1932)*, in *Archaeology of Identity, Archäologie der Identität*, a cura di Walter Pohl e Mathias Mehofer, Wien 2010 (Forschungen zur Geschichte des Mittelalters, 17), pp. 269-287

La Salvia, Vasco, *Iron making during the migration period: The case of the Lombards*, London 2008 (British Archaeological Reports: International Series, 1715)

Langenfelt, Gösta, *Studies in Widsith*, in «Namn och Bygd», 47 (1959), pp. 70-111

The Langobards before the Frankish Conquest: An Ethnographic Perspective, a cura di Giorgio Ausenda, Paolo Delogu e Chris Wickham, Woodbridge 2009 (Studies in Historical Archaeoethnology, 8)

Larrington, Carolyne, *Diet, Defecation and the Devil: Disgust and the Pagan Past*, in *Scandinavian and Christian Europe in the Middle Ages*, a cura di Rudolf Simek e Judith Meurer, Bonn 2005, pp. 320-325

Lazard, Sylviane, *De l'origine des hellénismes d'Agnello*, in «Revue de linguistique romane», 40 (1976), pp. 255-298

Le leggi longobarde: Storia, memoria e diritto di un popolo germanico, a cura di Claudio Azzara e Stefano Gasparri, II ed., Roma 2005 (Altomedievo, 4)

Le Goff, Jaques, *Saint Louis*, Paris 1996

Le Jan, Régine, *Frankish Giving of Arms and Rituals of Power: Continuity and Change in the Carolingian Period*, in *Rituals of Power: From Late Antiquity to the Early Middle Ages*, a cura di Frans Theuws e Janet Nelson, Leiden-Boston-Köln 2000 (TRW, 8), pp. 281-309

Leicht, Pier Silverio, *La prima edizione del frammento di Secondo da Trento*, in «Memorie storiche cividalesi», 2 (1906), pp. 81-86

Leicht, Pier Silverio, *Paolo Diacono e gli altri scrittori delle vicende d'Italia nell'età carolingia*, in *Atti del II Congresso internazionale di studi sull'alto Medioevo*, Roma 1952, pp. 57-74

Lévi-Strauss, Claude, *La pensée sauvage*, Paris 1962

Liebeschuetz, John H.W.G., *Making a Gothic History: Does the Getica of Jordanes preserve genuinely Gothic Traditions?* in «Journal of Late Antiquity», 4 (2011), pp. 185-216

Lincoln, Bruce, *Theorizing Myth: Narrative, Ideology, and Scholarship*, Chicago 2000

Lo Monaco, Francesco, *Dai Fasti a Fredegario*, in *I Longobardi e la storia* [v.], pp. 75-104

I Longobardi e la storia: Un percorso attraverso le fonti, a cura di Francesco Lo Monaco e Francesco Mores, Roma 2012 (Altomedioevo, 7)

Lozovsky, Natalia, *Roman Geography and Ethnography in Carolingian Empire*, in «Speculum», 81 (2006), pp. 325-364

Lupoi, Maurizio, *Alle radici dell'ordinamento giuridico europeo*, Roma 1994

Maas, Michael, *Strabo and Procopius: Classical Geography for a Christian Empire*, in *From Rome to Constantinople: Studies in Honour of Averil Cameron*, a cura di Hagit Amirav e Bas Ter Haar Romeny, Leuven 2007 (Late Antique History and Religion, 1), pp. 67-83

MacLean, Simon, *Kingship and Politics in the Late Ninth Century: Charles the Fat and the end of the Carolingian Empire*, Cambridge 2003

MacLean, Simon, *'After his death a great tribulation came to Italy...' Dynastic Politics and Aristocratic Factions after the Death of Louis II, c. 870-c. 890*, in «Millennium», 4 (2007), pp. 239-260

Magnani, Alberto, *Re Alboino fuori dalla leggenda*, in «Bollettino della Società Pavese di Storia Patria», 110 (2010), pp. 25-36

Maier, Bernhard, *Schmied und Schmiedehandwerk in der alteuropäischen Religionsgeschichte*, in *Goldsmith Mysteries* [v.], pp. 217-224

Malaspina, Elenea, *Introduzione*, in *Il Liber epistolarum della cancelleria austrasica (sec. V-VI)*, a cura di Ead., Roma 2001 (Biblioteca di cultura Romanobarbarica, 4), pp. 5-50

Malone, *Preface*, in *Widsith*, a cura di Id., II ed., Copenhagen 1962 (Anglistica, 13), pp. 7-10

Manacorda, Francesco, *Ricerche sugli inizi della dominazione dei Carolingi in Italia*, Roma 1968 (Studi storici, 71-72)

Marazzi, Federico, *The Destinies of the Late Antique Italies: Politico-economic Developments of the Sixth Century*, in *The Sixth Century: Production, Distribution and Demand*, a cura di Richard Hodges e William Bowden, Leiden-Boston-Köln 1997 (TRW, 1), pp. 119-159

Markus, Robert A., *Gregory the Great and his World,* Cambridge 1997

Martín, José Carlos, *La Crónica Universal de Isidoro de Sevilla: circunstancias históricas e ideológicas de su composición y traducción de la misma*, in «Iberia», 4 (2001), pp. 199-236

Martínez Pizarro, Joaquín, *A Rhetoric of the Scene: Dramatic Narrative in the Early Middle Ages*, Toronto-Buffalo-London 1989

Martínez Pizarro, Joaquín, *Writing Ravenna: The Liber pontificalis of Andreas Agnellus*, Ann Arbor, Mi 1995

Martínez Pizarro, Joaquín, *The Story of Wamba: Julian of Toledo's Historia Wambae regis*, Washington, D.C. 2005

Martínez Pizarro, Joaquín, *Mixed Modes in Historical Narrative*, in *Narrative and History in the Early Medieval West*, a cura di Elizabeth M. Tyler e Ross Balzaretti, Turnhout 2006 (Studies in the Early Middle Ages, 16), pp. 91-104

Maskarinec, Maya, *Who were the Romans? Shifting Scripts of Romanness in Early Medieval Italy*, in *Post-Roman Transitions. Christian and Barbarian Identities in the Early Medieval West*, a cura di Walter Pohl e Gerda Heydemann, Turnhout 2013 (Cultural Encounters in Late Antiquity and the Middle Ages, 14), pp. 297-363

Mathisen, Ralph, *Epistolography, Literary Circles and Family Ties in Late*

Roman Gaul, in «Transactions of the American Philological Association», 111 (1981), pp. 95-109

Mazzarino, Santo, *Il pensiero storico classico*, 3 voll., Roma-Bari 1965-1966

McCormick, Michael, *Les annales du haut moyen âge*, Turnhout 1975 (Typologie des Sources du Moyen Âge Occidental, 17)

McCormick, Michael, *Eternal Victory: Triumphal Rulership in Late Antiquity, Byzantium and the Early Medieval West*, Cambridge, Ma 1986

McKitterick, Rosamond, *Constructing the Past in the Early Middle Ages: the Case of the Royal Frankish Annals*, in «Transactions of the Royal Historical Society», 7 (1997), pp. 101-129

McKitterick, Rosamond, *Paul the Deacon and the Franks*, in «Early Medieval Europe», 8 (1998), pp. 319-339

McKitterick, Rosamond, *Perceptions of the Past in the Early Middle Ages*, Notre Dame, In 2006

McKitterick, Rosamond, *Charlemagne: The Formation of the European Identity*, Cambridge 2008

Meens, Rob, *Politics, Mirrors of Princes and the Bible: Sins, Kings and the well-being of the Realm*, in «Early Medieval Europe», 7 (1998), pp. 345-357

Mencke, Johann B., *Paefatio*, in *Scriptores rerum Germanicarum praecipue Saxonicarum* I, Leipzig 1728, s.p.

Merrills, Andy e Richard Miles, *The Vandals*, Oxford 2010

Merrils, Andrew H., *History and Geography in Late Antiquity*, Cambridge 2005

Metzner, Ernst E., *Ein erstes europazentriertes Weltbild: Das alt- und angelsächsische Wissensgedicht Widsith um Alboin in Italien*, in *Raumerfahrung – Raumerfindung: Erzählte Welten des Mittelalters zwischen Orient und Okzident*, a cura di Letitia Rimpau, Berlin 2005, pp. 17-36

Miller, Molly, *Historicity and Pedigrees of the Northcountrymen*, in «Bulleting of the Board for Celtic Studies», 26 (1974-1976), pp. 255-280

Moderan, Yves, *Les Maures et l'Afrique romaine (IV-VIIe siècle)*, Roma 2003 (Bibliothèque des Écoles françaises d'Athènes et de Rome, 314)

Moisl, Hermann, *Kingship and Orally Transmitted Stammestradition among the Lombards and Franks*, in *Die Bayern und ihre Nachbarn I*, a cura di Herwig Wolfram e Andreas Schwarcz, Wien 1985 (Veröffentlichungen der Kommission für Frühmittelalterforschung, 8), pp. 111-120

Momigliano, Arnaldo, *Some Observations on the 'Origo Gentis Romanae,'* in «Journal of Roman Studies», 48 (1958), pp. 56-73

Momigliano, Arnaldo, *L'età del trapasso fra la storia antica e la storiografia medievale*, in «Rivista storica italiana», 81 (1969), pp. 286-303

Momigliano, Arnaldo, *Alien Wisdom: The Limits of Hellenization*, Cambridge 1971

Mommsen, Theodor, *Die Quellen der Langobardengeschichte des Paulus Diaconus*, in «Neues Archiv», 51 (1880), pp. 51-103

Mor, Carlo G., *La storiografia italiana nel sec. IX da Andrea da Bergamo ad Erchemperto,* in *Atti del II Congresso internazionale di Studi sull'alto Medioevo*, Spoleto 1953, pp. 241-247

Mor, Carlo G., *Lo Stato longobardo nel VII secolo*, in *Caratteri del secolo VII secolo in occidente*, Spoleto 1958 (Settimane, 5), pp. 271-307

Mora, Fabio, *Religione e religioni nelle storie di Erodoto*, Milano 1985

Moravcsik, Gyula, *Attilas Tod in Geschichte und Sage*, in «Kórösi Csoma-Archivium», 2 (1926-1932), pp. 83-116

Morghen, Raffaello, *La civiltà dei Longobardi nella Historia Langobardorum di Paolo Diacono*, in *La civiltà dei Longobardi in Europa*, Roma 1974 (Problemi attuali di scienza e di cultura, 189), pp. 9-24

Much, Rudolf, *Widsith: Beiträge zu einem Kommentar*, in «Zeitschrift für deutsches Altertum und deutsche Literatur», 62 (1925), pp. 113-150

Much, Rudolf, *Die Germania des Tacitus*, Heidelberg 1937

Muhlberger, Steven, *Heroic Kings and Unruly Generals: The 'Copenhagen' Continuation of Prosper Reconsidered*, in «Florilegium», 6 (1984), pp. 50-70

Muhlberger, Steven, *The Fifth-Century Chroniclers: Prosper, Hydatius and the Gallic Chronicle of 452*, Liverpool 1990 (Arca, 27)

Müller, Klaus E., *Geschichte der antiken Ethnographie und ethnologischen Theoriebildung*, 2 voll., Wiesbaden 1972-80 (Studien zur Kulturkunde, 29; 52)

Müller, Rosemarie, *Fibeln und Fibeltracht*, in «RGA», 8 (1994), pp. 411-611

Murray, Alexander C., *Germanic Kingship Structures: Studies in Law and Society in Antiquity and the Early Middle Ages*, Toronto 1983 (Studies and Texts, 65)

Murray, Alexander C., *From Roman to Merovingian Gaul: A Reader*, Toronto 1990 (Readings in Medieval Civilizations and Cultures, 5)

Murray, Alexander C., *Chronology and Composition of the Histories of Gregory of Tours*, in «Journal of Late Antiquity», 1 (2008), pp. 157-196

Musca, Giosué, *Caratteri e compiti del potere sovrano nella lettera di Catulfo a Carlo Magno*, in «Critica storica», 2 (1963), pp. 621-637

Neidorf, Leonard, *The Dating of Widsið and the Study of Germanic Antiquity*, in «Neophilologus», 97 (2013), pp. 165-183

Nelson, Janet L., *Queens as Jezebels: The Careers of Brunhild and Balthild in Merovingian History*, in *Medieval Women*, a cura di Derek Baker, Oxford 1978, pp. 31-77

Nelson, Janet L., *Women at the Court of Charlemagne: a Case of Monstrous Regiment?* in *Medieval Queenship*, a cura di John C. Parsons, London 1993, pp. 43-61

Nelson, Janet L., *Kingship and Empire in the Carolingian World*, in *Carolingian Culture* [v.], pp. 52-87

Nelson, Janet L., *Making a Difference in Eighth-Century Politics: The Daughters of Desiderius*, in *After Rome's Fall: Narrators and Sources of Early Medieval History*, a cura di Alexander C. Murray, Toronto 1998, pp. 171-190

Nelson, Janet L., *Writing Early Medieval Biography*, in «History Workshop Journal», 50 (2000), pp. 129-136

Nelson, Janet L., *Queens as Converters of Kings in the earlier Middle Ages*, in *Agire da donna* [v.], pp. 95-107

Nick, Helmut, *About the Sword of the Huns and the «Urepos» of the Steppes*, «Metropolitan Museum Journal», 7 (1973), pp. 131-142

Nira, Pancer, *La vengeance féminine revisitée: le cas de Grégoire de Tours*, in *La Vengeance, 400-1200,* a cura di Dominique Barthélémy, François Bougard e Régine Le Jan, Roma 2006 (Collection de l'École française de Rome, 357), pp. 307-324

Nolte, Cordula, *Conversio und Christianitas: Frauen in der Christinisierung vom 5. bis 8. Jahrhundert*, Stuttgart 1995 (Monographie zur Geschichte des Mittelalters, 41)

Norberg, Dag, *L'Œuvre poétique de Paulin d'Aquilée: Edition critique avec introduction et commentaire*, Stockholm 1979 (Kungliga Vitterhets Historie och Antikvitets Akademien, Filologisk-filosofiska serien, 18)

Nothdurfter, Hans, *St. Benedikt in Mals*, Lana 2002

Novati, Francesco, *L'influsso del pensiero latino sopra la civiltà italiana del Medio Evo*, Milano 1899

Oehrl, Sigurd, *Bildliche Darstellungen von Schmied Wieland und ein unerwarteter Auftritt in Walhall*, in *Goldsmith Mysteries* [v.], pp. 279-332

Olajos, Thérèse, *Les sources de Théophylacte Simocatta historien*, Leiden-New York 1988 (Byzantina Neerlandica, 10)

Olender, Maurice, *Les langues du Paradis: Aryens et Sémites, un couple providentiel*, Paris 1989

Olster, David M., *The Politics of Usurpation in the Seventh Century: Rhetoric and Revolution in Byzantium*, Amsterdam 1993

Palmer, James, *Defining Paganism in the Carolingian World*, in «Early Medieval Europe», 15 (2007), pp. 402-425

Pani, Laura, *Aspetti della tradizione manoscritta dell'Historia Langobar-*

dorum, in *Paolo Diacono: Uno scrittore fra tradizione longobarda e rinnovamento carolingio*, a cura di Paolo Chiesa, Udine 2000, pp. 367-412

Paradisi, Bruno, *Il prologo e l'epilogo dell'Editto di Rotari*, in «Studia e Documenta Historiae et Iuris», 34 (1968), pp. 1-31

Pazienza, Annamaria, *Identity, Funerary Practices and Memory in Lombard Tuscia (6th to 8th Centuries)*, in «Zeitschrift für Archäologie des Mittelalters», 42 (2014), pp. 1-31

Pepe, Gabriele, *Il Medioevo barbarico in Italia*, Torino 1941

Picard, Eve, *Germanisches Sakralkönigtum? Quellenkritische Studien zur Germania des Tacitus und zur altnordischen Überlieferung*, Heidelberg 1991 (Skandinavistische Arbeiten, 12)

Pohl, Walter, *Die Gepiden und die gentes an der mittleren Donau nach dem Zerfall des Attilareiches*, in *Die Völker an der mittleren und unteren Donau im fünften und sechsten Jahrhundert*, a cura di Herwig Wolfram e Falko Daim, Wien 1980 (Veröffentlichungen der Kommission für Frühmittelalterforschung, 4), pp. 239-305

Pohl, Walter, *Paulus Diaconus und die ‚Historia Langobardorum:' Text und Tradition*, in *Historiographie* [v.], pp. 375-405

Pohl, Walter, *The Empire and the Lombards: Treaties and Negotiations in the Sixth Century*, in *Kingdoms of the Empire: The Integration of Barbarians in Late Antiquity*, a cura di Id., Leiden-Boston-Köln 1997 (TRW, 1), pp. 75-134

Pohl, Walter, *The Role of the Steppe Peoples in Eastern and Central Europe in the First Millennium A.D*, in *Origins of Central Europe*, a cura di Przemysław Urbańczyk, Warszawa 1997, pp. 65-78

Pohl, Walter, *Telling the Difference: Signs of Ethnic Identity*, in *Strategies of Distinction: The Construction of the Ethnic Communities, 300-800*, a cura di Id. e Helmut Reimitz, Leiden-Boston-Köln 1998 (TRW, 2), pp. 17-69

Pohl, Walter, *Die Germanen*, München 2000 (Enzyklopädie deutscher Geschichte, 57)

Pohl, Walter, *Memory, Identity and Power in Lombard Italy*, in *The Uses of the Past in the Early Middle Ages*, a cura di Yitzhak Hen e Matthew Innes, Cambridge 2000, pp. 9-29

Pohl, Walter, *Per hospites divisi: Wirtschaftliche Grundlagen der langobardischen Ansiedlung in Italien*, in «Römische Historische Mitteilungen», 43 (2001), pp. 179-226

Pohl, Walter, *The Regia and the Hring: Barbarian Places of Power*, in *Topographies of Power in the Early Middle Ages*, a cura di Mayke de Jong e Frans Theuws, Leiden-Boston-Köln 2001 (TRW, 6), pp. 439-466

Pohl, Walter, *Werkstätte der Erinnerung: Montecassino und die Gestaltung der langobardischen Vergangenheit*, Wien-München 2001 (Veröffentlichungen des Instituts für Österreichische Geschichtsforschung, 39)

Pohl, Walter, *Gregory of Tours and the Contemporary Perceptions of Lombard Italy*, in *The World of Gregory of Tours* [v.], pp. 131-144

Pohl, Walter, *La costituzione di una memoria storica: il caso dei Longobardi*, in *Studi sulle società e le culture del Medioevo per Girolamo Arnaldi*, a cura di Ludovico Gatto e Paolo Supino Martini, 2 voll., Firenze 2002, II, pp. 563-580

Pohl, Walter, *Die Awaren: Ein Steppenvolk in Mitteleuropa 567-822 n.Chr.*, II ed., München 2002

Pohl, Walter, *Secundus von Trient*, in «RGA», 27 (2003), pp. 638-639

Pohl, Walter, *Justinian and the and the Barbarian Kingdoms*, in *The Cambridge Companion to the Age of Justinian*, a cura di Michael Maas, Cambridge 2005, pp. 448-476

Pohl, Walter, *Theodelinde*, in «RGA», 30 (2005), pp. 412-413

Pohl, Walter, *Alboin und der Langobardenzug nach Italien: Aufstieg und Fall eines Barbarenkönigs*, in *Sie schufen Europa: Historische Portraits von Konstantin bis Karl dem Großen*, a cura di Mischa Meier, München 2007 pp. 216-227

Pohl, Walter, *Heresy in Secundus and Paul the Deacon*, in *The Crisis of the Oikoumene: The Three Chapters and the Failed Quest for Unity in the Sixth-Century Mediterranean*, a cura di Celia Chazelle e Catherine Cubitt, Turnhout 2007 (Studies in the Early Middle Ages, 14), pp. 243-264

Pohl, Walter, *Origo gentis Langobardorum*, in *I Longobardi e la storia* [v.], pp. 105-121

Pohl, Walter, *I Longobardi e la terra*, in *Expropriations et confiscations dans les royaumes barbares: Une approche régionale*, a cura di Pierfrancesco Porena e Yann Rivière, Roma 2012, pp. 279-294

Pohlsander, Hans A., *A Call to Repentance: Bishop Nicetius of Trier to the Emperor Justinian*, in «Byzantion», 70 (2000), pp. 456-473

Poliakov, Léon, *Le Mythe aryen: Essai sur les sources du racisme et des nationalismes*, Paris 1971

Pritsak, Omeljan, *Stammesnamen und Titulaturen der altaischen Volker*, in «Ural-Altaische Jahrbücher», 24 (1952), 49-104

Quaresima, Enrico, *Il frammento di Secondo di Trento*, in «Studi trentini di scienze storiche», 31 (1952), pp. 72-76

Ravegnani, Giorgio, *I Bizantini e la guerra*, Roma 2004

Il regno dei Longobardi in Italia: Archeologia, istituzioni e società, a cura di Stefano Gasparri, Spoleto 2004 (Istituzioni e società, 4)

Reimitz, Helmut, *Social Networks and Identities in Frankish Historiography: New Aspects of the Textual History of Gregory of Tours' Historiae*, in *The Construction of Communities in the Early Middle Ages: Texts, Resources, Artefacts*, a cura di Richard Corradini, Maximilian Diesenberger e Helmut Reimitz, Leiden-Boston-Köln 2003 (TRW, 12), pp. 229-268

Reimitz, Helmut, *Nomen Francorum obscuratum: Zur Krise der fränkischen Identität zwischen der kurzen und langen Geschichte der Annales regni Francorum*, in *Völker, Reiche und Namen im frühen Mittelalter*, a cura di Mathias Becher e Stefanie Dick, Munich 2010 (MittelalterStudien, 22), pp. 279-296

Reimitz, Helmut, *History, Frankish Identity and the Framing of Western Ethnicity, 550-850*, Cambridge 2015

Reydellet, Marc, *La royauté dans la littérature latine de Sidoine Apollinaire à Isidore de Séville*, Paris 1981 (Bibliothèque des Ecoles Françaises d'Athènes et de Rome, 243)

Richter, Michael, *The Formation of the Medieval West: Studies in the Oral Culture of the Barbarians*, New York 1994

Richter, Michael, *Bobbio in the Early Middle Ages: The Abiding Legacy of Columbanus*, Dublin 2008

Ritz-Müller, Ute, *Afrikanisches Geschichtsdenken: Zur rituellen Nachstellung höfischer Geschichte*, in *Die Vielfalt der Kulturen: Erinnerung, geschichte, Identität IV*, a cura di Jörn Rüsen, Michael Gottlob e Achim Mittag, Frankfurt am Main 1998

Roma, Giuseppe, *Intorno al mito di Alarico*, in «Mediaevalsophia», 17 (2015), pp. 1-16

Rosenwein, Barbara, *The Family Politics of Berengar I, King of Italy (888-924)*, in «Speculum», 71 (1996), pp. 247-289

Ross, James B., *Two Neglected Paladins of Charlemagne: Erich of Friuli and Gerold of Bavaria*, in «Speculum», 20 (1945), pp. 212-235

Scharf, Ralf, *Foederati: Von der Völkerrechtlichen Kategorie zur byzantinischen Truppengattung*, Wien 2001 (Tyche Supplementband, 4)

Schlesinger, Walter, *Über germanisches Heerkönigtum*, in *Das Königtum: Seine geistigen und rechtlichen Grundlagen* (= «Vorträge und Forschungen», 3 [1963]), pp. 105-141

Schmidt, Ludwig, *Die älteste Geschichte der Langobarden: Ein Beitrag zur Geschichte der Völkerwanderung*, Leipzig 1884

Schmidt, Ludwig, *Geschichte der deutschen Stämme bis zum Ausgang der Völkerwanderung II: Die Ostgermanen*, Münich 1933

Schramm, Percy Ernst, *Herrschaftszeichen und Staatssymbolik: Beiträge zu ihrer Geschichte vom 3. bis zum 16. Jahrhundert*, 3 voll., Stuttgart 1954-1978 (MGH, Schriften, 13)

Schulz, Katja, *Schädelbecher*, in «RGA», 26 (2004), pp. 567-569

Schutz, Herbert, *Tools, Weapons and Ornaments: Germanic Material Culture in Pre-Carolingian Central Europe, 400-750*, Leiden-Boston, Köln 2001 (The Northern World, 1)

Schutz, Walther, *Die Langobarden als Wodanverehr*, in «Mannus», 24 (1932), pp. 215-231

Schützeichel, Rudolf, *Zur Hildebrandslied*, in *Typologia litterarum: Festschrift für Max Wehrli*, a cura di Alois M. Haas e Harald Burger, Zürich 1969, pp. 83-94

Sestan, Ernesto, *Qualche aspetto della personalità di Paolo Diacono nella sua Historia Romana*, in *Miscellanea in onore di Roberto Cessi*, 3 voll., Roma 1958, I, pp. 9-28

Sestan, Ernesto, *La storiografia dell'Italia longobarda: Paolo Diacono*, in *La storiografia altomedievale*, 2 voll., Spoleto 1970 (Settimane, 17), I, pp. 357-386

Settia, Aldo, *Aureliano imperatore e il cavallo di re Alboino: Tradizione ed elaborazione nelle fonti pavesi di Paolo Diacono*, in *Paolo Diacono: Uno scrittore fra tradizione longobarda e rinnovamento carolingio*, a cura di Paolo Chiesa, Udine 2000, pp. 487-504

Shanzer, Danuta, *Dating the Baptism of Clovis: the Bishop of Vienne vs the Bishop of Tours*, in «Early Medieval Europe», 7 (1998), pp. 29-57

Shanzer, Danuta, *Laughter and Humour in the Early Medieval Latin West*, in *Humour*, pp. 25-47

Shanzer, Danuta, *History, Romance, Love, and Sex in Gregory of Tours' Decem libri historiarum*, in *The World of Gregory of Tours* [v.], pp. 395-418

Shaw, Philip A., *Uses of Wodan: The Development of his Cult and of Medieval Literary Responses to It*, Ph.D. Thesis, University of Leeds 2002

Sisam, Kenneth, *Anglo-Saxon Royal Genealogies*, in «Proceedings of the British Academy», 39 (1953), pp. 287-348

Sivan, Hagith, *The Appropriation of Roman Law in Barbarian Hands: 'Roman-Barbarian' Marriage in Visigothic Gaul and Spain*, in *Strategies of Distinction: The Construction of Ethnic Communities 300-800*, a cura di Walter Pohl e Helmut Reimitz, Leiden-Boston-Köln 1998 (TRW, 2), pp. 189-203

Skinner, Patricia, *Women in Medieval Italian Society 500-1200*, Harlow 2001

Smith, Anthony D., *Chosen People: Sacred Sources of National Identity*, Oxford 2004

Smith, Julia, *Europe after Rome: A New Cultural History, 500-1000*, Oxford 2007

Sordi, Marta, *La leggenda di Arunte Chiusino e la prima invasione gallica in Italia*, in «Rivista Storica dell'Antichità», 6-7 (1976-1977), pp. 111-117

Sot, Michel, *Gesta episcoporum, gesta abbatum*, Turnhout 1981 (Typologie des Sources du Moyen Âge Occidental, 37)

Squatriti, Paolo, *Personal Appearance and Physiognomics in Early Medieval Italy*, «Journal of Medieval History» 14 (1988), pp. 191-202

Squatriti, Paolo, *Water and Society in Early Medieval Italy: AD 400-1000*, Cambridge 1998

Stafford, Pauline, *Queens, Concubines, and Dowagers: The King's Wife in the Early Middle Ages*, Athens, Ga 1983

Stafford, Pauline, *Queens and Treasure in the Early Middle Ages*, in *Treasure in the Middle Ages*, a cura di Elizabeth M. Tyler, York 2001, pp. 61-82

Stahl, Hans, *Propertius, Love and War: Individual and State under Augustus*, Berkley-Los Angeles 1985

Steinen, W. v. den, *Chlodwigs Übergang zum Christentum: Eine quellenkritische Studie*, in «Mitteilungen des Österreichischen Instituts für Geschichtsforschung», 12 (1933), pp. 417-501

Stella, Francesco, *Scontri per il regno nell'Italia del X secolo*, in *Gesta Berengari: Scontro per il regno nell'Italia del X secolo*, a cura di Id. e Giuseppe Albertoni, Pisa 2009 (Scrittori latini dell'Europa medievale, 1), pp. 1-23

Štih, Peter, *The Middle Ages between the Eastern Alps and the Northern Adriatic: Selectee Papers on Slovene Historiography and Medieval History*, Leiden-Boston 2010 (East Central and Eastern Europe in the Middle Ages, 450-1450, 2)

Stone, Rachel, *Morality and Masculinity in the Carolingian Empire*, Cambridge 2012

Stone, Rachel, *Waltharius and Carolingian Morality: Satire and Lay Values*, in «Early Medieval Europe», 21 (2013), pp. 50-70

Story, Joanna, *Cathwulf, Kingship, and the Royal-Abbey of Saint-Denis*, in «Speculum», 74 (1999), pp. 1-21

Strutynski, Udo, *Germanic Divinities in Weekday Names*, in «Journal of Indo-European Studies», 3 (1975), pp. 363-384

Sutherland, Jon N., *The Idea of Revenge in Lombard Society in the Eighth and Tenth Centuries: The Cases of Paul the Deacon and Liudprand of Cremona*, in «Speculum», 50 (1975), pp. 391-410

Svennung, Josef, *Jordanes und Scandia: Kritisch-exegetische Studien*, Wiesbaden 1967 (Skrifter utgivna av K. Humanistiska Vetenskapssamfundet i Uppsala, 44, II)

Tabacco, Giovanni, *Egemonie sociali e strutture del potere nel medioevo italiano*, Torino 1979

Tabacco, Giovanni, *La città italiana fra germanesimo e latinità nella medievistica ottocentesca*, in *Italia e Germania: Immagini, modelli, miti fra due popoli nell'Ottocento*, a cura di Reinhald Elze e Pierangelo Schiera, Bologna 1988, pp. 23-42

Tabacco, Giovanni, *Regno, impero e aristocrazie nell'Italia postcarolingia*, in *Il secolo di ferro: Mito e realtà del X secolo*, Spoleto 1991 (Settimane, 38), pp. 243-269

Tabacco, Giovanni, *Le ideologie politiche del Medioevo*, Torino 2000

Tamassia, Nino, *Le fonti dell'editto di Rotari*, Pisa 1898

Taviani, Huguette, *L'image du souverain lombard de Paul Diacre à la Chronique de Salerne (VIIIe-Xe siècle)*, in *Atti del VI Congresso internazionale di studi sull'alto Medioevo*, Spoleto 1980, pp. 679-694

Testi Rasponi, Alessandro, *Note marginali al 'Liber pontificalis' di Agnello Ravennate [I]*, in «Atti e memorie della Deputazione di storia patria per le province di Romagna», III s., 27 (1909), pp. 86-104; 225-346

Testi storici e poetici dell'Italia carolingia, a cura di L. Andrea Berto, Padova 2002 (Medioevo europeo, 3)

Todd, Malcom, *Famosa pestis and Britain in the Fifth Century*, in «Britannia», 8 (1977), pp. 319-325

Treadgold, Warren, *The Early Byzantine Historians*, Basingstoke 2007

Treadgold, Warren, *The Middle Byzantine Historians*, Basingstoke 2013

Vansina, Jan, *De la tradition orale: Essai de méthode historique*, Tervuren 1961

Veyne, Paul, *Humanitas: Romani e no*, in *L'uomo romano*, a cura di Andrea Giardina, Roma-Bari 1998, pp. 385-415

Vinay, Gustavo, *San Gregorio di Tours, saggio*, Torino 1940

Vinay, Gustavo, *Alto Medioevo latino*, Napoli 1978

Violence and Society in the Early Medieval West, a cura di Guy Halsall, Woodbridge 1998

Vollmann, Benedikt K., *Paulus Diaconus und das Heldenlied*, in *Impulse und Resonanzen: Tübinger mediävistische Beiträge zum 80. Geburtstag von Walter Haug*, a cura di Gisela Vollmann-Profe, Cora Dietl, Annette Gerok-Reiter, Cristoph Huber e Paul Sappler, Tübingen 2007, pp. 45-56

Volpe, Gioacchino, *Il Medioevo*, Firenze 1927

von den Steinen, Wolfram, *Chlodwigs Übergang zum Christentum*, in «Mitteilungen des Österreichischen Instituts für Geschichtsforschung», 12 (1932), pp. 417-501 von der Leyen, Friedrich, *Das Heldenliederbuch Karls des Großen: Bestand – Gehalt – Wirkung*, München 1954

von Rummel, Phillip, *Habitus barbarus: Kleidung und Repräsentation spätantiker Eliten im 4. und 5. Jahrhunderts*, Berlin 2007 (Ergänzungsbände zum RGA, 55)

Voorwinden, Norbert, *La fonction de la représentation littéraire du roi Theodoric*, in *Histoire et littérature au Moyen Âge*, a cura di Danielle Buschinger, Göppingen 1991 (Göppinger Arbeiten zur Germanistik, 546), pp. 473-483

Wagner, Norbert, *Zur Herkunft der Agilolfinger*, in «Zeitschrift für bayerische Landesgeschichte», 41 (1978), pp. 19-48

Wagner, Norbert, *Bemerkungen zur Amalgeneaolgie*, in «Beiträge zur Namenforschung», 14, (1979), pp. 26-43

Wagner, Norbert, *Ostgermanisch-alanisch-hunnische Beziehungen bei Personennamen*, in *Studien zur deutschen Literatur des Mittelalters,* a cura di Rudolf Schützeichel, Bonn 1979, pp. 11-33

Wagner, Norbert, *Alboins sächsische amici vetuli*, in «Beiträge zur Namenforschung», 15 (1980), pp. 237-245

Wagner, Norbert, *Zu den Runeninschriften von Pforzen und Nordendorf*, in «Historische Sprachforschung», 108 (1995), pp. 104-112

Waitz, Georg, *Über die handschriftliche Überlieferung und die Sprache der Historia Langobardorum des Paulus*, in «Neues Archiv der Gesellschaft für ältere deutsche Geschichtskunde», 1 (1876), pp. 531-566

Waitz, Georg, *Zur Frage nach den Quellen der Historia Langobardorum*, in «Neues Archiv», 5 (1880), pp. 415-424

Wallace-Hadrill, John M., *The Long-Haired Kings*, Toronto 1962 (Medieval Academy Reprints for Teaching, 11)

Wallace-Hadrill, John M., *Gregory of Tours and Bede: Their Views on the Personal Qualities of Kings*, in «Frühmittelalterliche Studien», 2 (1968), pp. 31-44

Wallace-Haldrill, John M., *Early Germanic Kingship in England and on the Continent*, Oxford 1971

Ward, Elizabeth, *Agobard of Lyons and Paschasius Radbert as Critics of the Empress Judith*, in «Studies in Church History», 27 (1990), pp. 15-25

Webster, Leslie, *The Franks Casket*, London 2012 (British Museum Objects in Focus)

Weibull, Curt, *Die Auswanderung der Goten aus Schweden*, Göteborg 1958

Weidemann, Margarete, *Kulturgeschichte der Merowingerzeit nach den Werken Gregors von Tours*, 2 voll., Bonn 1982 (Forschungsinstitut für Vor- und Frühgeschichte, 3)

Wenskus, Reinhard, *Alboin*, in «RGA», 1 (1973), pp. 132-133

Wenskus, Reinhard, *Stammesbildung und Verfassung: Das Werden der frühmittelalterlichen gentes*, II ed., Köln-Wien 1977

Whitby, Michael, *The Emperor Maurice and his Historian: Theophylact Simocatta on Persian and Balkan Warfare*, Oxford 1988

Wickham, Chris, *Lawyers' Time: History and Memory in Tenth- and Eleventh-Century Italy*, in *Studies in Medieval History Presented to R.H.C. Davis*, a cura di H. Mayr-Harting, H. Moore e I. Robert, London 1985, pp. 53-71

Wickham, Chris, *Framing the Early Middle Ages 400-800*, Oxford 2005; tr. it. *Le società dell'alto medioevo*, Roma 2009

Wickham, Chris, *The Inheritance of Rome: A History of Europe from 400 to 1000*, London 2009

Wickham, Chris, *Social Structures on Lombard Italy*, in *The Langobards* [v.], pp. 118-137

Wiese, Robert, *Die älteste Geschichte der Langobarden (bis zum Untergange des Reiches der Heruler)*, Jena 1877

Wiita, John Earl, *The ethnika in Byzantine Military Treatises*, Ph.D. Thesis, University of Florida 1977

Williams, Alan, *Metallurgical Study of Some Viking Swords*, in «Gladius», 39 (2009), pp. 121-184

Williams, Jonathan H.C., *Beyond the Rubicon: Romans and Gauls in Republican Italy*, Oxford 2001

Winckler, Katharina, *Die Alpen im Frühmittelalter: Die Geschichte eines Raumes in den Jahren 500 bis 800*, Wien-Köln-Weimar 2012

Winckler, Katharina, *Gemeine Plätze: Die Wahrnehmung der Alpen in (Spät)antike und (Früh)mittelalter*, in *Berg & Leute: Tirol als Landschaft und Identität*, a cura di Ulrich Leitner, Innsbruck 2014 (Schriften zur Politischen Ästhetik, 1), pp. 302-324

Wolff, Greg, *Tales of the Barbarians: Ethnography and Empire in the Roman West*, London 2011

Wolff, R. Lee, *Baldwin of Flanders and Hainault, First Latin Emperor of Constantinople: His Life, Death, and Resurrection, 1172-1255*, in «Speculum», 27 (1952), pp. 281-322

Wolfram, Herwig, *Intitulatio I: Lateinische Königs- und Fürstentitel bis zum Ende des 8. Jahrhunderts*, Graz 1967 (Veröffentlichungen des Instituts für Österreichische Geschichtsforschung 21)

Wolfram, Herwig, *Methodische Fragen zum Kritik am ‚sakralen' Königtum germanischer Stämme*, in *Festischrift für Otto Höfler zum 65. Ge-*

burtstag, a cura di Helmut Brikam e Otto Gschwantler, Wien 1968, pp. 473-490

Wolfram, Herwig, *Botschaften aus dem Meer ob der Enns*, Wien 1984

Wolfram, Herwig, *Byzanz und die Xantha Ethne (400-600)*, in *Das Reich und die Barbaren*, a cura di Evangelos Chrysos e Andreas Schwarcz, Wien-Köln 1989 (Veröffentlichungen des Instituts für Österreichische Geschichtsforschung, 29)

Wolfram, Herwig, *Das Reich und die Germanen: zwischen Antike und Mittelalter*, Berlin 1990 (Siedler deutsche Geschichte, 1)

Wolfram, Herwig, *Konrad II. 990-1039: Kaiser dreier Reiche*, München 2000

Wolfram, Herwig, *Gotische Studien: Volk und Herrschaft im frühen Mittelalter*, München 2005

Wolfram, Herwig, *Grenzen und Räume: Geschichte Österreichs vor seiner Entstehung, Österreichische Geschichte 378-907*, Wien 2005

Wolfram, Herwig, *Terminologisches*, in *Nomen et fraternitas: Festschrift für Dieter Geuenich zum 65. Geburtstag*, a cura di Uwe Ludwig e Thomas Schilp, Berlin-New York 2008 (Ergänzungsbände zum RGA, 62), pp. 787-802

Wolfram, Herwig, *Die Goten: Von den Anfängen bis zur Mitte des sechsten Jahrhunderts. Entwurf einer historischen Ethnographie*, V ed., München 2009

Wood, Ian, *Fredegar's Fables*, in *Historiographie* [v.], pp. 59-66

Wood, Ian, *The Merovingian Kingdoms 450-751*, London 1994

Wood, Ian, *Pagan Religions and Superstitions: East of the Rhine from the Fifth to the Ninth Century*,' in *After Empire: Towards an Ethnology of Europe's Barbarians*, a cura di Giorgio Ausenda, Woodbridge 1995 (Studies in Historical Archaeoethnology, 1), pp. 253-268

Wood, Ian, *The Missionary Life: Saints and the Evangelisation of Europe 400-1050*, Harlow 2001

Wood, Ian, *Royal Succession and Legitimation in the Roman West, 419-536*, in *Staat im frühen Mittelalter*, a cura di Stuart Airlie, Walter Pohl e Helmut Reimitz, Wien 2006 (Forschungen zur Geschichte des Mittelalters, 11), pp. 59-72

Wood, Ian, *The Modern Origins of the Early Middle Ages*, Oxford 2013

The World of Gregory of Tours, a cura di Kathleen Mitchell e Ian Wood, Leiden-Boston-Köln 2002 (Cultures, Beliefs and Traditions Medieval and Early Modern Peoples, 8)

Wormald, Patrick, *Lex scripta and verbum regis: legislation and Germanic kingship from Euric to Cnut*, in *Early Medieval Kingship* [v.], pp. 105-138

Wormald, Patrick, *The Leges Barbarorum: Law and Ethnicity in the Post-*

Roman West, in *Regna and gentes: The Relationship between Late Antique and Early Medieval Peoples and Kingdoms in the Transformation of the Roman World*, a cura di Hans W. Goetz, Jörg Jarnut e Walter Pohl, Leiden-Boston-Köln 2003 (TRW, 13), pp. 21-54

Wormald, Patrick, *Kings and Kingship*, in *The New Cambridge Medieval History I: c. 500-c. 700*, a cura di Paul Fouracre, Cambridge 2005, pp. 571-604

Wormald, Patrick, *Bede, Beowulf and the Conversion of the Anglo-Saxons*, in Id., *The Times of Bede: Studies in Early English Christian Society and its Historian*, a cura di Stephen Baxter, Oxford 2006, pp. 30-105

Wozniak, Frank E., *Byzantine Diplomacy and the Lombard-Gepidic Wars*, in «Balkan Studies», 20 (1978), pp. 139-158

Wullen, Moritz, *Die Deutschen sind im Treppenhaus, der Fries Otto Geyers in der Alten Nationalgalerie*, Berlin 2002

Wynn, Phillip, *Frigeridus, the British Tyrants and the Early Fifth Century Barbarian Invasions of Gaul and Spain*, in «Athenaeum», 85 (1997), pp. 69-117

Zanella, Gabriele, *La legittimazione del potere reale nelle Storie di Gregorio di Tours e Paolo Diacono*, in «Studi medievali», 31 (1990), pp. 55-84

Zanini, Enrico, *Le Italie bizantine: territorio, insediamenti ed economia nella provincia bizantina d'Italia, VI-VIII secolo*, Bari 1998

Zettler, Alphons, *Die Ablösung der langobardischen Herrschaft in Verona durch die Karolinger: Eine Spurensuche*, in *Nomen et Fraternitas: Festschrift for Dieter Geuenich on his 65th Birthday*, a cura di Ludwig Uwe e Thomas Schilp, Berlin-New York 2008 (Ergänzungsbände zum RGA, 62), pp. 595-624

Ziemann, Daniel, *Vom Wandervolk zur Großmacht: Die Entstehung Bulgariens im frühen Mittelalter (7.-9. Jh.)*, Köln-Weimar-Wien 2007 (Kölner historische Abhandlungen, 43)

Zimmerman, Harm-Peer, *Männerbund und Totenkult: Methodologische und ideologische Grundlinien der Volks- und Altertumskunde Otto Höflers 1933-1945*, in «Kieler Blätter für Volkskunde», 26 (1994), pp. 5-27

Zironi, Alessandro, *Il Monastero longobardo di Bobbio: Crocevia di uomini, terra e poteri in una regione di confine*, Spoleto 2004 (Storia e società, 3)

Žižek, Slavoj, *How to Read Lacan*, London 2006

Zurli, Loriano, *Le 'proprietà' del motivo dello 'scambio di persona' nella narrativa classica e nel 'racconto storico' di Paolo Diacono*, in «Materiali e contributi per la storia della narrativa greco-latina» 2 (1978), pp. 71-104

Indice dei nomi*

* Il nome *Alboino* non è stato indicizzato.

Finito di stampare
nel mese di dicembre 2016
dalla Grafica Editrice Romana S.r.l.
Roma